MedAT
TRAINING 2017

Kognitive Fähigkeiten und Fertigkeiten:
Figuren zusammensetzen & Wortflüssigkeit

18 Testsets / 540 Beispiele

2. überarbeitete Auflage

Impressum

MEDithappen
MedAT Training 2017, Band 1:
Kognitive Fähigkeiten und Fertigkeiten: Figuren zusammensetzen & Wortflüssigkeit

Dieses Werk ist urheberrechtlich geschützt. Alle Rechte, insbesondere die Rechte der Verbreitung, der Vervielfältigung und der Übersetzung, des Nachdrucks und der Wiedergabe auf fotomechanischem oder ähnlichem Wege, durch Fotokopie, Mikrofilm oder andere elektronische Verfahren sowie der Speicherung in Datenverarbeitungsanlagen, bleiben, auch bei auszugsweiser Verwertung, dem Verleger vorbehalten.

ISBN: 978-3-9504235-2-5

Haftung: Es wird darauf verwiesen, dass alle Angaben in diesem Buch trotz sorgfältiger Bearbeitung ohne Gewähr erfolgen und eine Haftung der Autoren und Verleger ausgeschlossen ist.

2. überarbeitete Auflage 2017

Printed in Germany

© MEDithappen e.U.
Pascal Casetti, Bedirhan Boztepe 2017
www.medithappen.at

Liebe Bewerberin, lieber Bewerber!
Liebe zukünftige Medizinerin, lieber zukünftiger Mediziner!

Wir gratulieren Dir herzlich, dass Du den herausfordernden Weg zur Aufnahmeprüfung des Medizinstudiums eingeschlagen hast. Wir, das ist das MEDithappen-Team: Junge Studierende, die es sich zum Ziel gemacht haben, die Bewerberinnen und Bewerber des MedAT bei ihrer Vorbereitung zu unterstützen.

Unterstützung möchten wir Dir in Form dieses Übungsbuches geben, dass aus jeweils 18 Testsets für die beiden Untertests „Figuren zusammensetzen" und „Wortflüssigkeit" besteht. Außerdem gibt es im ersten Kapitel allgemeine Informationen zu dem Aufnahmetest. Um am aktuellen Stand zu bleiben, informiere Dich jedoch bitte regelmäßig auf der offiziellen Homepage für den Test (www.medizinstudieren.at).

Dieses Übungsbuch stellt viele Übungsmaterialien zur Verfügung, damit Du eigenständig die einzelnen Untertests trainieren kannst. Es hat jedoch nicht den Anspruch, Dir Methoden zu liefern, wie Du die Beispiele am besten löst. Diese musst Du für Dich selbst herausfinden.
Bei der Erstellung der Übungsbeispiele haben wir besonders darauf geachtet, authentische und realistische Beispiele zu erzeugen. Des Weiteren haben wir ein Augenmerk daraufgelegt, Aufgaben auf höherem Niveau zu gestalten.

Der MedAT ist kein Pappenstiel, aber mit Fleiß und Elan, ist dieser Test für Dich schaffbar. Wir hoffen, Dich mit diesem Buch zu unterstützen und sagen in diesem Sinne:

Let's MED it happen!

Dein MEDithappen-Team

PS: Wir haben die Aufgaben in diesem Buch mit besonderer Sorgfalt erstellt und mehrfach kontrolliert. Trotzdem können wir nicht hundertprozentig garantieren, dass sich nicht der ein oder andere Fehler eingeschlichen hat. Falls Du einen Fehler entdeckst - und sei es ein Rechtschreibfehler, dann wären wir Dir sehr dankbar, wenn Du uns Bescheid gibst: **www.medithappen.at/support/** oder **www.facebook.com/MEDithappen**.

Auch bei eventuellen Anregungen, Beschwerden, Verbesserungsvorschlägen oder Anmerkungen zu unserem Buch freuen wir uns, wenn Du mit uns in Kontakt trittst.

Falls inhaltliche Fehler in unserem Buch gefunden werden, werden diese ebenfalls unter **www.medithappen.at/support** => „Errata" zu finden sein.

Allgemeines zum MedAT

Was ist der MedAT?

Der MedAT ist der Aufnahmetest für das Medizinstudium, der von der Medizinischen Universität Wien, der Medizinischen Universität Innsbruck, der Medizinischen Universität Graz und der Medizinischen Fakultät der Johannes Kepler Universität Linz gemeinsam durchgeführt wird. Er ist ein standardisierter, vierteiliger Test in deutscher Sprache, der als Aufnahmekriterium für das Medizinstudium an den genannten Universitäten herangezogen wird. Neben der allgemeinen Hochschulreife ist er das einzige Aufnahmekriterium zur Zulassung für das Medizinstudium in Österreich.

Bewerberinnen und Bewerber der Humanmedizin müssen den MedAT-H absolvieren, Bewerberinnen und Bewerber der Zahnmedizin hingegen den MedAT-Z. Beide Tests überschneiden sich inhaltlich jedoch zu großen Teilen (=> Näheres bei „Aufbau MedAT"). Sie finden einmal im Jahr statt, und werden zeitgleich an verschiedenen Standorten durchgeführt. Um am Test teilzunehmen, muss man sich innerhalb einer Frist online anmelden und danach eine Testgebühr einzahlen.

Was sagt der Test aus?

Der MedAT soll Fähigkeiten messen, die für die erfolgreiche Absolvierung des Studiums der Medizin essentiell sind. Neben Grundlagenwissen zu den Fächern Biologie, Chemie, Physik und Mathematik werden unter anderem auch kognitive „skills" wie Merkfähigkeit, räumliches Vorstellungsvermögen, schlussfolgerndes Denken, sozio-emotionale Fähigkeiten und Bearbeitungsgeschwindigkeit getestet.

Du solltest Dir jedoch unbedingt vor Augen führen, dass der Aufnahmetest viele Faktoren nicht messen kann (z.B.: praktische Erfahrung, Führungsqualitäten, etc.) die durchaus für das Medizinstudium, und folglich auch später für die Ausübung des Arztberufs, wertvoll wären.

Ebensowenig misst der Test angeborene Fähigkeiten, da es sonst nicht möglich wäre, sich durch Training und eine intensive Vorbereitung zu verbessern.

Anmeldung zum MEDAT

Um am MedAT teilzunehmen, musst Du Dich fristgerecht unter medizinstudieren.at zum Test anmelden.

Testformate

Der MedAT ist ein Multiple-Choice-Test, bei dem immer nur eine Antwort korrekt ist. Jede korrekte Antwort bringt Dir einen Punkt. Jede inkorrekte oder fehlende Antwort bringen Dir 0 Punkte. Somit solltest Du keine Frage auf dem Antwortbogen unbeantwortet lassen.

Es ist Dir erlaubt, in Deinem Testheft Notizen zu machen. Wir empfehlen Dir auch diese Möglichkeit zu nutzten. (ACHTUNG: In der Lernphase des Untertests „Gedächtnis und Merkfähigkeit" ist es verboten, sich etwas zu notieren. Zu den Allergiepässen darf auch in den darauffolgenden Untertests nichts notiert werden.)

Bitte beachte, dass Du deine Antworten auf den Antwortbogen übertragen musst. Dies muss in der für jeden Untertest vorgesehenen Zeit geschehen. Es wird keine gesonderte Zeit zur Verfügung gestellt, um Antworten zu übertragen. Nachdem die Bearbeitungszeit für einen Untertest abgelaufen ist, musst Du zum nächsten Untertest weiterblättern. Ein Zurückblättern im Testheft ist nicht gestattet.

Im Gegensatz zu anderen Aufnahmetests (z.B.: EMS) sind die Beispiele im MedAT nicht nach ihrer Schwierigkeit gereiht. Somit empfehlen wir Dir, zuerst die leichteren Beispiele zu bearbeiten, bevor Du Dich den schwierigeren widmest.

Der MedAT-H und MedAT-Z sind beide in vier Abschnitte gegliedert:

MedAT-H

Testteile		Gewichtung	Minuten	Aufgaben
Basiskenntnistest für Medizinische Studien (BMS)	Biologie	40%	30'	40
	Chemie		18'	24
	Physik		16'	18
	Mathematik		11'	12
Textverständnis (TV)	Überprüfung der Lesekompetenz	10%	35'	12
Pause 1 Stunde				
Kognitive Fähigkeiten und Fertigkeiten (KFF)	Figuren zusammensetzen (FZ)	40%	20'	15
	Gedächtnis und Merkfähigkeit (GM) (Lernphase)		8'	
	Zahlenfolgen (ZF)		15'	10
	Implikationen erkennen (IMP)		10'	10
	Gedächtnis und Merkfähigkeit (GM) (Abrufphase)		15'	25
	Wortflüssigkeit (WF)		20'	15
Sozial-emotionale Kompetenzen (SEK)	Emotionen erkennen	10%	15'	10
	Soziales Entscheiden		15'	10

MedAT-Z

Testteile		Gewichtung	Minuten	Aufgaben
Basiskenntnistest für Medizinische Studien (BMS)	Biologie	30%	30'	40
	Chemie		18'	24
	Physik		16'	18
	Mathematik		11'	12
Manuelle Fertigkeiten (MF)	Draht biegen	30%	45'	3
	Formen spiegeln		45'	7
Pause 1 Stunde				
Kognitive Fähigkeiten und Fertigkeiten (KFF)	Figuren zusammensetzen (FZ)	30%	20'	15
	Gedächtnis und Merkfähigkeit (GM) (Lernphase)		8'	
	Wortflüssigkeit (ZF)		20'	15
	Gedächtnis und Merkfähigkeit (GM) (Abrufphase)		15'	25
	Zahlenfolgen (WF)		15'	10
Sozial-emotionale Kompetenzen (SEK)	Emotionen erkennen	10%	15'	10
	Soziales Entscheiden		15'	10

Untertest Figuren zusammensetzen

Warum gibt es diesen Untertest?

Der Untertest „Figuren zusammensetzen" soll das räumliche Vorstellungsvermögen der Bewerberinnen und Bewerber messen. Die Fähigkeit, räumlich zu denken, ist nicht nur für die Absolvierung des Medizinstudiums wertvoll, sondern auch später im Arztberuf - man denke beispielsweise an die Chirurgie oder die Diagnose mit Sonographie - von Bedeutung.

Wie setzt sich dieser Untertest zusammen?

In jeder Aufgabe finden sich zerschnittene Teilfiguren, die zu einer geometrischen Figur zusammengesetzt werden können. Ziel ist es herauszufinden, welche geometrische Figur aus den Teilfiguren entsteht.

Grundsätzlich existieren zwei Aufgabentypen in diesem Untertest:

Typ 1 - Kreisfiguren

Typ 2 - Eckfiguren

Es sei an dieser Stelle darauf hingewiesen, dass zum Test auch andere Figuren kommen können. Jedoch haben sich über die letzten Jahre die zwei oben genannten Beispielstypen als gängig manifestiert.

Wie viele Aufgaben muss ich lösen?

15 Aufgaben

Wie lange habe ich Zeit?

20 Minuten

Worauf sollte ich in diesem Untertest achten?

Die Figuren dürfen nicht gespiegelt werden, nur gedreht. Des Weiteren ist zu beachten, dass die Teilfiguren zwar im selben Größenverhältnis zueinander stehen, zusammengesetzt jedoch größer oder kleiner sein können als die Lösungsfiguren.

Erfahrungsgemäß gibt es zwischen drei und sieben Teilstücke pro Beispiel.

Es kann auch vorkommen, dass die Teilfiguren zwar einer Lösungsfigur ähneln, aber trotzdem nicht zur Gänze mit dieser übereinstimmen (z.B.: ein Teil fehlt, die Spitze steht drüber, …). In diesem Fall ist die Antwortmöglichkeit E („Keine der Antwortmöglichkeiten ist richtig") anzukreuzen.

Beispielaufgabe

Welche Figur lässt sich aus folgenden Einzelteilen zusammensetzen?

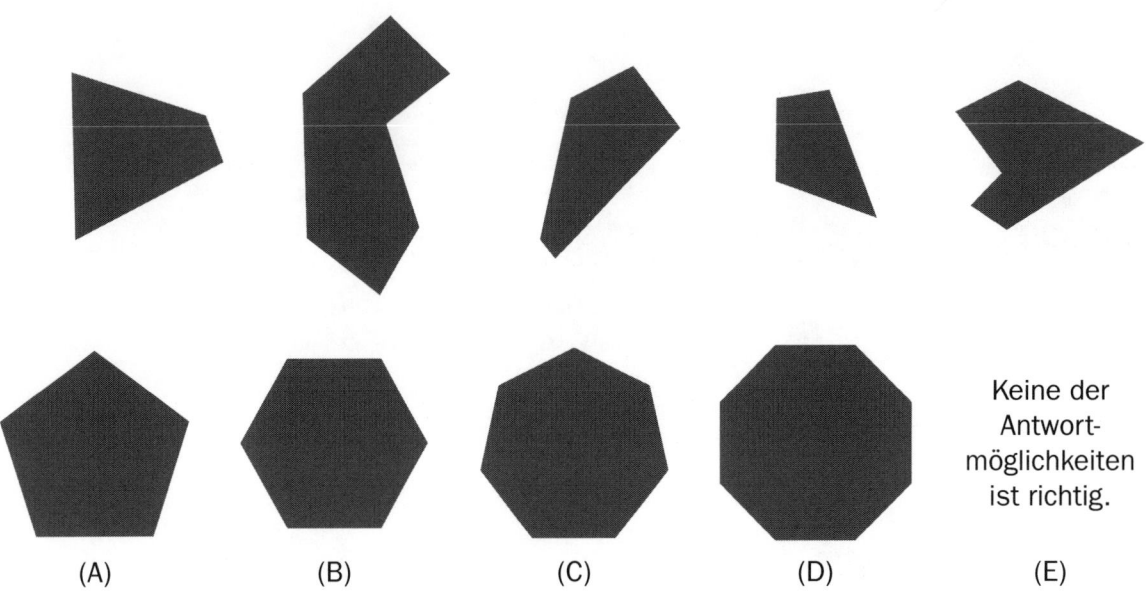

Die Lösung für dieses Beispiel ist (C).

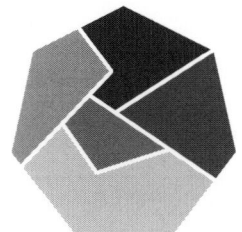

TESTSETS:
Figuren zusammensetzen

Testset 1
Anzahl der Aufgaben: 15, Bearbeitungszeit: 20 Minuten

1   Welche Figur lässt sich aus den folgenden Einzelteilen zusammensetzen?

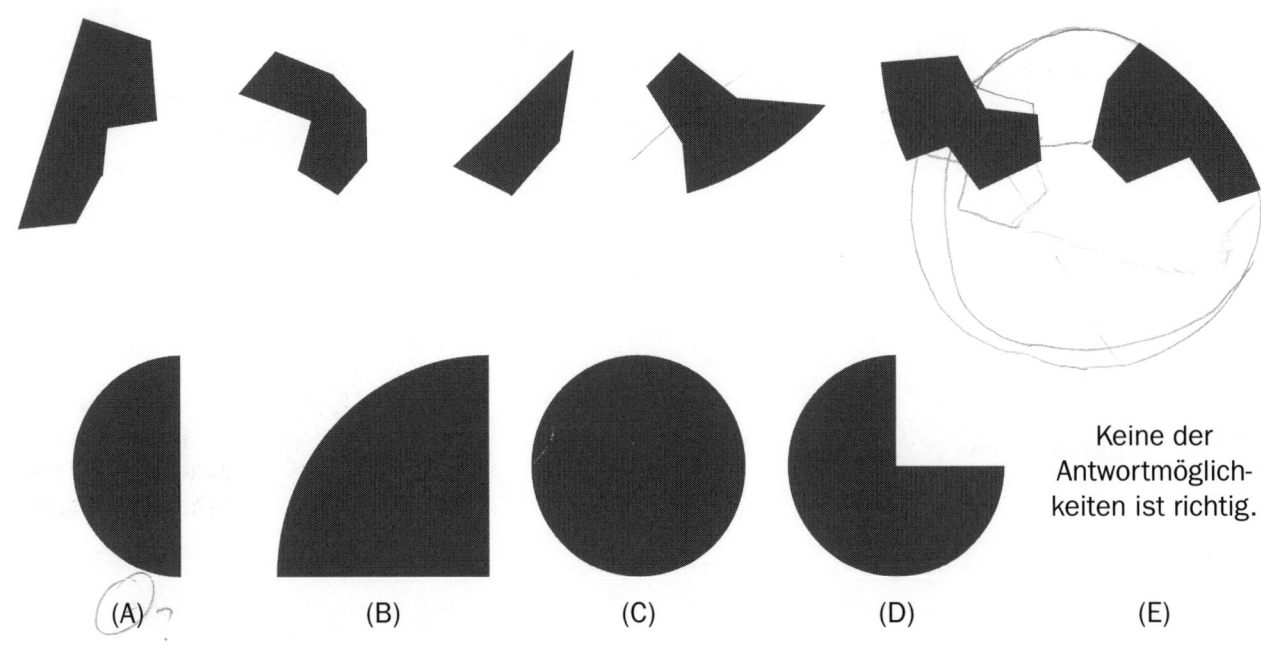

(A)   (B)   (C)   (D)   (E) Keine der Antwortmöglichkeiten ist richtig.

2   Welche Figur lässt sich aus den folgenden Einzelteilen zusammensetzen?

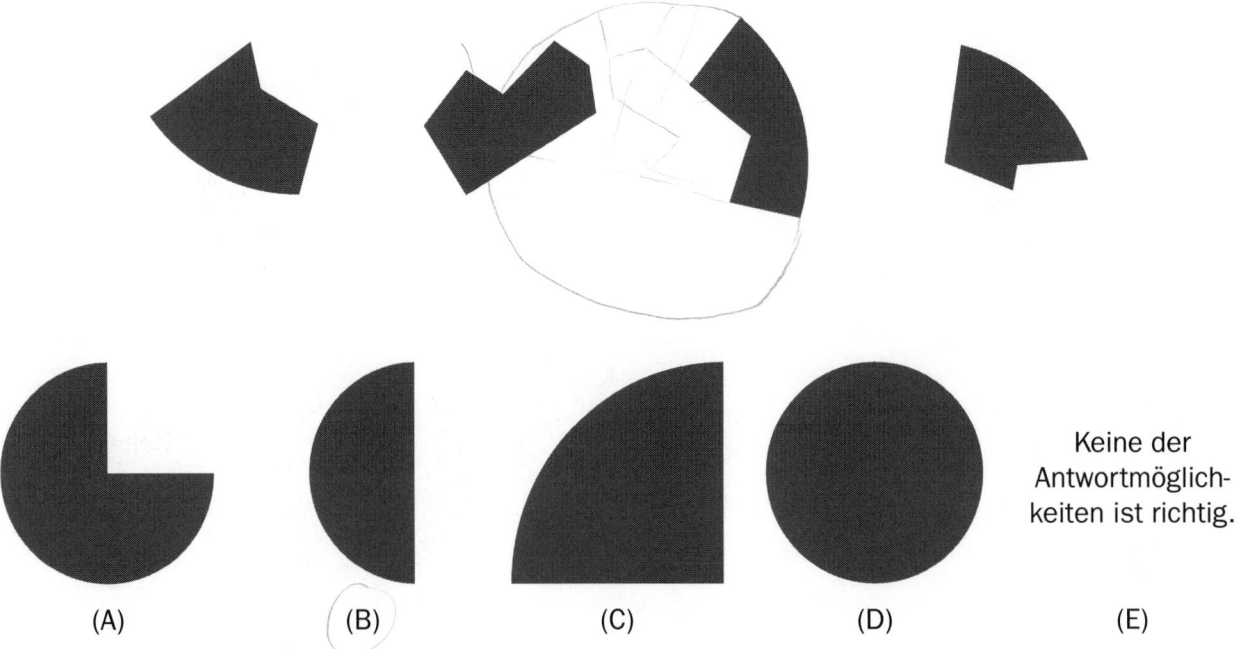

(A)   (B)   (C)   (D)   (E) Keine der Antwortmöglichkeiten ist richtig.

3 Welche Figur lässt sich aus den folgenden Einzelteilen zusammensetzen?

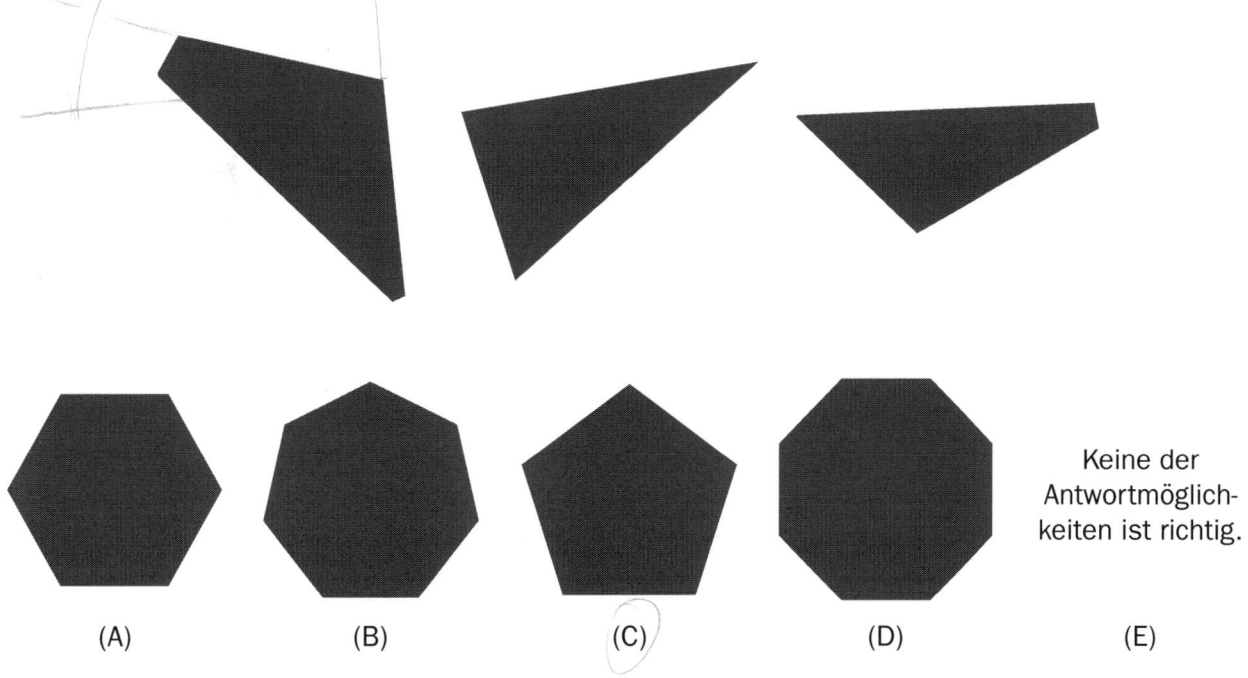

(A)   (B)   (C)   (D)   (E) Keine der Antwortmöglichkeiten ist richtig.

4 Welche Figur lässt sich aus den folgenden Einzelteilen zusammensetzen?

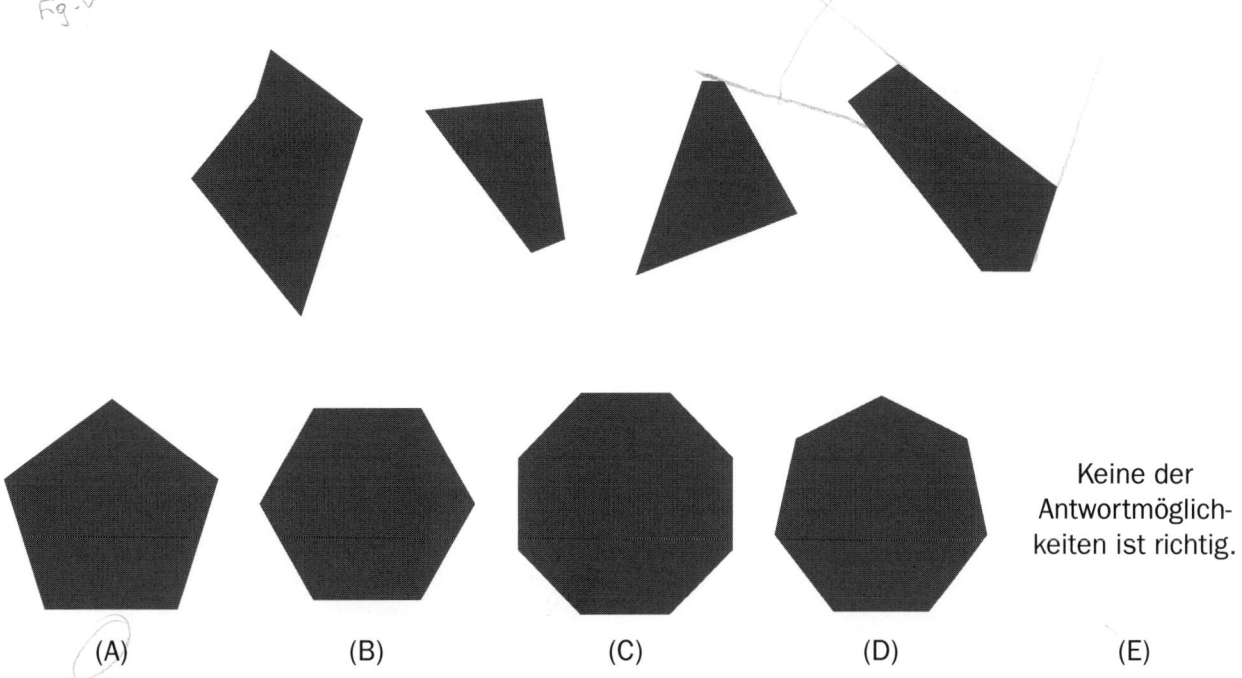

(A)   (B)   (C)   (D)   (E) Keine der Antwortmöglichkeiten ist richtig.

5 Welche Figur lässt sich aus den folgenden Einzelteilen zusammensetzen?

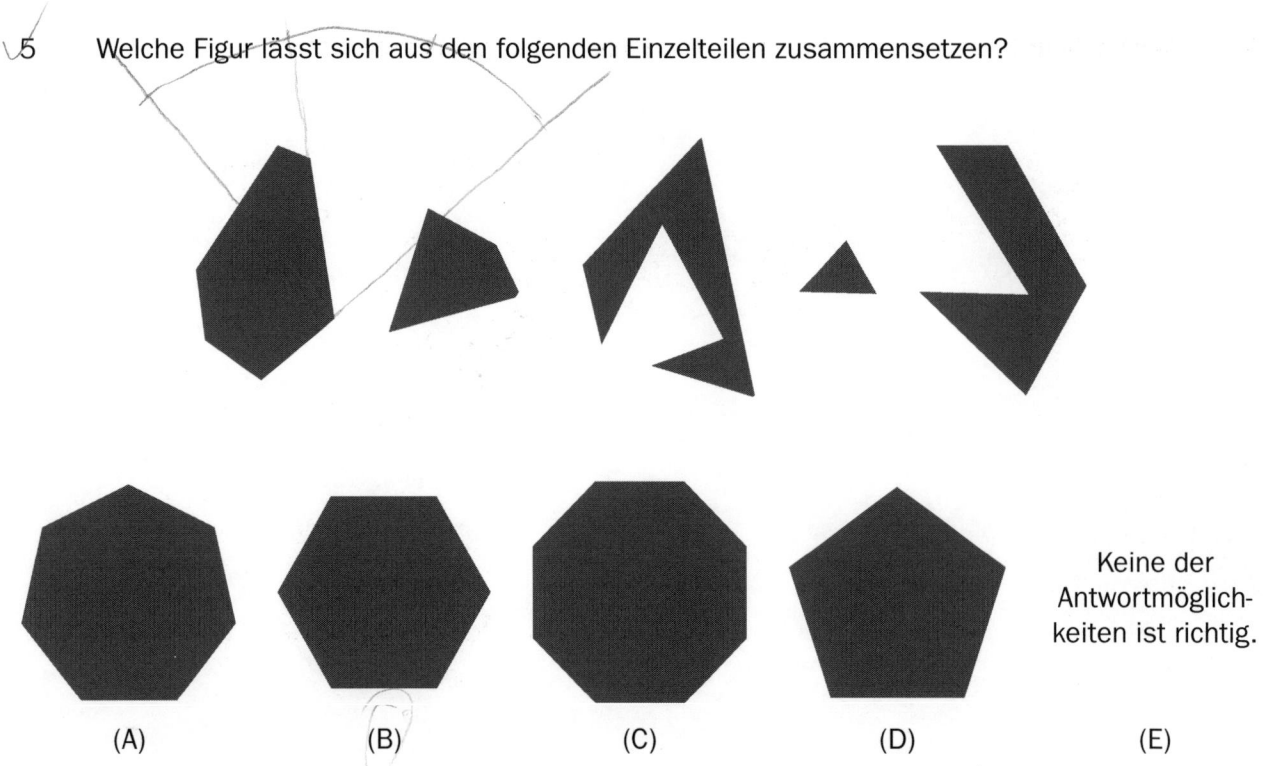

(A) (B) (C) (D) (E) Keine der Antwortmöglichkeiten ist richtig.

6 Welche Figur lässt sich aus den folgenden Einzelteilen zusammensetzen?

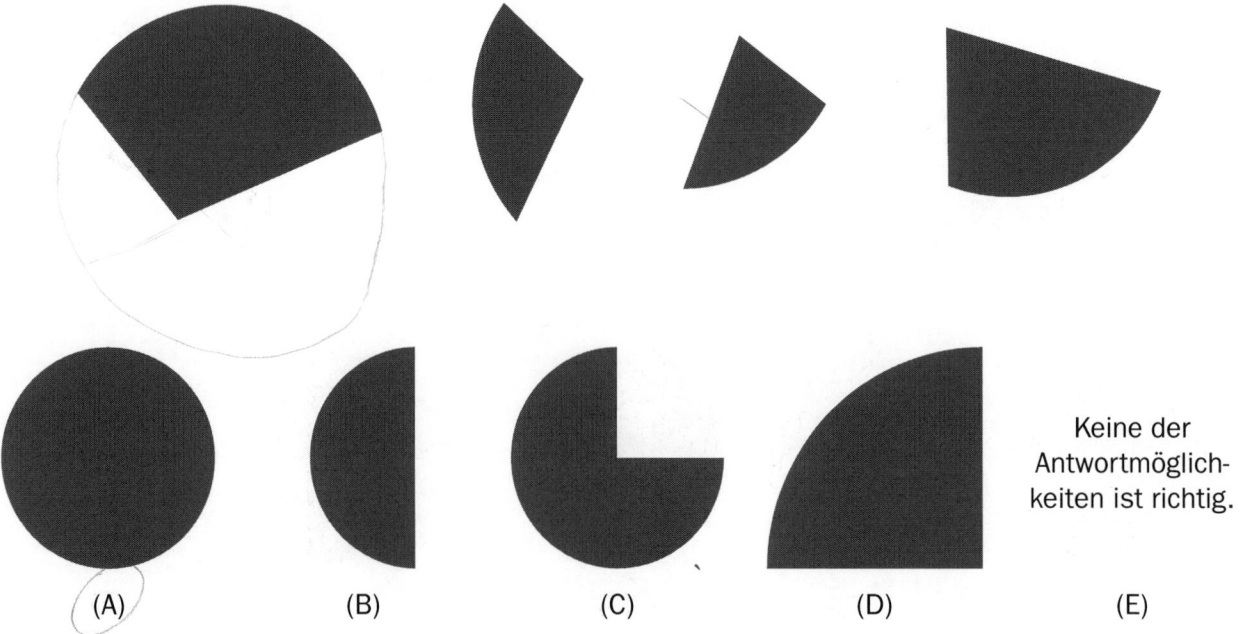

(A) (B) (C) (D) (E) Keine der Antwortmöglichkeiten ist richtig.

7. Welche Figur lässt sich aus den folgenden Einzelteilen zusammensetzen?

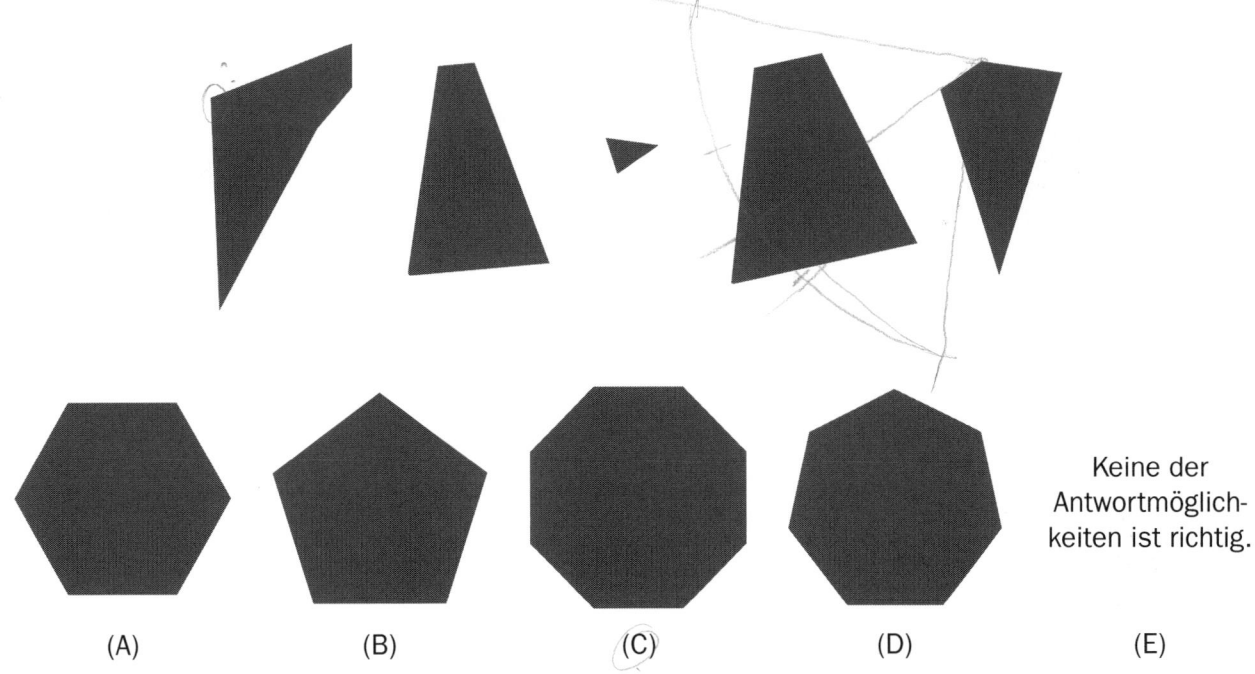

(A) (B) (C) (D) (E) Keine der Antwortmöglichkeiten ist richtig.

8. Welche Figur lässt sich aus den folgenden Einzelteilen zusammensetzen?

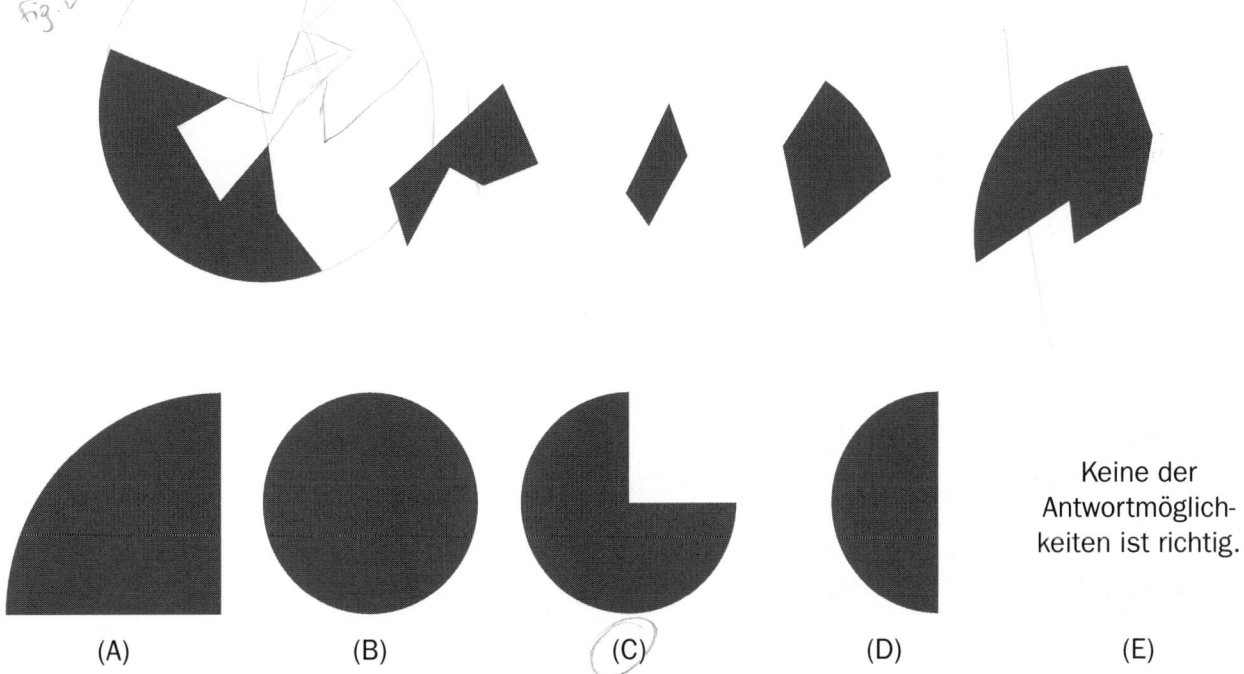

(A) (B) (C) (D) (E) Keine der Antwortmöglichkeiten ist richtig.

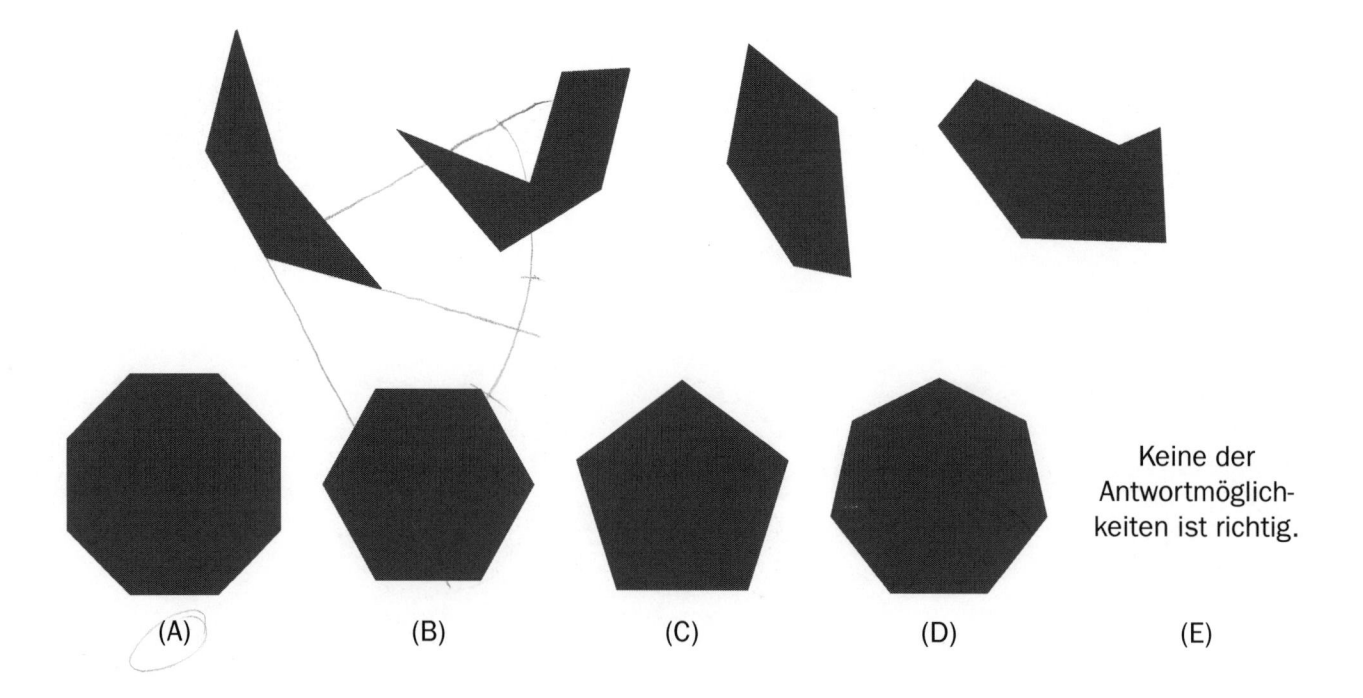

9 Welche Figur lässt sich aus den folgenden Einzelteilen zusammensetzen?

(A) (B) (C) (D) (E) Keine der Antwortmöglichkeiten ist richtig.

10 Welche Figur lässt sich aus den folgenden Einzelteilen zusammensetzen?

(A) (B) (C) (D) (E) Keine der Antwortmöglichkeiten ist richtig.

11 Welche Figur lässt sich aus den folgenden Einzelteilen zusammensetzen?

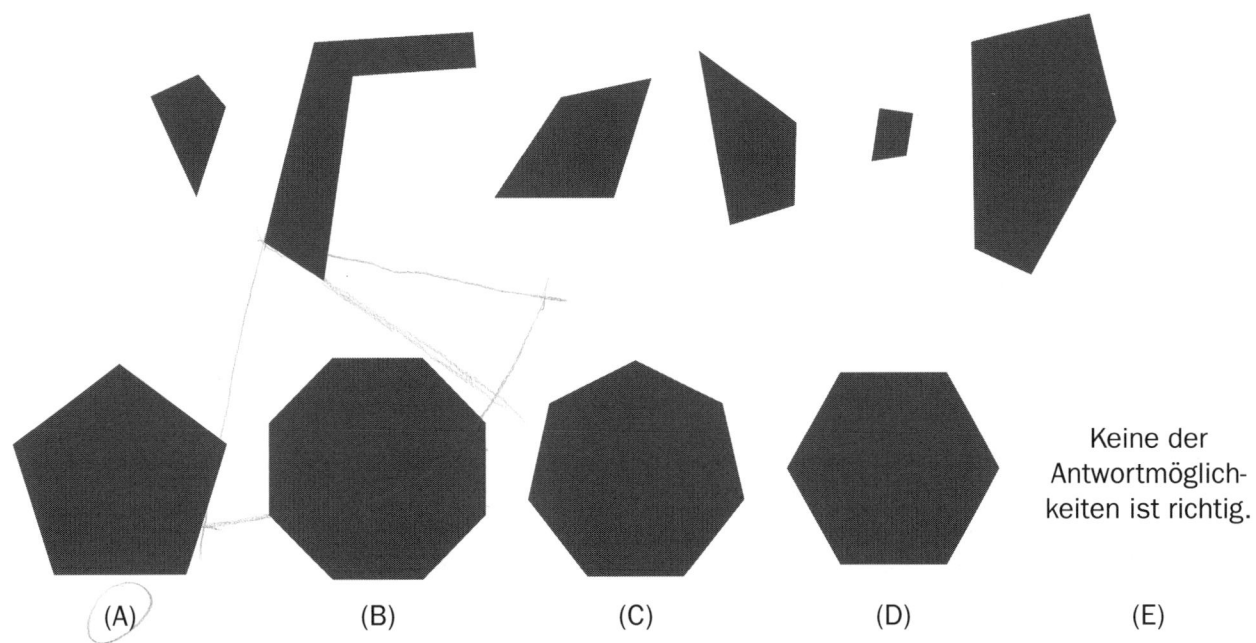

(A) (B) (C) (D) (E) Keine der Antwortmöglichkeiten ist richtig.

12 Welche Figur lässt sich aus den folgenden Einzelteilen zusammensetzen?

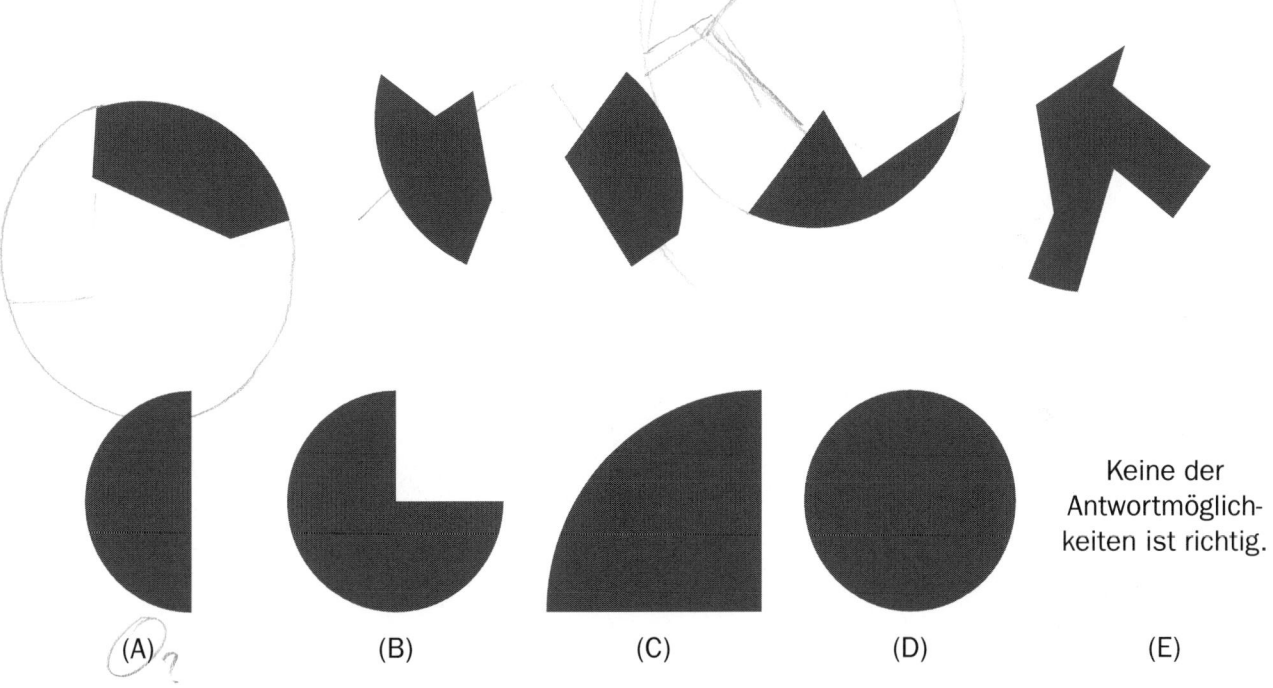

(A) (B) (C) (D) (E) Keine der Antwortmöglichkeiten ist richtig.

13   Welche Figur lässt sich aus den folgenden Einzelteilen zusammensetzen?

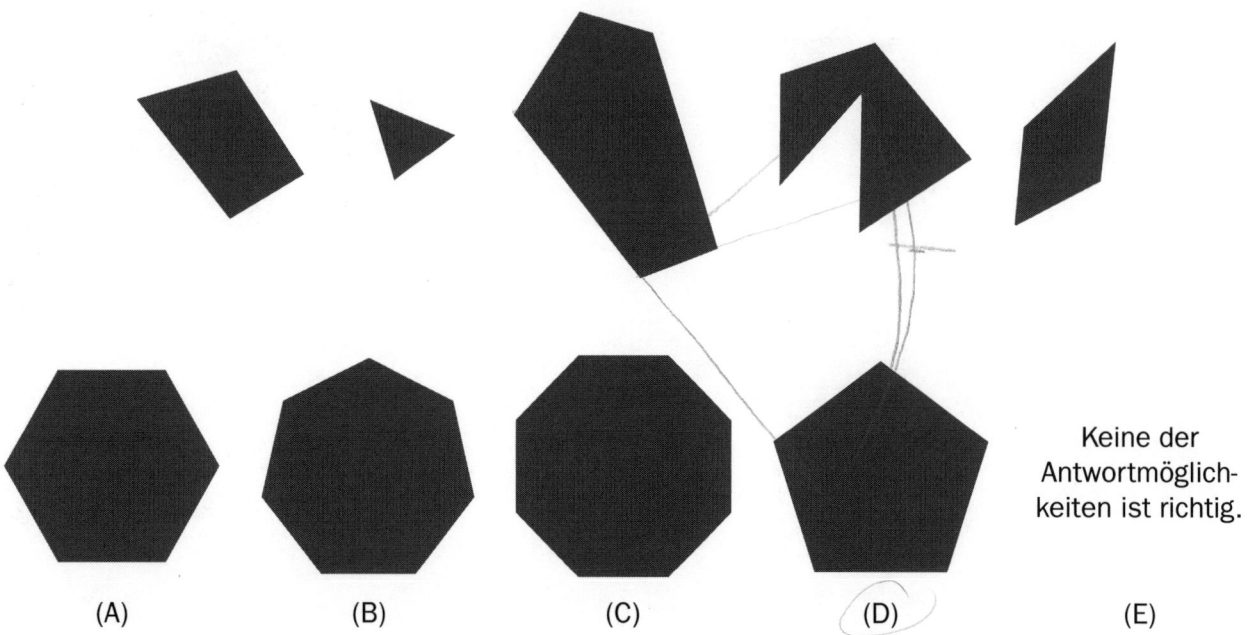

(A)   (B)   (C)   (D)   Keine der Antwortmöglichkeiten ist richtig. (E)

14   Welche Figur lässt sich aus den folgenden Einzelteilen zusammensetzen?

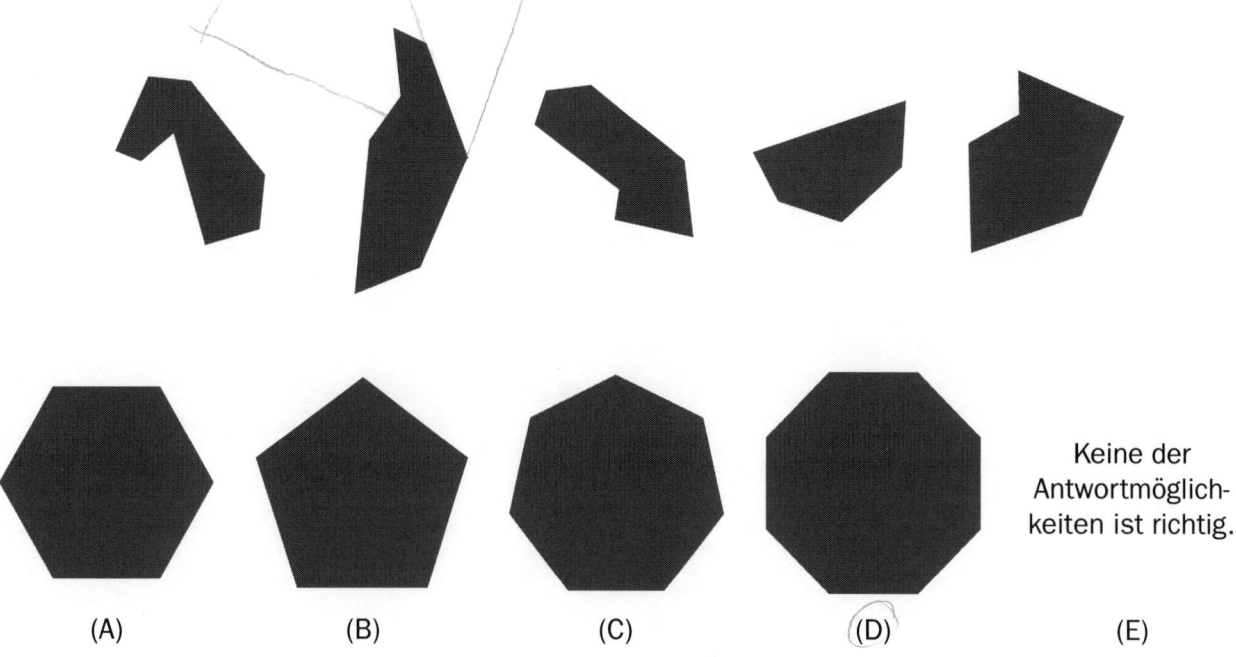

(A)   (B)   (C)   (D)   Keine der Antwortmöglichkeiten ist richtig. (E)

15 Welche Figur lässt sich aus den folgenden Einzelteilen zusammensetzen?

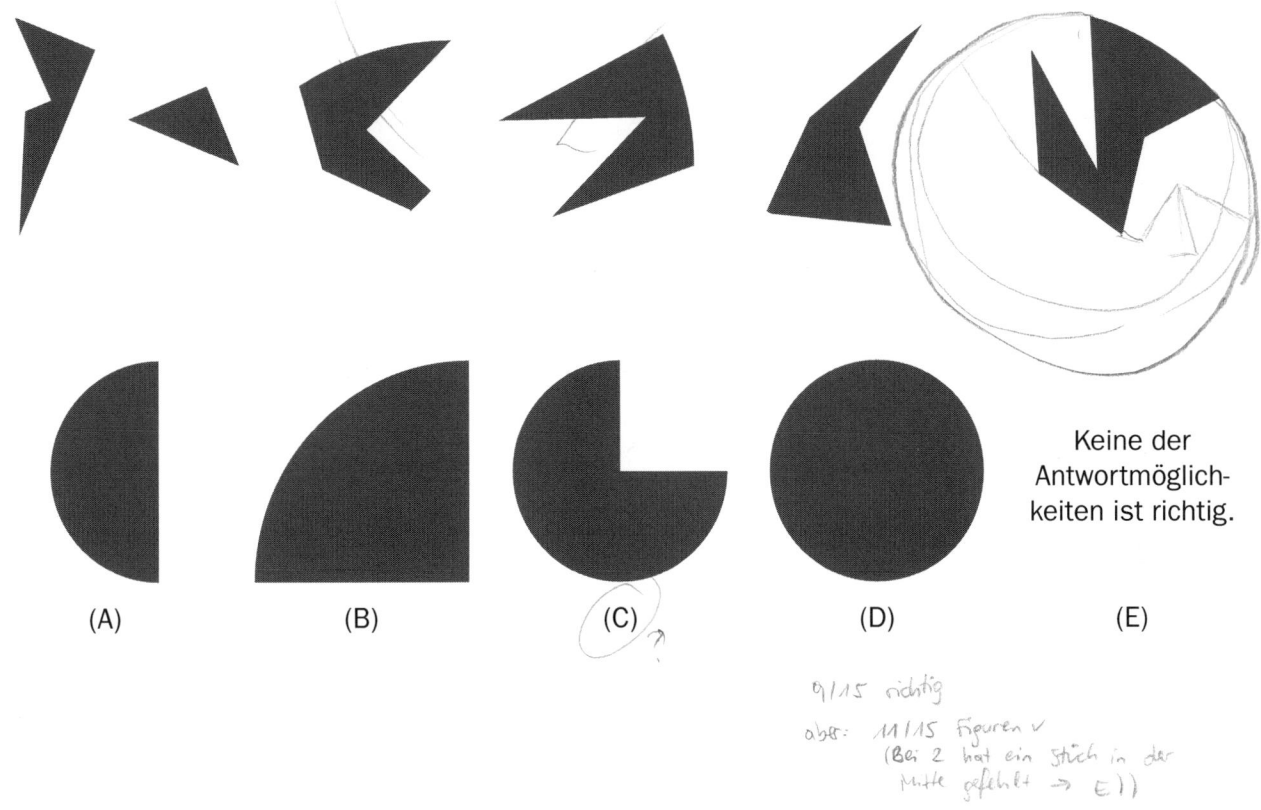

(A) (B) (C) (D) (E) Keine der Antwortmöglichkeiten ist richtig.

Testset 2
Anzahl der Aufgaben: 15, Bearbeitungszeit: 20 Minuten

1 Welche Figur lässt sich aus den folgenden Einzelteilen zusammensetzen?

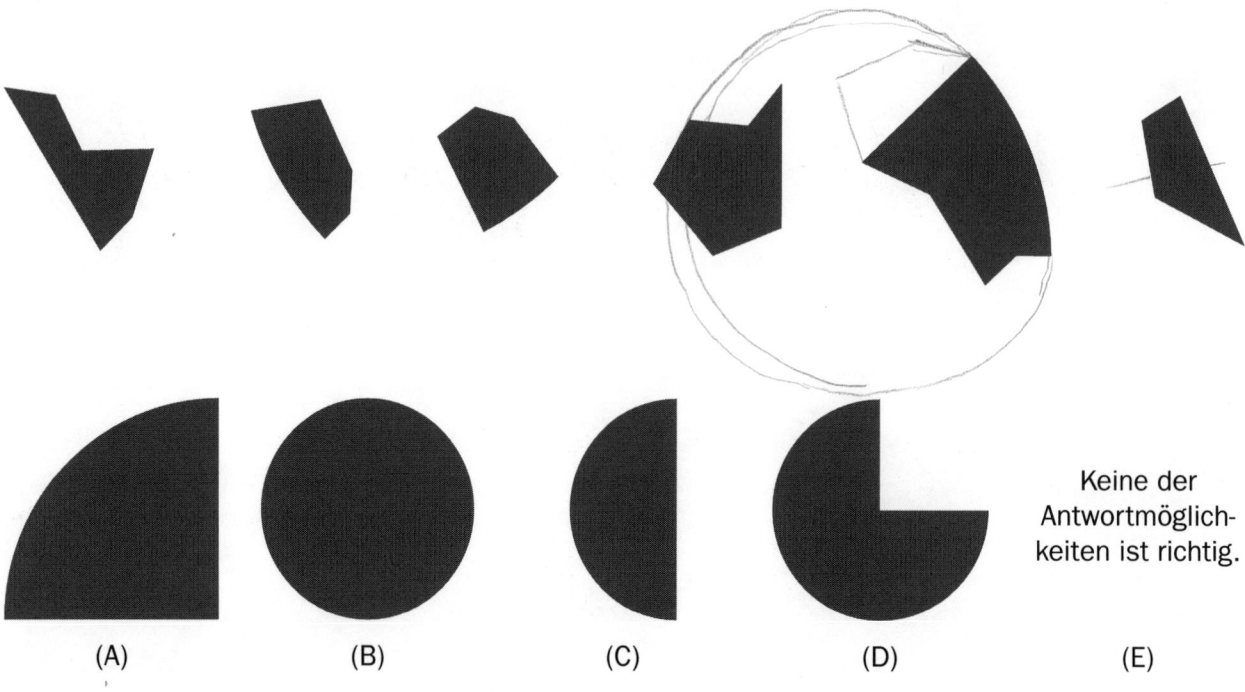

(A) (B) (C) (D) Keine der Antwortmöglichkeiten ist richtig. (E)

2 Welche Figur lässt sich aus den folgenden Einzelteilen zusammensetzen?

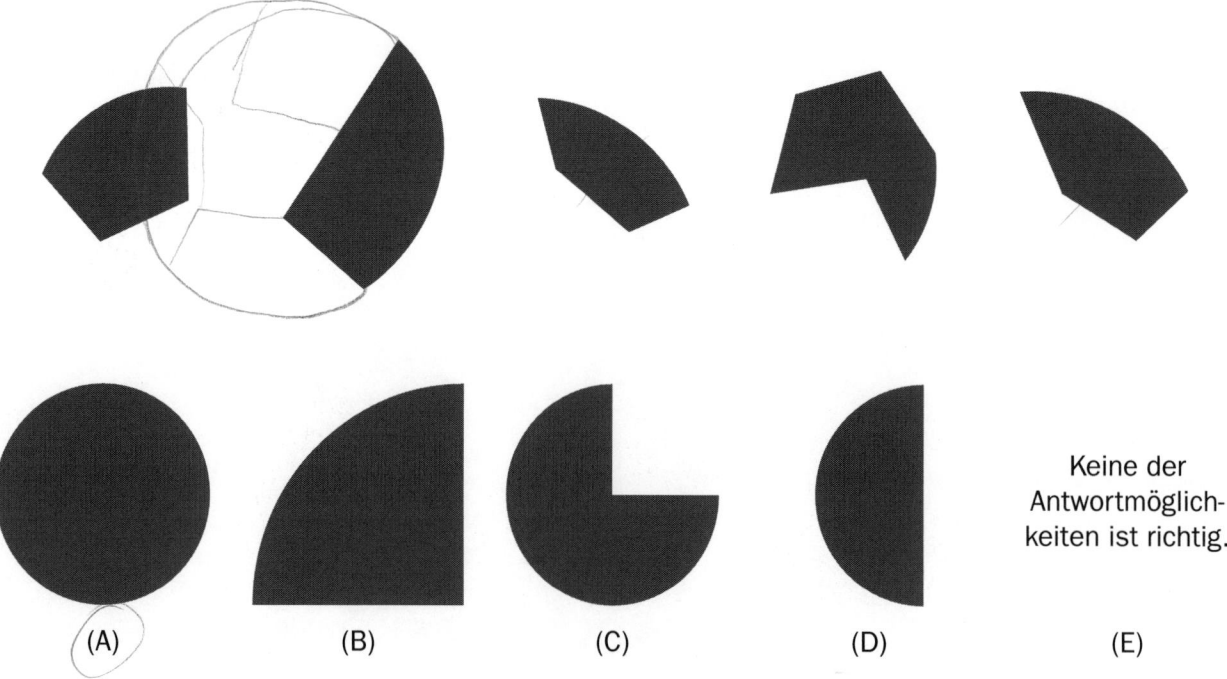

(A) (B) (C) (D) Keine der Antwortmöglichkeiten ist richtig. (E)

3 Welche Figur lässt sich aus den folgenden Einzelteilen zusammensetzen?

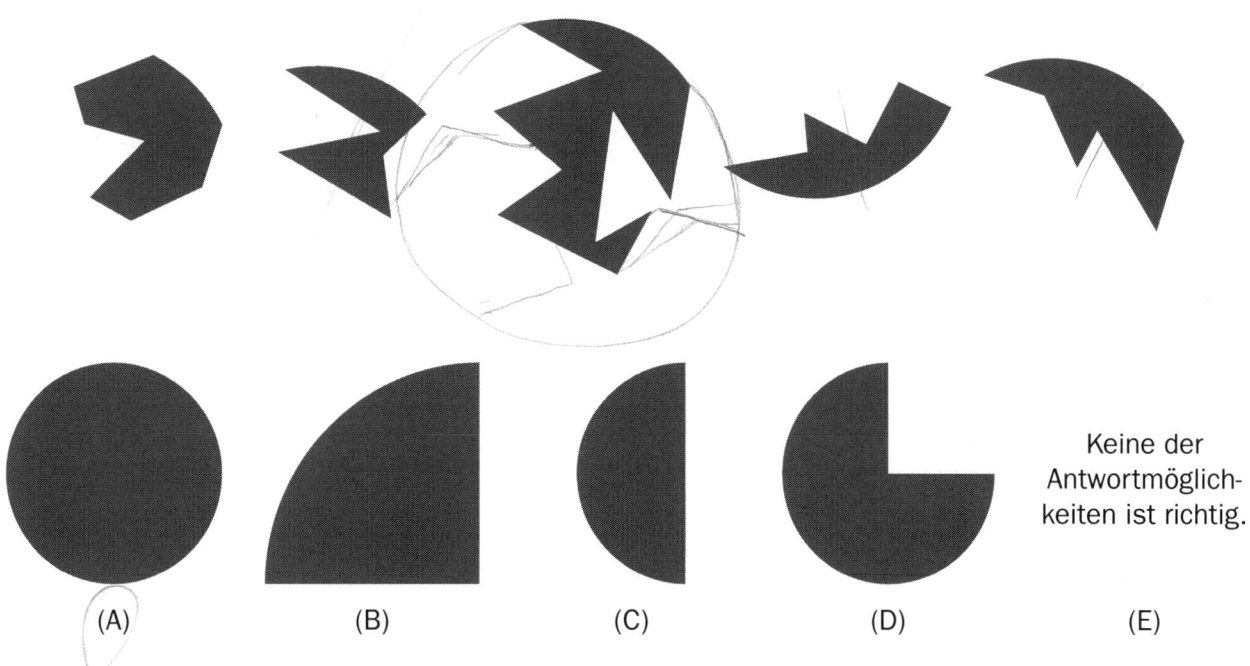

(A)   (B)   (C)   (D)   (E) Keine der Antwortmöglichkeiten ist richtig.

4 Welche Figur lässt sich aus den folgenden Einzelteilen zusammensetzen?

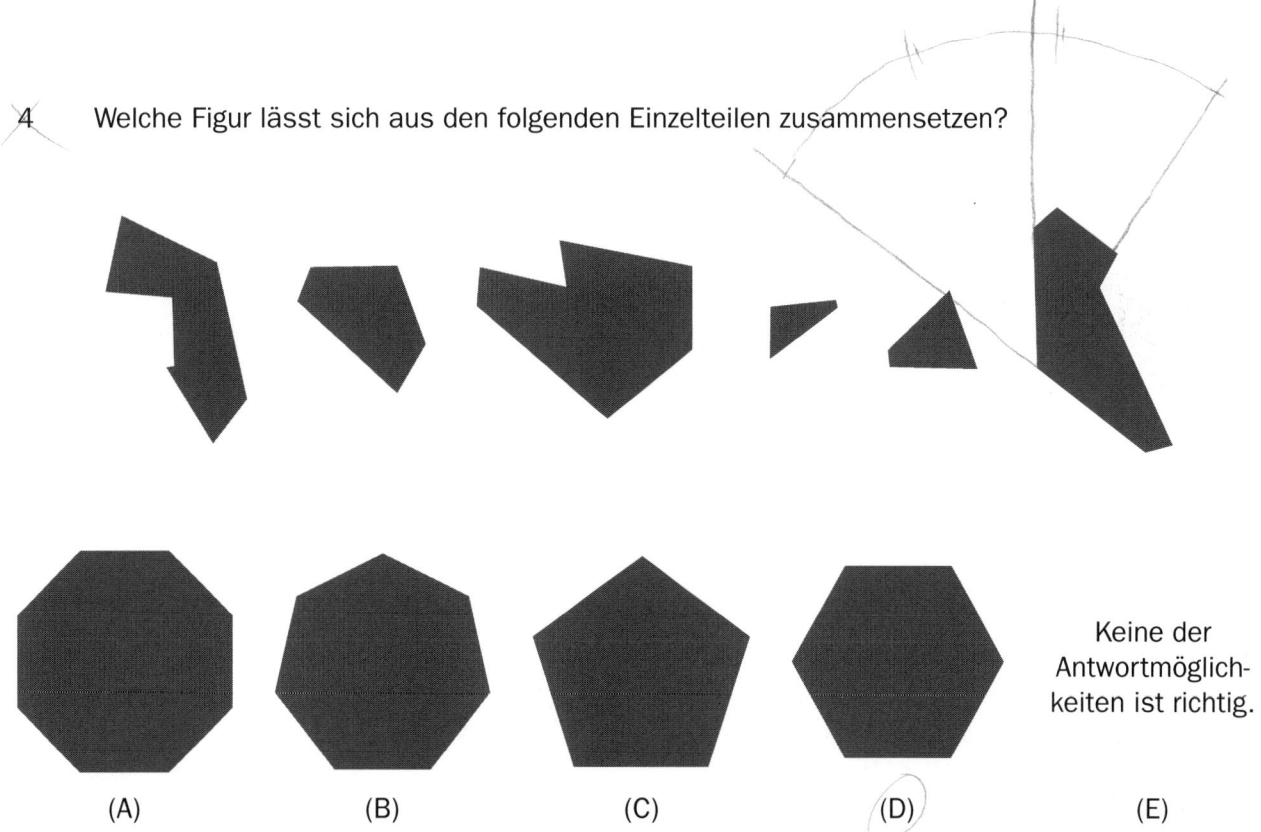

(A)   (B)   (C)   (D)   (E) Keine der Antwortmöglichkeiten ist richtig.

5   Welche Figur lässt sich aus den folgenden Einzelteilen zusammensetzen?

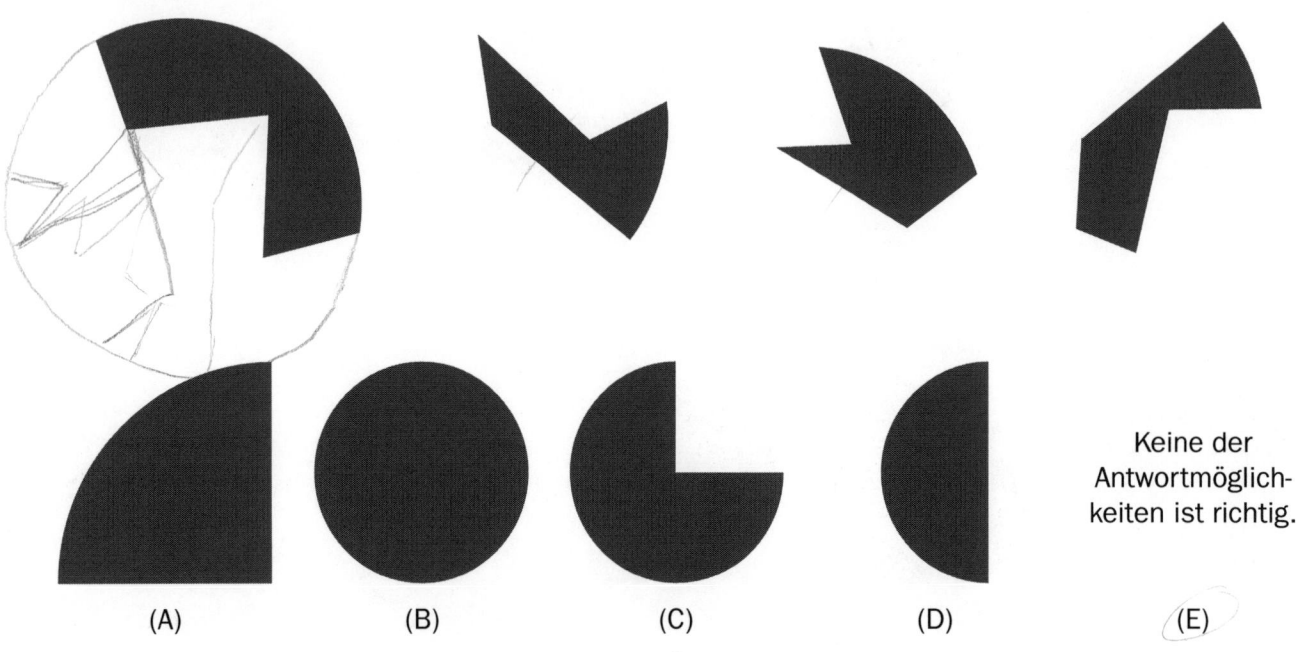

(A)   (B)   (C)   (D)   Keine der Antwortmöglichkeiten ist richtig. (E)

6   Welche Figur lässt sich aus den folgenden Einzelteilen zusammensetzen?

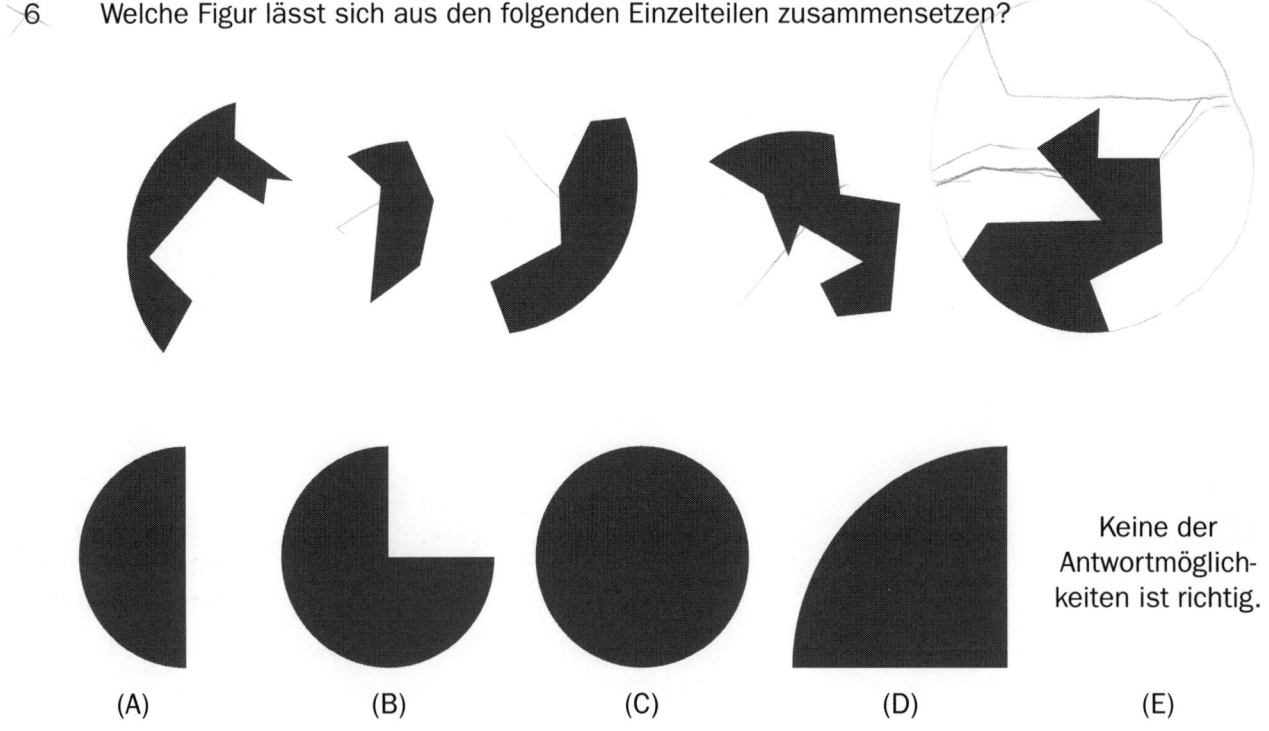

(A)   (B)   (C)   (D)   (E) Keine der Antwortmöglichkeiten ist richtig.

7 Welche Figur lässt sich aus den folgenden Einzelteilen zusammensetzen?

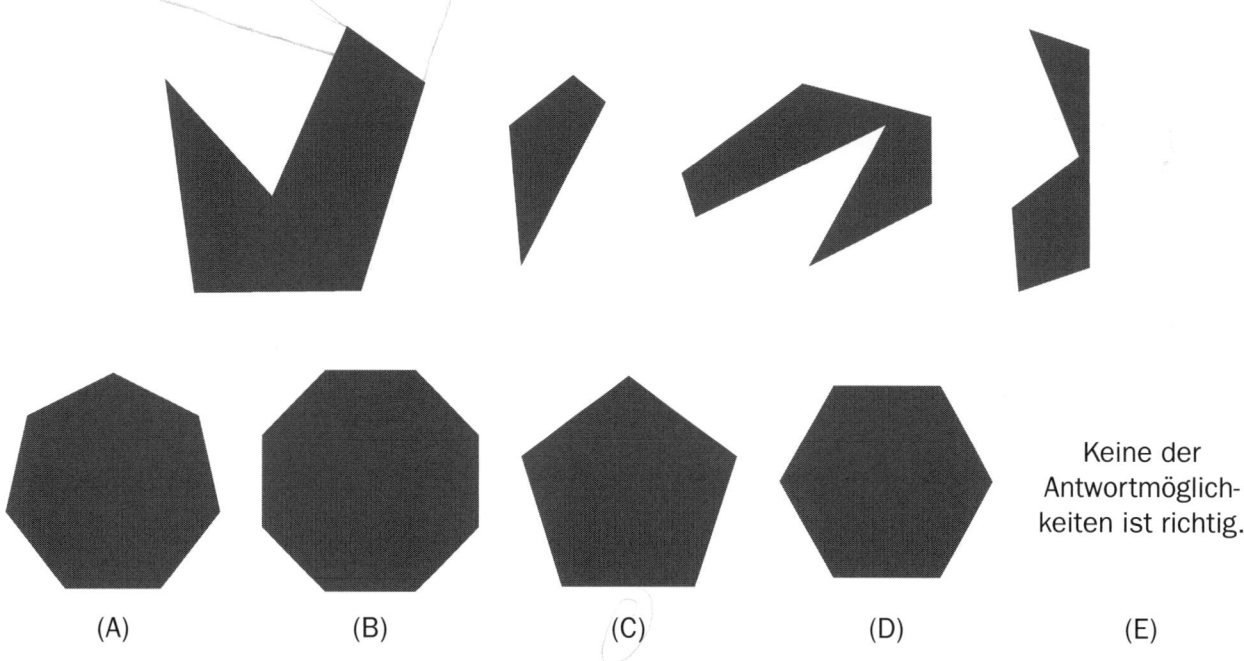

(A) (B) (C) (D) Keine der Antwortmöglichkeiten ist richtig. (E)

8 Welche Figur lässt sich aus den folgenden Einzelteilen zusammensetzen?

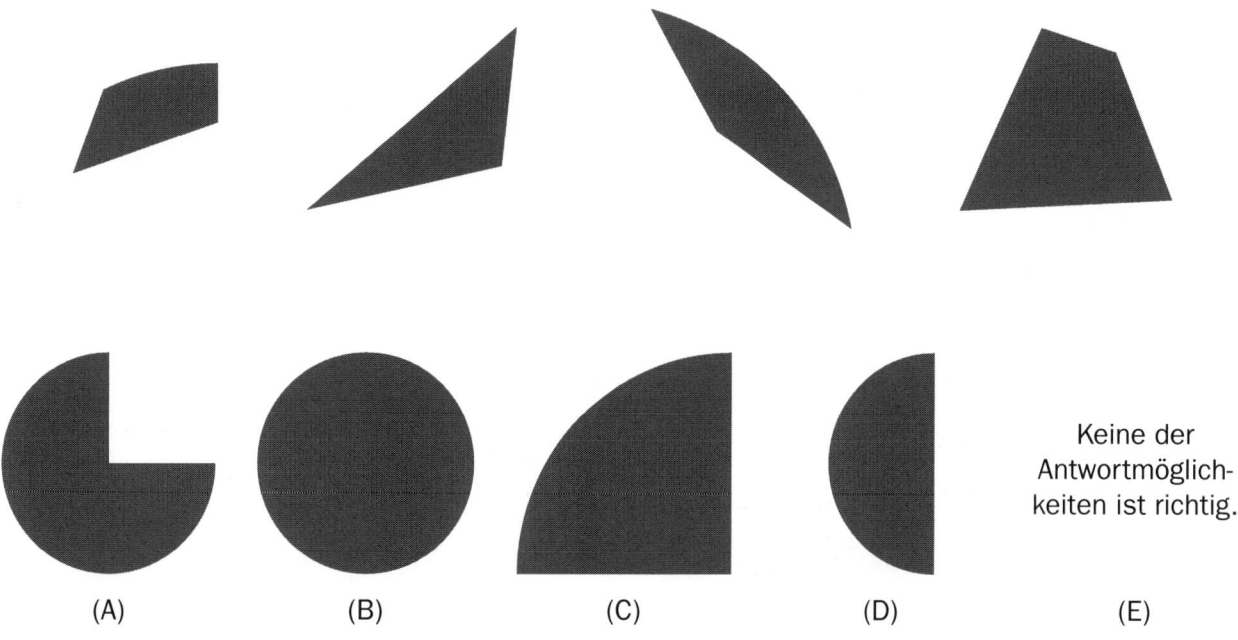

(A) (B) (C) (D) Keine der Antwortmöglichkeiten ist richtig. (E)

9 Welche Figur lässt sich aus den folgenden Einzelteilen zusammensetzen?

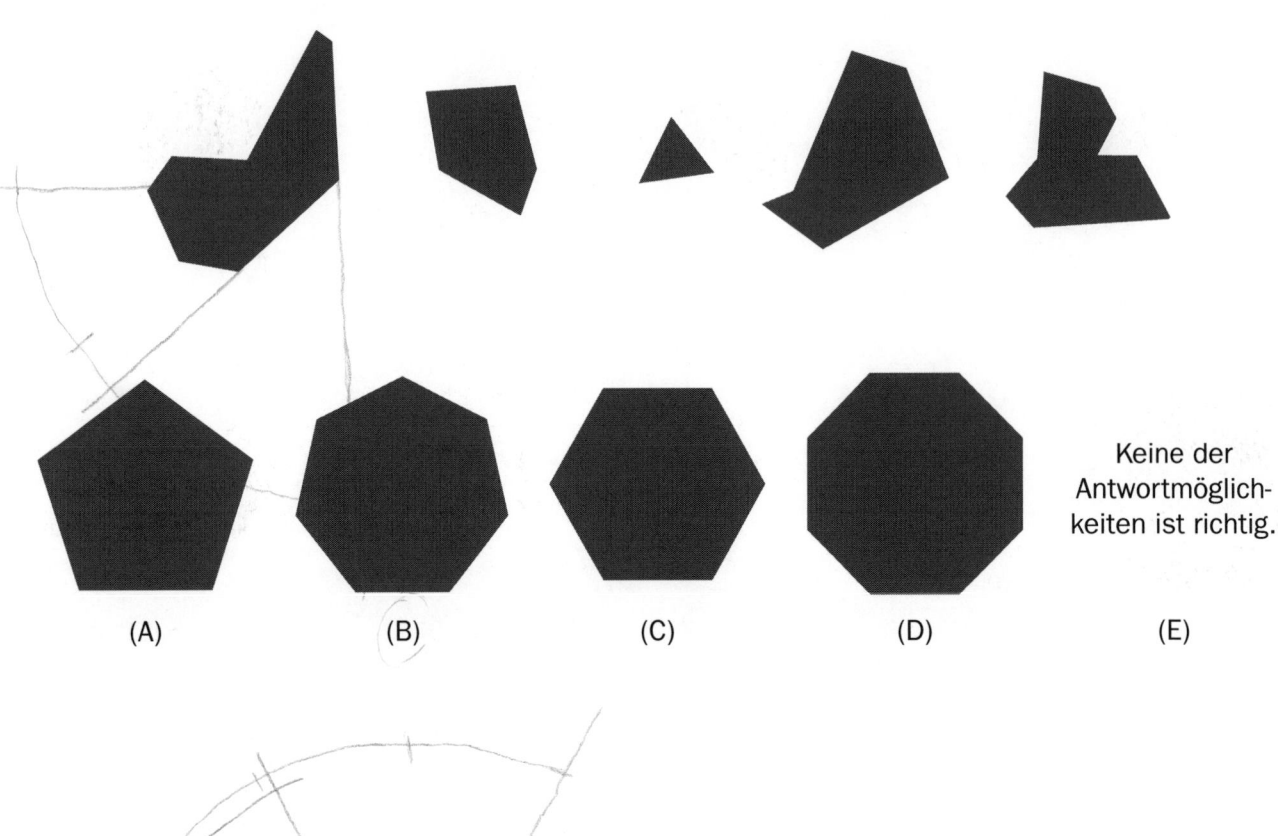

(A)   (B)   (C)   (D)   (E) Keine der Antwortmöglichkeiten ist richtig.

10 Welche Figur lässt sich aus den folgenden Einzelteilen zusammensetzen?

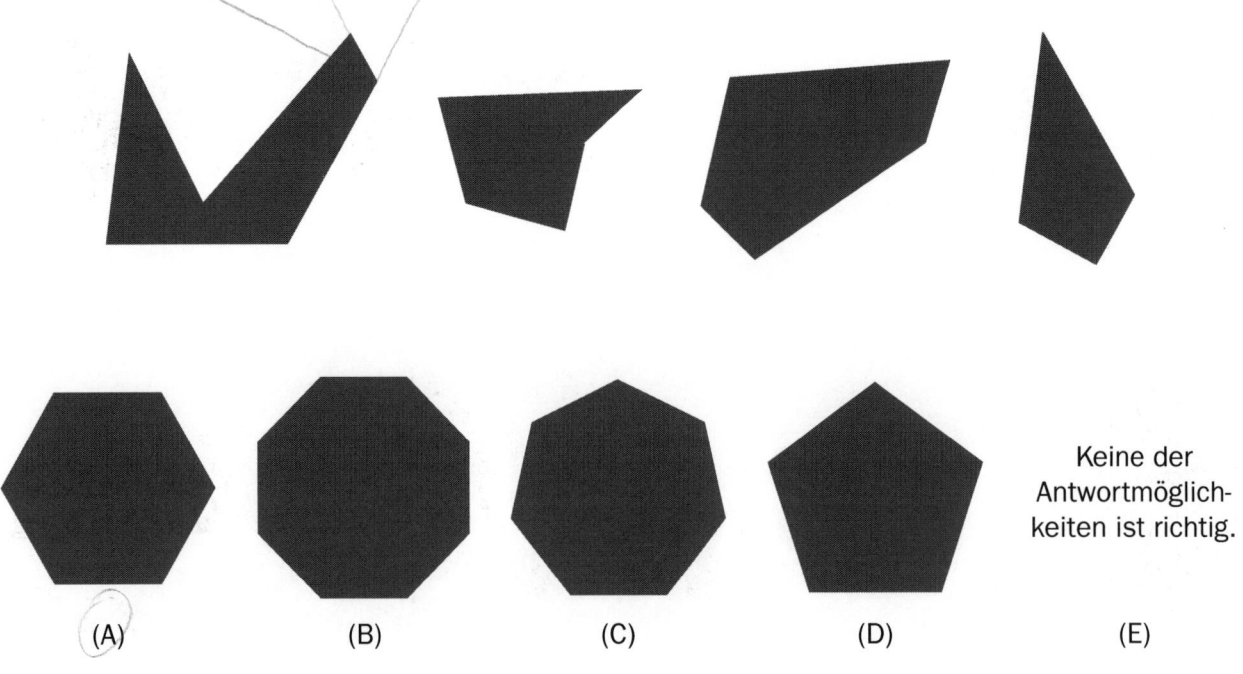

(A)   (B)   (C)   (D)   (E) Keine der Antwortmöglichkeiten ist richtig.

11   Welche Figur lässt sich aus den folgenden Einzelteilen zusammensetzen?

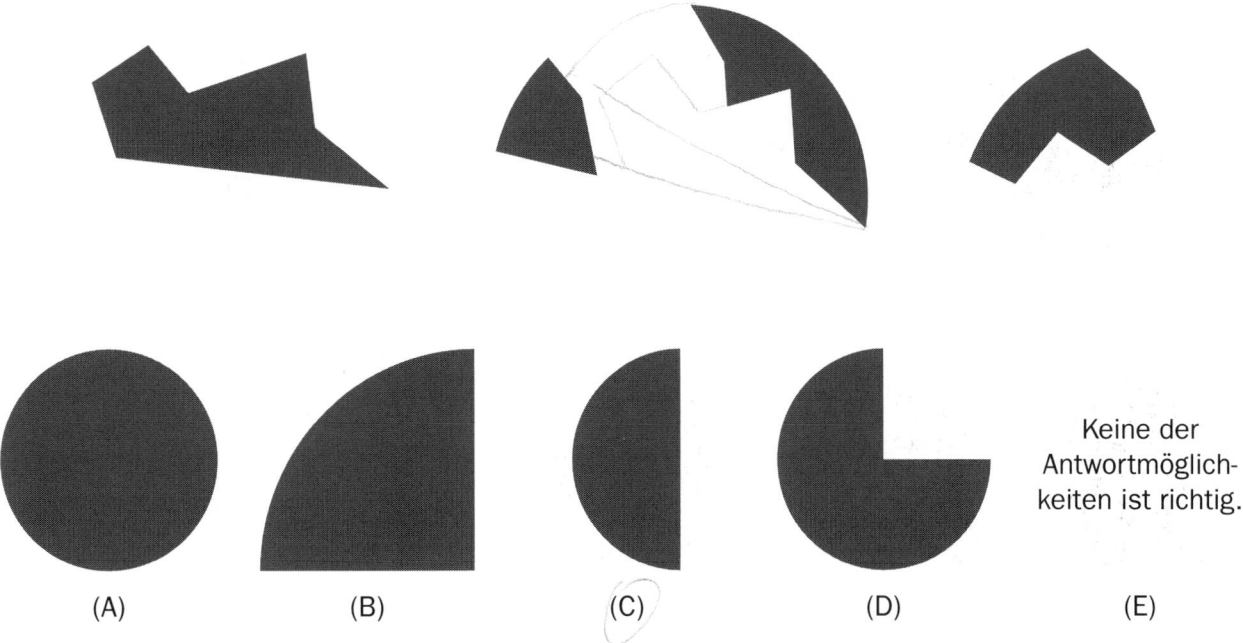

(A)   (B)   (C)   (D)   Keine der Antwortmöglichkeiten ist richtig. (E)

12   Welche Figur lässt sich aus den folgenden Einzelteilen zusammensetzen?

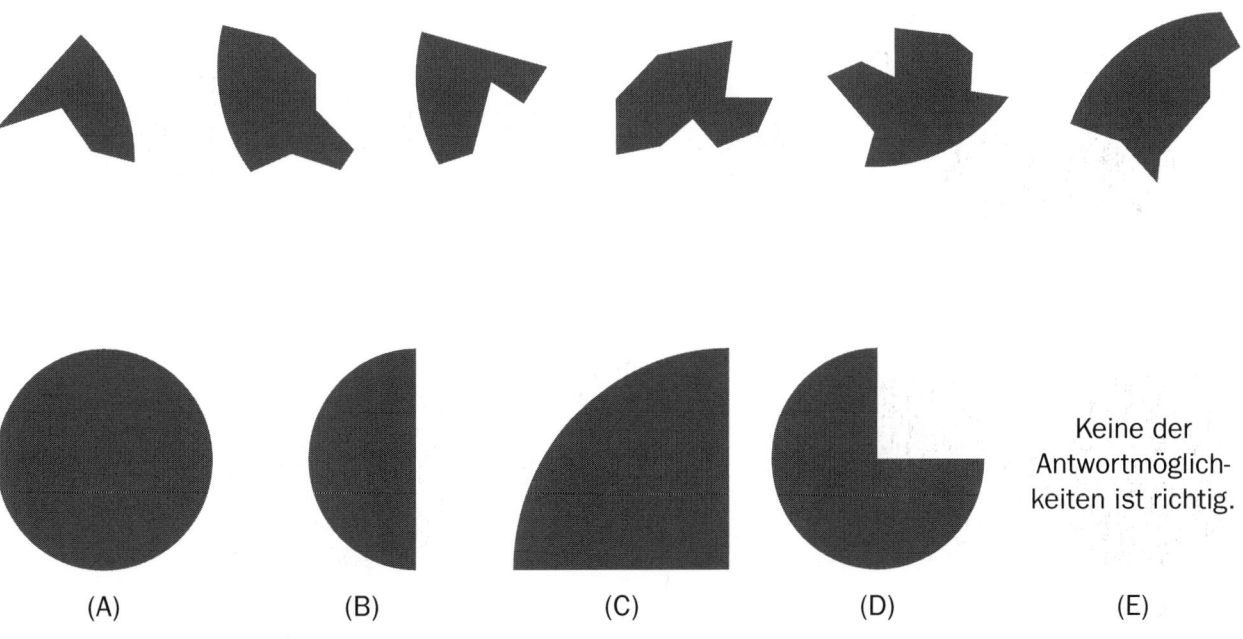

(A)   (B)   (C)   (D)   Keine der Antwortmöglichkeiten ist richtig. (E)

13 Welche Figur lässt sich aus den folgenden Einzelteilen zusammensetzen?

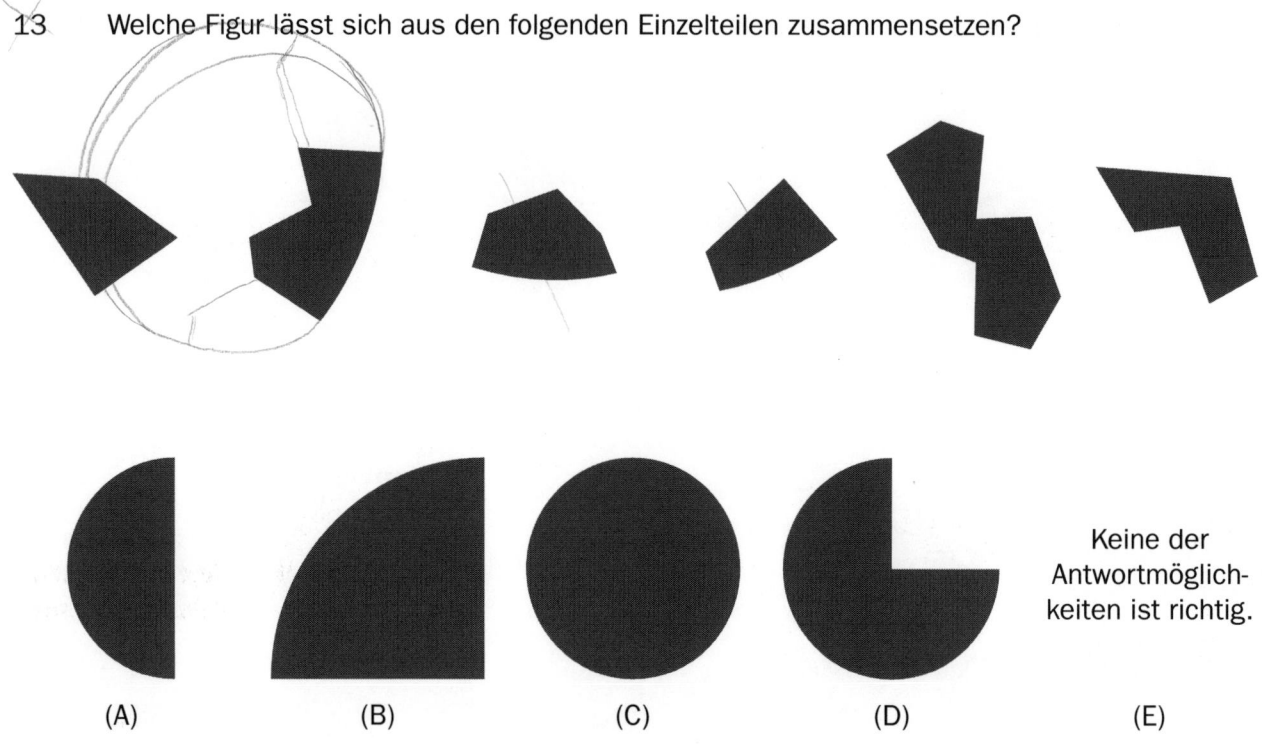

(A)　(B)　(C)　(D)　(E) Keine der Antwortmöglichkeiten ist richtig.

14 Welche Figur lässt sich aus den folgenden Einzelteilen zusammensetzen?

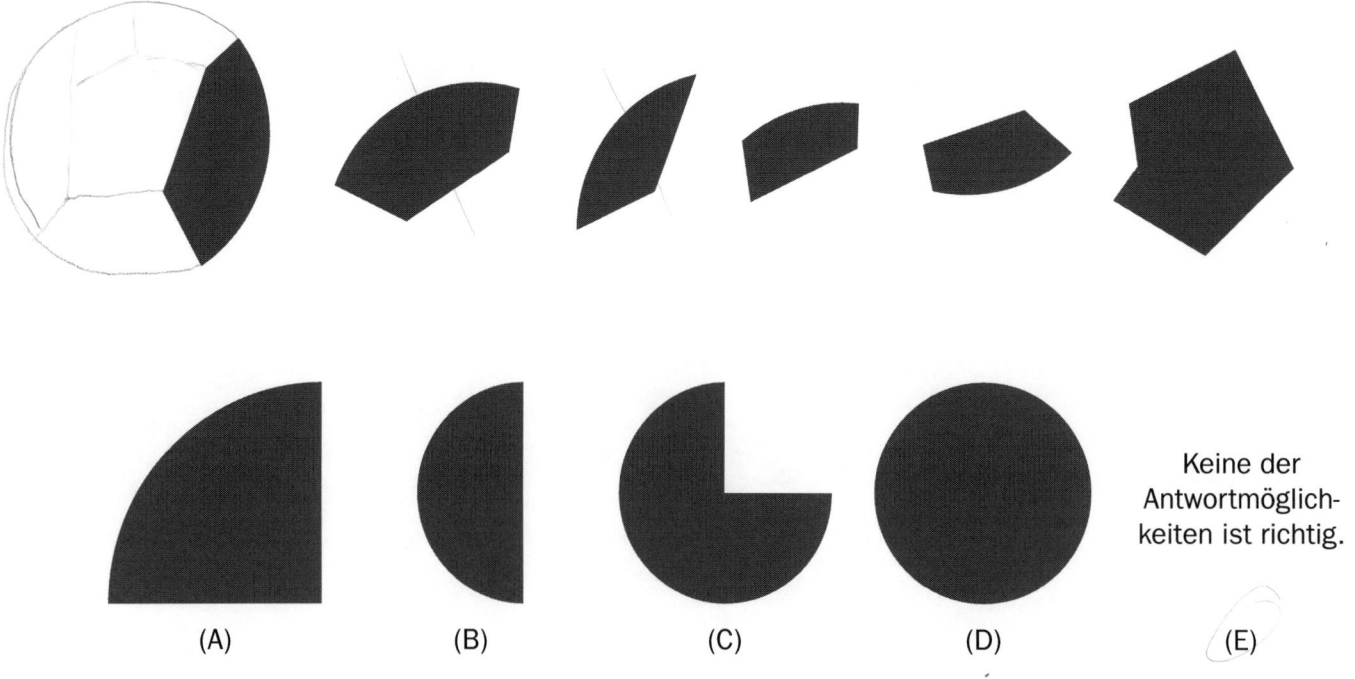

(A)　(B)　(C)　(D)　(E) Keine der Antwortmöglichkeiten ist richtig.

15 Welche Figur lässt sich aus den folgenden Einzelteilen zusammensetzen?

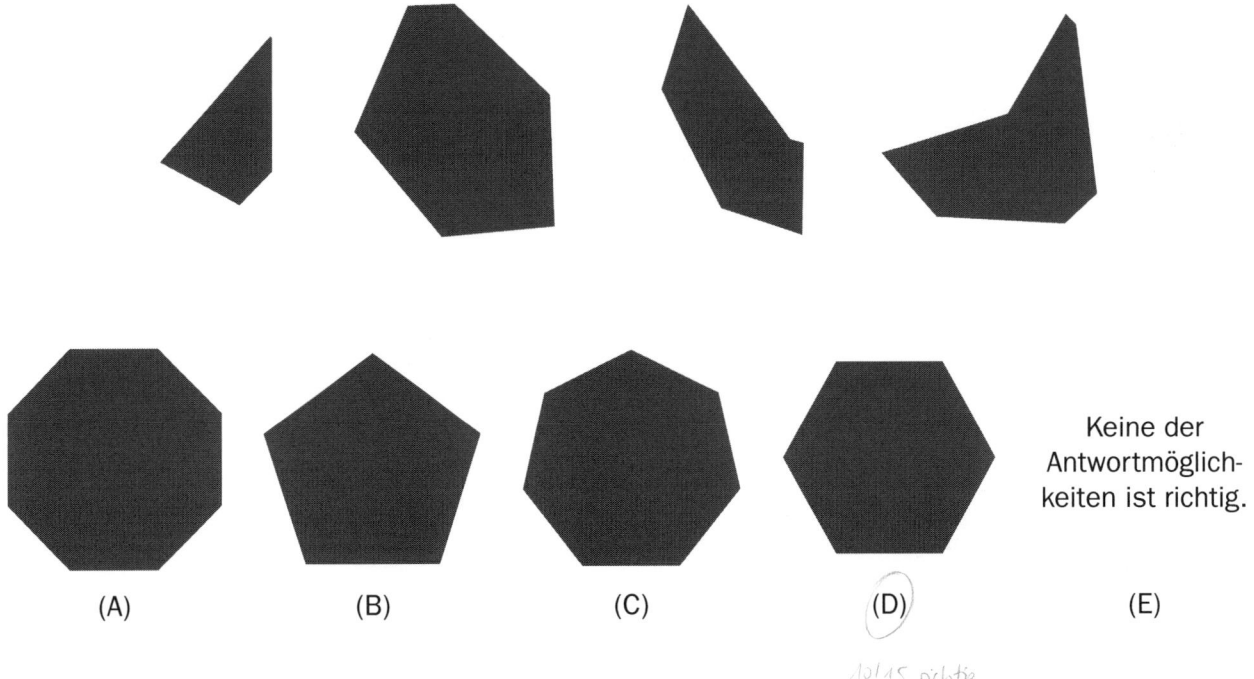

(A)   (B)   (C)   (D)   (E) Keine der Antwortmöglichkeiten ist richtig.

Testset 3
Anzahl der Aufgaben: 15, Bearbeitungszeit: 20 Minuten

1 Welche Figur lässt sich aus den folgenden Einzelteilen zusammensetzen?

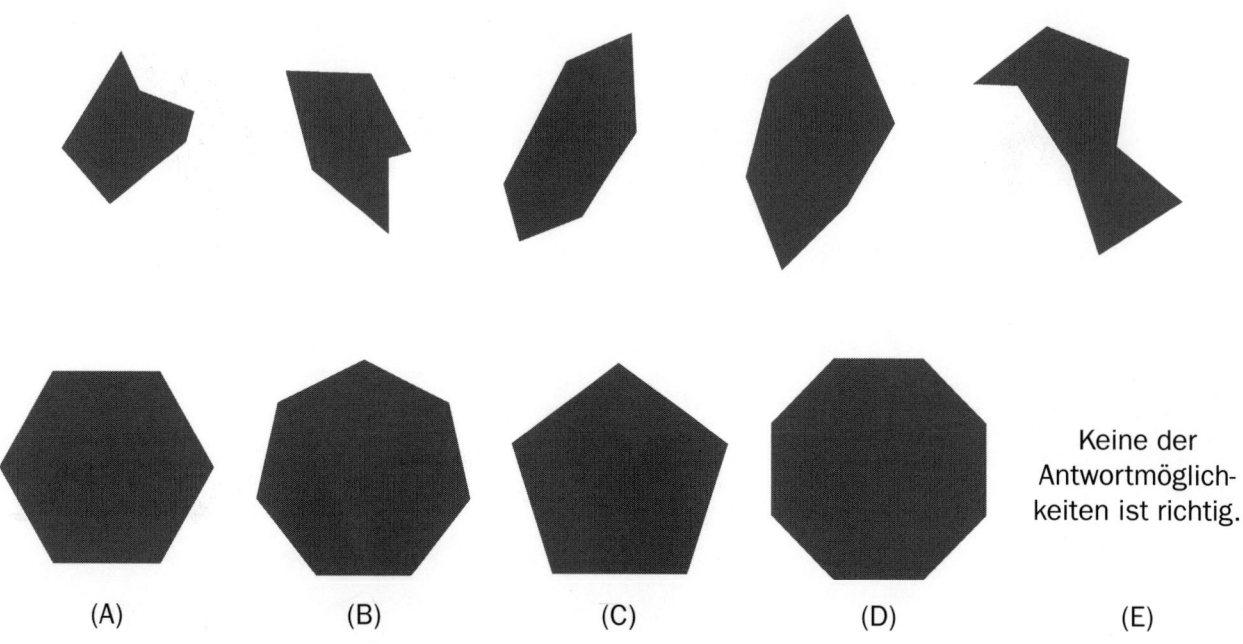

(A)   (B)   (C)   (D)   (E) Keine der Antwortmöglichkeiten ist richtig.

2 Welche Figur lässt sich aus den folgenden Einzelteilen zusammensetzen?

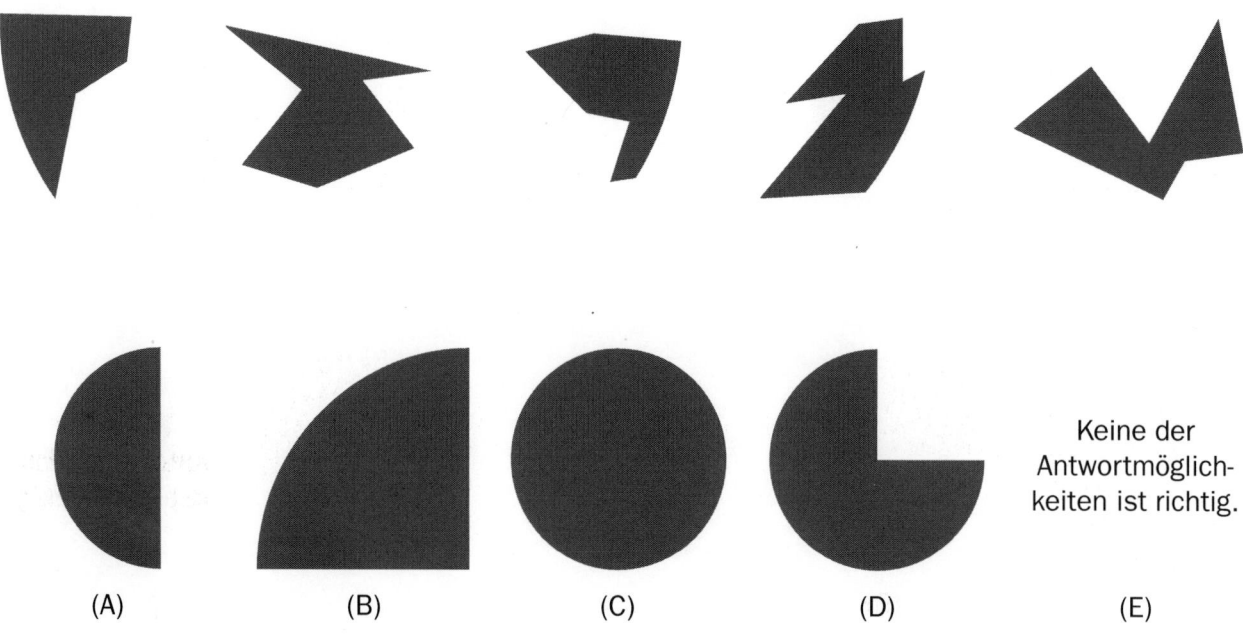

(A)   (B)   (C)   (D)   (E) Keine der Antwortmöglichkeiten ist richtig.

3   Welche Figur lässt sich aus den folgenden Einzelteilen zusammensetzen?

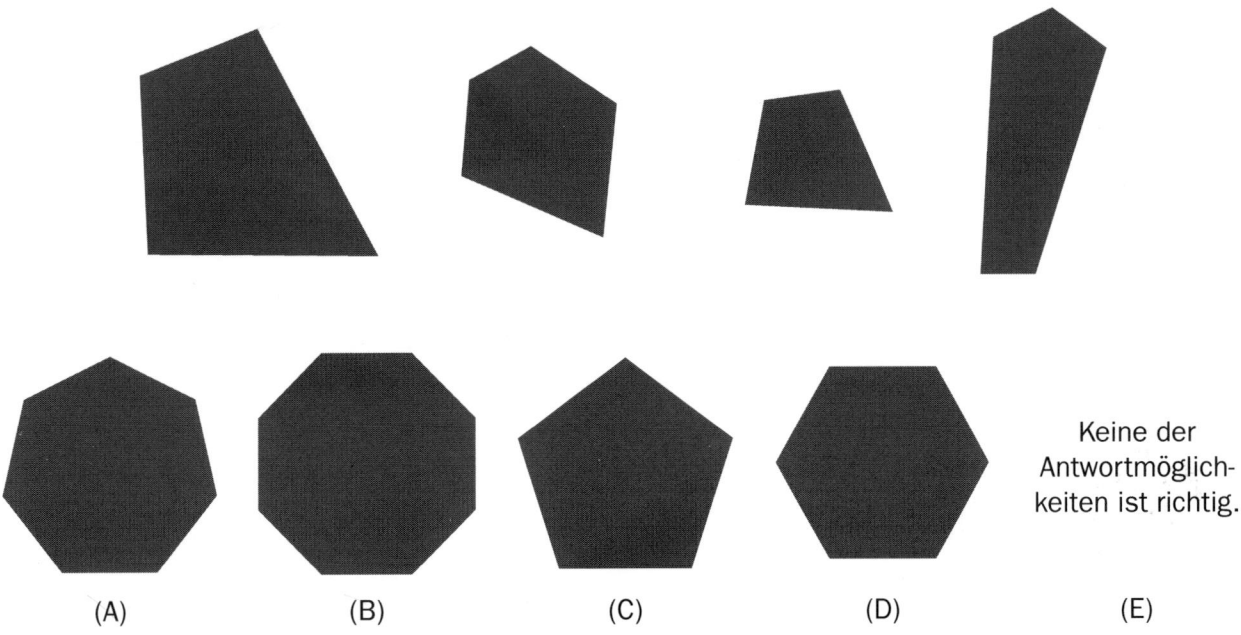

(A)   (B)   (C)   (D)   (E) Keine der Antwortmöglichkeiten ist richtig.

4   Welche Figur lässt sich aus den folgenden Einzelteilen zusammensetzen?

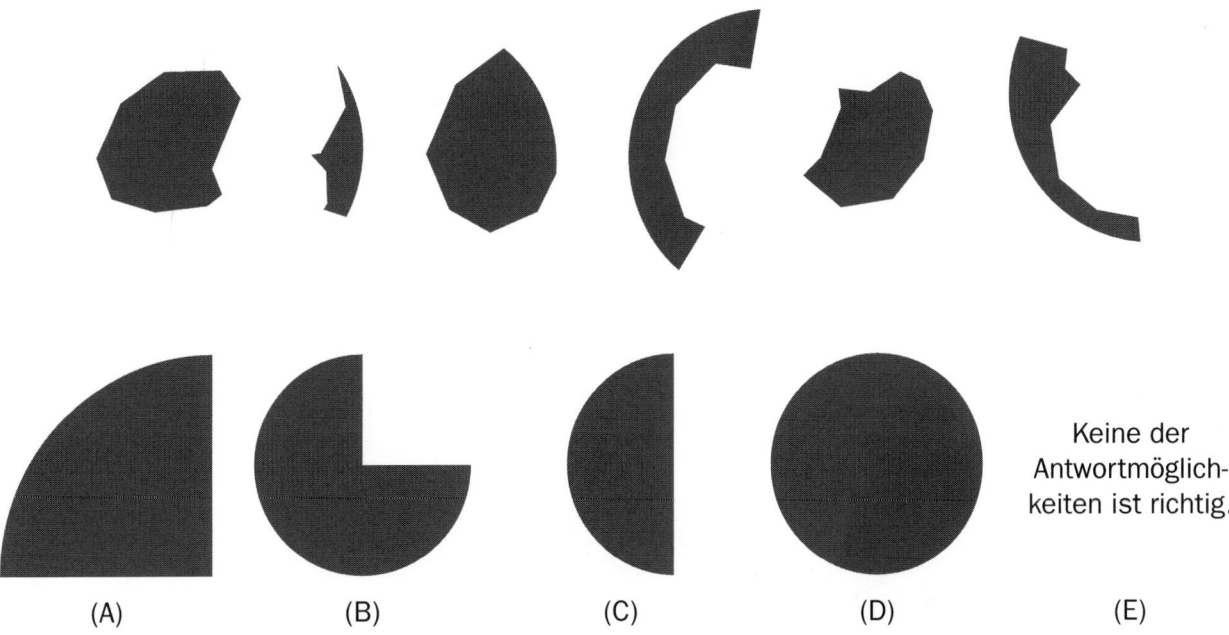

(A)   (B)   (C)   (D)   (E) Keine der Antwortmöglichkeiten ist richtig.

5   Welche Figur lässt sich aus den folgenden Einzelteilen zusammensetzen?

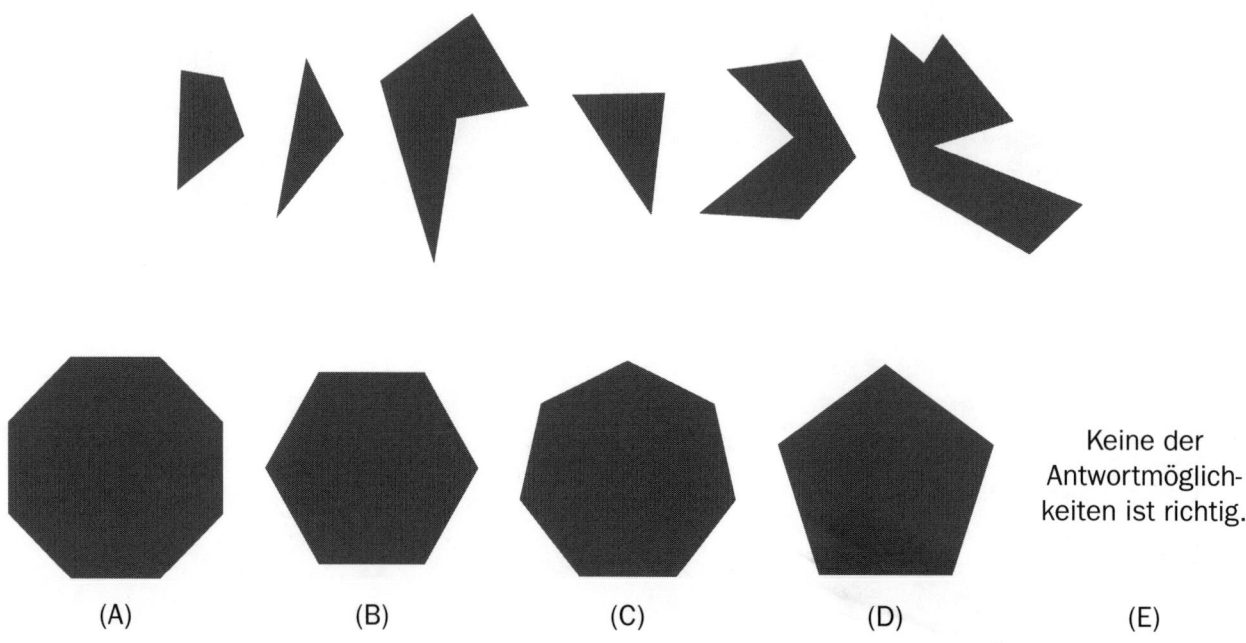

(A)   (B)   (C)   (D)   Keine der Antwortmöglichkeiten ist richtig. (E)

6   Welche Figur lässt sich aus den folgenden Einzelteilen zusammensetzen?

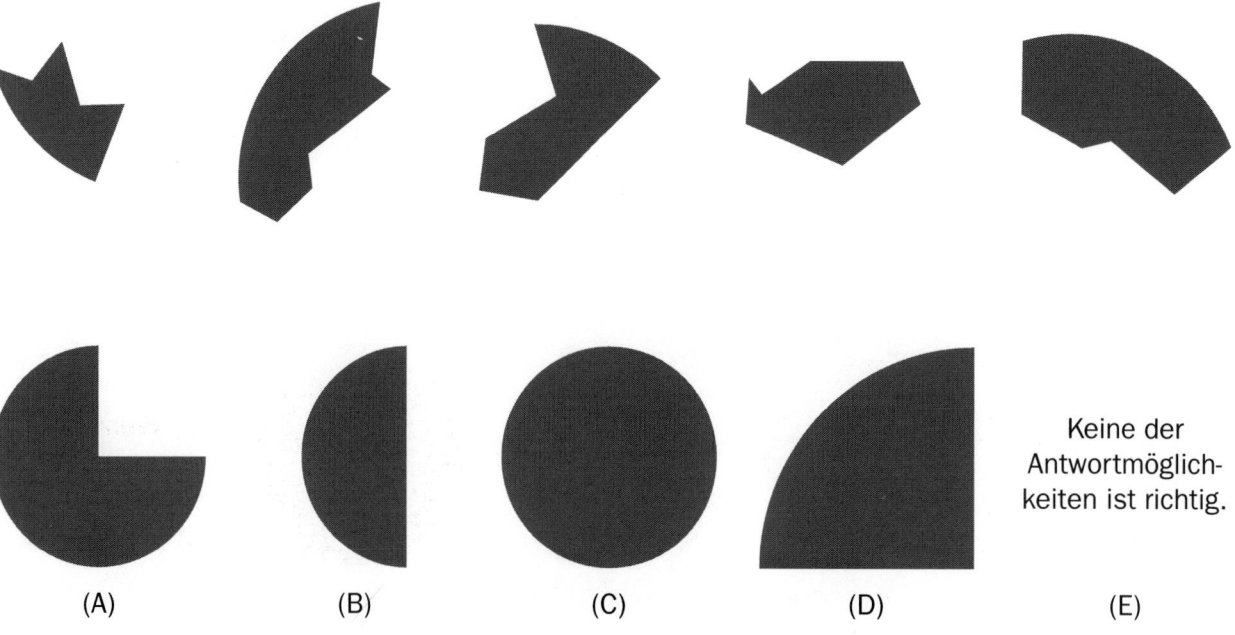

(A)   (B)   (C)   (D)   Keine der Antwortmöglichkeiten ist richtig. (E)

7   Welche Figur lässt sich aus den folgenden Einzelteilen zusammensetzen?

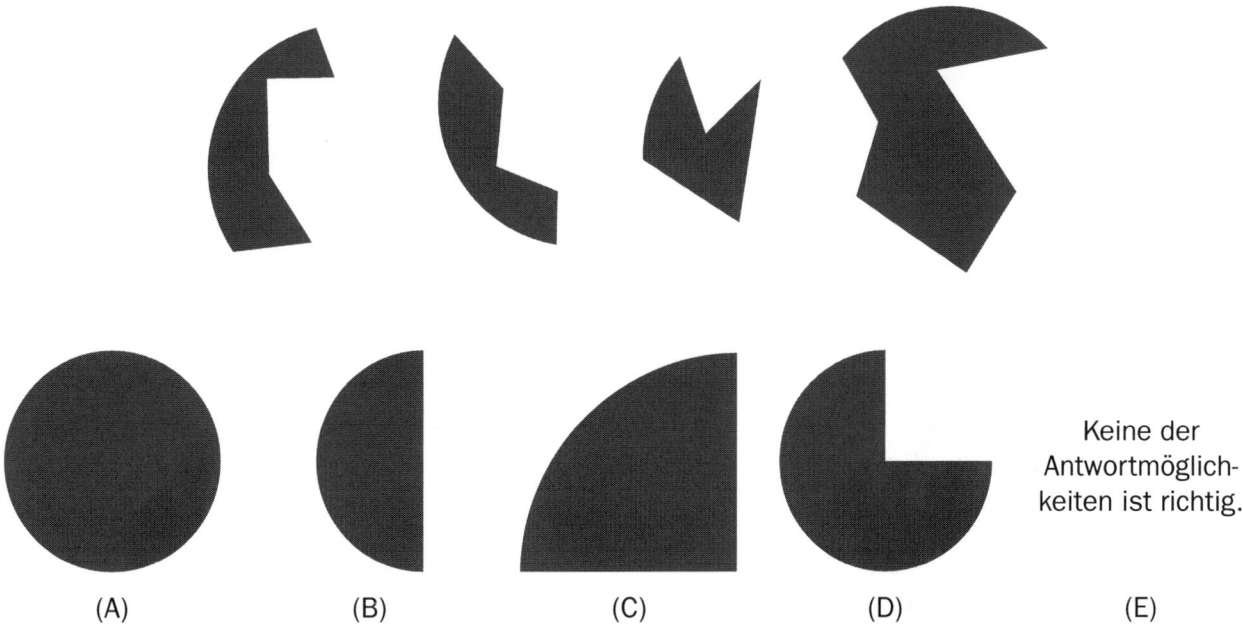

(A)   (B)   (C)   (D)   (E) Keine der Antwortmöglichkeiten ist richtig.

8   Welche Figur lässt sich aus den folgenden Einzelteilen zusammensetzen?

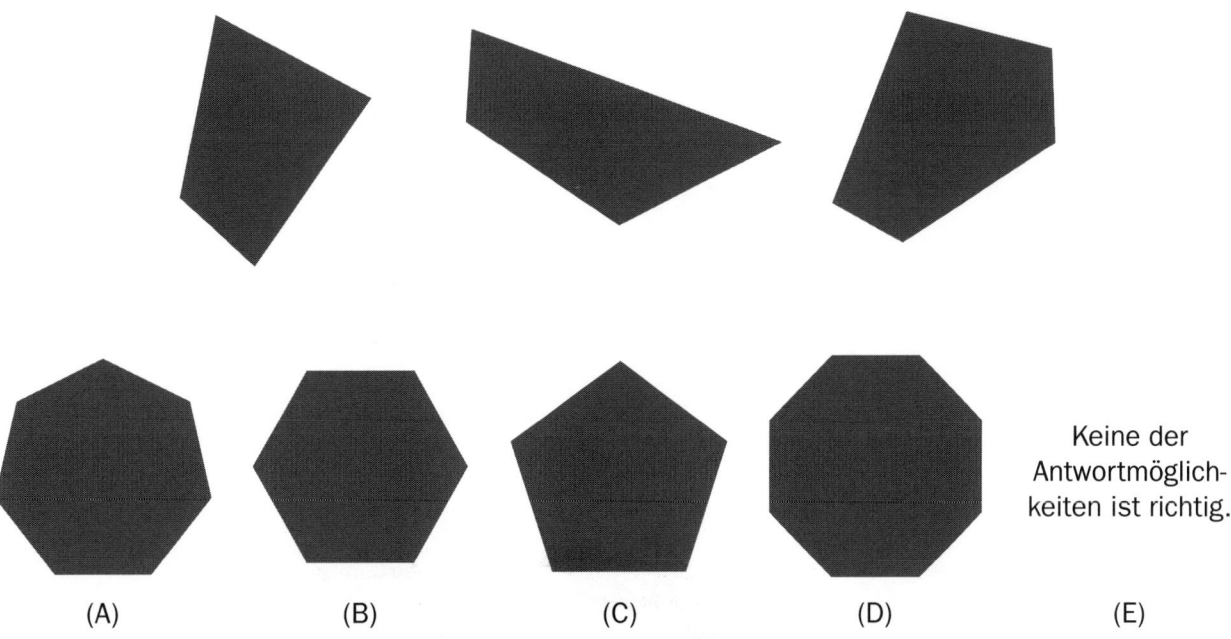

(A)   (B)   (C)   (D)   (E) Keine der Antwortmöglichkeiten ist richtig.

9   Welche Figur lässt sich aus den folgenden Einzelteilen zusammensetzen?

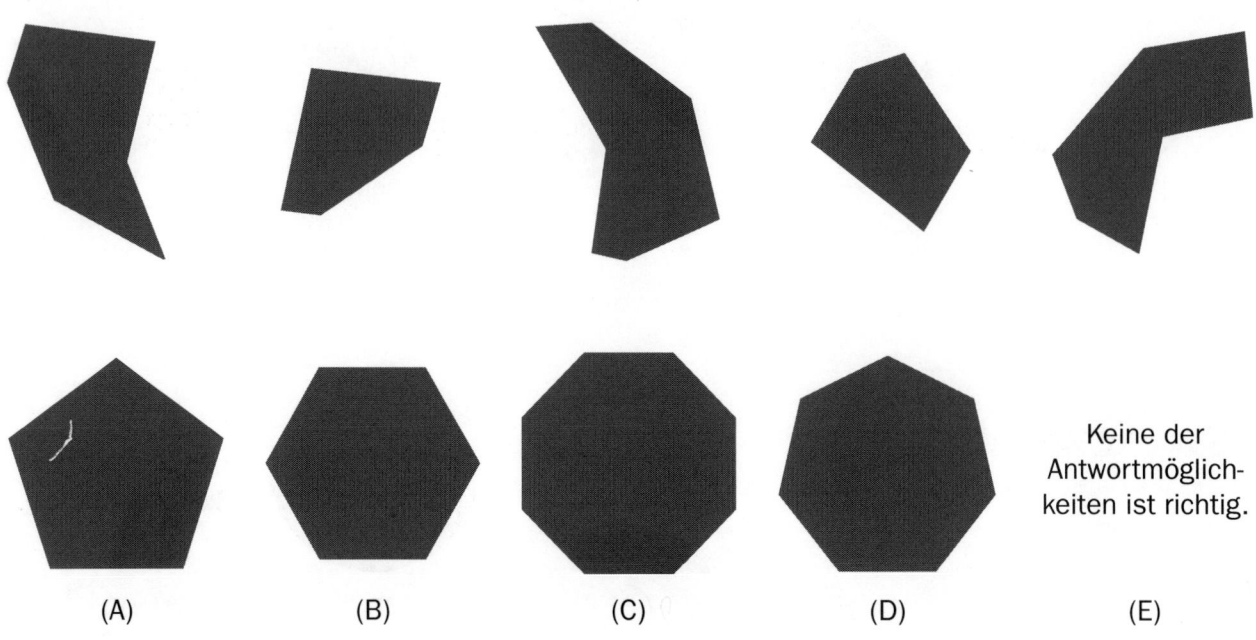

(A)   (B)   (C)   (D)   Keine der Antwortmöglichkeiten ist richtig. (E)

10   Welche Figur lässt sich aus den folgenden Einzelteilen zusammensetzen?

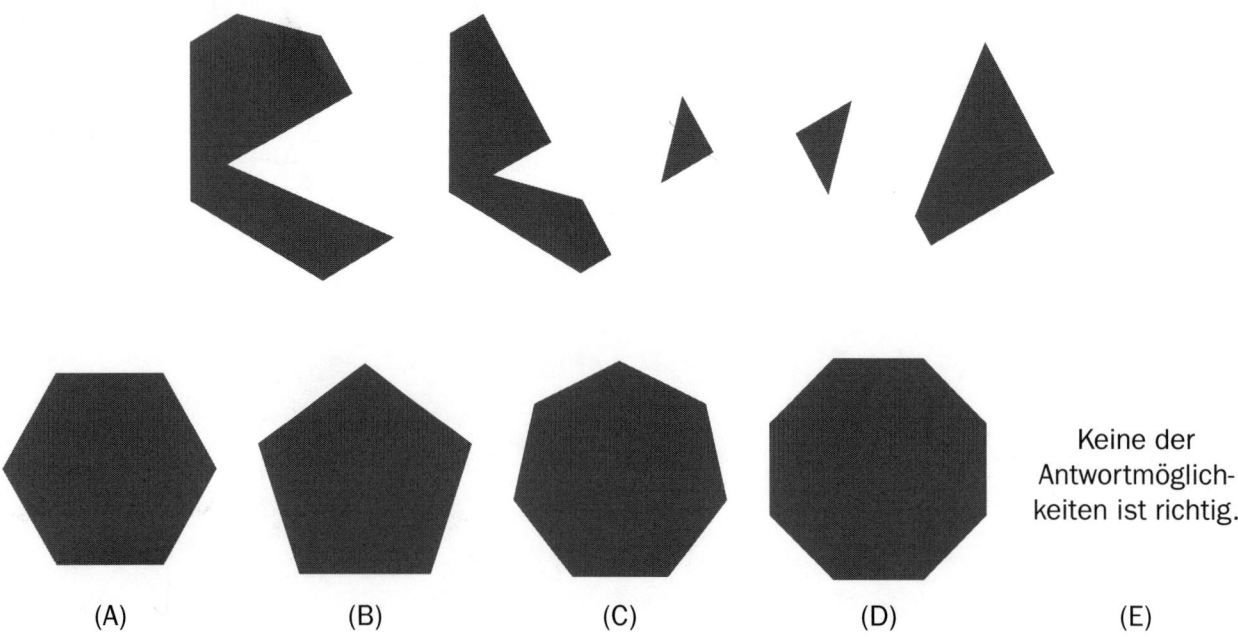

(A)   (B)   (C)   (D)   Keine der Antwortmöglichkeiten ist richtig. (E)

11 Welche Figur lässt sich aus den folgenden Einzelteilen zusammensetzen?

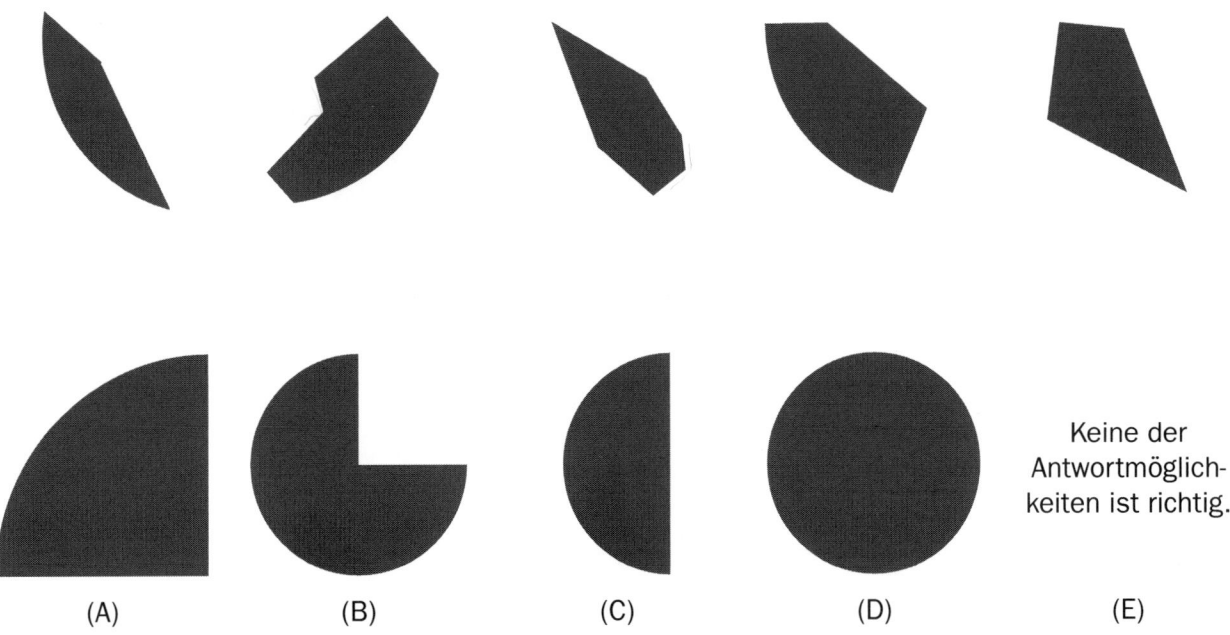

(A) (B) (C) (D) (E) Keine der Antwortmöglichkeiten ist richtig.

12 Welche Figur lässt sich aus den folgenden Einzelteilen zusammensetzen?

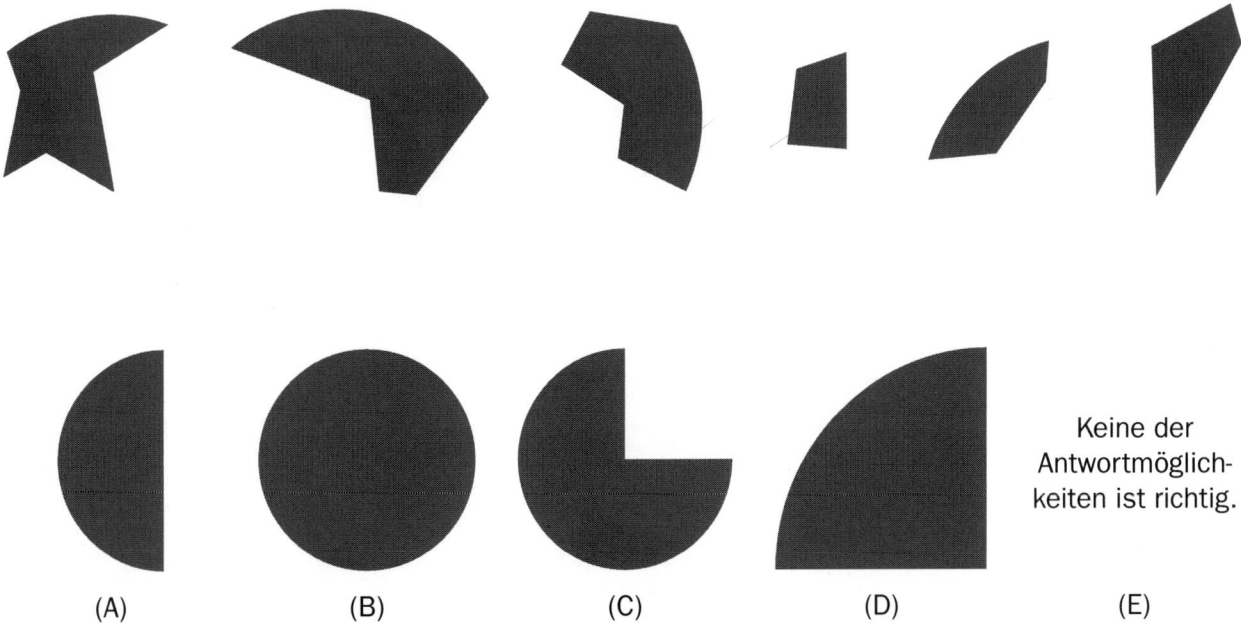

(A) (B) (C) (D) (E) Keine der Antwortmöglichkeiten ist richtig.

13 Welche Figur lässt sich aus den folgenden Einzelteilen zusammensetzen?

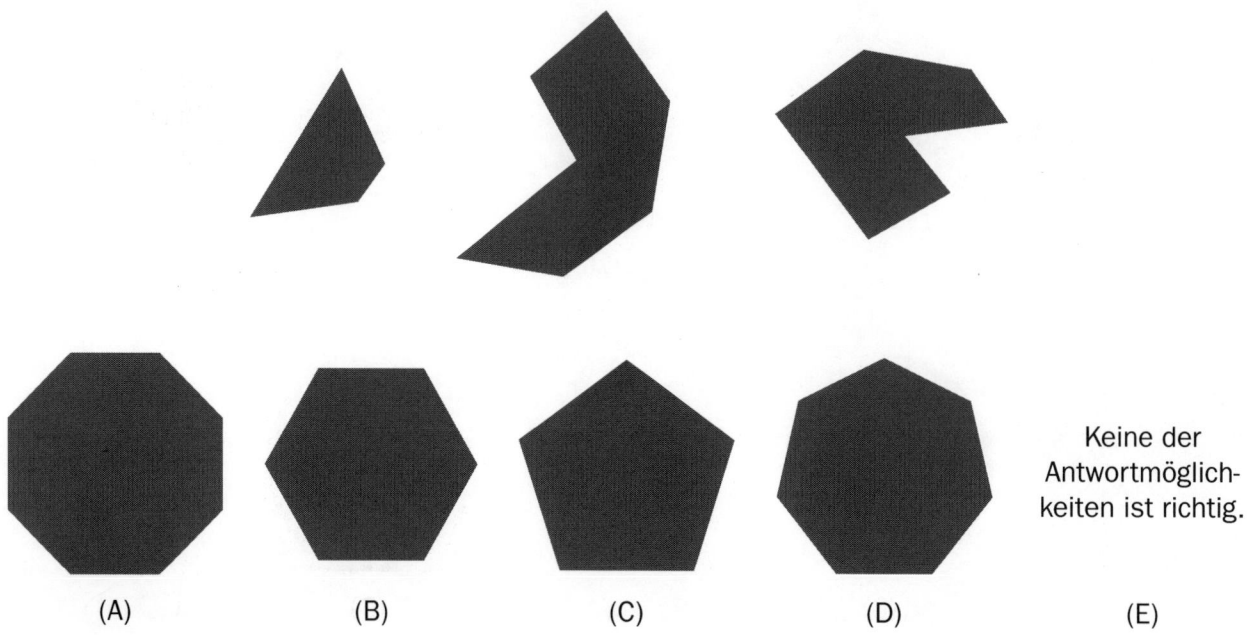

(A) (B) (C) (D) Keine der Antwortmöglichkeiten ist richtig. (E)

14 Welche Figur lässt sich aus den folgenden Einzelteilen zusammensetzen?

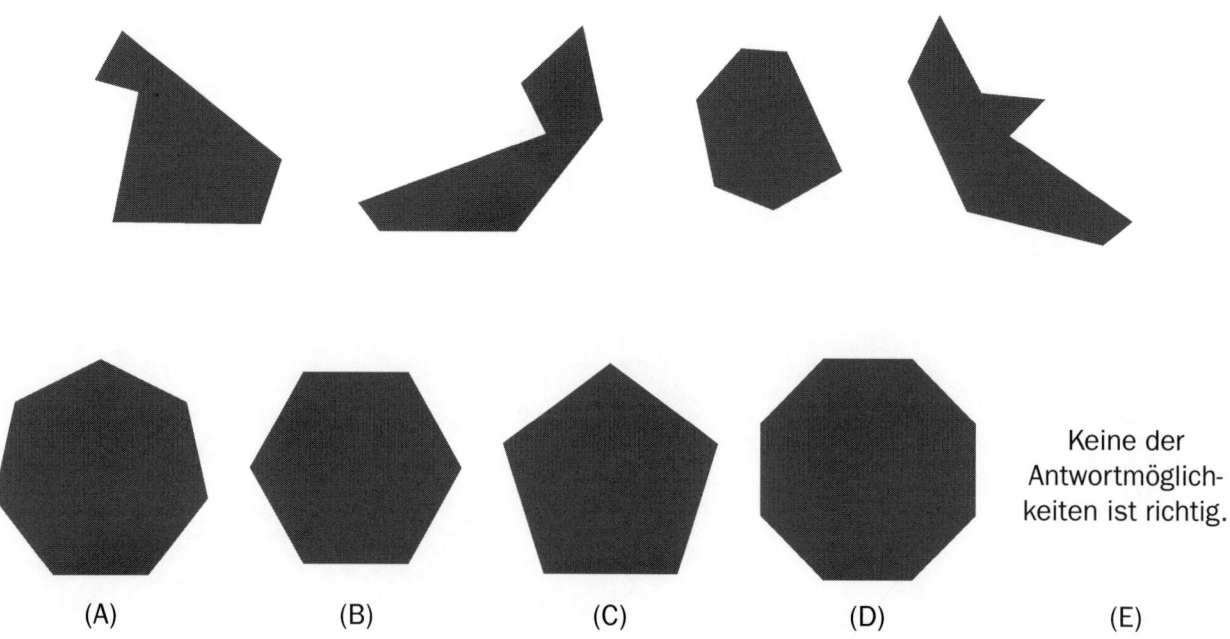

(A) (B) (C) (D) Keine der Antwortmöglichkeiten ist richtig. (E)

15 Welche Figur lässt sich aus den folgenden Einzelteilen zusammensetzen?

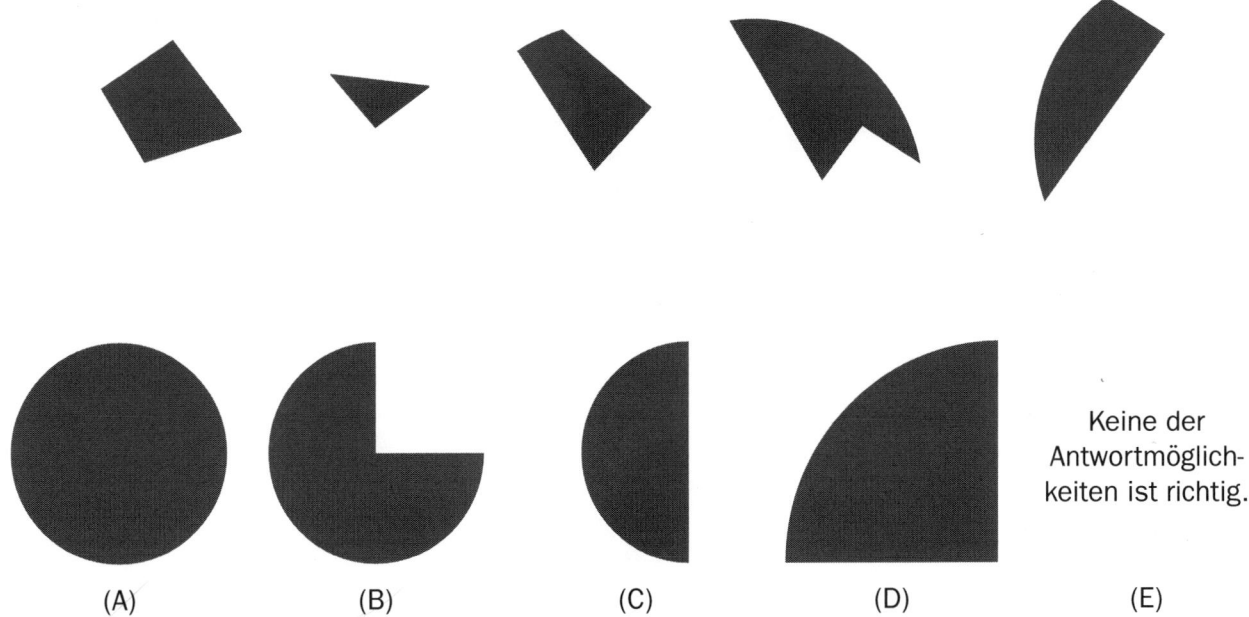

(A) (B) (C) (D) (E) Keine der Antwortmöglichkeiten ist richtig.

Testset 4
Anzahl der Aufgaben: 15, Bearbeitungszeit: 20 Minuten

1 Welche Figur lässt sich aus den folgenden Einzelteilen zusammensetzen?

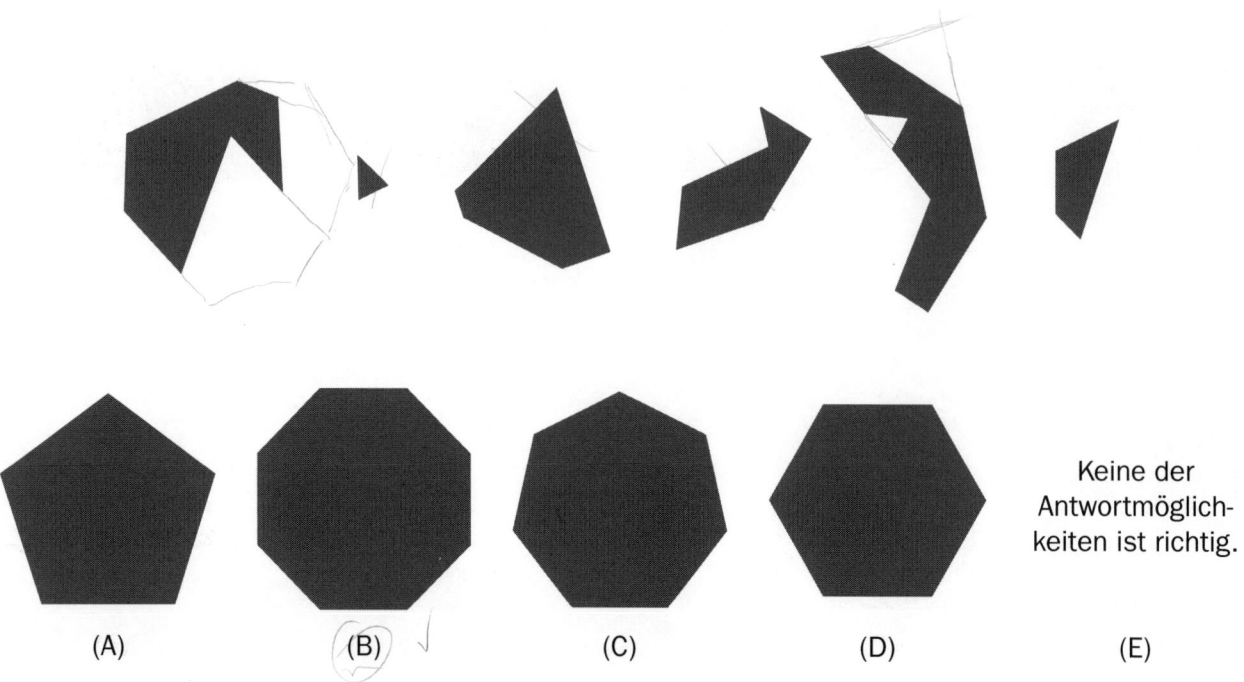

(A) (B) (C) (D) (E) Keine der Antwortmöglichkeiten ist richtig.

2 Welche Figur lässt sich aus den folgenden Einzelteilen zusammensetzen?

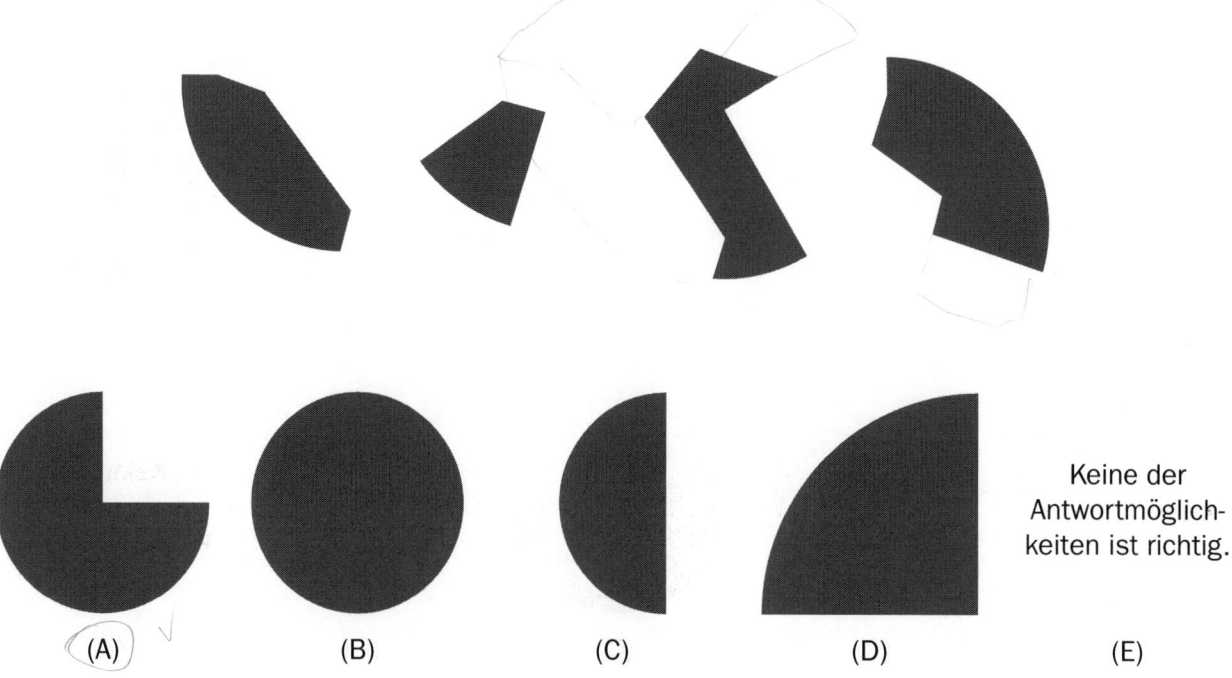

(A) (B) (C) (D) (E) Keine der Antwortmöglichkeiten ist richtig.

3   Welche Figur lässt sich aus den folgenden Einzelteilen zusammensetzen?

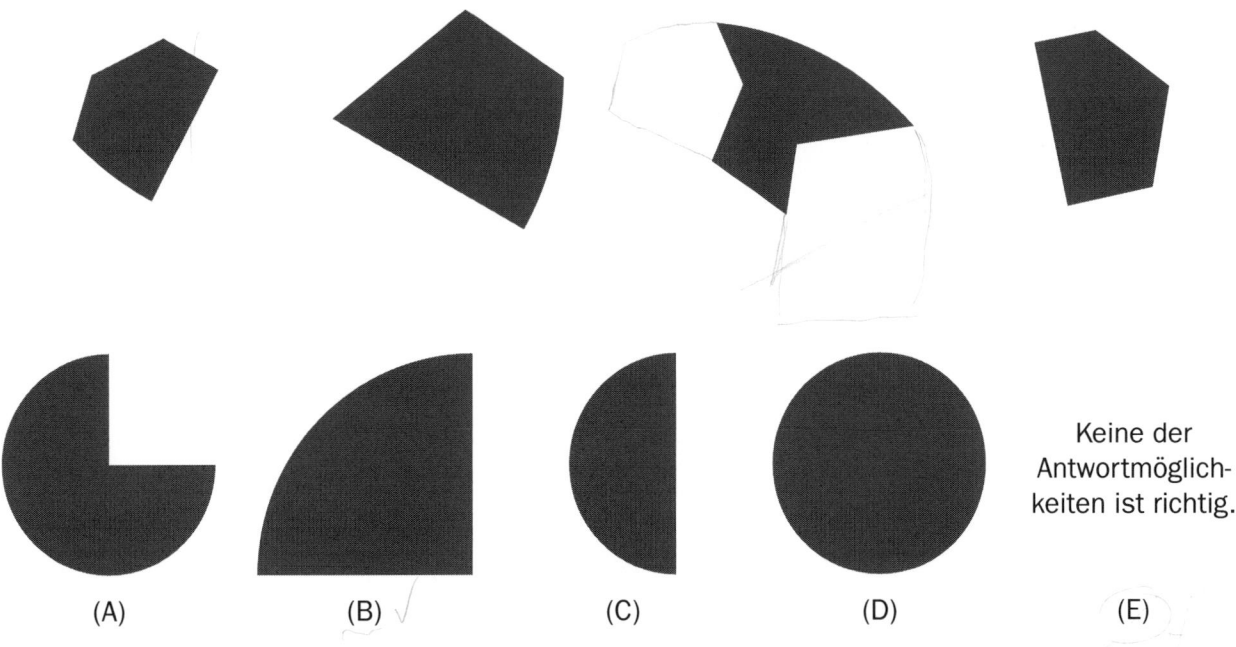

(A)   (B)   (C)   (D)   (E) Keine der Antwortmöglichkeiten ist richtig.

4   Welche Figur lässt sich aus den folgenden Einzelteilen zusammensetzen?

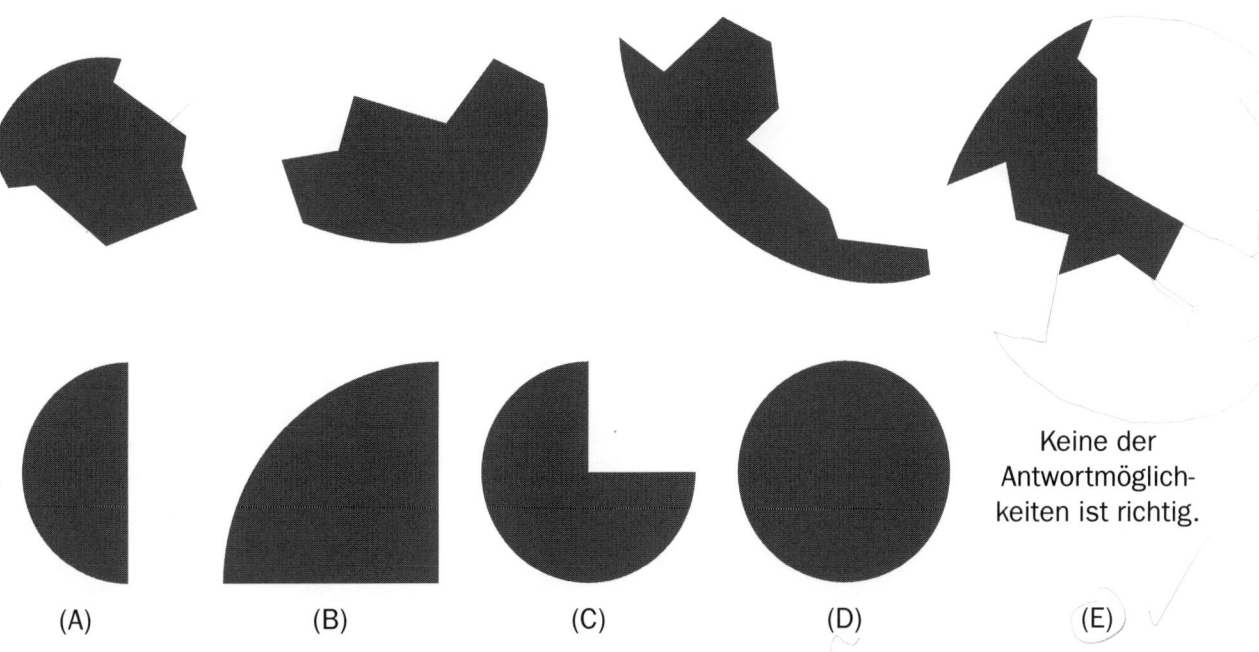

(A)   (B)   (C)   (D)   (E) Keine der Antwortmöglichkeiten ist richtig.

5   Welche Figur lässt sich aus den folgenden Einzelteilen zusammensetzen?

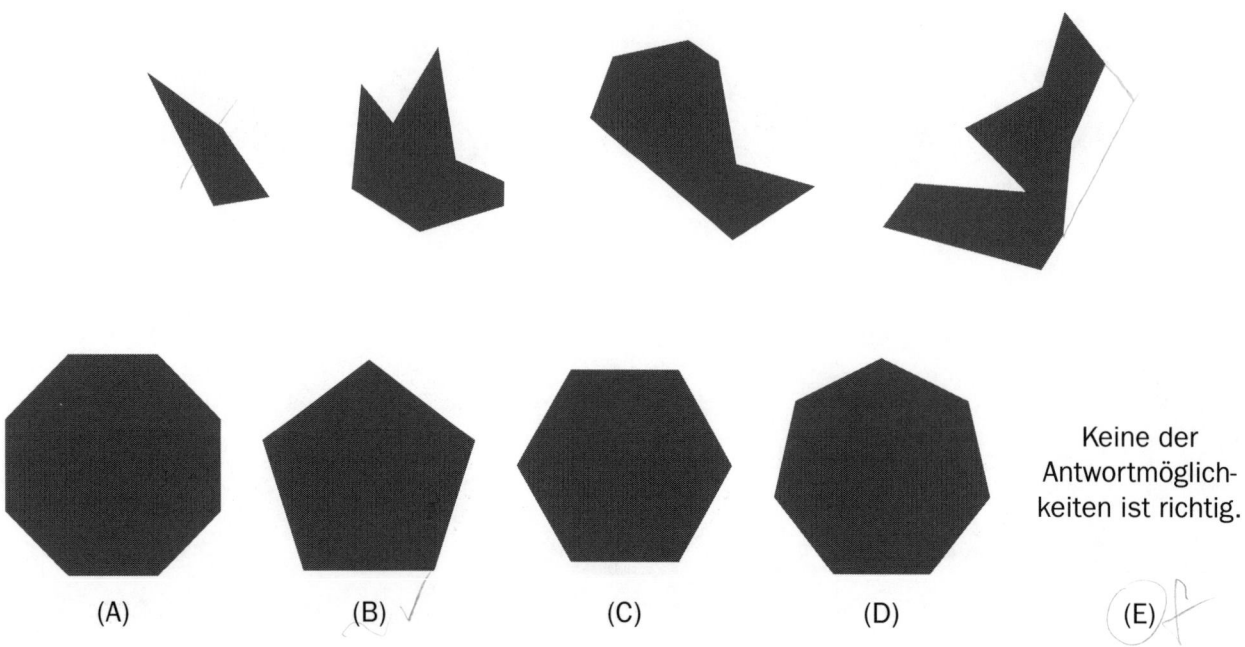

(A) (B) (C) (D) (E) Keine der Antwortmöglichkeiten ist richtig.

6   Welche Figur lässt sich aus den folgenden Einzelteilen zusammensetzen?

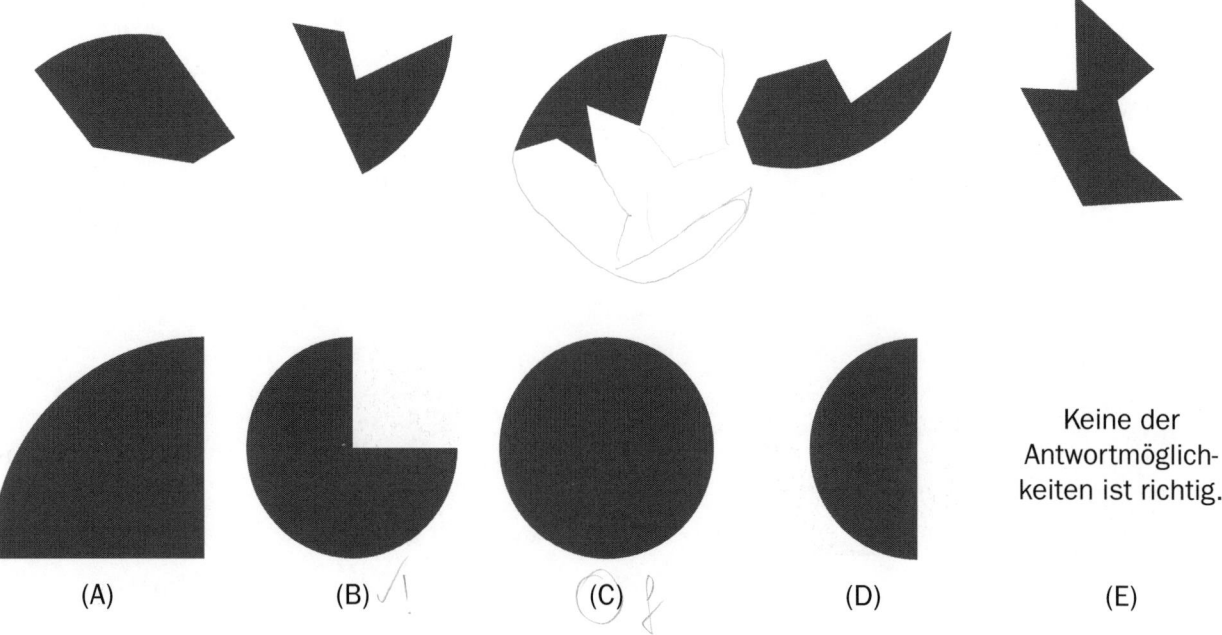

(A) (B) (C) (D) (E) Keine der Antwortmöglichkeiten ist richtig.

7 Welche Figur lässt sich aus den folgenden Einzelteilen zusammensetzen?

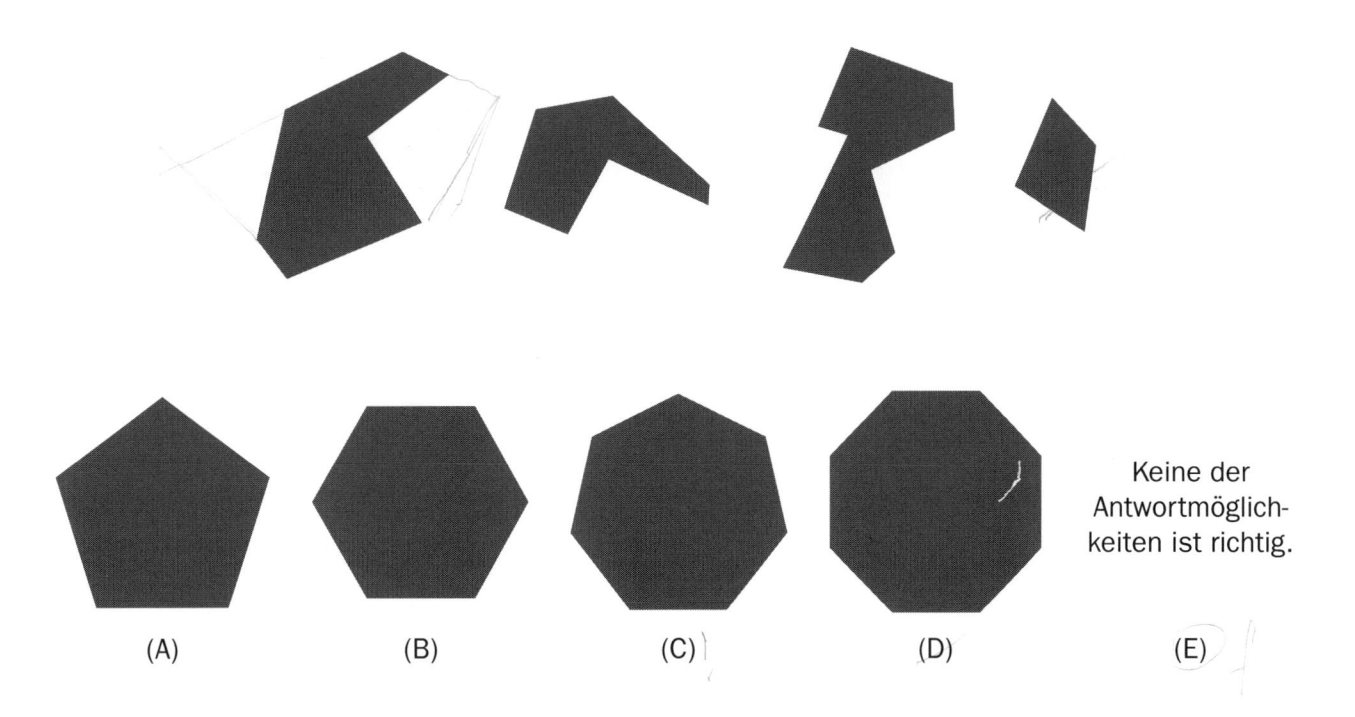

(A) (B) (C) (D) (E) Keine der Antwortmöglichkeiten ist richtig.

8 Welche Figur lässt sich aus den folgenden Einzelteilen zusammensetzen?

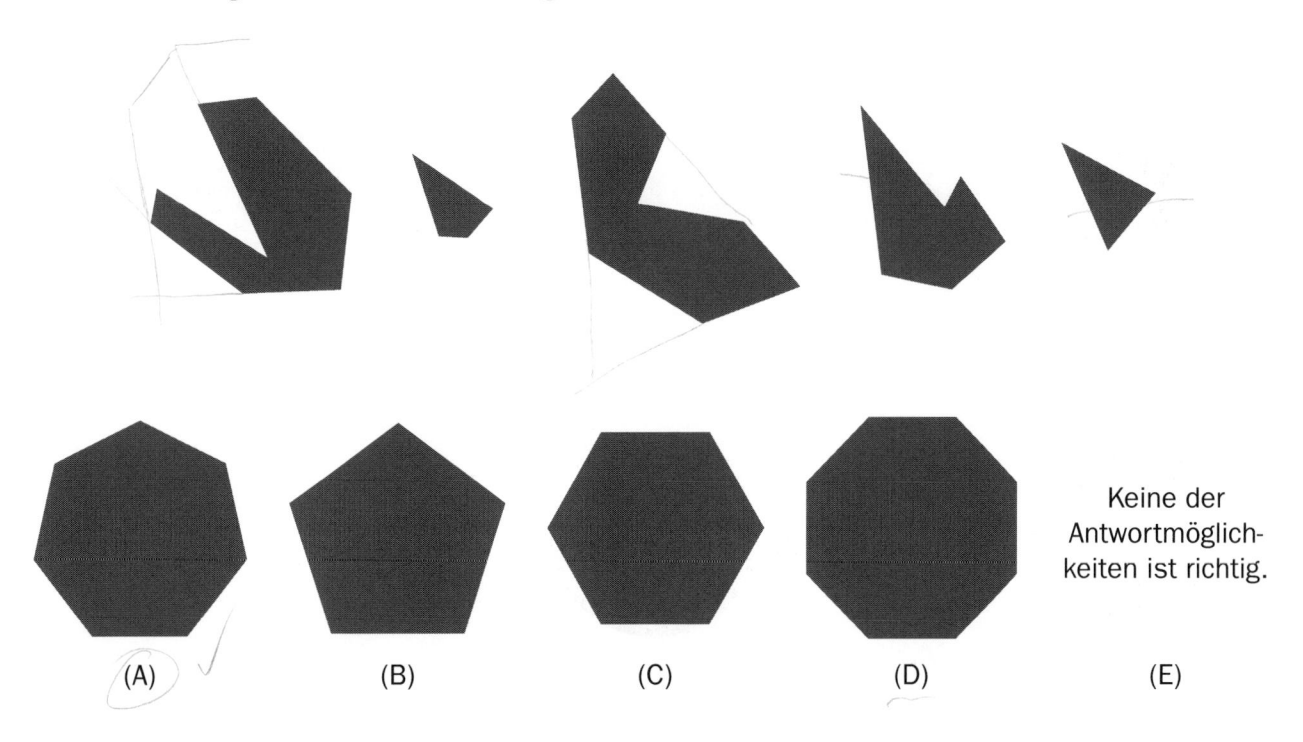

(A) (B) (C) (D) (E) Keine der Antwortmöglichkeiten ist richtig.

9   Welche Figur lässt sich aus den folgenden Einzelteilen zusammensetzen?

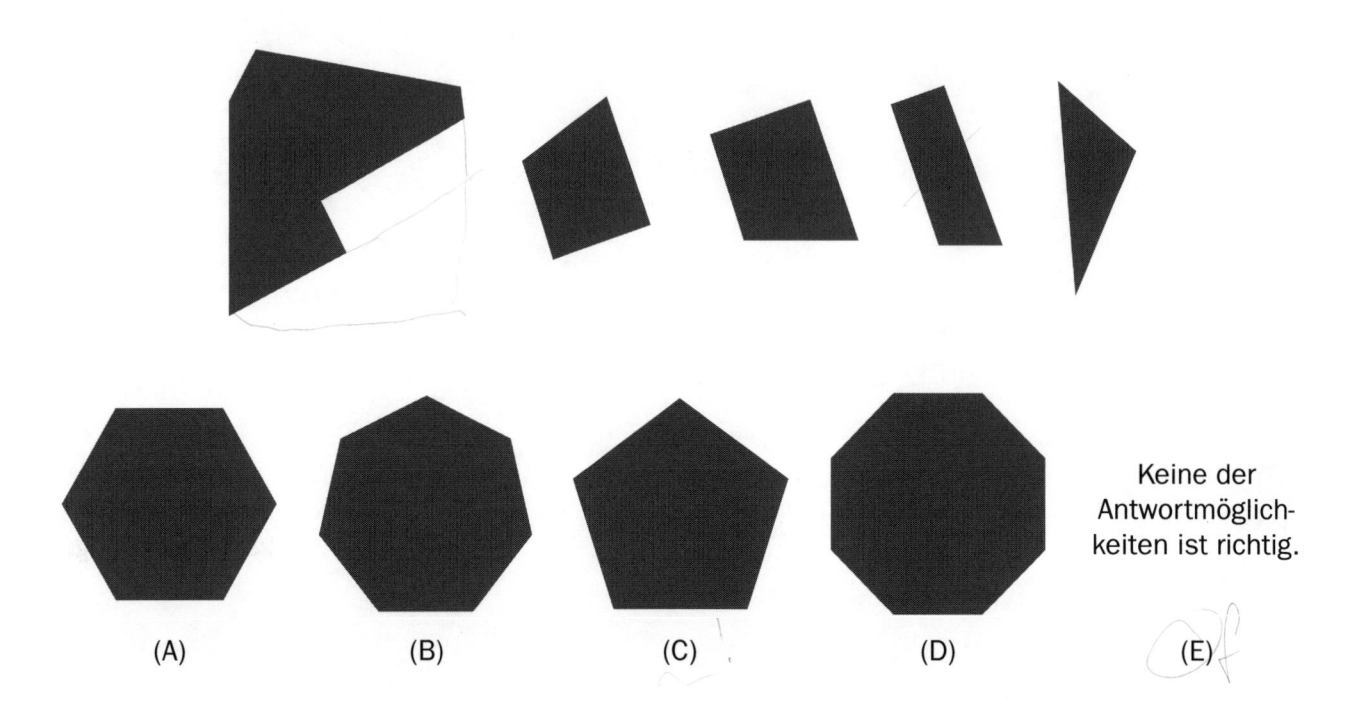

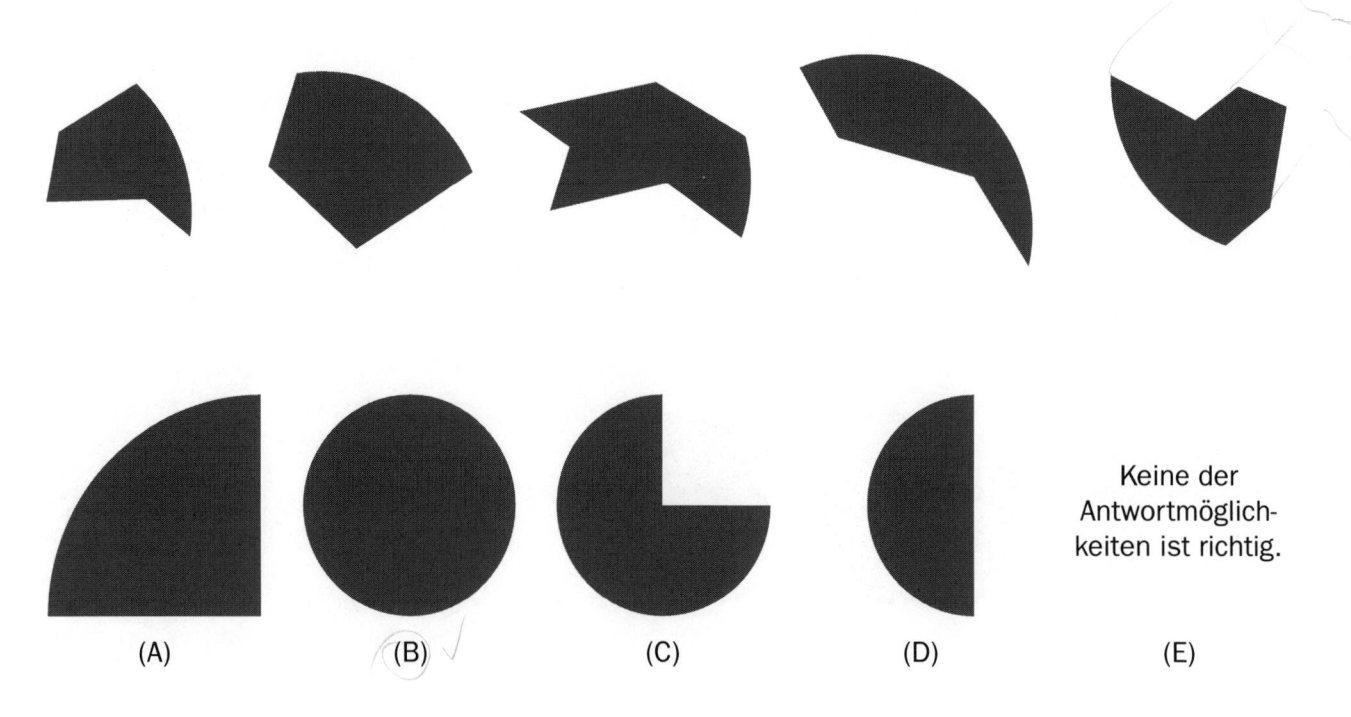

(A)   (B)   (C)   (D)   Keine der Antwortmöglichkeiten ist richtig. (E)

10   Welche Figur lässt sich aus den folgenden Einzelteilen zusammensetzen?

(A)   (B)   (C)   (D)   (E) Keine der Antwortmöglichkeiten ist richtig.

11   Welche Figur lässt sich aus den folgenden Einzelteilen zusammensetzen?

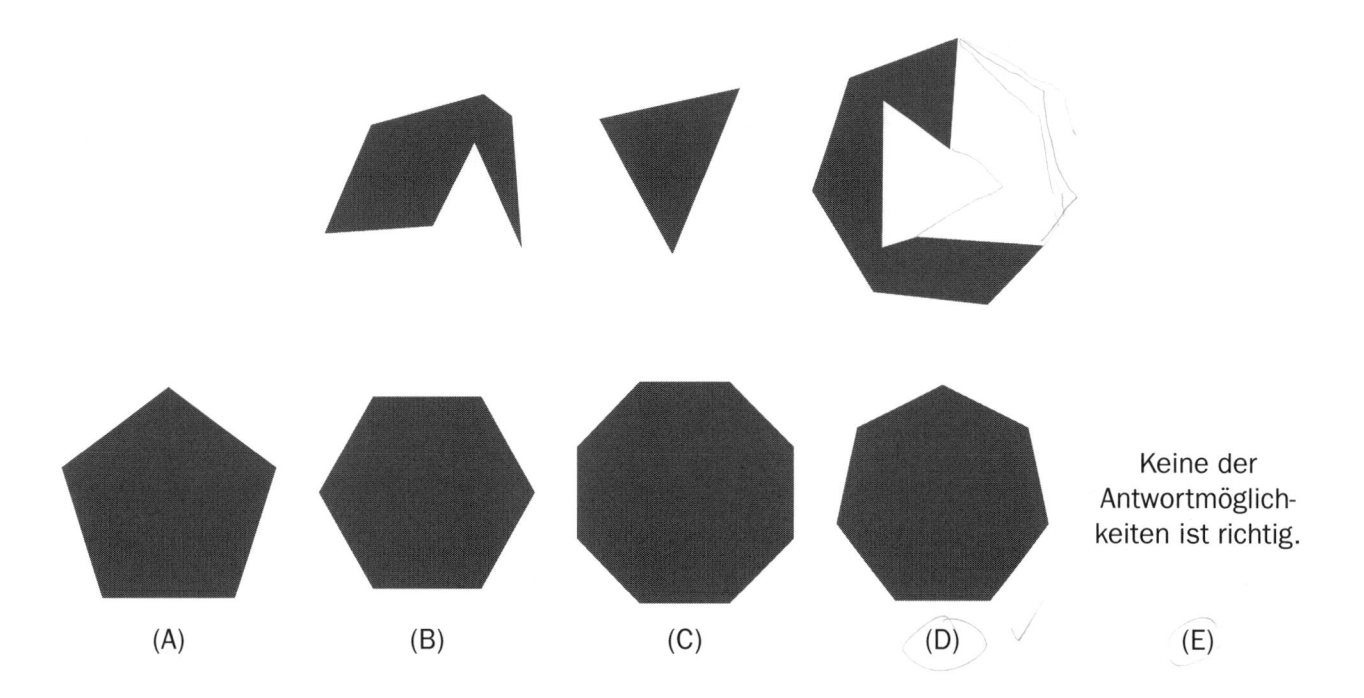

(A)   (B)   (C)   (D)   (E) Keine der Antwortmöglichkeiten ist richtig.

12   Welche Figur lässt sich aus den folgenden Einzelteilen zusammensetzen?

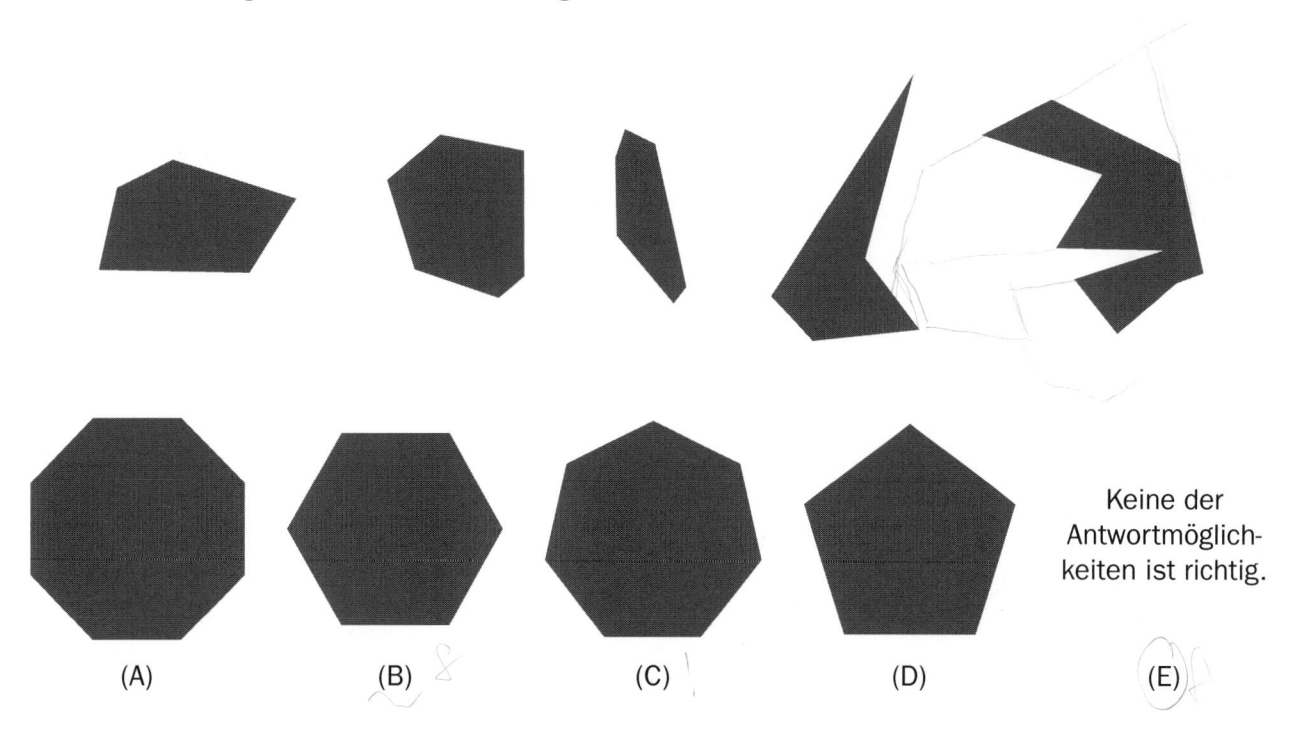

(A)   (B)   (C)   (D)   (E) Keine der Antwortmöglichkeiten ist richtig.

13 Welche Figur lässt sich aus den folgenden Einzelteilen zusammensetzen?

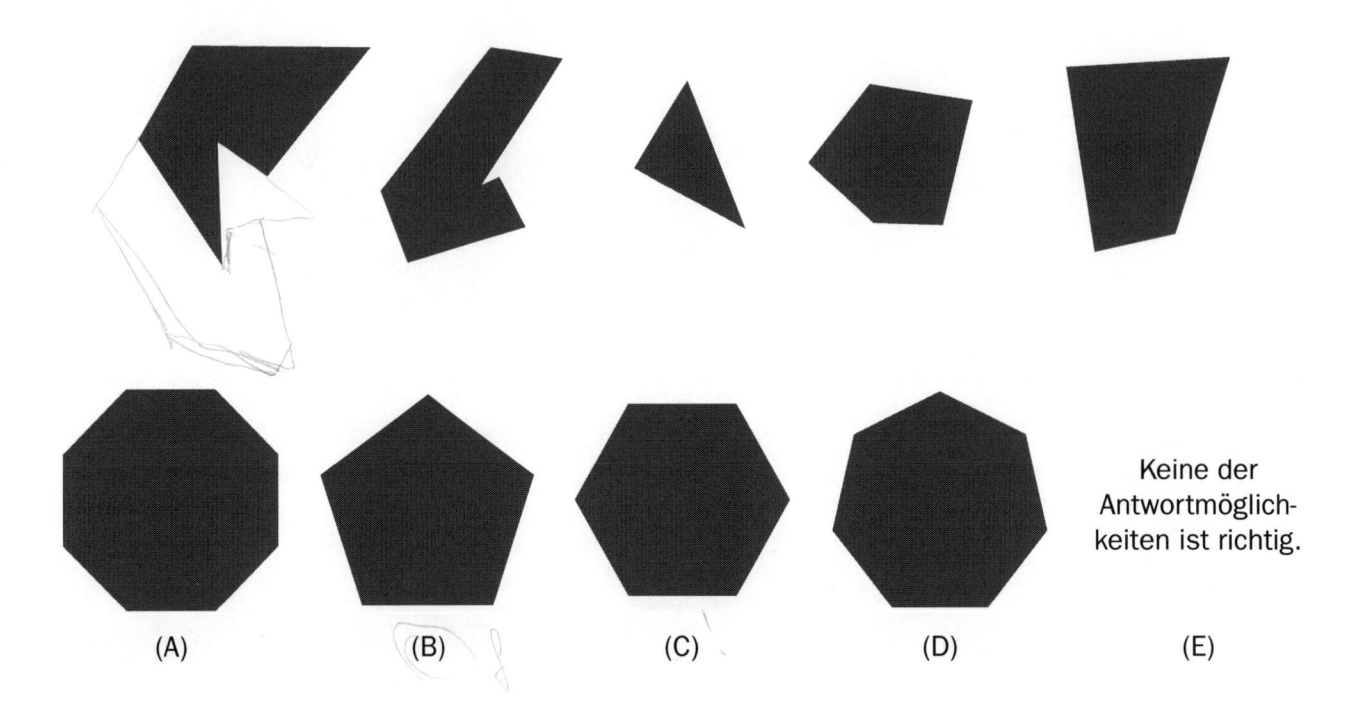

(A) (B) (C) (D) (E) Keine der Antwortmöglichkeiten ist richtig.

14 Welche Figur lässt sich aus den folgenden Einzelteilen zusammensetzen?

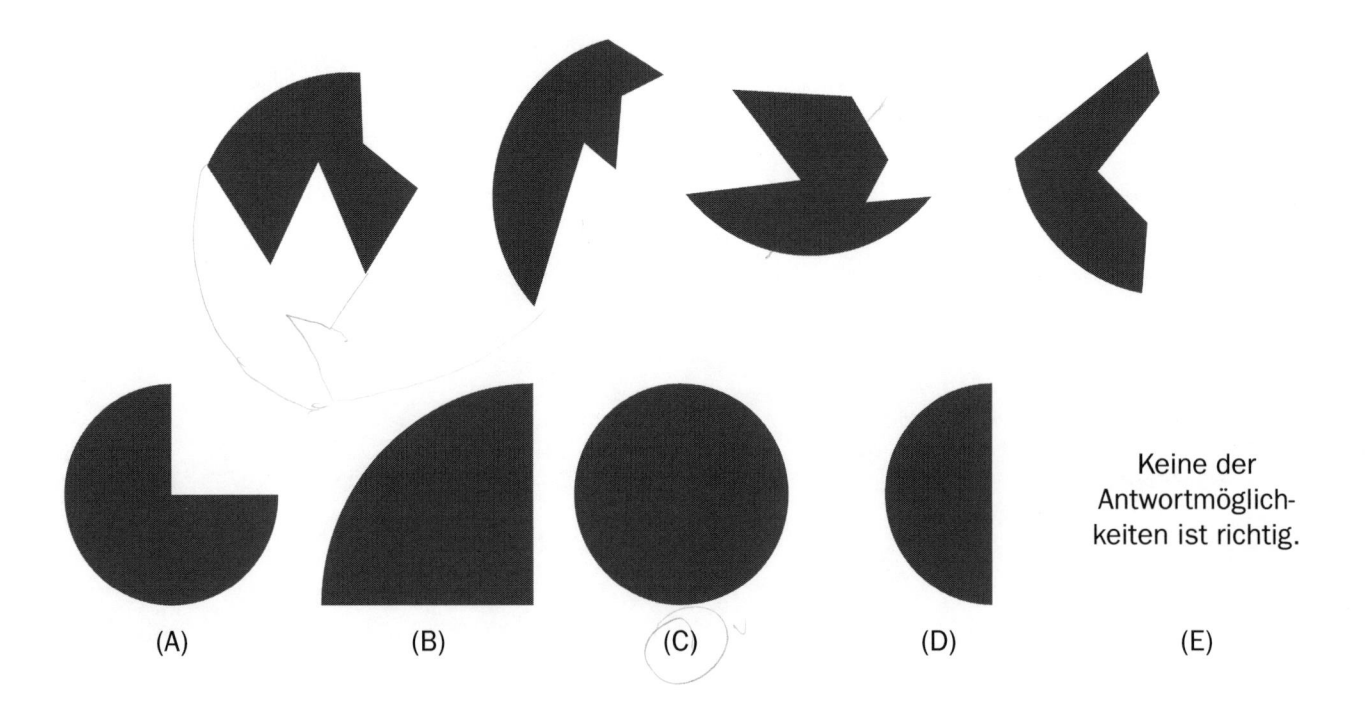

(A) (B) (C) (D) (E) Keine der Antwortmöglichkeiten ist richtig.

15   Welche Figur lässt sich aus den folgenden Einzelteilen zusammensetzen?

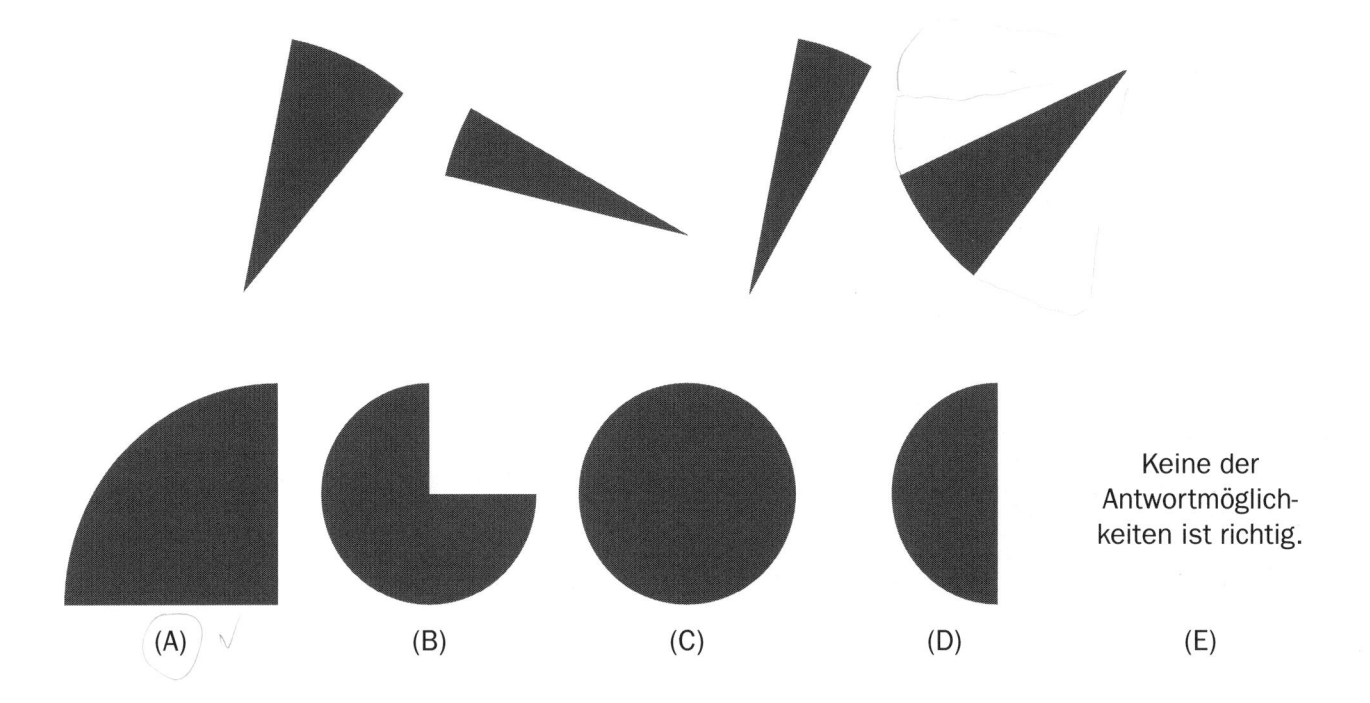

(A)   (B)   (C)   (D)   (E) Keine der Antwortmöglichkeiten ist richtig.

Figuren zusammensetzen | Testset 5

Testset 5
Anzahl der Aufgaben: 15, Bearbeitungszeit: 20 Minuten

1 Welche Figur lässt sich aus den folgenden Einzelteilen zusammensetzen?

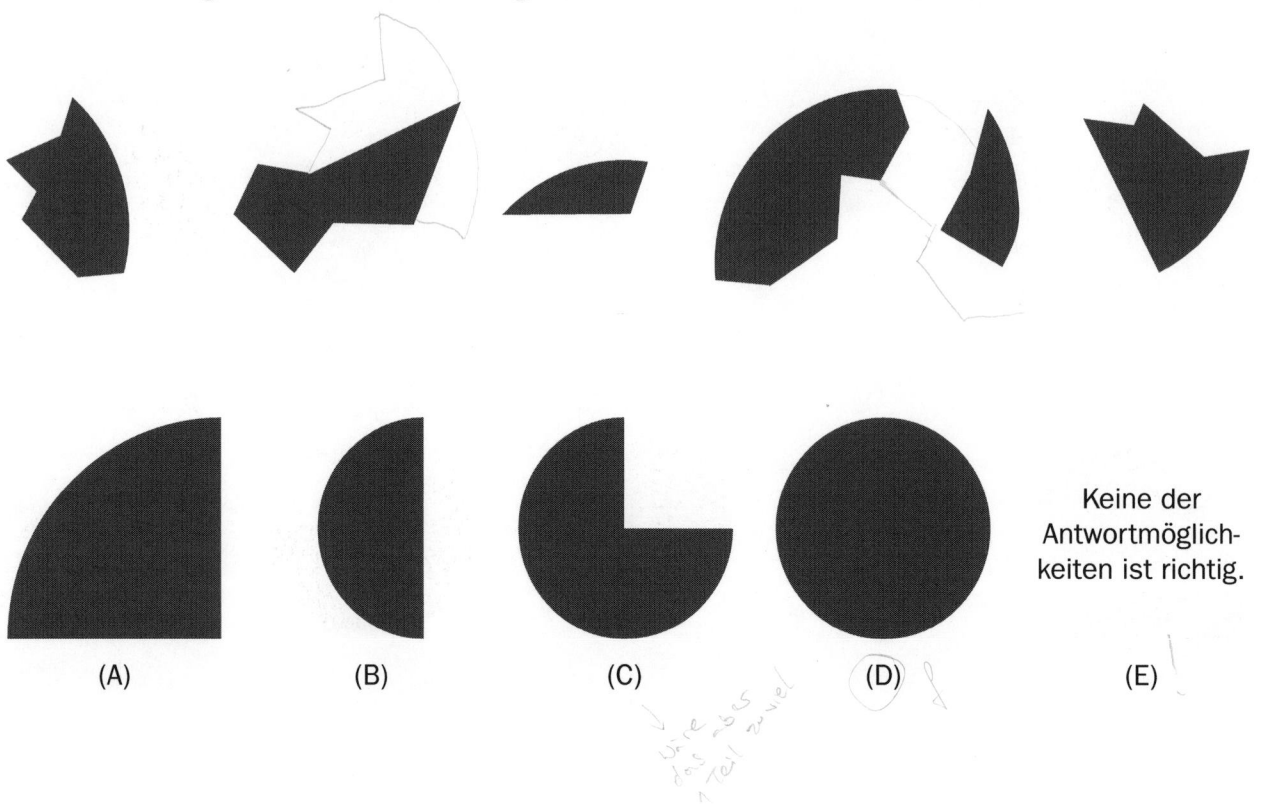

(A)   (B)   (C)   (D)   (E) Keine der Antwortmöglichkeiten ist richtig.

2 Welche Figur lässt sich aus den folgenden Einzelteilen zusammensetzen?

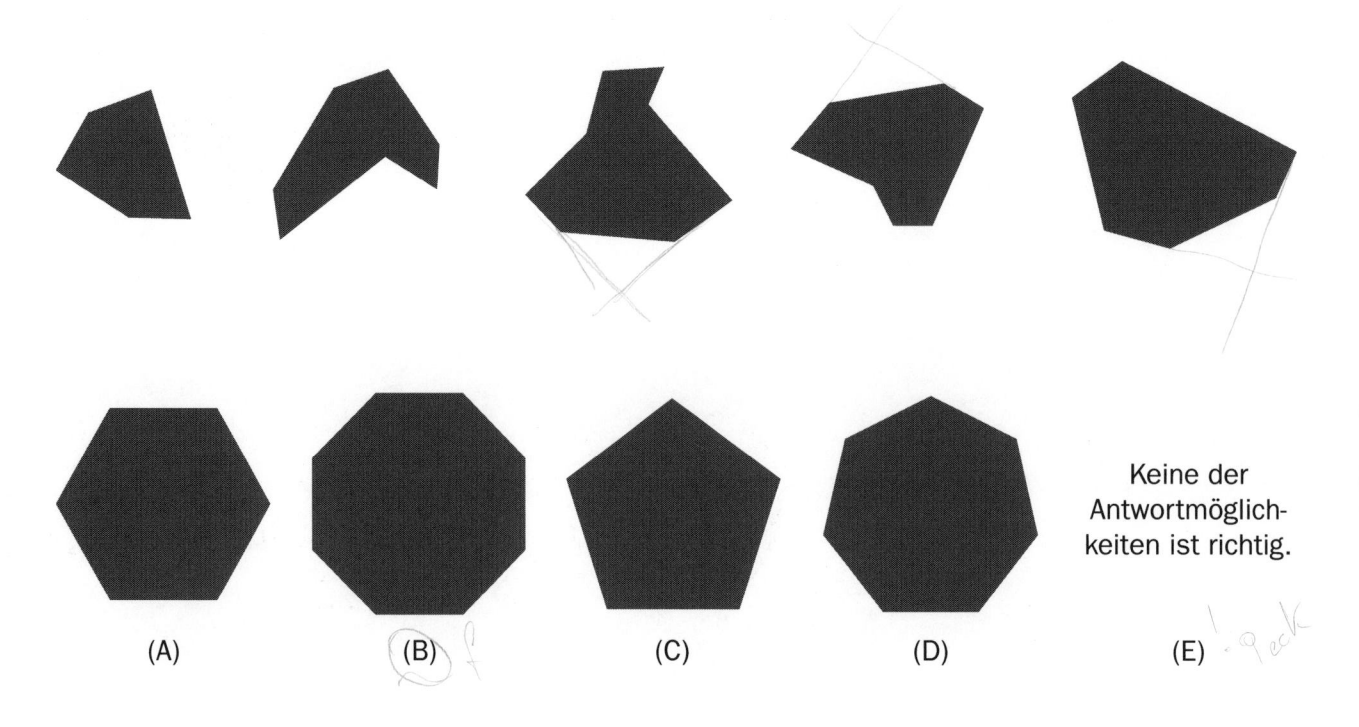

(A)   (B)   (C)   (D)   (E) Keine der Antwortmöglichkeiten ist richtig.

3   Welche Figur lässt sich aus den folgenden Einzelteilen zusammensetzen?

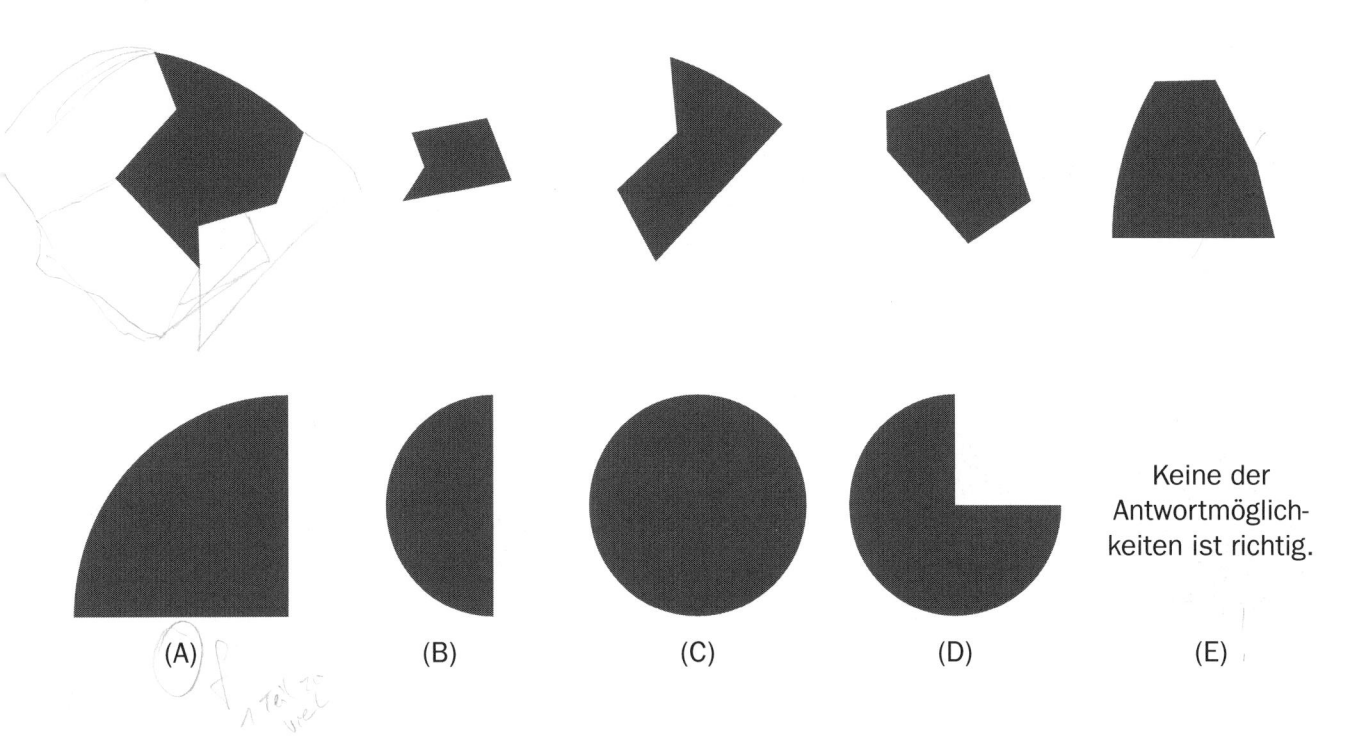

(A)   (B)   (C)   (D)   (E) Keine der Antwortmöglichkeiten ist richtig.

4   Welche Figur lässt sich aus den folgenden Einzelteilen zusammensetzen?

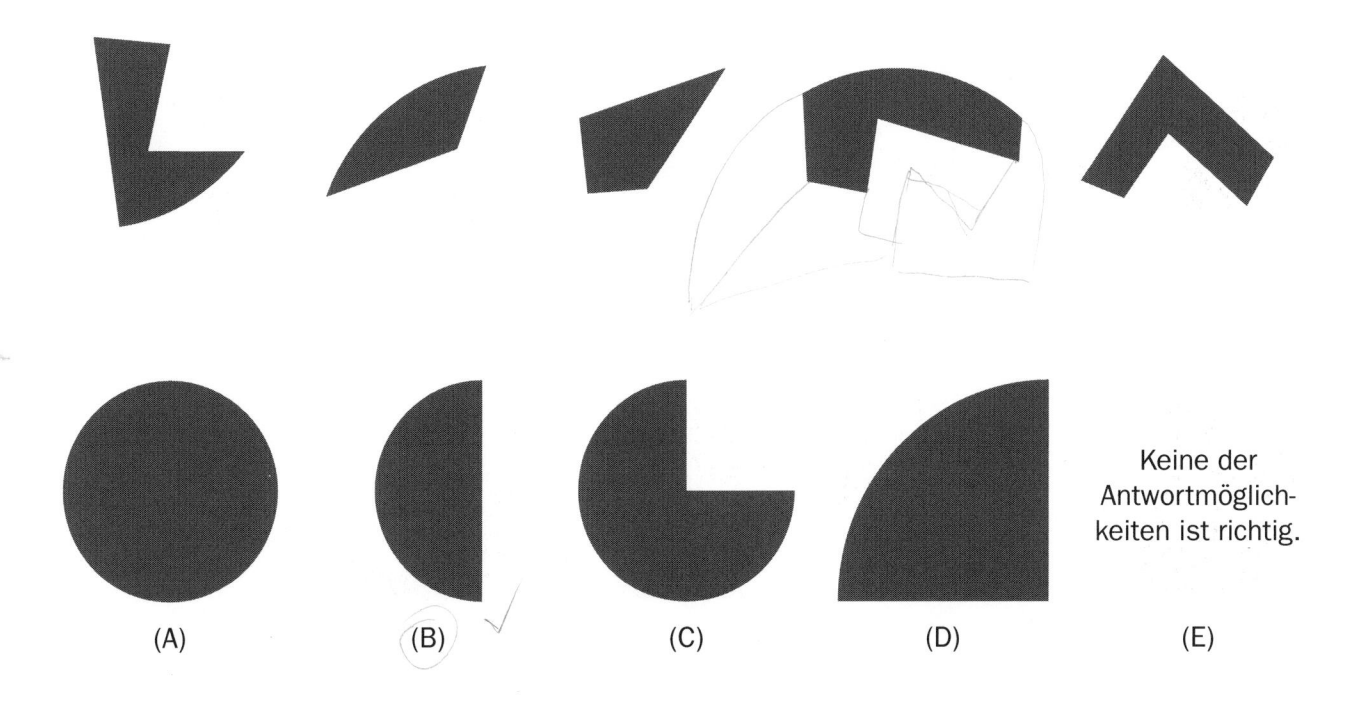

(A)   (B)   (C)   (D)   (E) Keine der Antwortmöglichkeiten ist richtig.

5   Welche Figur lässt sich aus den folgenden Einzelteilen zusammensetzen?

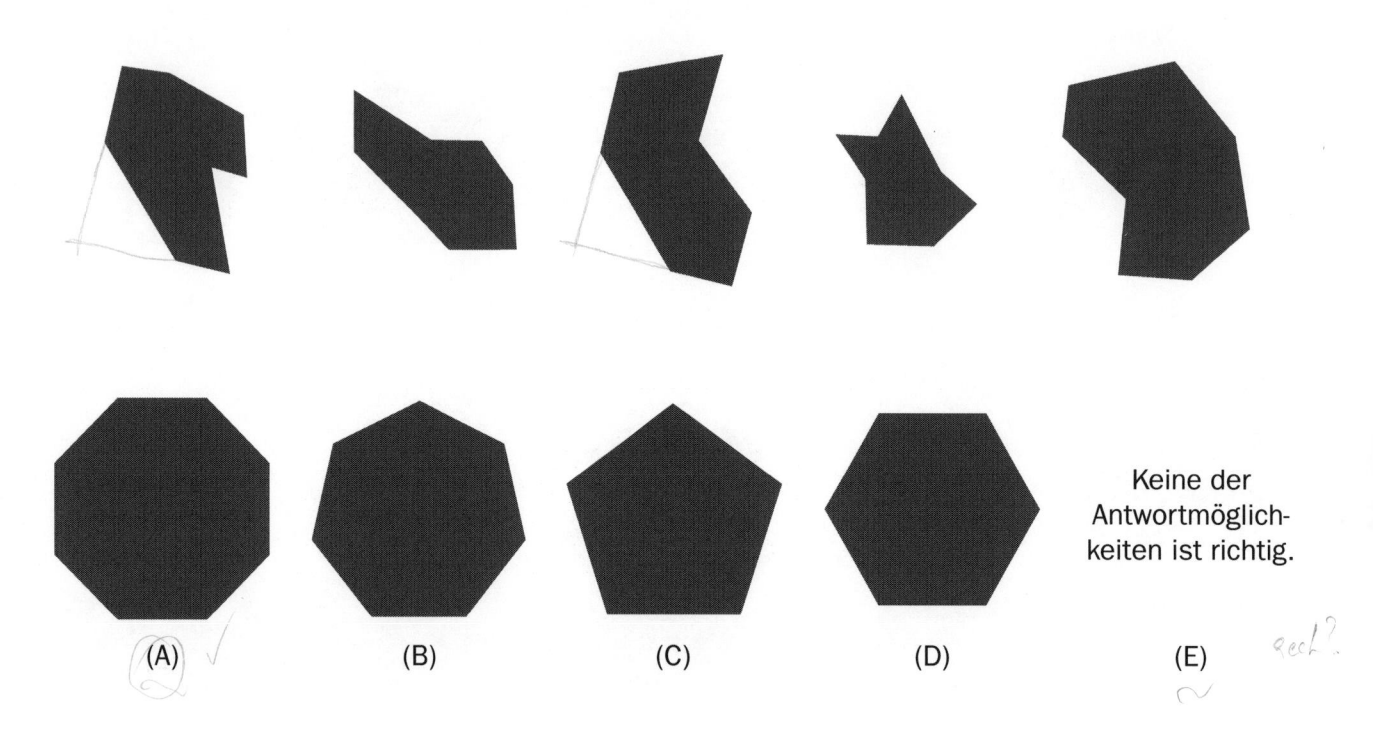

(A)   (B)   (C)   (D)   (E) Keine der Antwortmöglichkeiten ist richtig.

6   Welche Figur lässt sich aus den folgenden Einzelteilen zusammensetzen?

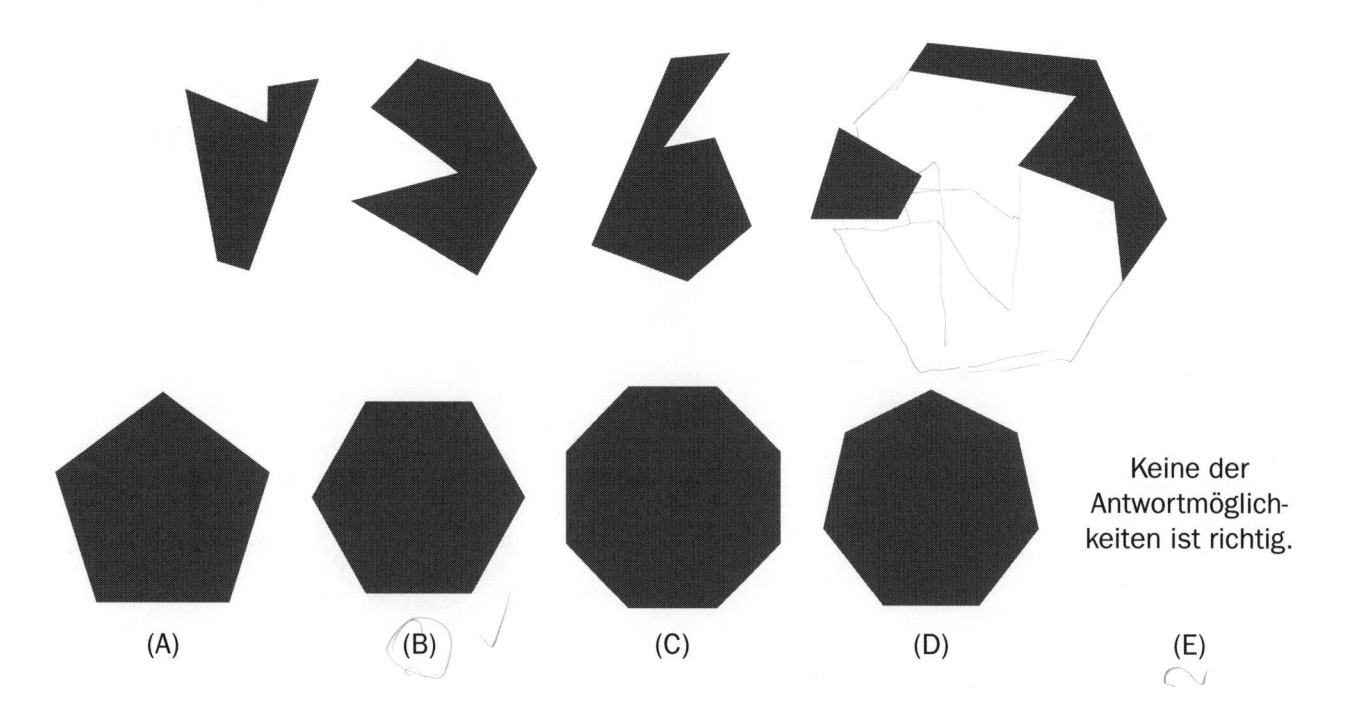

(A)   (B)   (C)   (D)   (E) Keine der Antwortmöglichkeiten ist richtig.

7   Welche Figur lässt sich aus den folgenden Einzelteilen zusammensetzen?

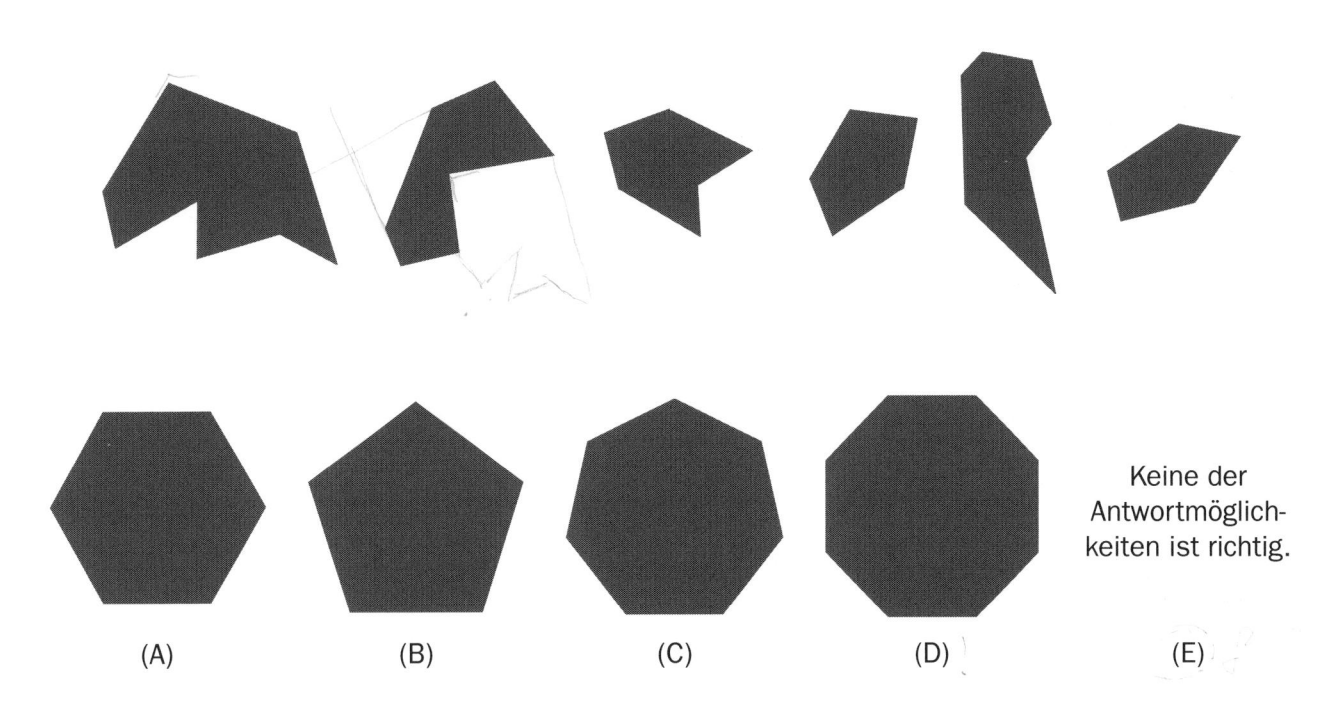

(A)   (B)   (C)   (D)   (E) Keine der Antwortmöglichkeiten ist richtig.

8   Welche Figur lässt sich aus den folgenden Einzelteilen zusammensetzen?

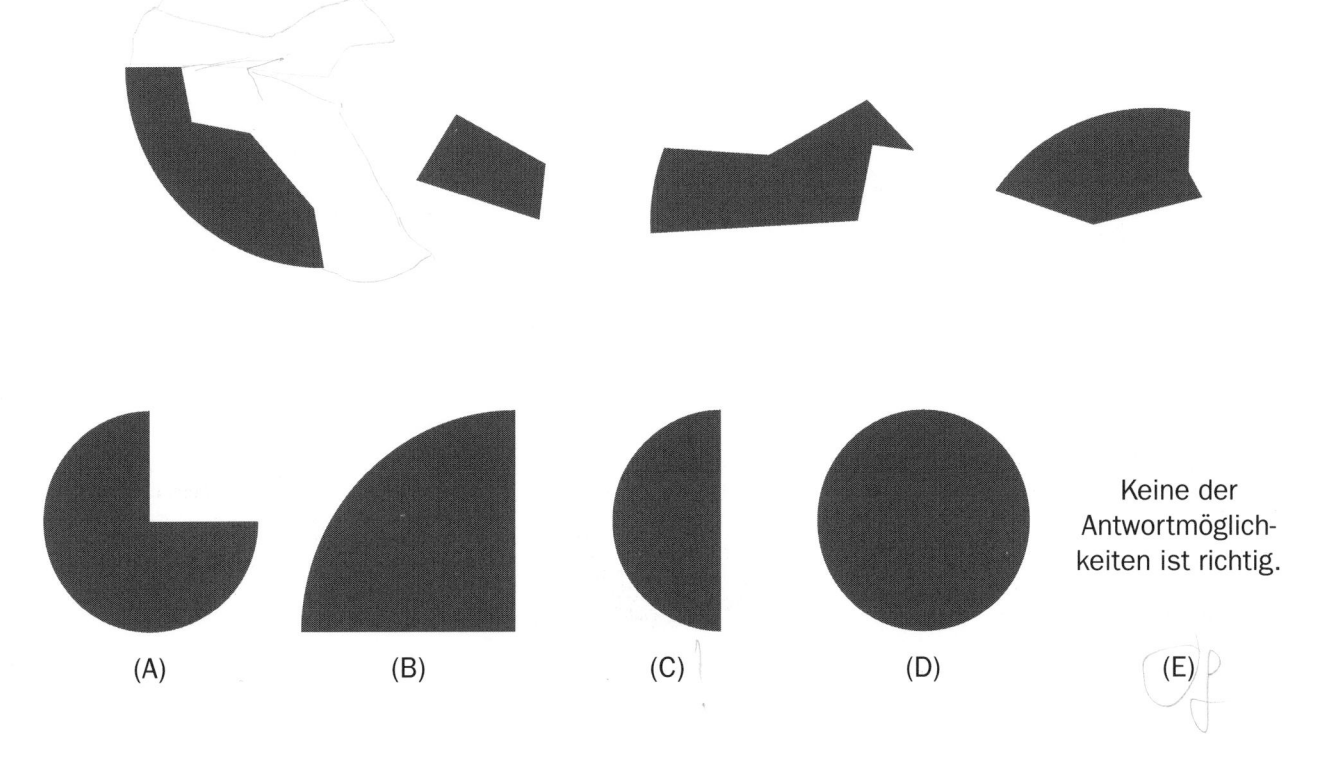

(A)   (B)   (C)   (D)   (E) Keine der Antwortmöglichkeiten ist richtig.

Figuren zusammensetzen | Testset 5

9   Welche Figur lässt sich aus den folgenden Einzelteilen zusammensetzen?

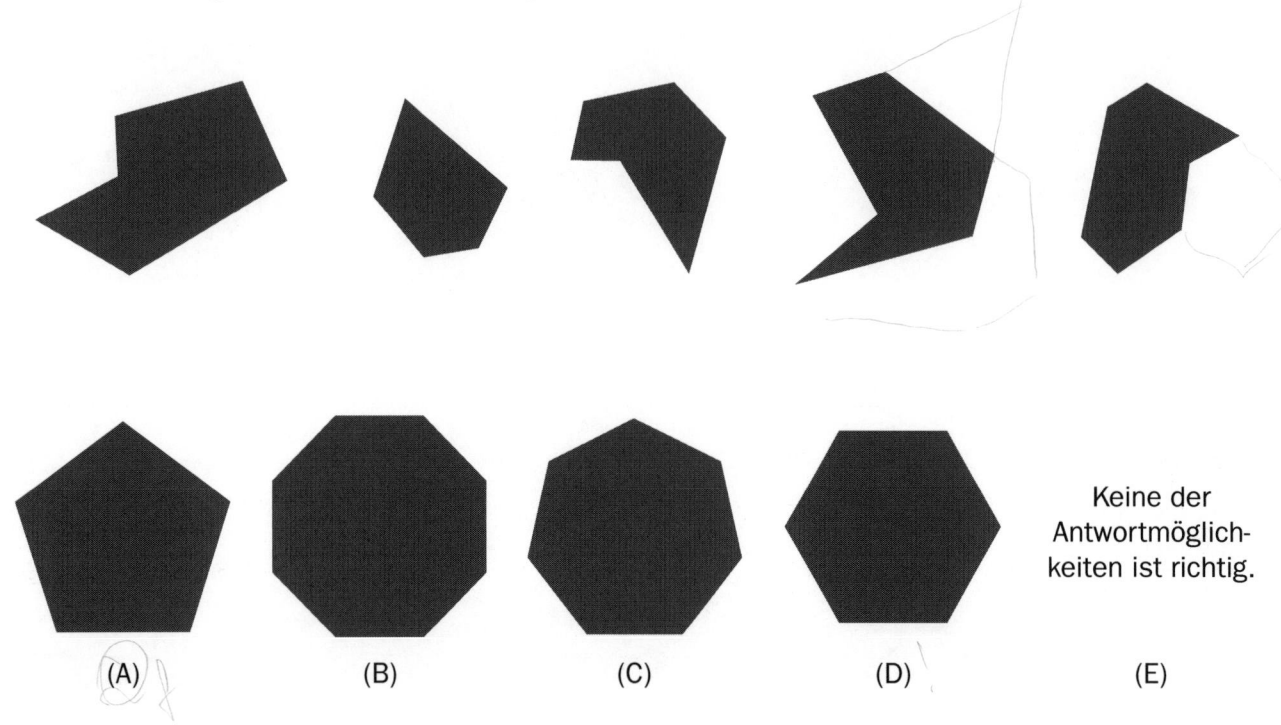

(A)   (B)   (C)   (D)   (E) Keine der Antwortmöglichkeiten ist richtig.

10   Welche Figur lässt sich aus den folgenden Einzelteilen zusammensetzen?

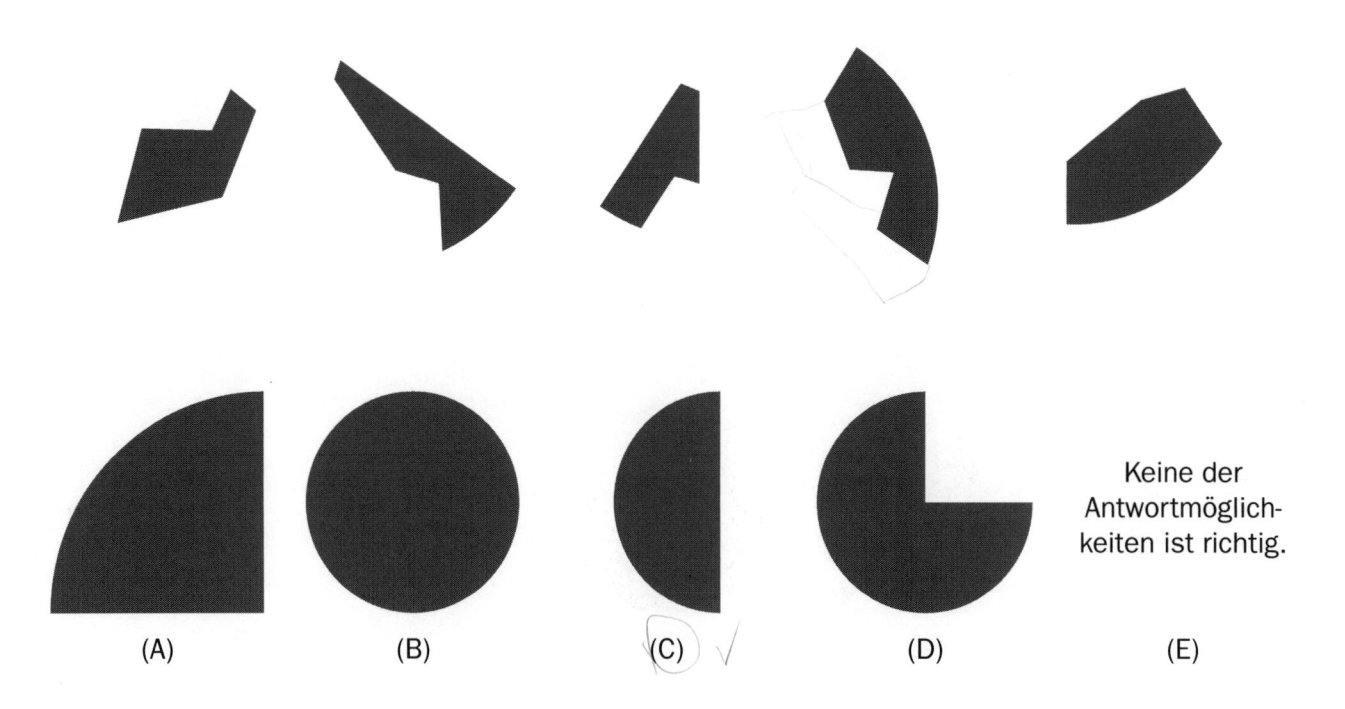

(A)   (B)   (C)   (D)   (E) Keine der Antwortmöglichkeiten ist richtig.

11   Welche Figur lässt sich aus den folgenden Einzelteilen zusammensetzen?

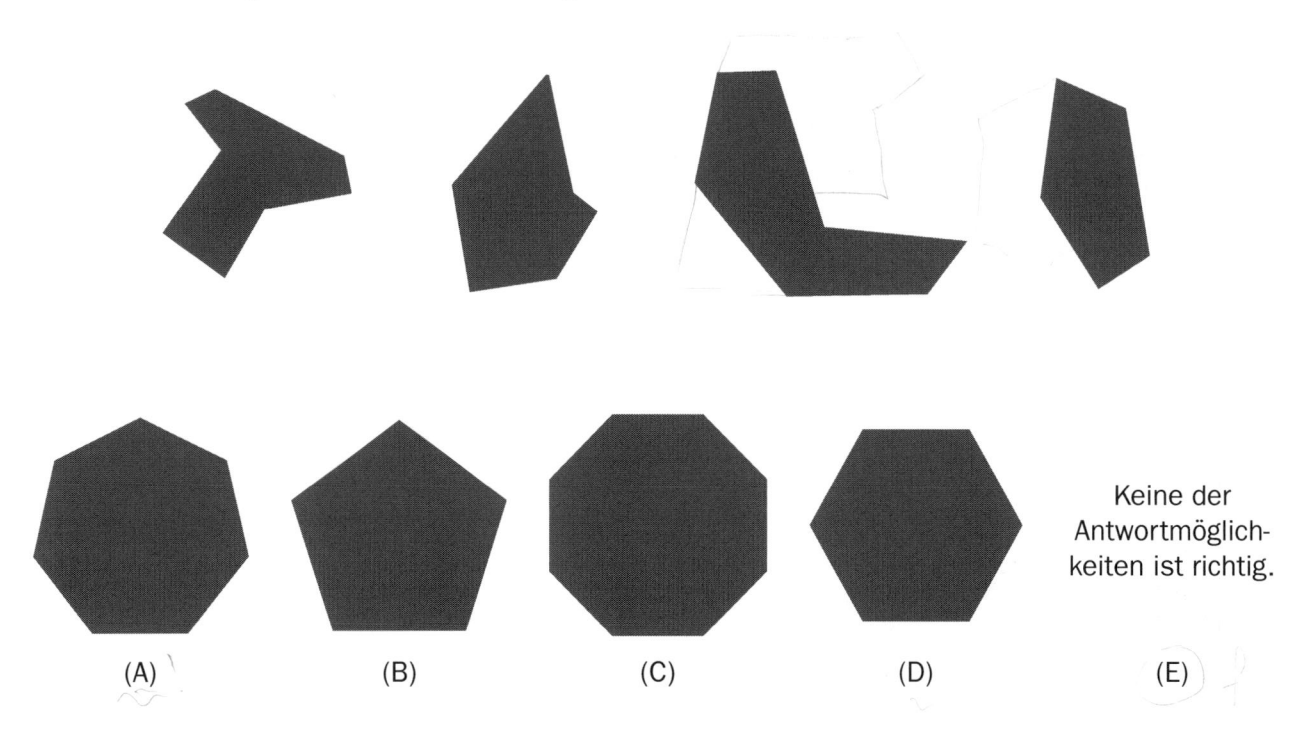

(A)　　　(B)　　　(C)　　　(D)　　　(E) Keine der Antwortmöglichkeiten ist richtig.

12   Welche Figur lässt sich aus den folgenden Einzelteilen zusammensetzen?

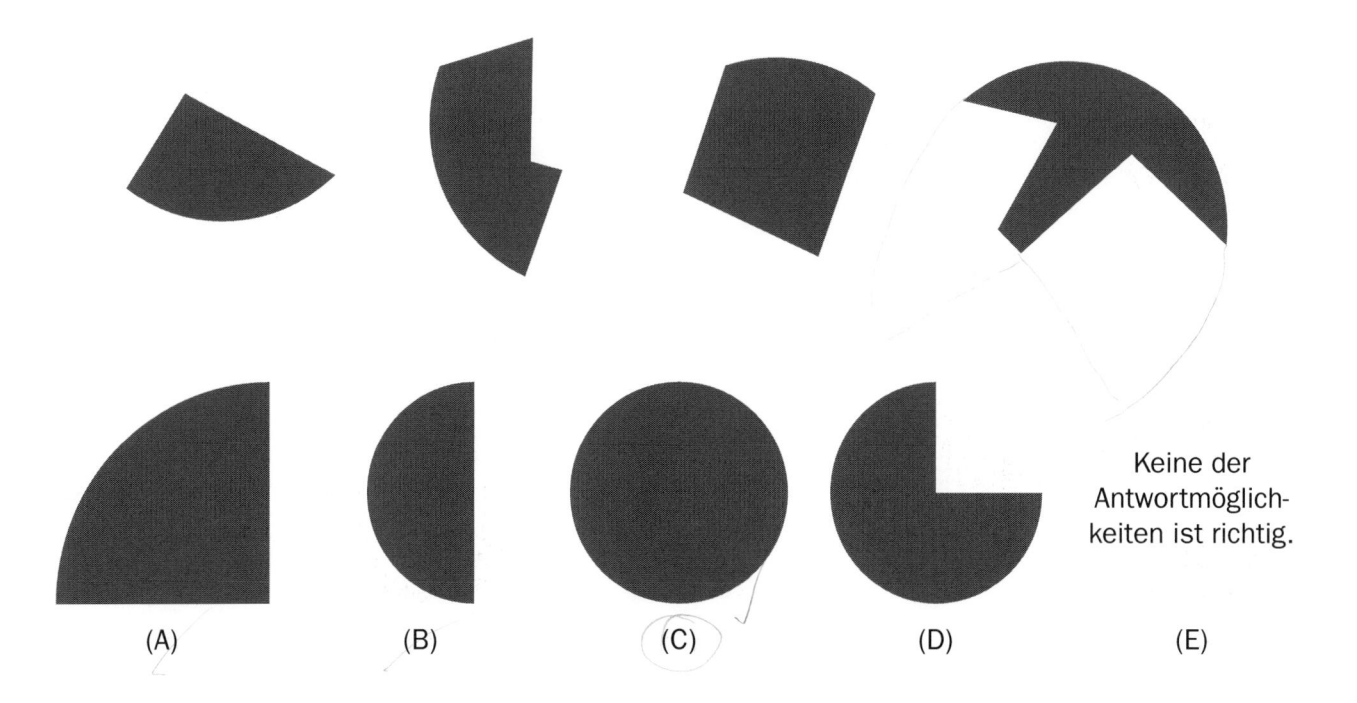

(A)　　　(B)　　　(C)　　　(D)　　　(E) Keine der Antwortmöglichkeiten ist richtig.

13 Welche Figur lässt sich aus den folgenden Einzelteilen zusammensetzen?

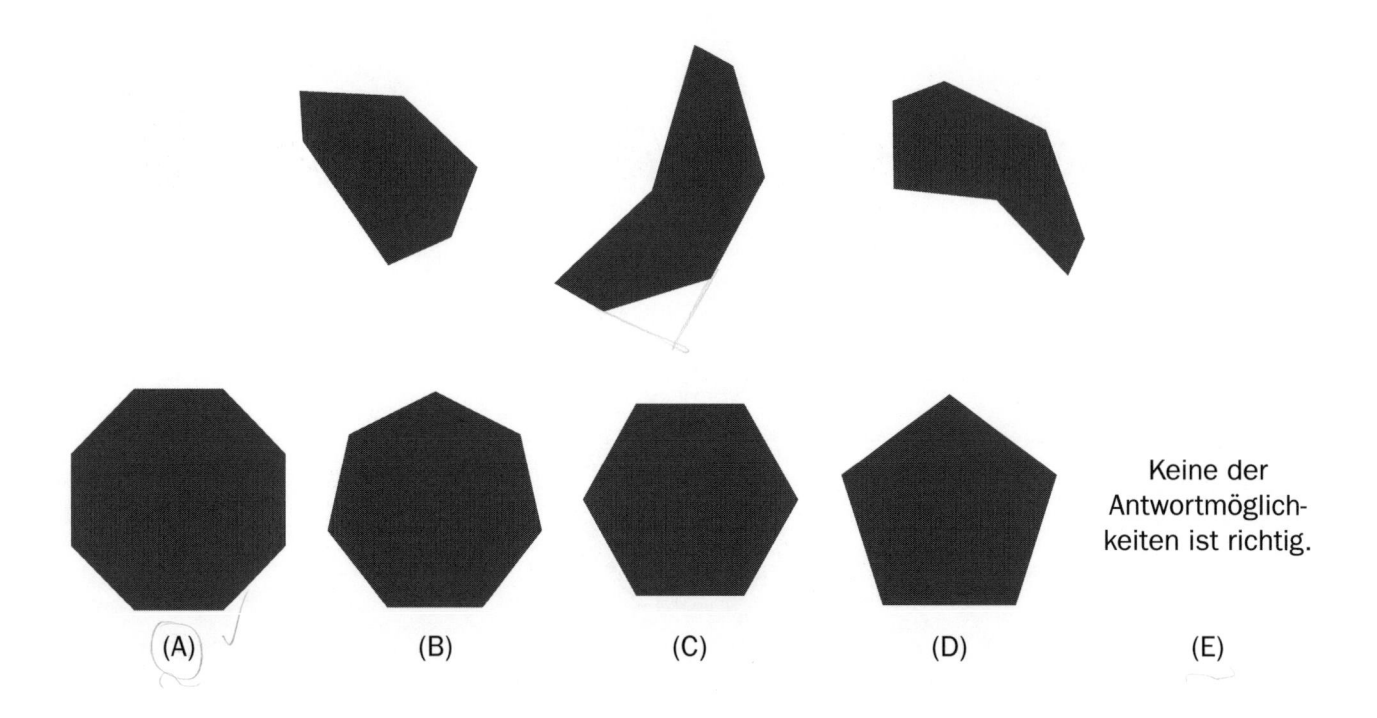

(A)   (B)   (C)   (D)   (E) Keine der Antwortmöglichkeiten ist richtig.

14 Welche Figur lässt sich aus den folgenden Einzelteilen zusammensetzen?

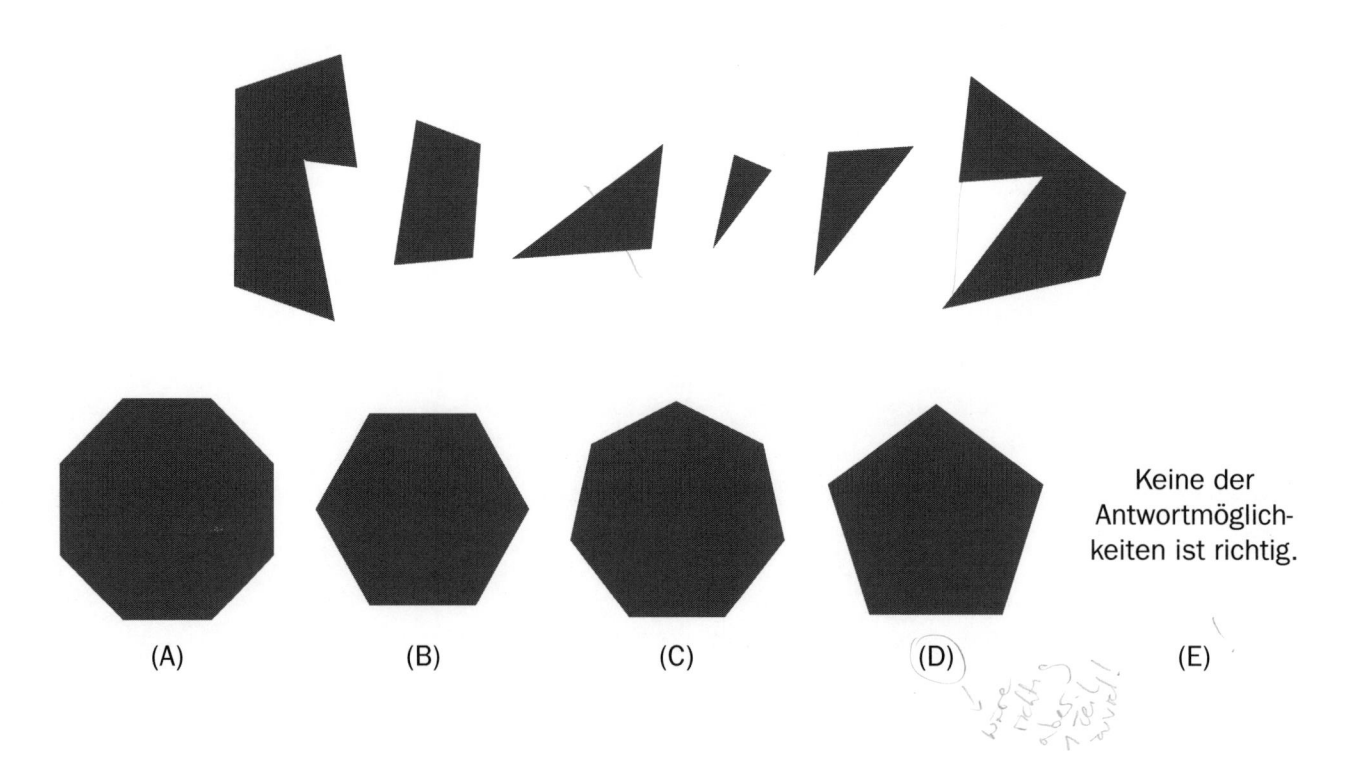

(A)   (B)   (C)   (D)   (E) Keine der Antwortmöglichkeiten ist richtig.

15   Welche Figur lässt sich aus den folgenden Einzelteilen zusammensetzen?

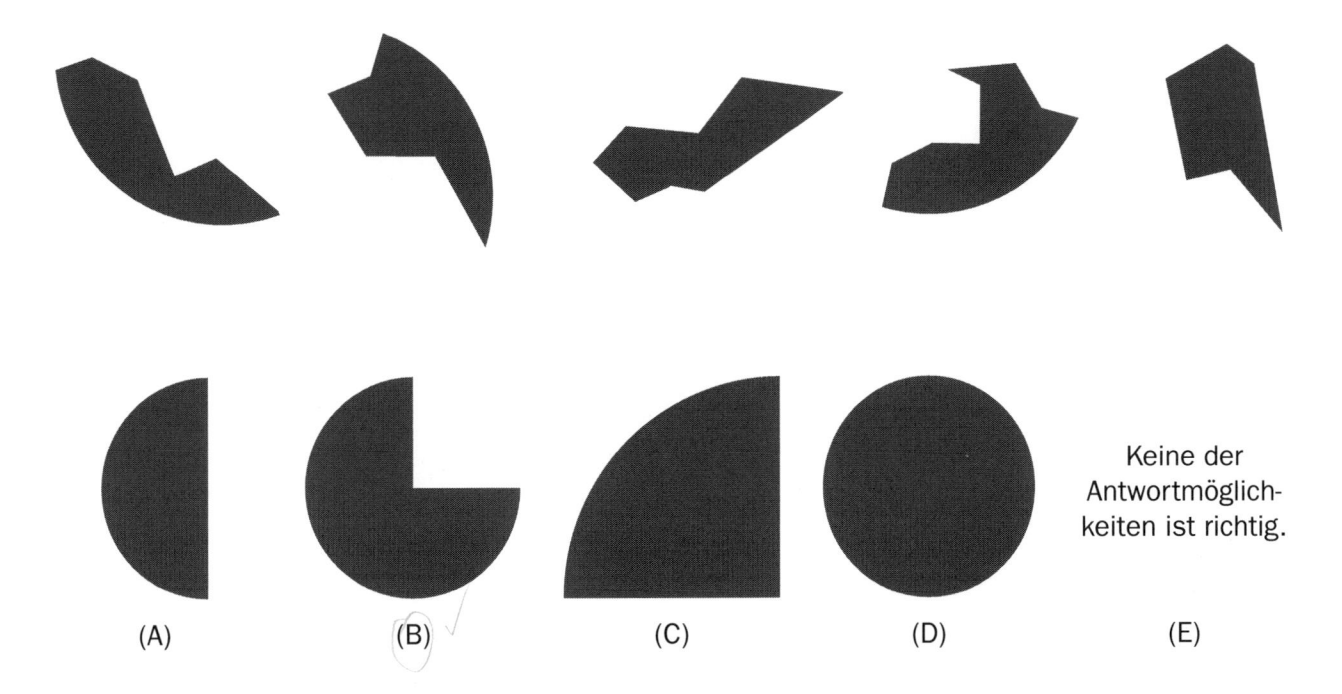

(A)   (B)   (C)   (D)   (E) Keine der Antwortmöglichkeiten ist richtig.

Figuren zusammensetzen | Testset 6

Testset 6
Anzahl der Aufgaben: 15, Bearbeitungszeit: 20 Minuten

1   Welche Figur lässt sich aus den folgenden Einzelteilen zusammensetzen?

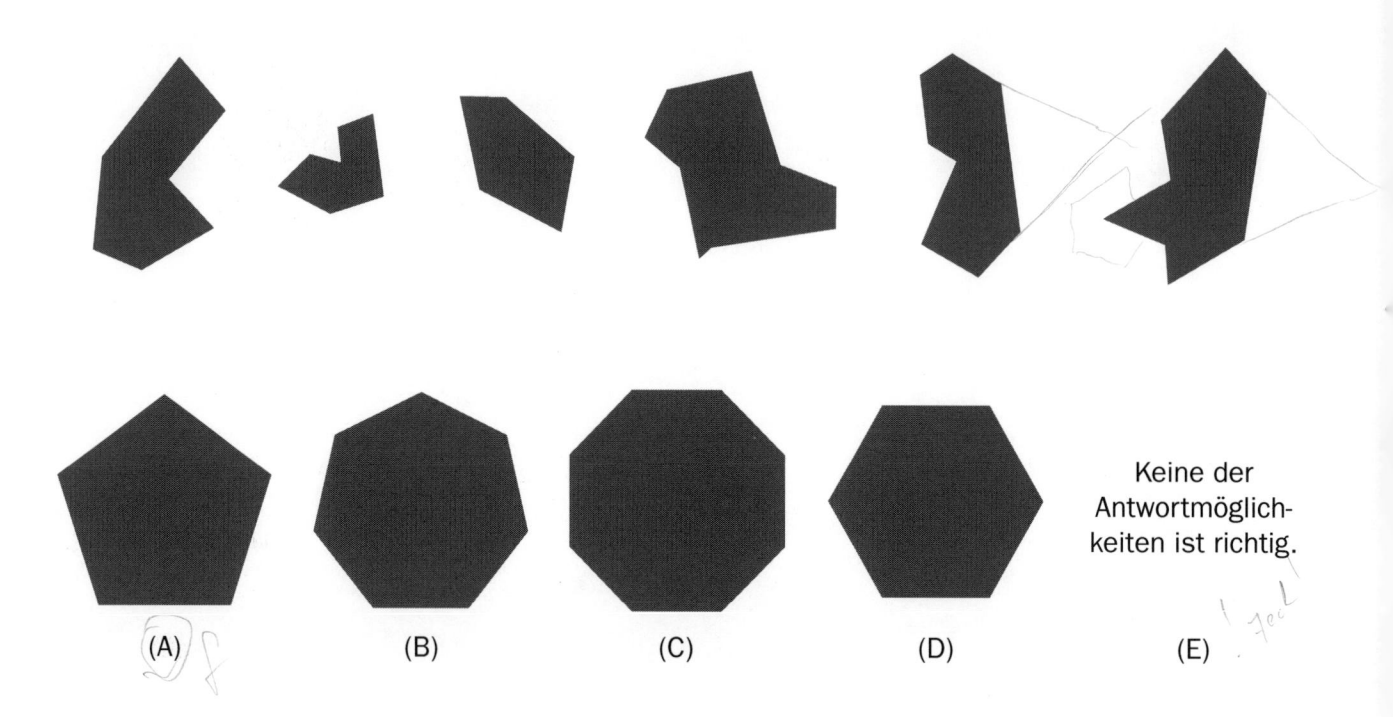

(A)   (B)   (C)   (D)   (E) Keine der Antwortmöglichkeiten ist richtig.

2   Welche Figur lässt sich aus den folgenden Einzelteilen zusammensetzen?

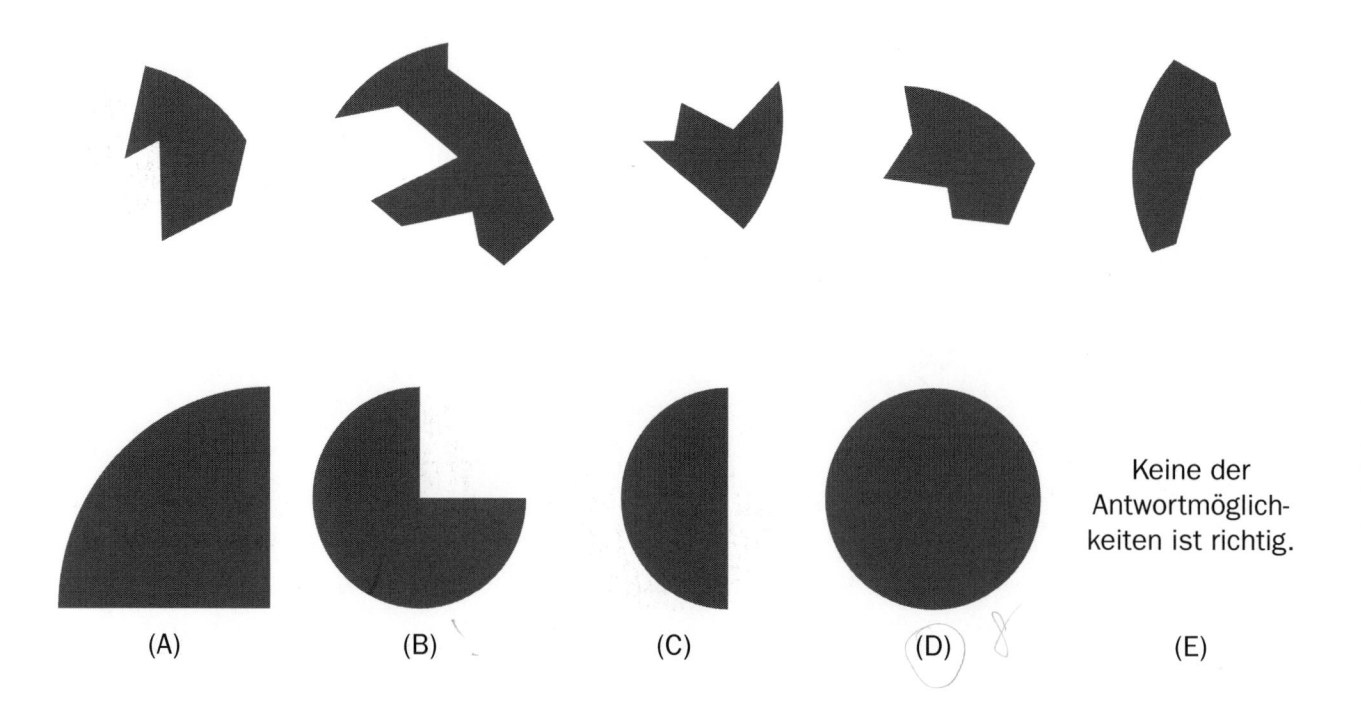

(A)   (B)   (C)   (D)   (E) Keine der Antwortmöglichkeiten ist richtig.

3   Welche Figur lässt sich aus den folgenden Einzelteilen zusammensetzen?

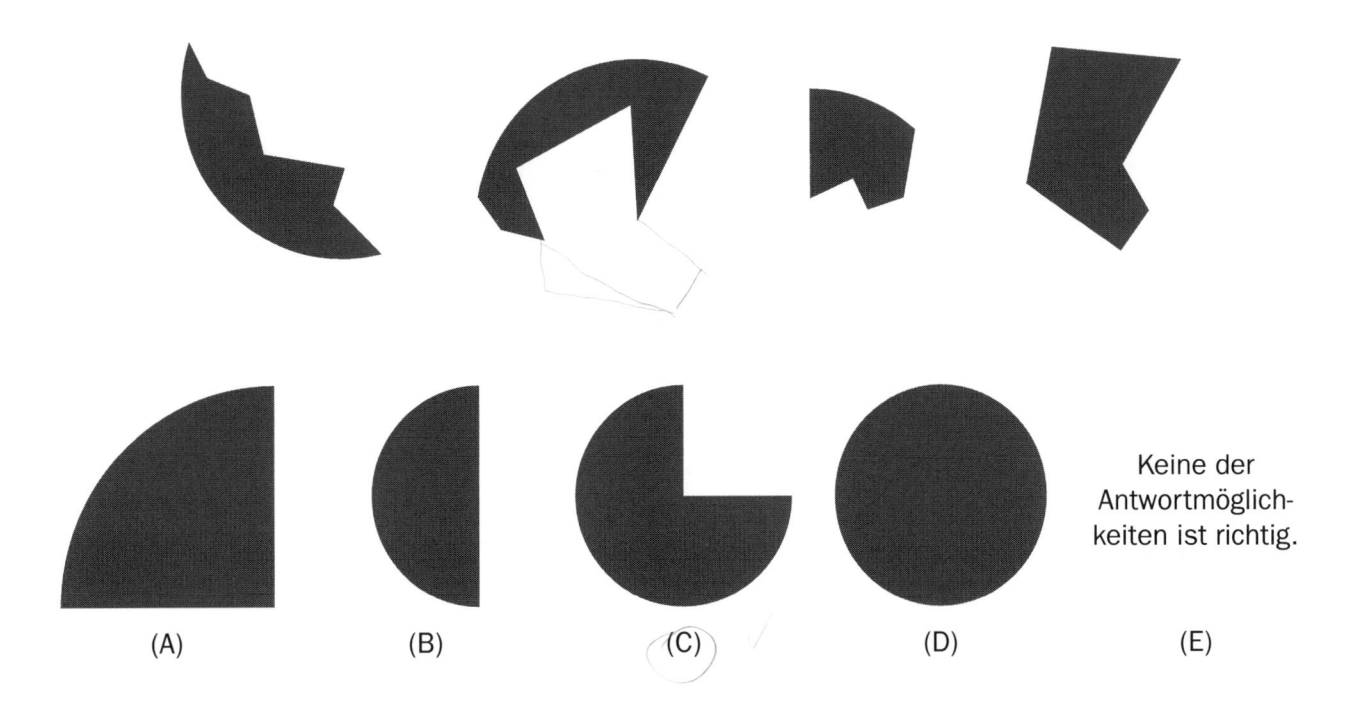

(A)   (B)   (C)   (D)   (E) Keine der Antwortmöglichkeiten ist richtig.

4   Welche Figur lässt sich aus den folgenden Einzelteilen zusammensetzen?

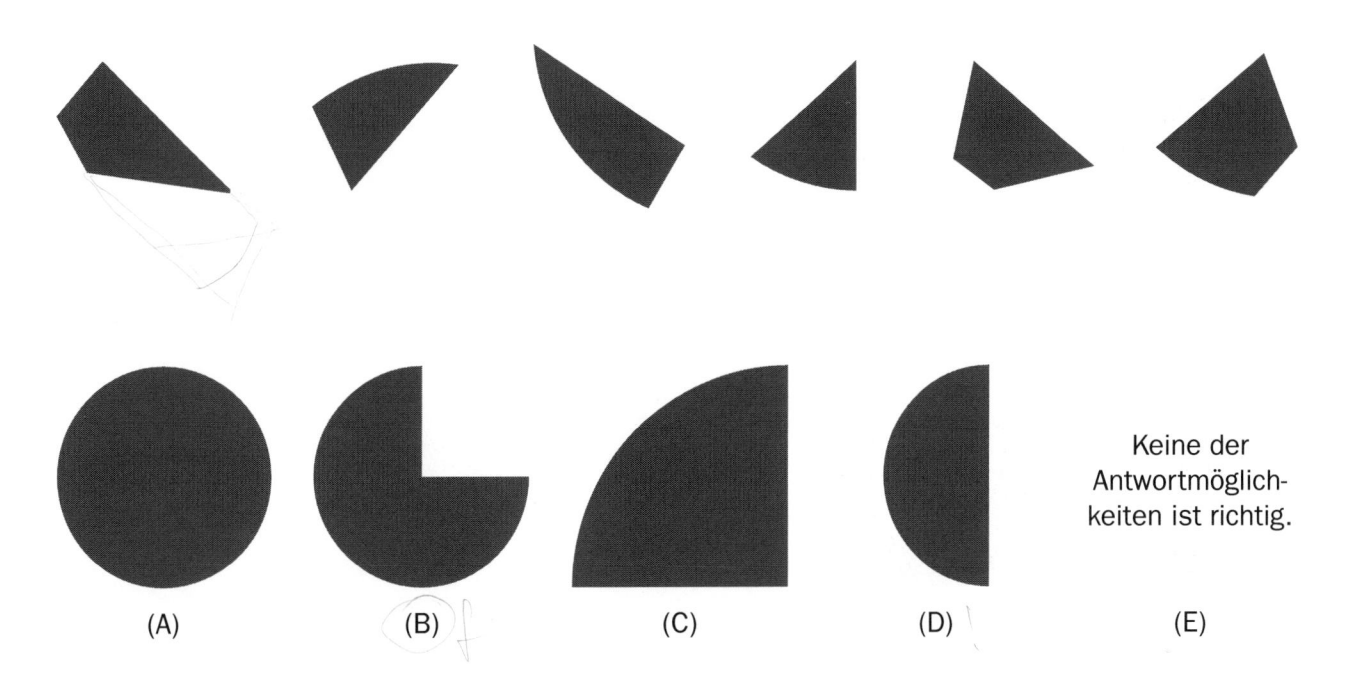

(A)   (B)   (C)   (D)   (E) Keine der Antwortmöglichkeiten ist richtig.

5   Welche Figur lässt sich aus den folgenden Einzelteilen zusammensetzen?

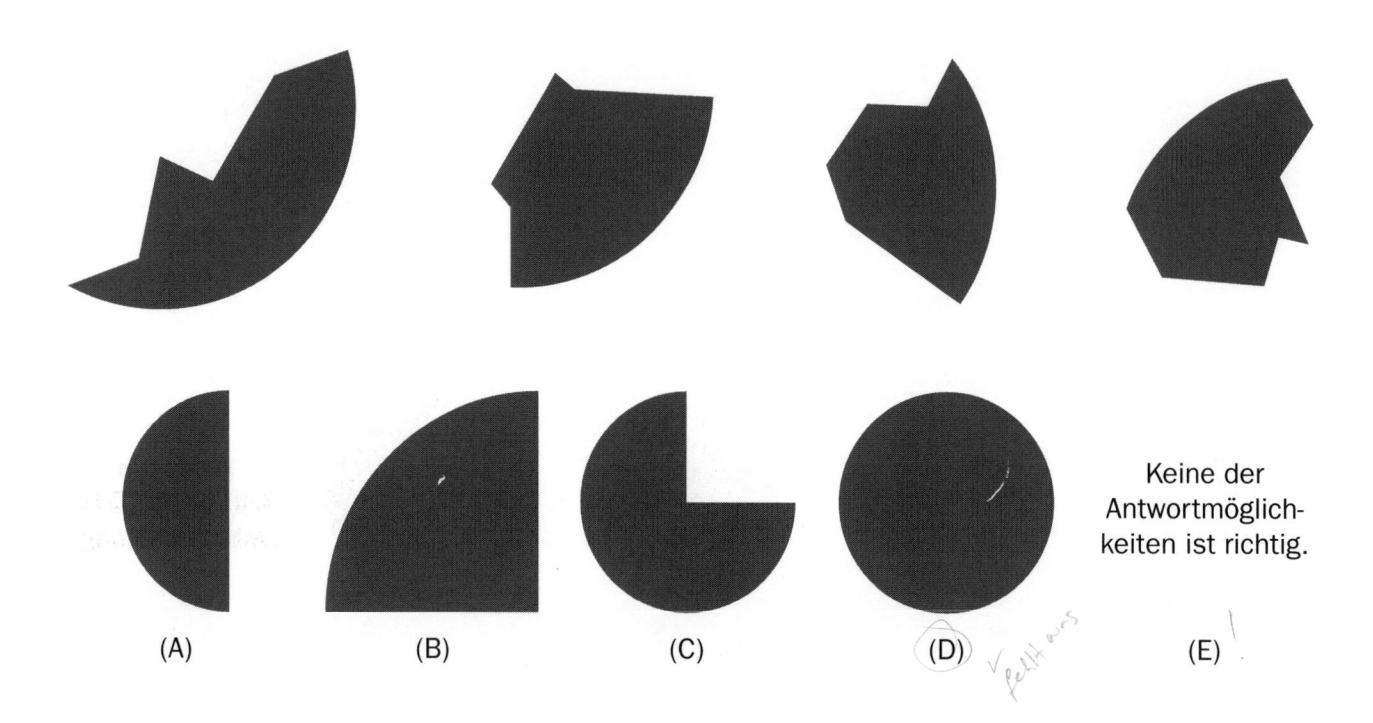

(A)   (B)   (C)   (D)   (E) Keine der Antwortmöglichkeiten ist richtig.

6   Welche Figur lässt sich aus den folgenden Einzelteilen zusammensetzen?

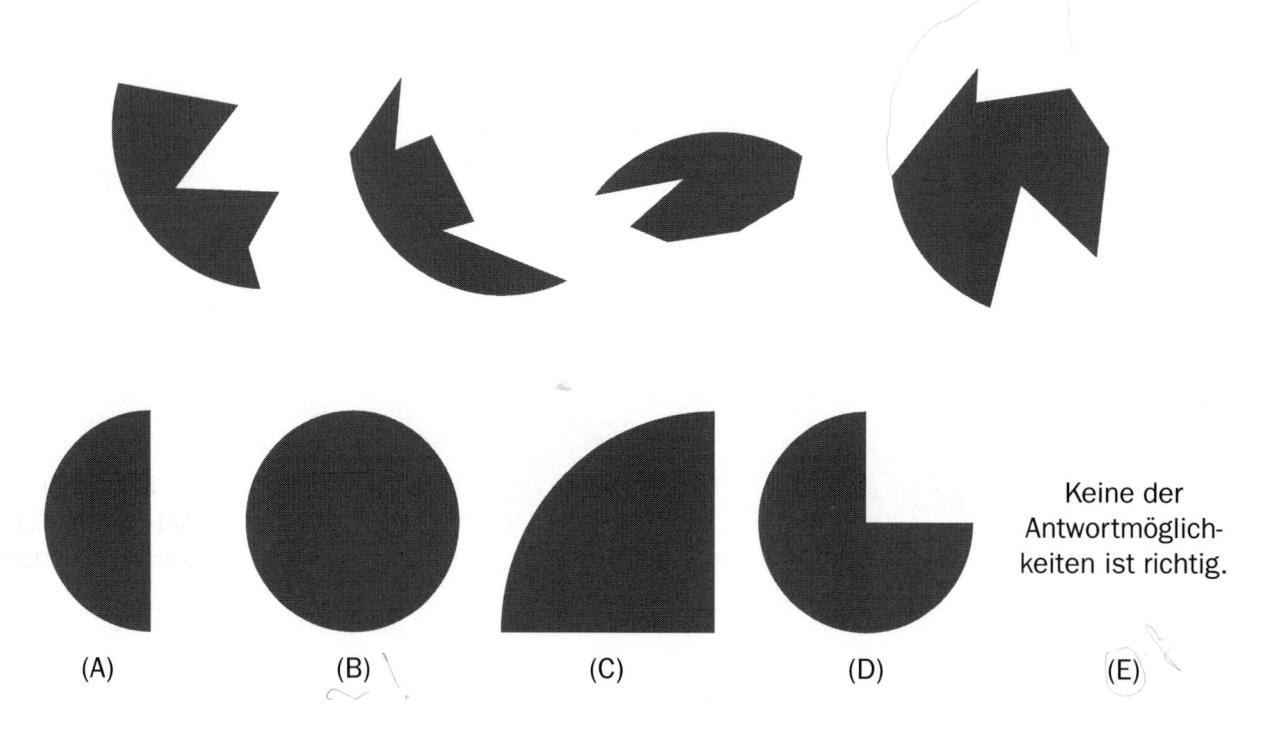

(A)   (B)   (C)   (D)   (E) Keine der Antwortmöglichkeiten ist richtig.

7   Welche Figur lässt sich aus den folgenden Einzelteilen zusammensetzen?

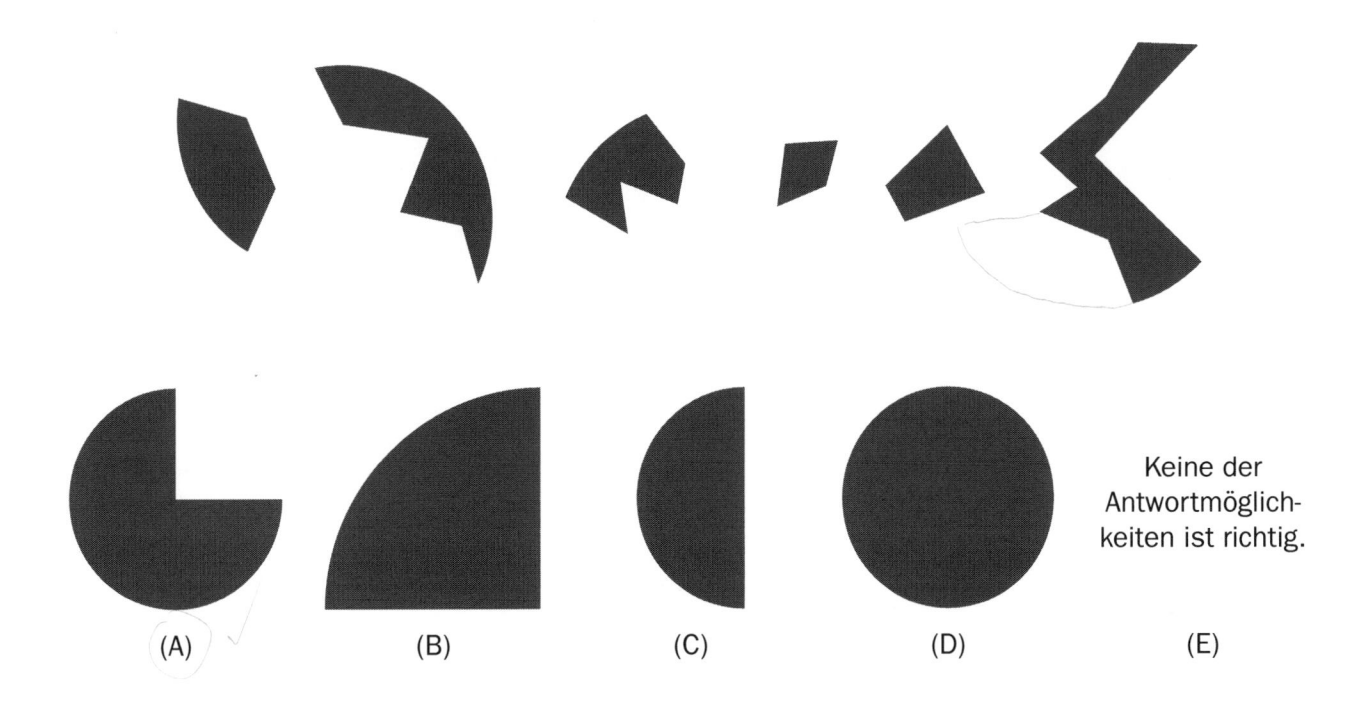

(A) (B) (C) (D) (E) Keine der Antwortmöglichkeiten ist richtig.

8   Welche Figur lässt sich aus den folgenden Einzelteilen zusammensetzen?

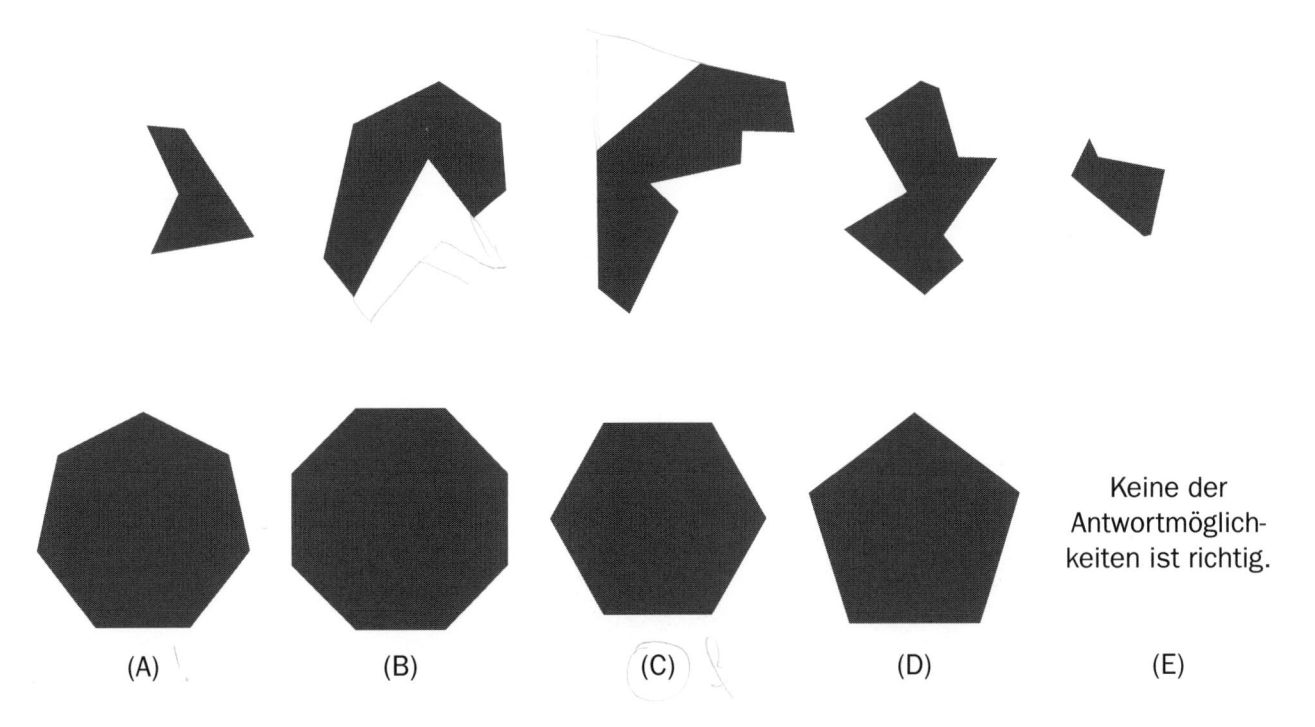

(A) (B) (C) (D) (E) Keine der Antwortmöglichkeiten ist richtig.

9   Welche Figur lässt sich aus den folgenden Einzelteilen zusammensetzen?

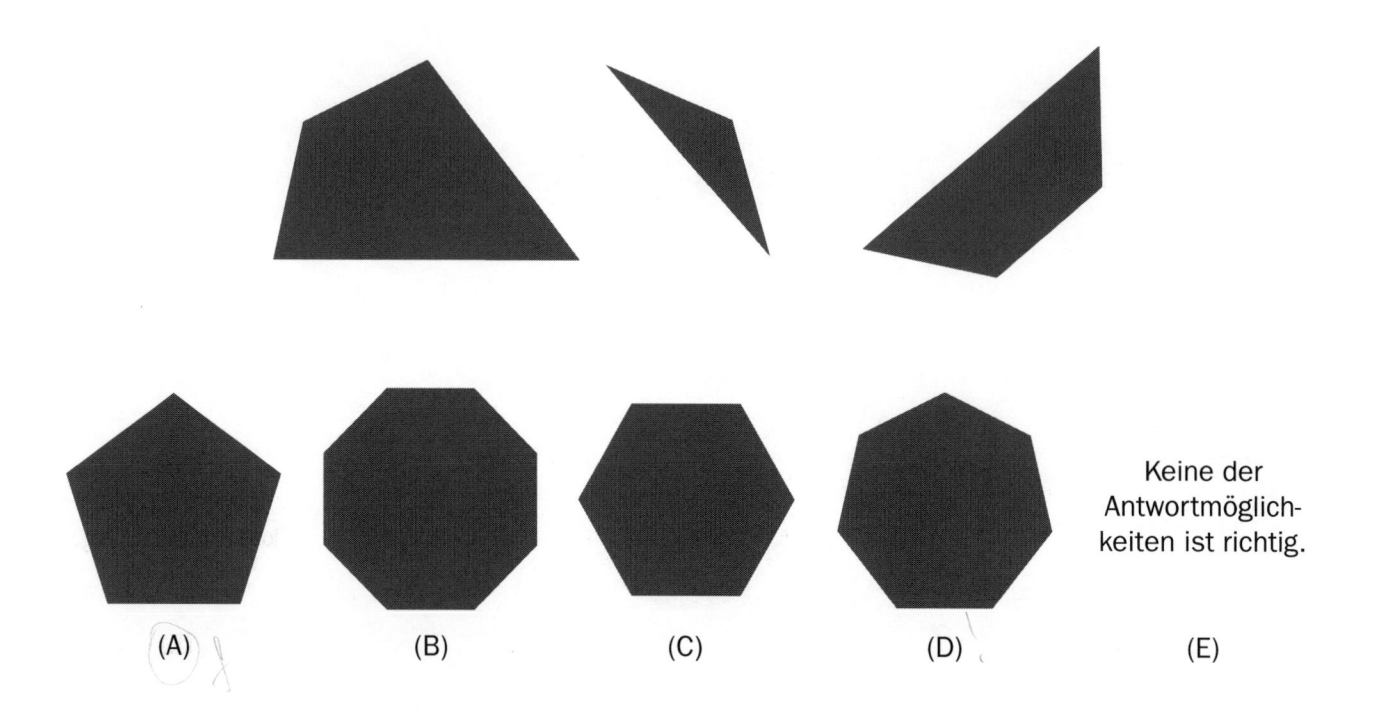

(A)   (B)   (C)   (D)   Keine der Antwortmöglichkeiten ist richtig. (E)

10   Welche Figur lässt sich aus den folgenden Einzelteilen zusammensetzen?

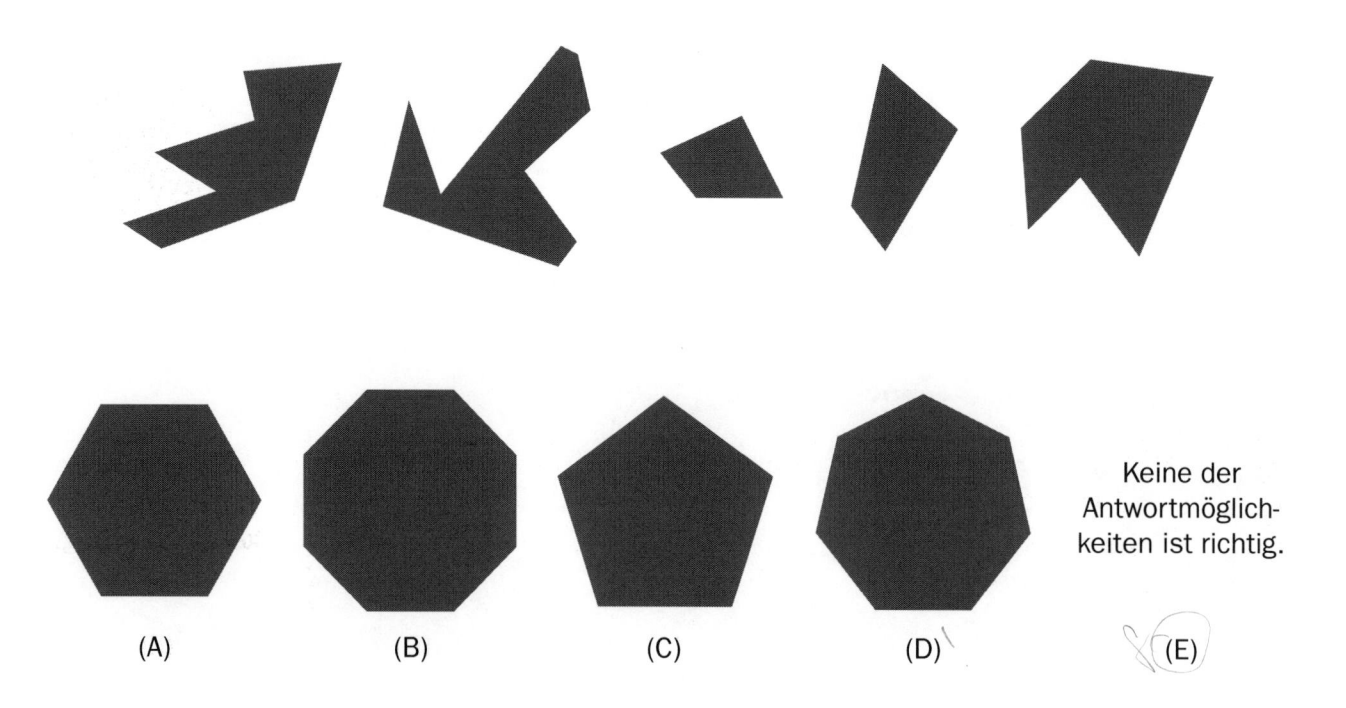

(A)   (B)   (C)   (D)   Keine der Antwortmöglichkeiten ist richtig. (E)

11 Welche Figur lässt sich aus den folgenden Einzelteilen zusammensetzen?

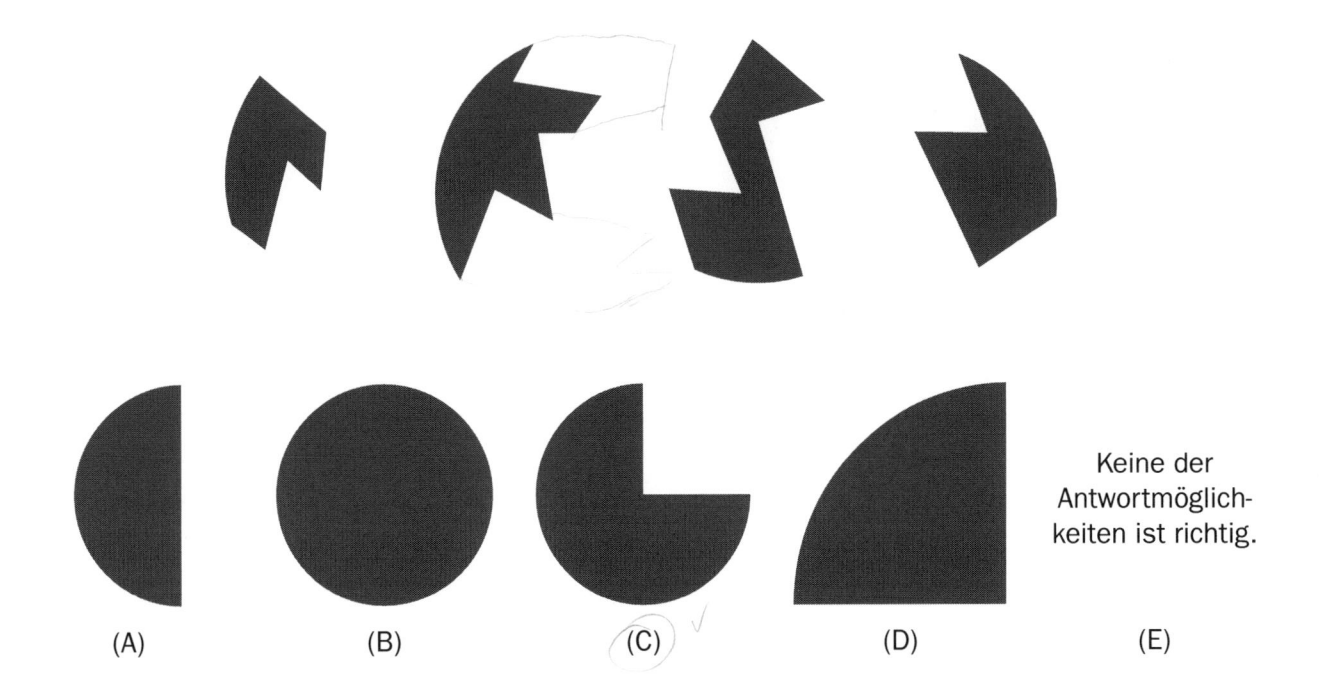

(A) (B) (C) (D) (E) Keine der Antwortmöglichkeiten ist richtig.

12 Welche Figur lässt sich aus den folgenden Einzelteilen zusammensetzen?

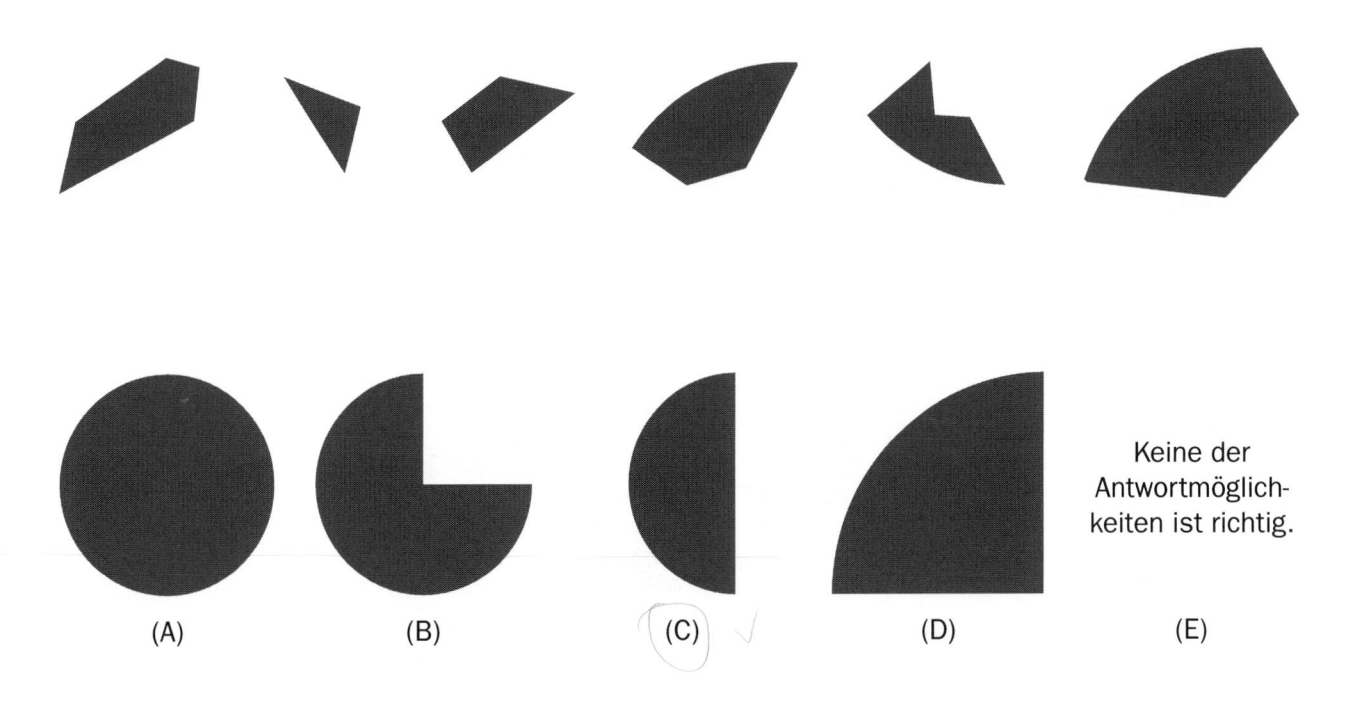

(A) (B) (C) (D) (E) Keine der Antwortmöglichkeiten ist richtig.

13 Welche Figur lässt sich aus den folgenden Einzelteilen zusammensetzen?

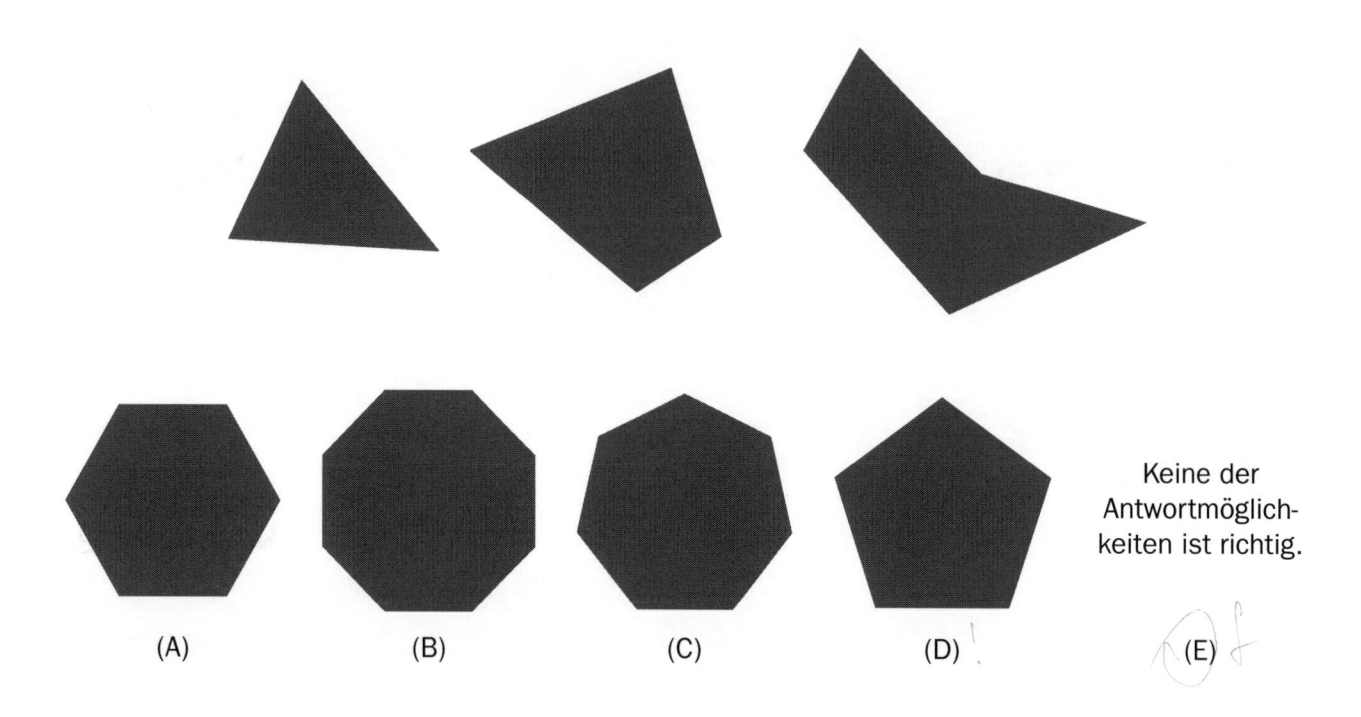

(A)   (B)   (C)   (D)   Keine der Antwortmöglichkeiten ist richtig. (E)

14 Welche Figur lässt sich aus den folgenden Einzelteilen zusammensetzen?

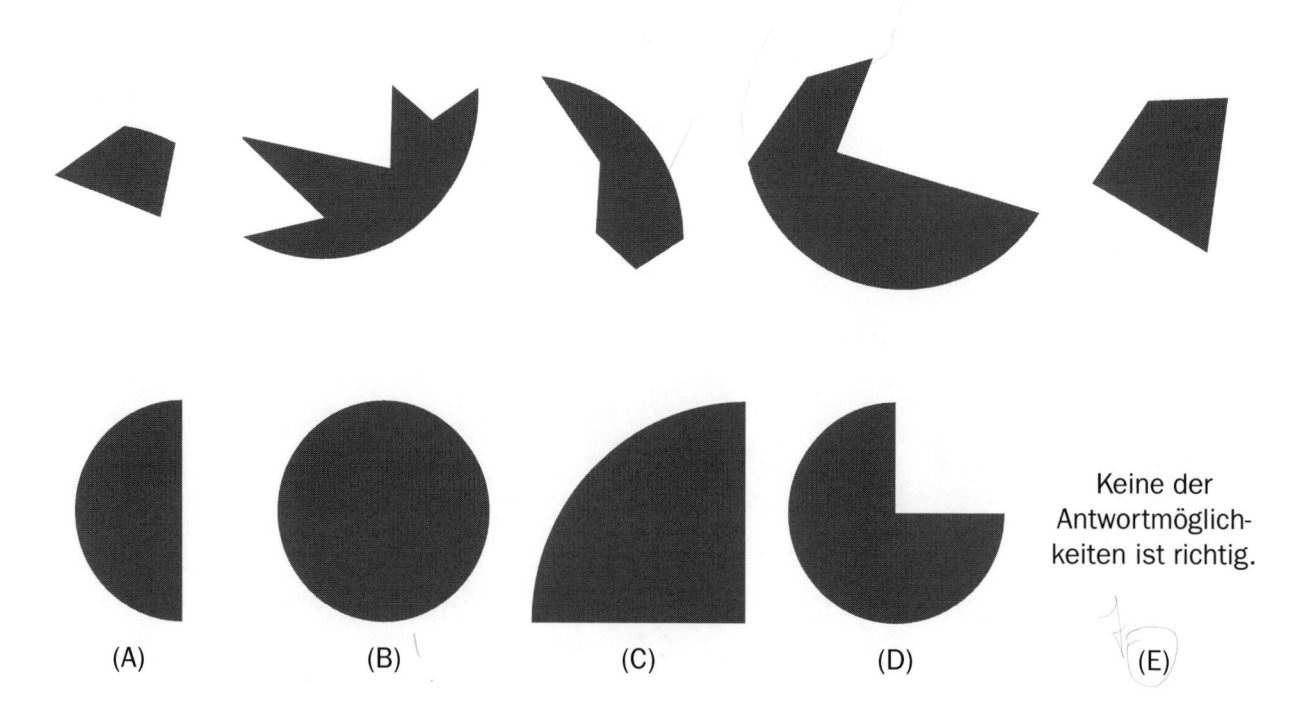

(A)   (B)   (C)   (D)   Keine der Antwortmöglichkeiten ist richtig. (E)

15   Welche Figur lässt sich aus den folgenden Einzelteilen zusammensetzen?

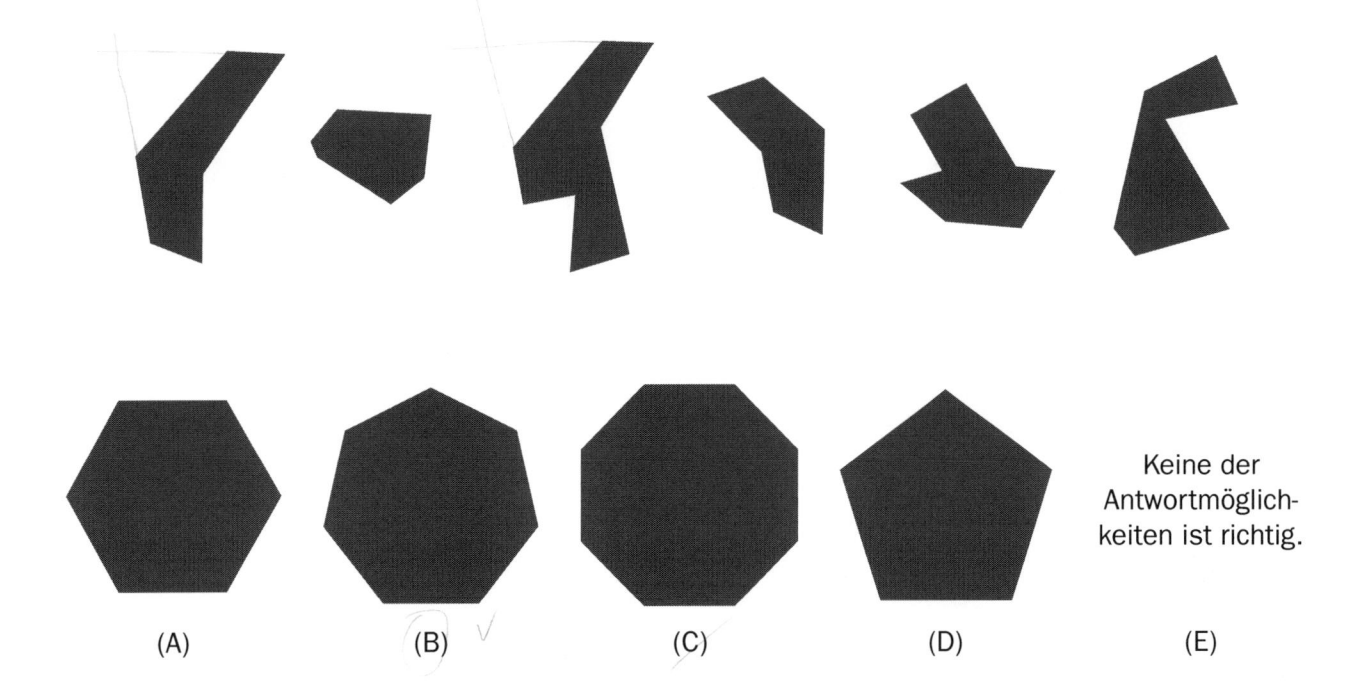

(A)   (B)   (C)   (D)   (E) Keine der Antwortmöglichkeiten ist richtig.

Testset 7

Anzahl der Aufgaben: 15, Bearbeitungszeit: 20 Minuten

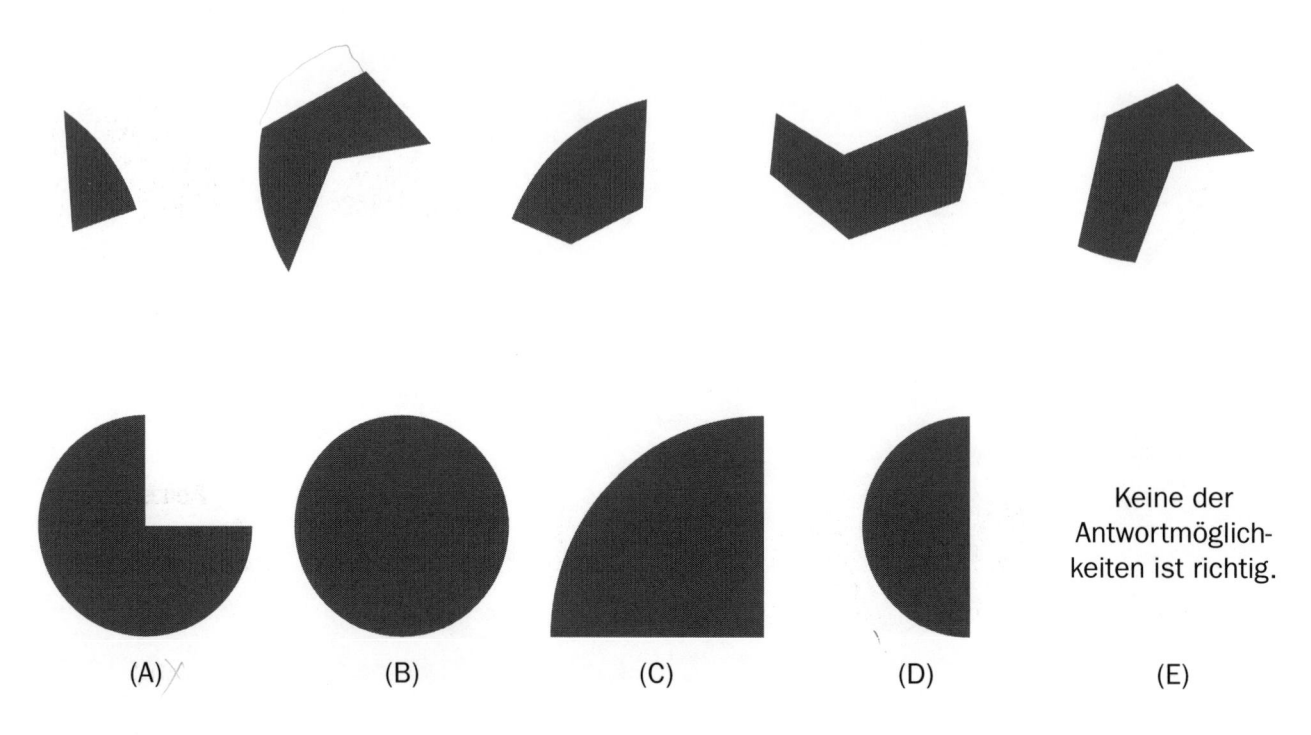

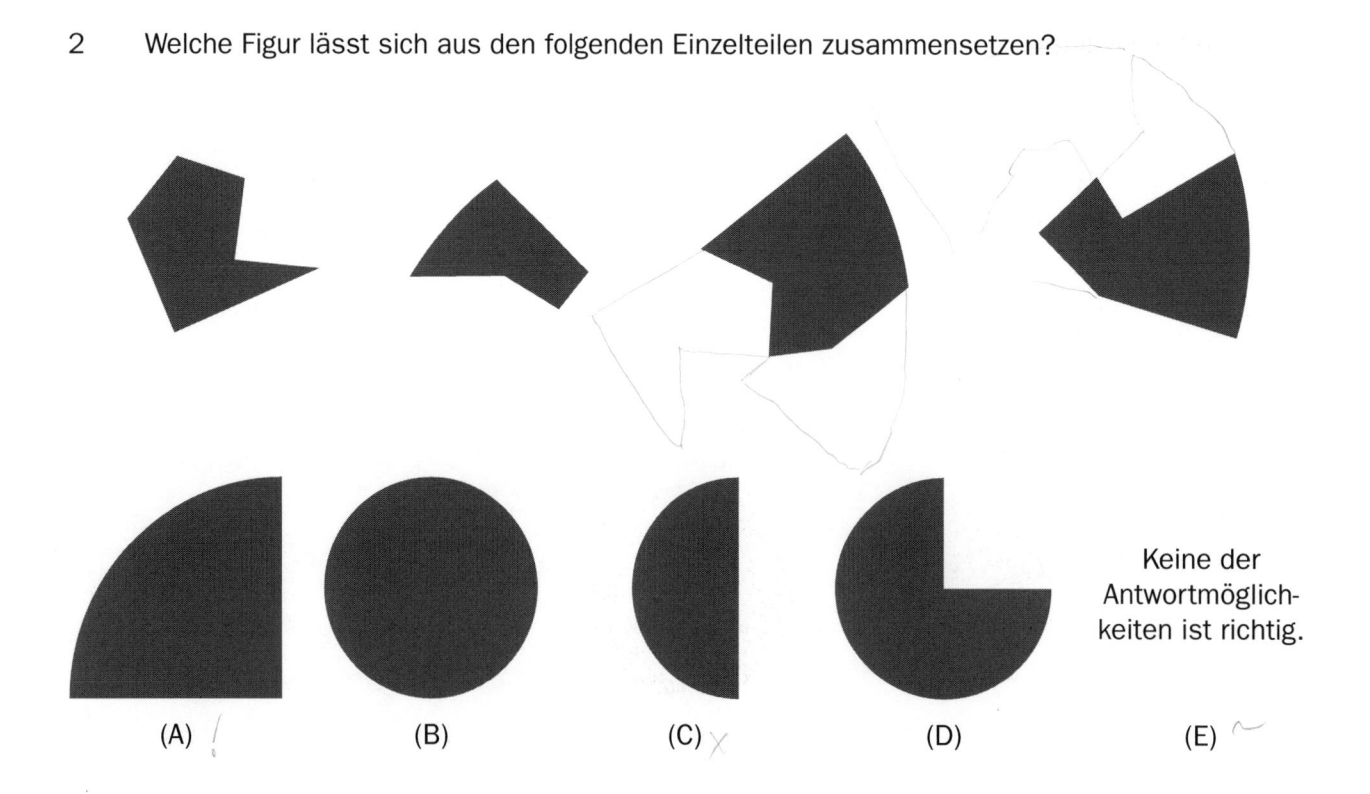

1 Welche Figur lässt sich aus den folgenden Einzelteilen zusammensetzen?

(A) (B) (C) (D) (E) Keine der Antwortmöglichkeiten ist richtig.

2 Welche Figur lässt sich aus den folgenden Einzelteilen zusammensetzen?

(A) (B) (C) (D) (E) Keine der Antwortmöglichkeiten ist richtig.

3   Welche Figur lässt sich aus den folgenden Einzelteilen zusammensetzen?

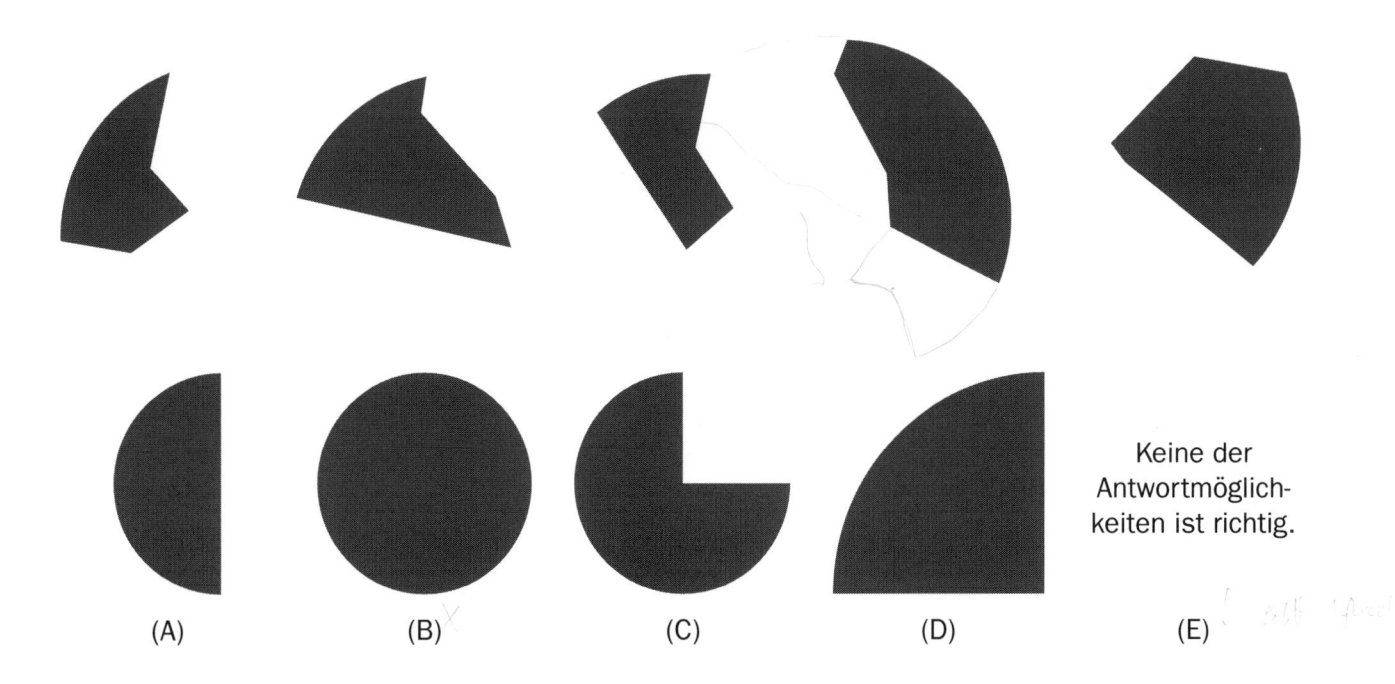

(A)   (B)   (C)   (D)   (E) Keine der Antwortmöglichkeiten ist richtig.

4   Welche Figur lässt sich aus den folgenden Einzelteilen zusammensetzen?

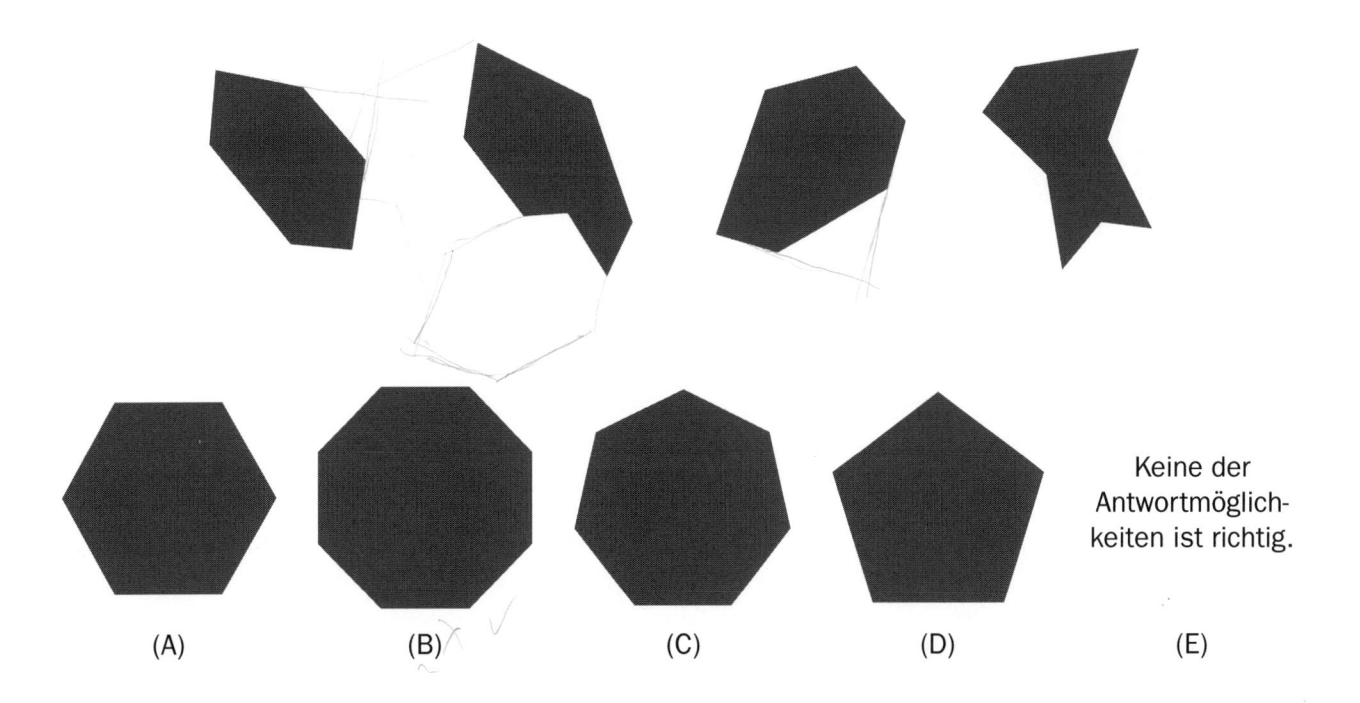

(A)   (B)   (C)   (D)   (E) Keine der Antwortmöglichkeiten ist richtig.

5 Welche Figur lässt sich aus den folgenden Einzelteilen zusammensetzen?

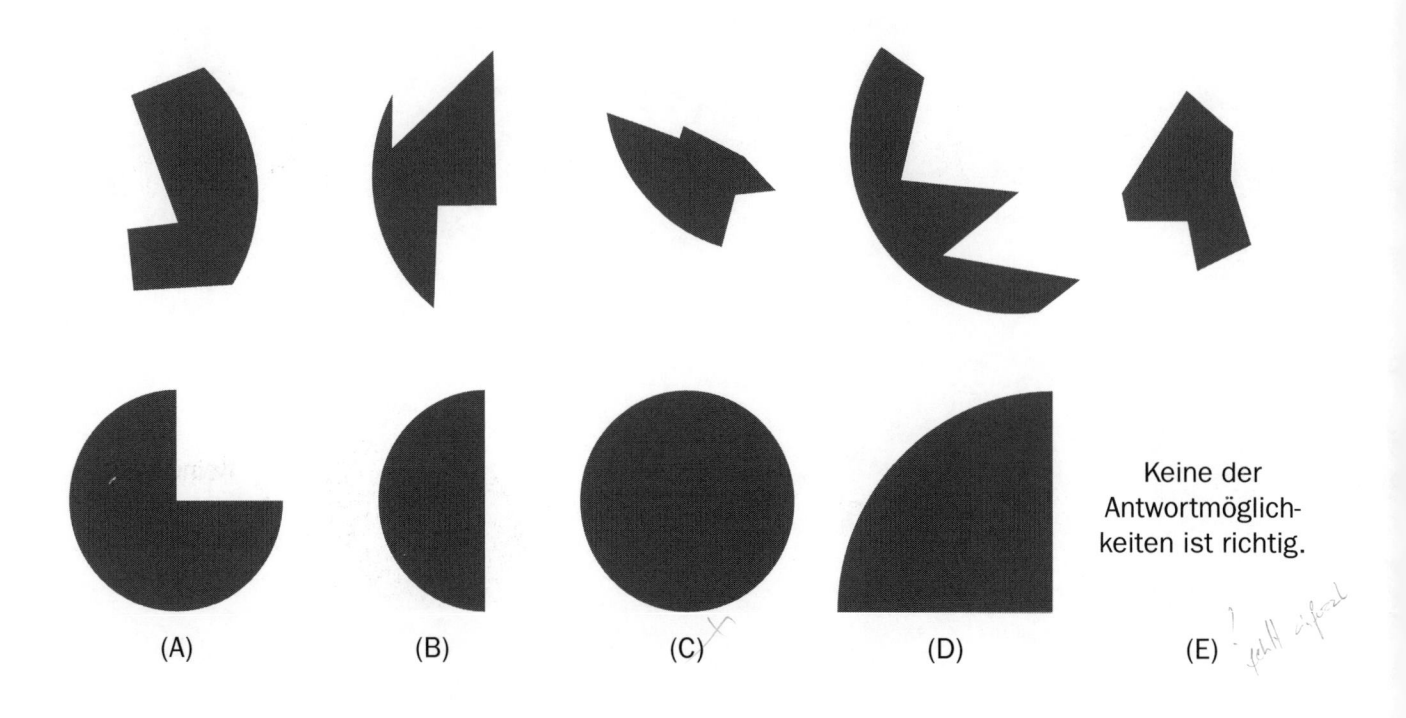

(A) (B) (C) (D) (E) Keine der Antwortmöglichkeiten ist richtig.

6 Welche Figur lässt sich aus den folgenden Einzelteilen zusammensetzen?

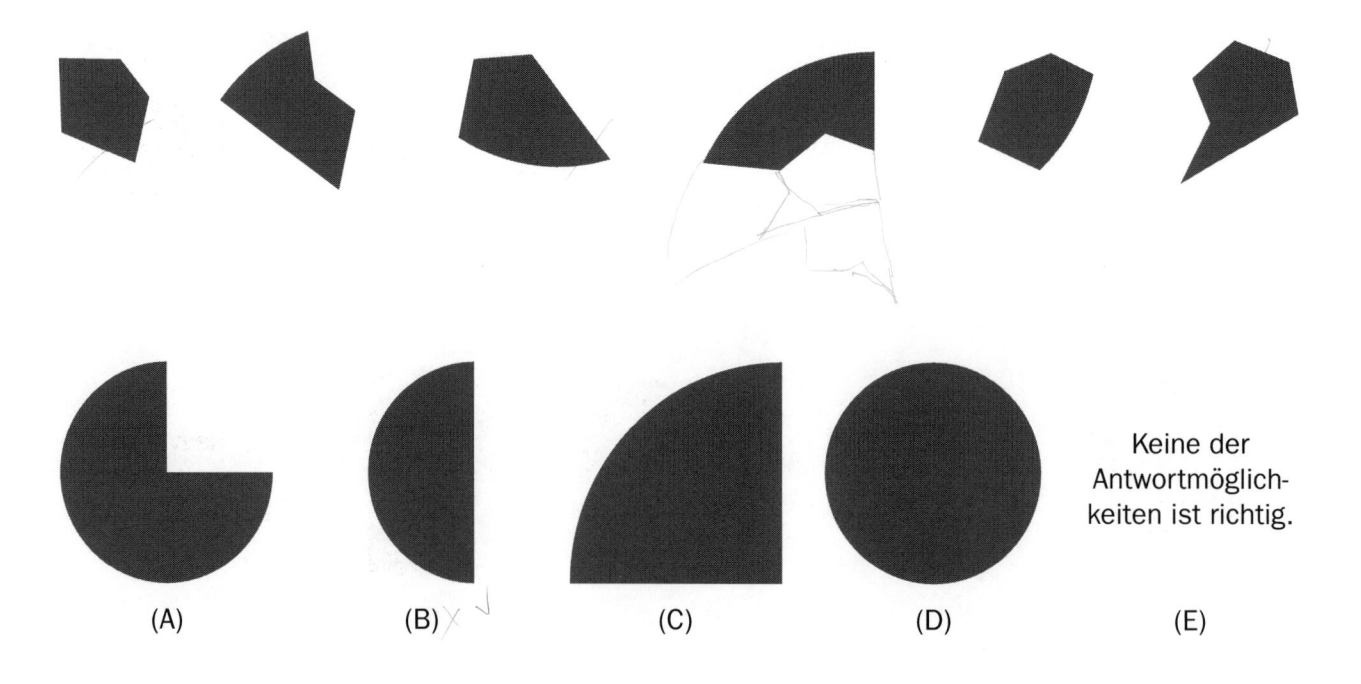

(A) (B) (C) (D) (E) Keine der Antwortmöglichkeiten ist richtig.

7   Welche Figur lässt sich aus den folgenden Einzelteilen zusammensetzen?

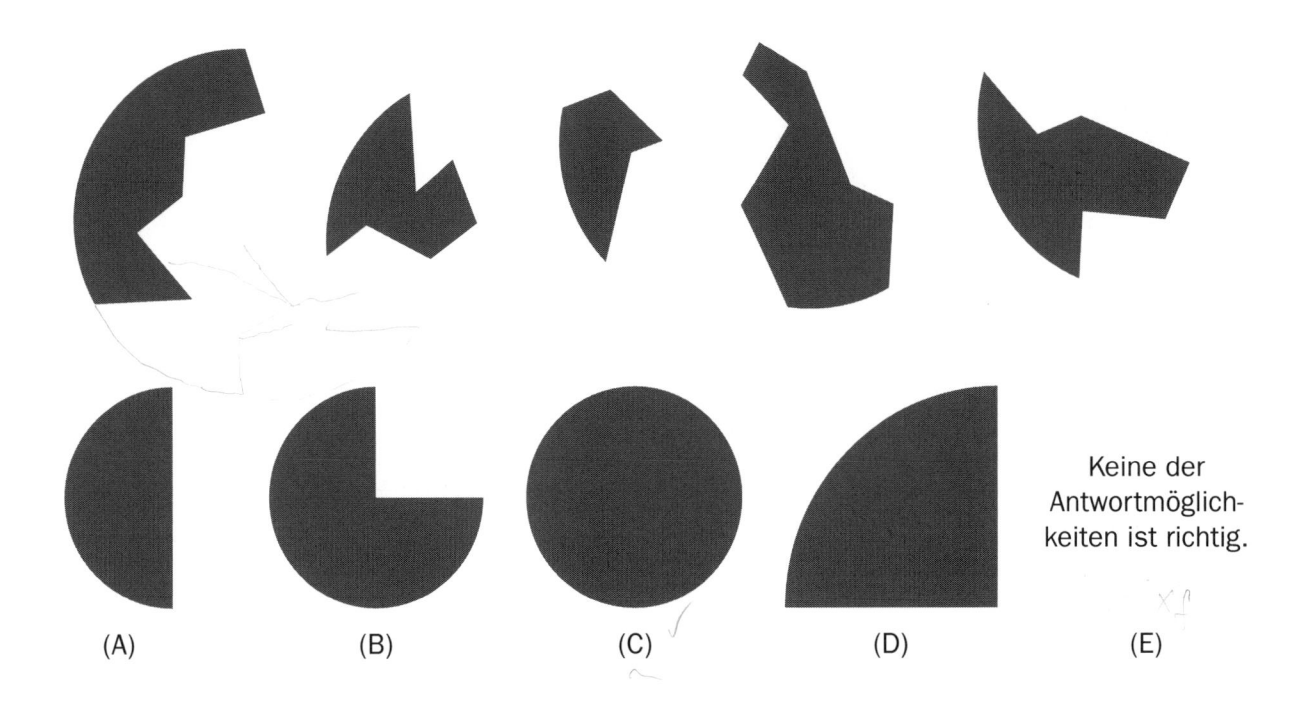

(A)   (B)   (C)   (D)   (E) Keine der Antwortmöglichkeiten ist richtig.

8   Welche Figur lässt sich aus den folgenden Einzelteilen zusammensetzen?

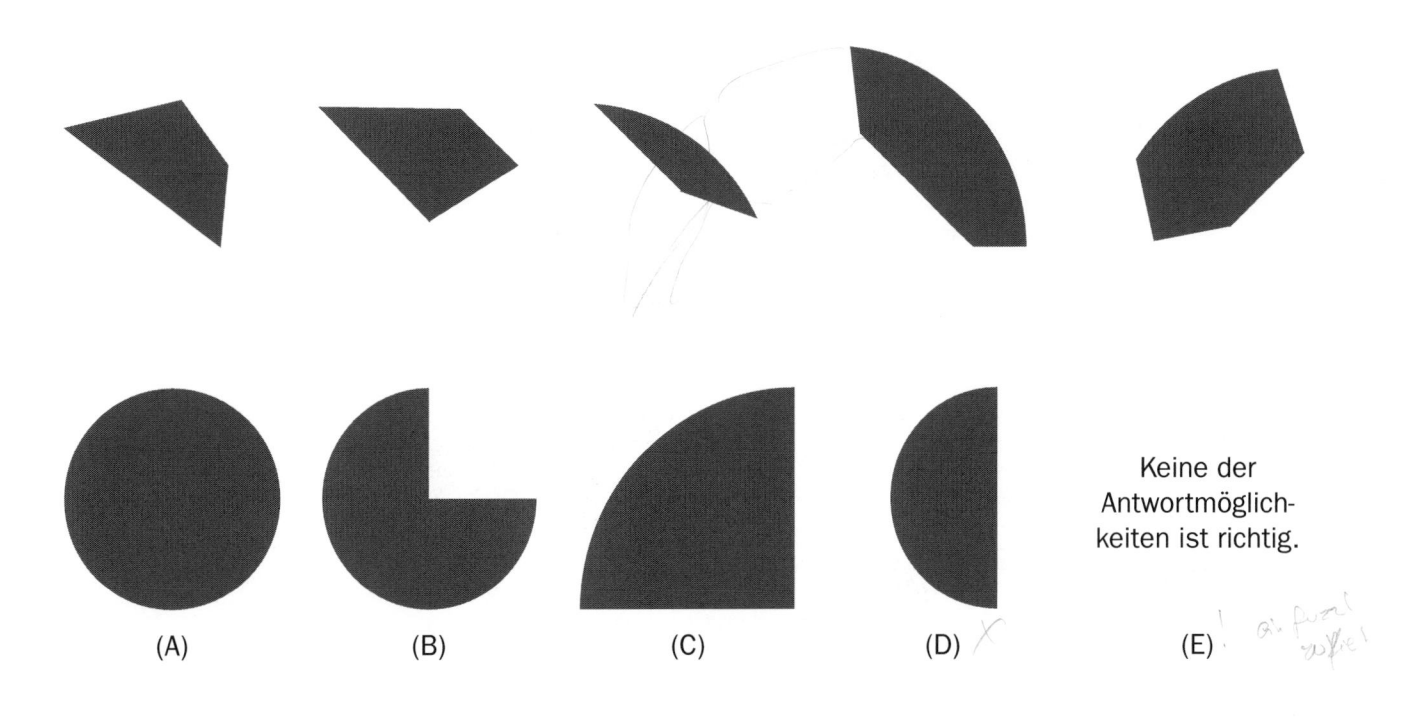

(A)   (B)   (C)   (D)   (E) Keine der Antwortmöglichkeiten ist richtig.

9   Welche Figur lässt sich aus den folgenden Einzelteilen zusammensetzen?

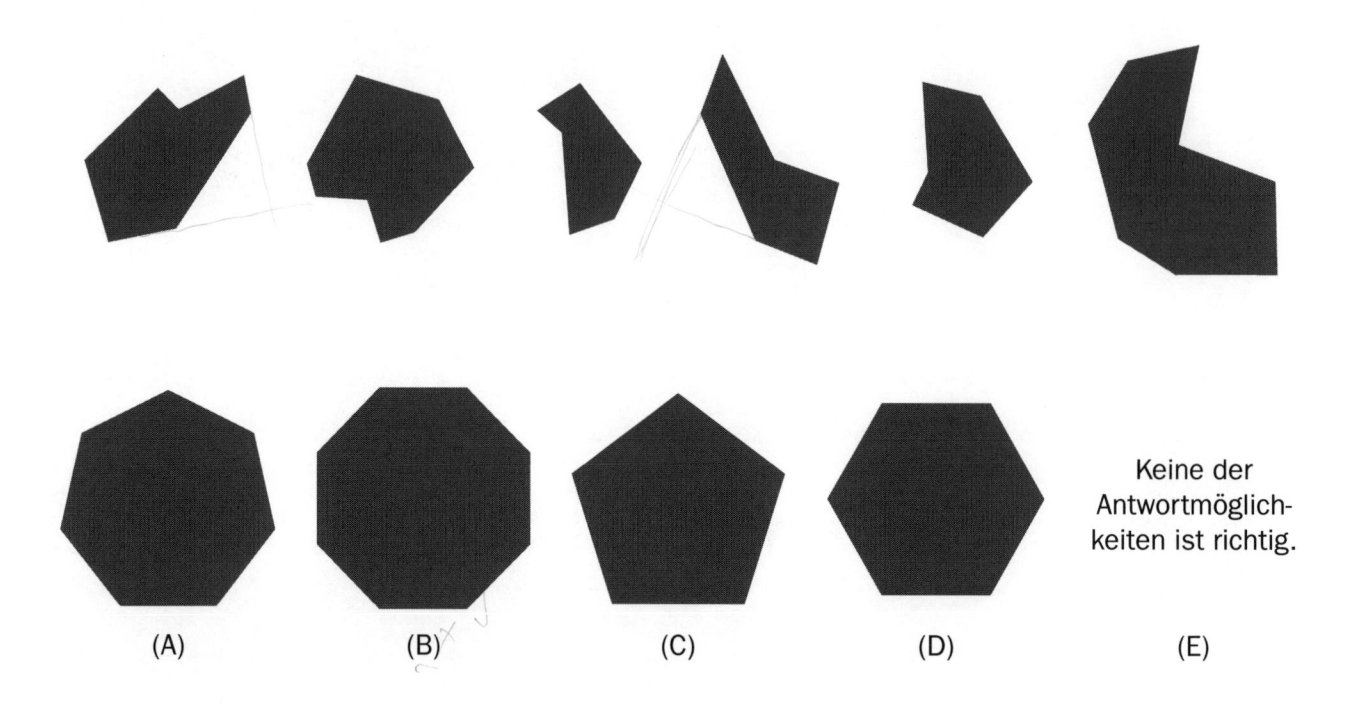

(A)   (B)   (C)   (D)   (E) Keine der Antwortmöglichkeiten ist richtig.

10   Welche Figur lässt sich aus den folgenden Einzelteilen zusammensetzen?

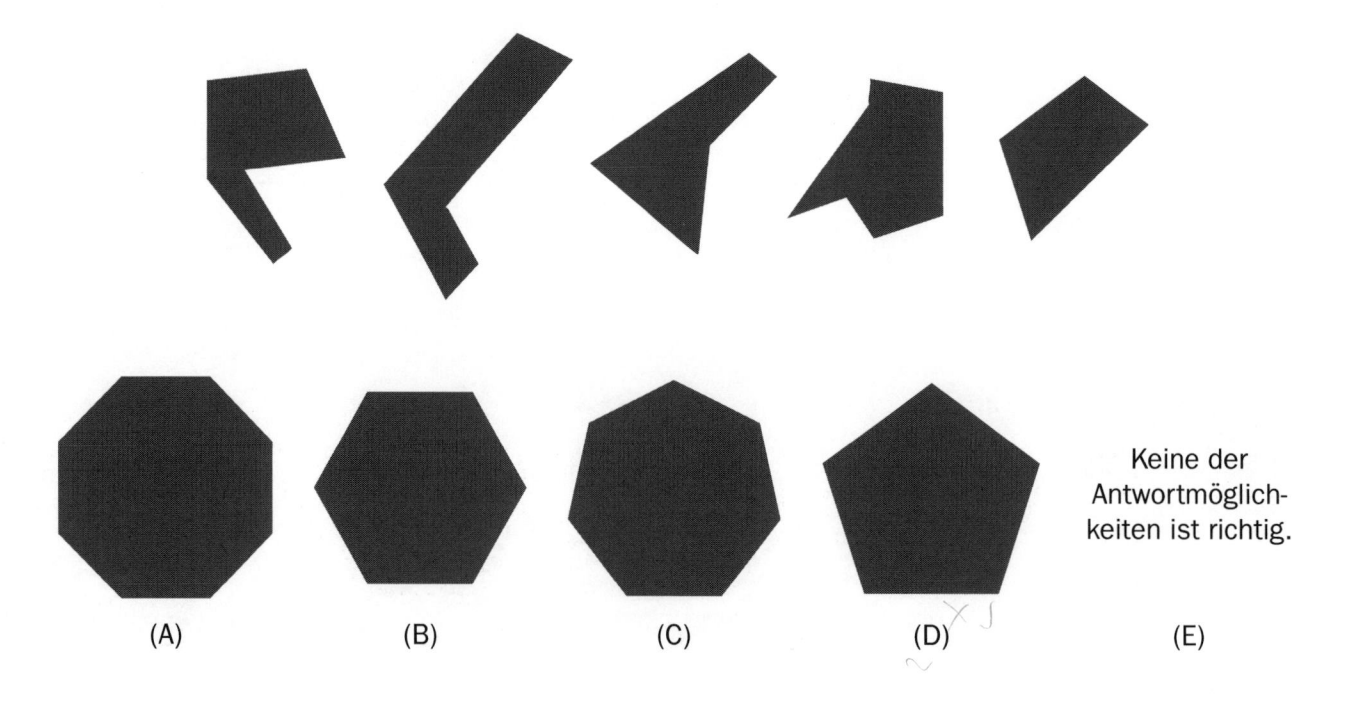

(A)   (B)   (C)   (D)   (E) Keine der Antwortmöglichkeiten ist richtig.

11 Welche Figur lässt sich aus den folgenden Einzelteilen zusammensetzen?

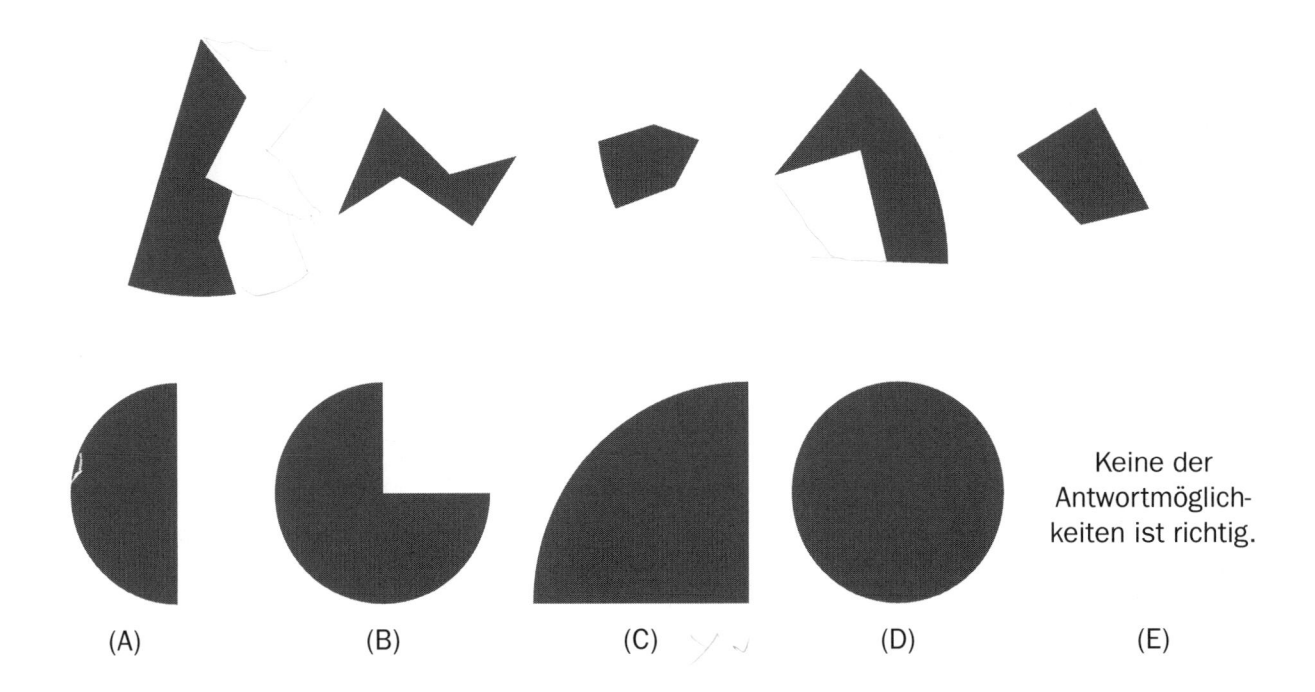

(A)   (B)   (C)   (D)   (E) Keine der Antwortmöglichkeiten ist richtig.

12 Welche Figur lässt sich aus den folgenden Einzelteilen zusammensetzen?

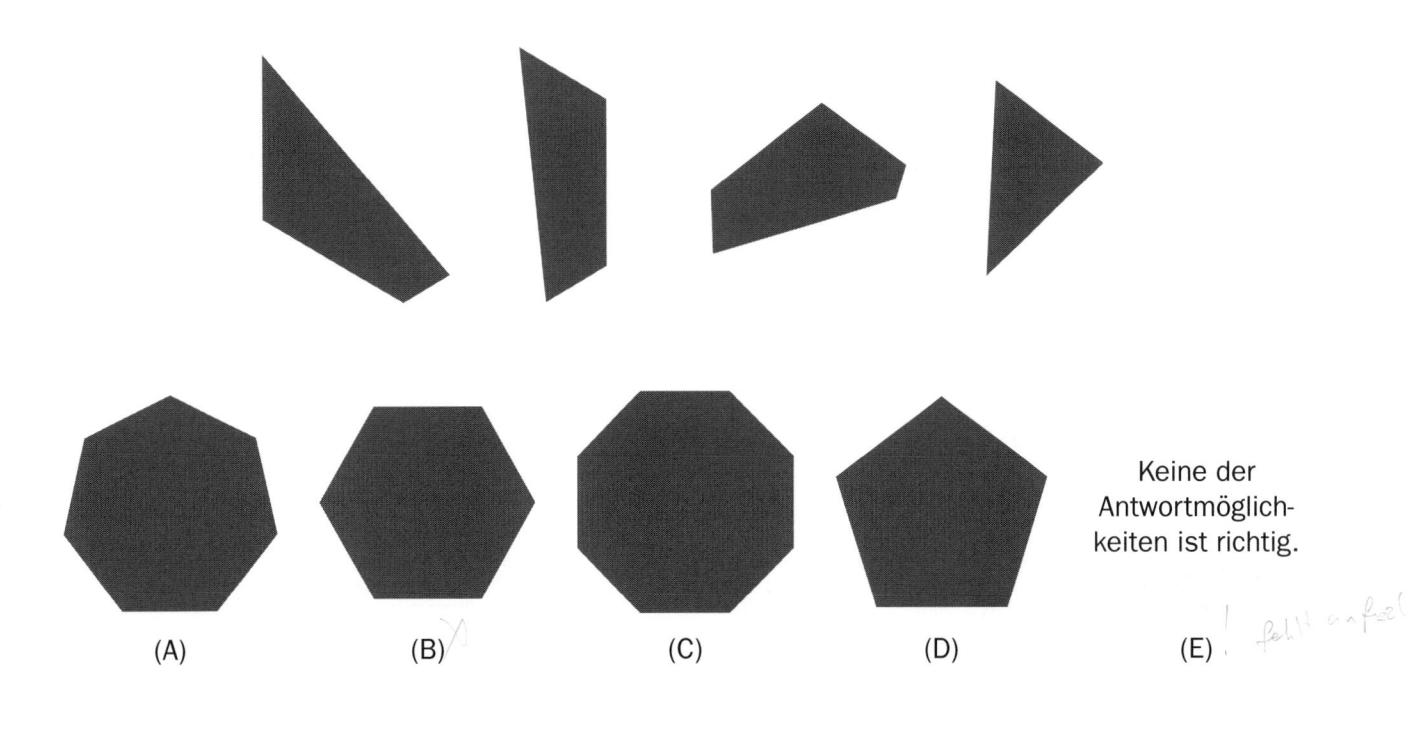

(A)   (B)   (C)   (D)   (E) Keine der Antwortmöglichkeiten ist richtig.

13 Welche Figur lässt sich aus den folgenden Einzelteilen zusammensetzen?

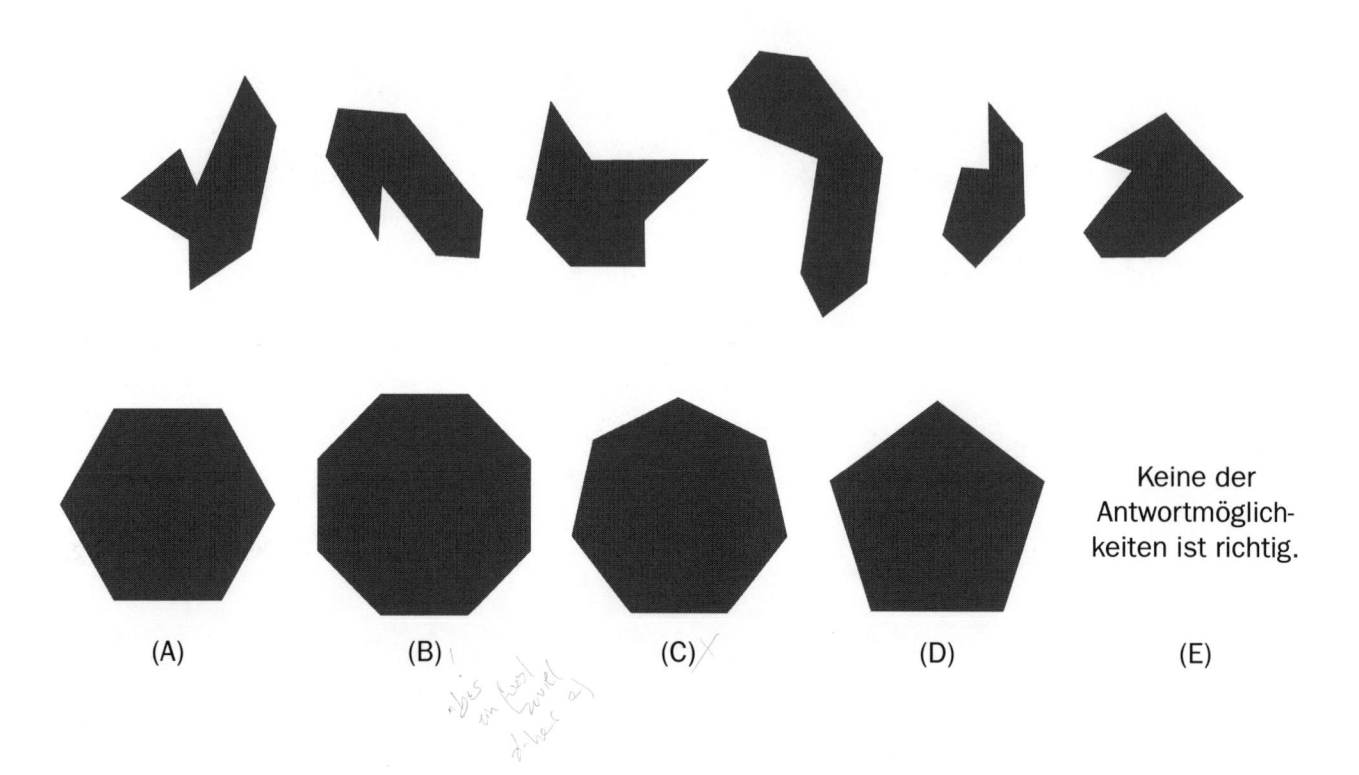

(A) (B) (C) (D) (E) Keine der Antwortmöglichkeiten ist richtig.

14 Welche Figur lässt sich aus den folgenden Einzelteilen zusammensetzen?

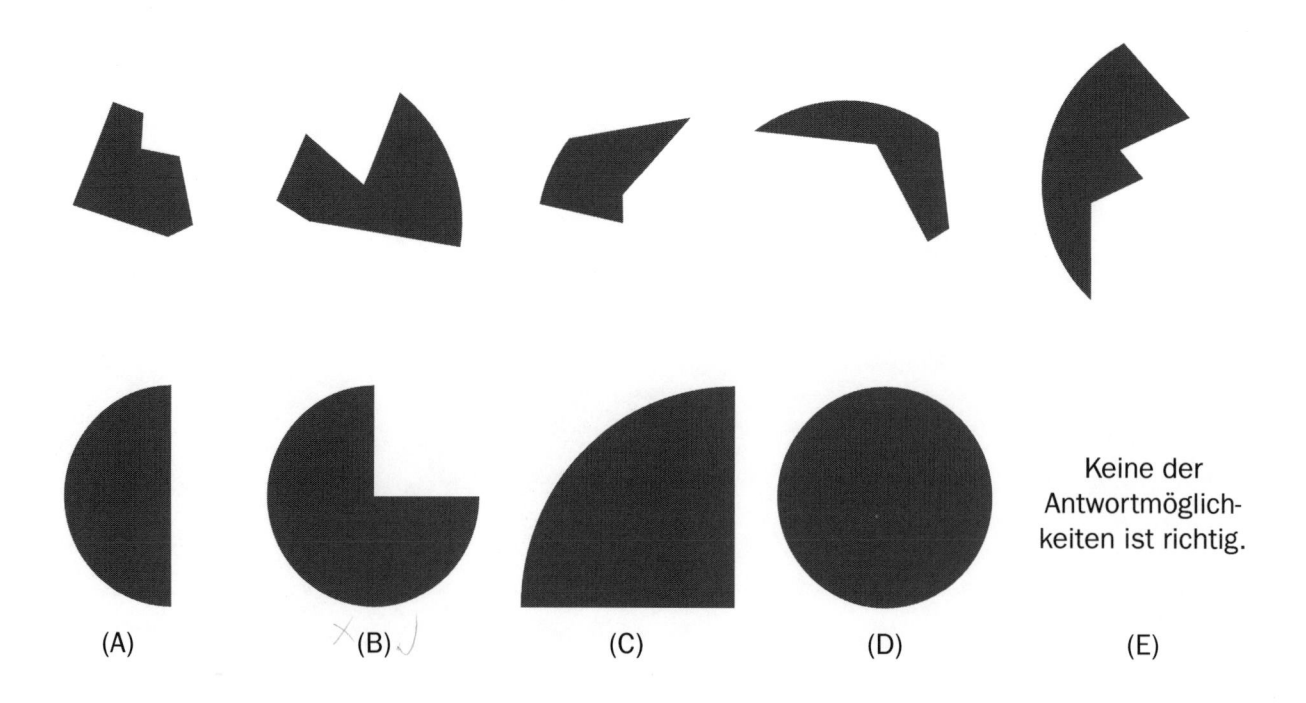

(A) (B) (C) (D) (E) Keine der Antwortmöglichkeiten ist richtig.

15   Welche Figur lässt sich aus den folgenden Einzelteilen zusammensetzen?

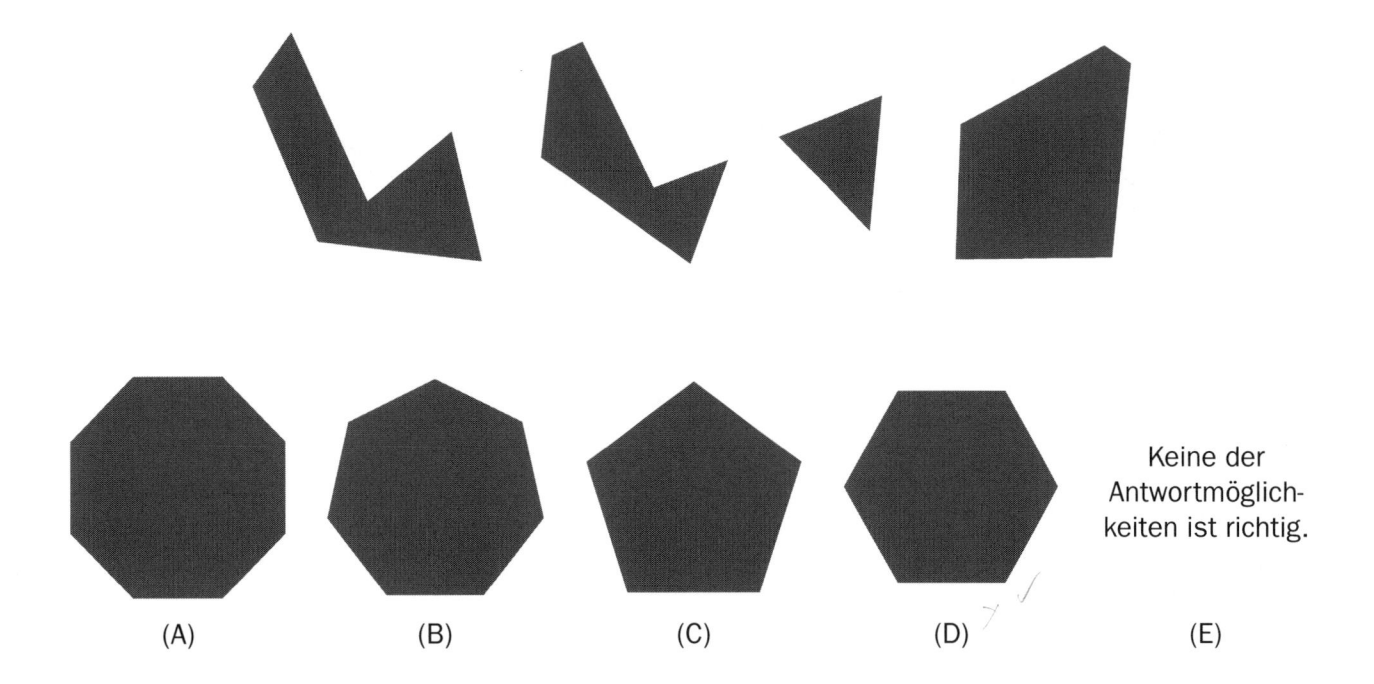

(A)   (B)   (C)   (D)   (E) Keine der Antwortmöglichkeiten ist richtig.

Testset 8

Anzahl der Aufgaben: 15, Bearbeitungszeit: 20 Minuten

1   Welche Figur lässt sich aus den folgenden Einzelteilen zusammensetzen?

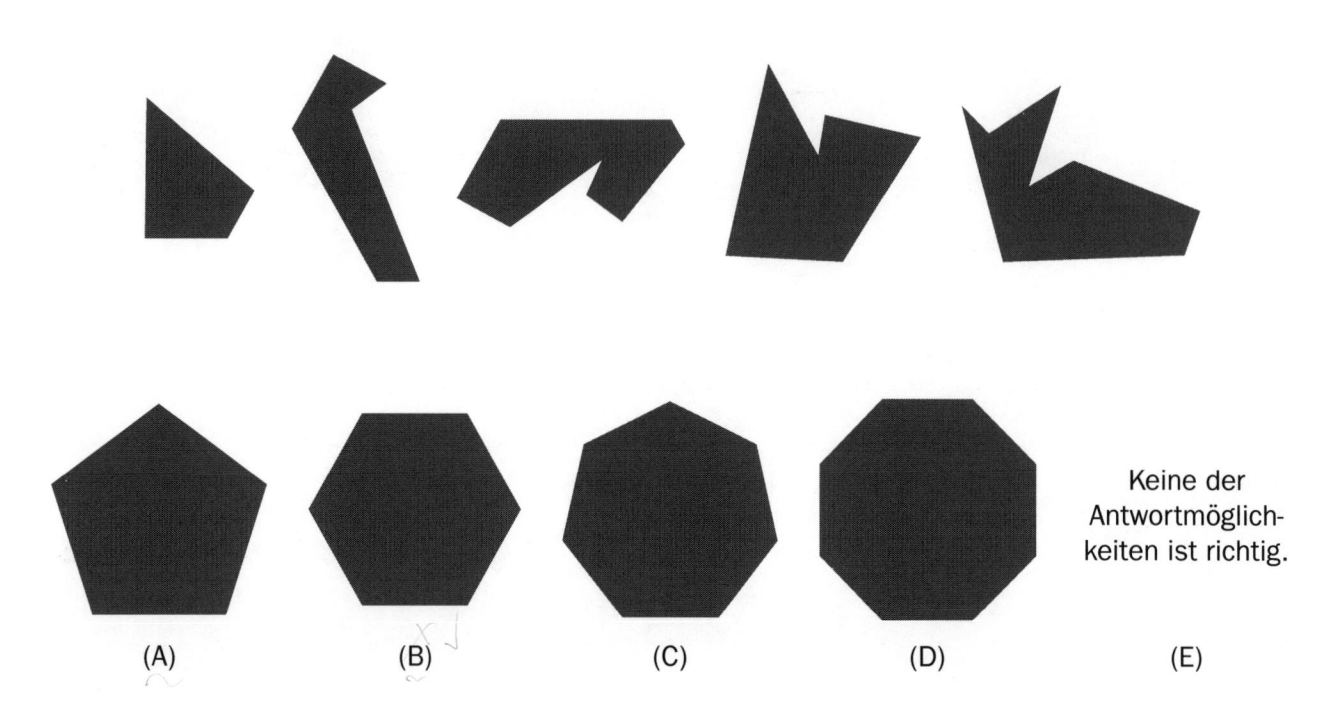

(A)   (B)   (C)   (D)   (E) Keine der Antwortmöglichkeiten ist richtig.

2   Welche Figur lässt sich aus den folgenden Einzelteilen zusammensetzen?

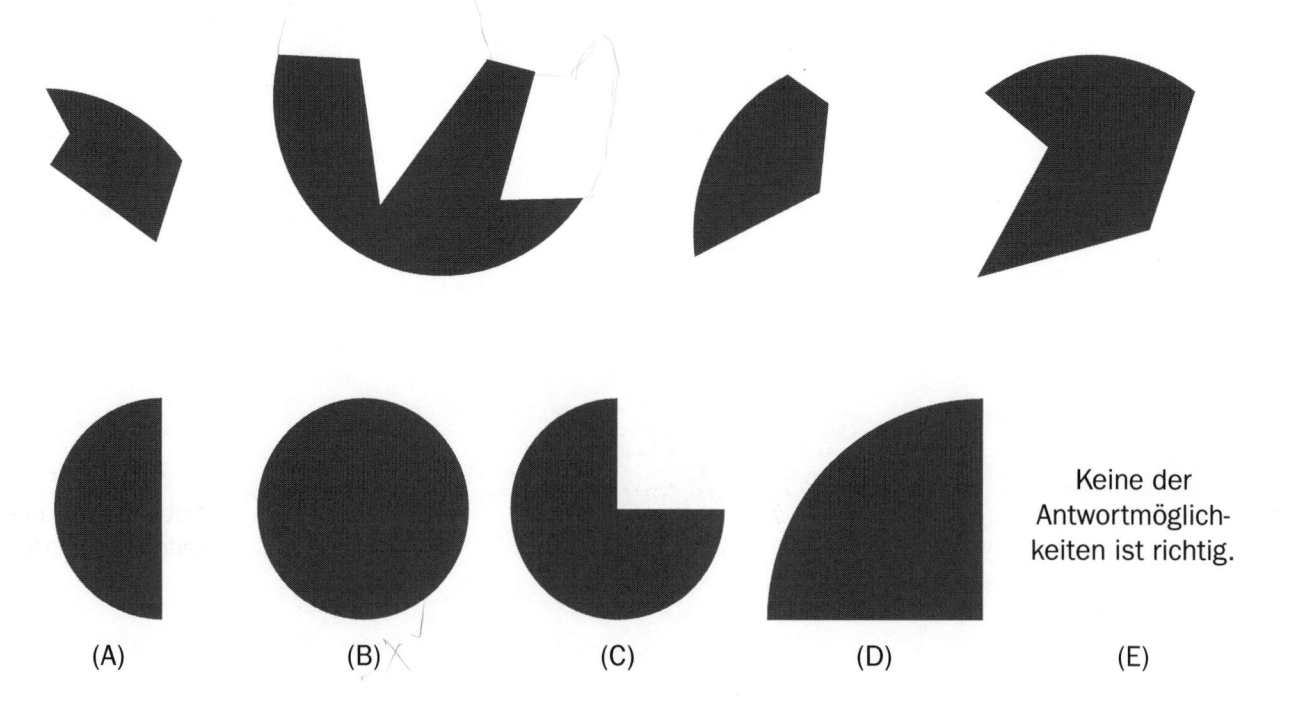

(A)   (B)   (C)   (D)   (E) Keine der Antwortmöglichkeiten ist richtig.

3   Welche Figur lässt sich aus den folgenden Einzelteilen zusammensetzen?

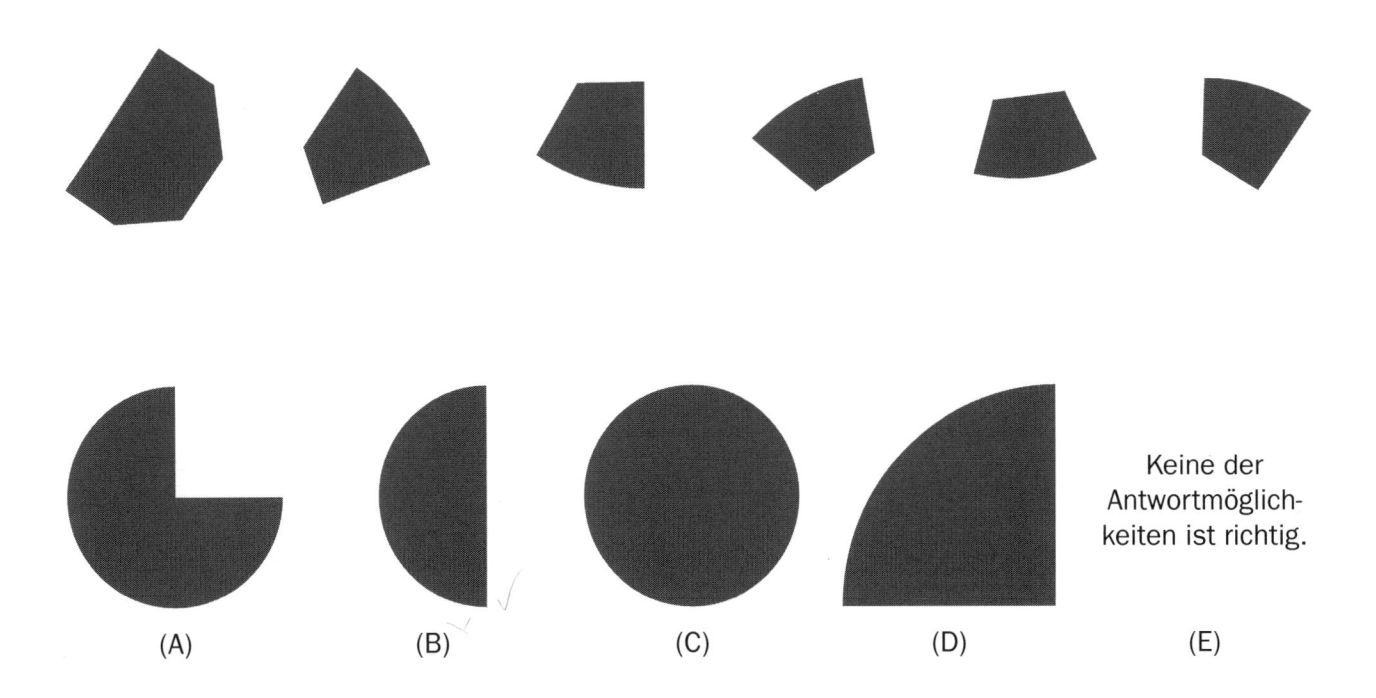

(A)   (B)   (C)   (D)   (E) Keine der Antwortmöglichkeiten ist richtig.

4   Welche Figur lässt sich aus den folgenden Einzelteilen zusammensetzen?

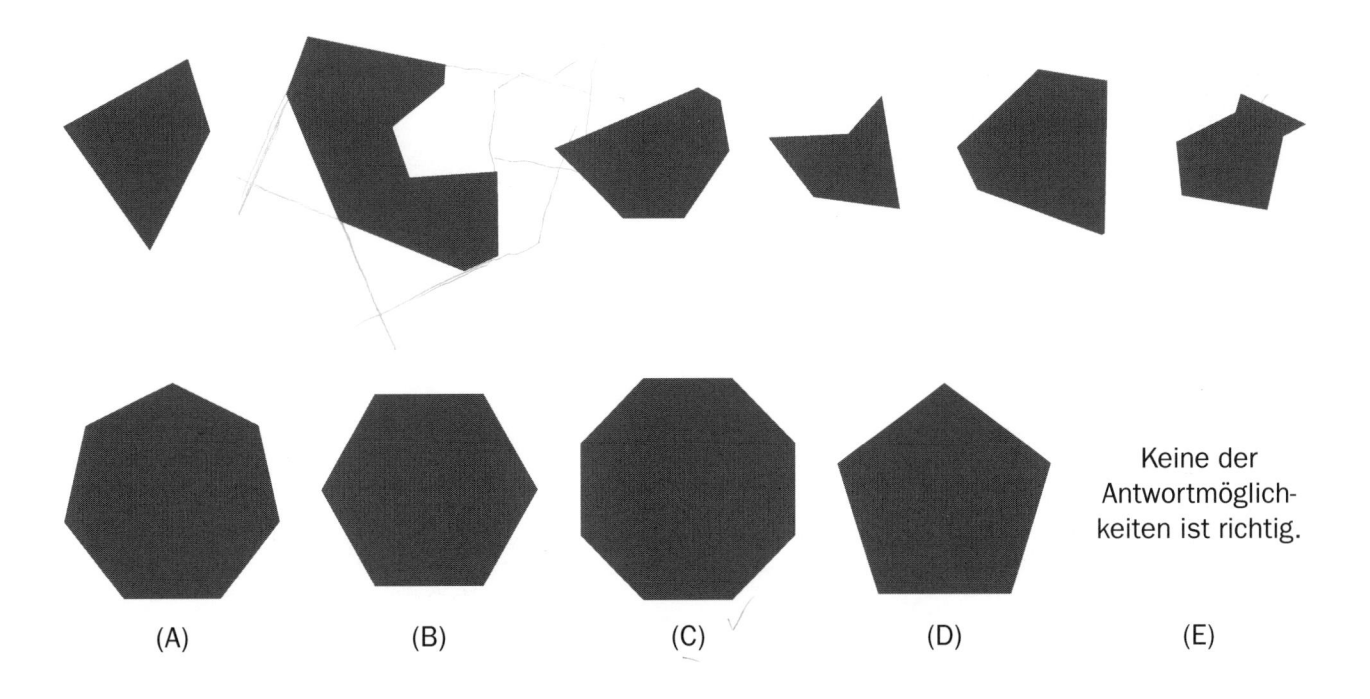

(A)   (B)   (C)   (D)   (E) Keine der Antwortmöglichkeiten ist richtig.

Figuren zusammensetzen | Testset 8

5   Welche Figur lässt sich aus den folgenden Einzelteilen zusammensetzen?

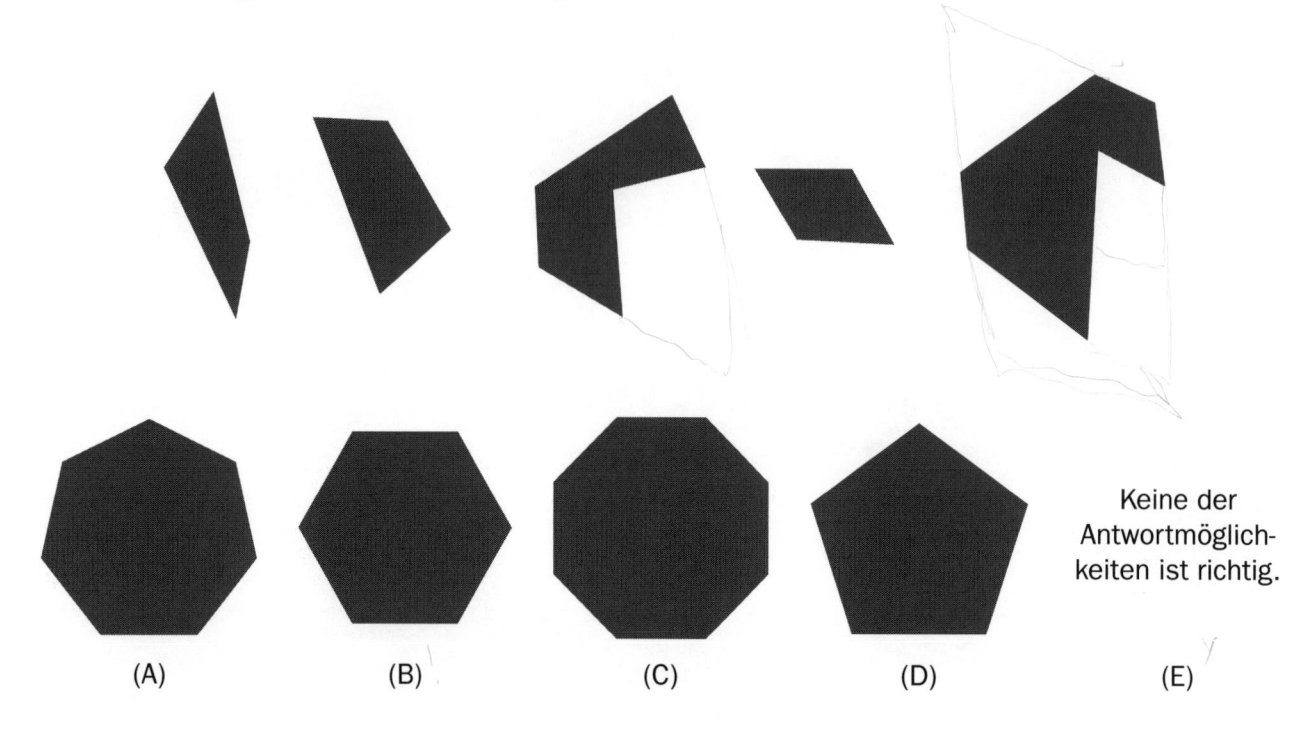

(A)   (B)   (C)   (D)   (E) Keine der Antwortmöglichkeiten ist richtig.

6   Welche Figur lässt sich aus den folgenden Einzelteilen zusammensetzen?

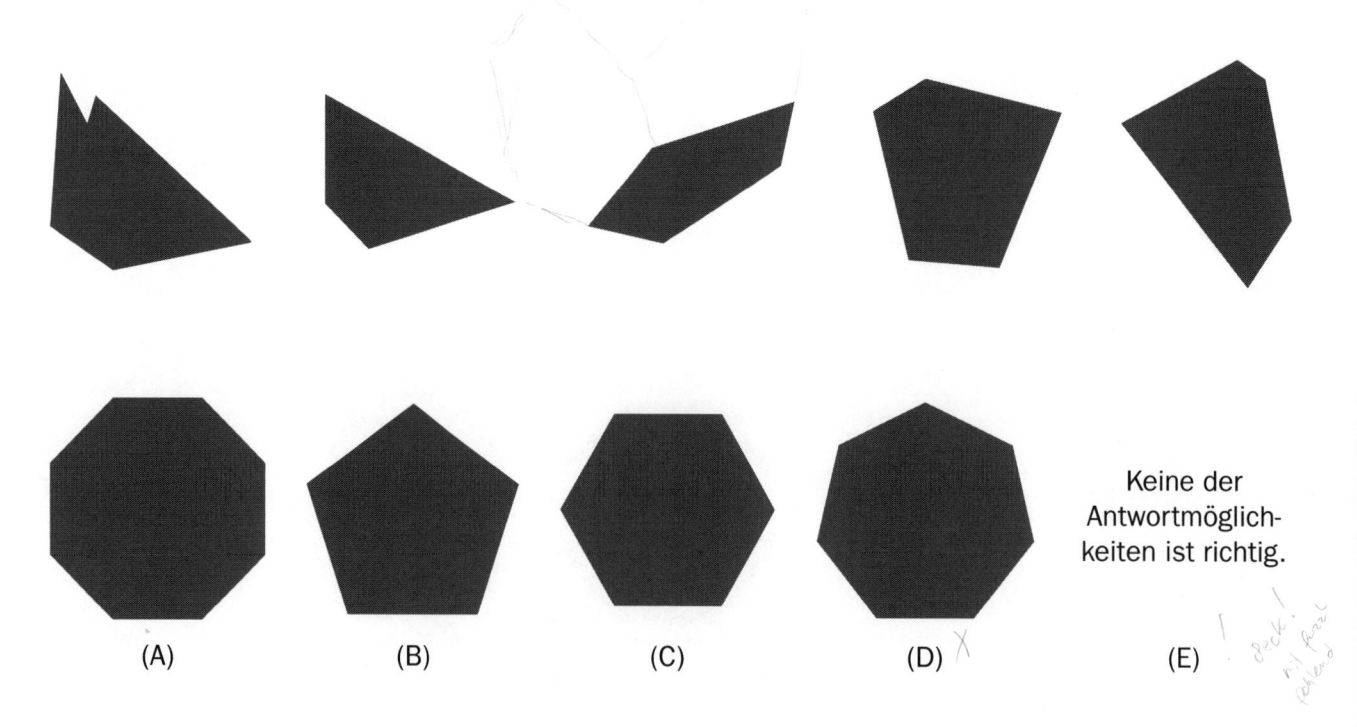

(A)   (B)   (C)   (D)   (E) Keine der Antwortmöglichkeiten ist richtig.

7   Welche Figur lässt sich aus den folgenden Einzelteilen zusammensetzen?

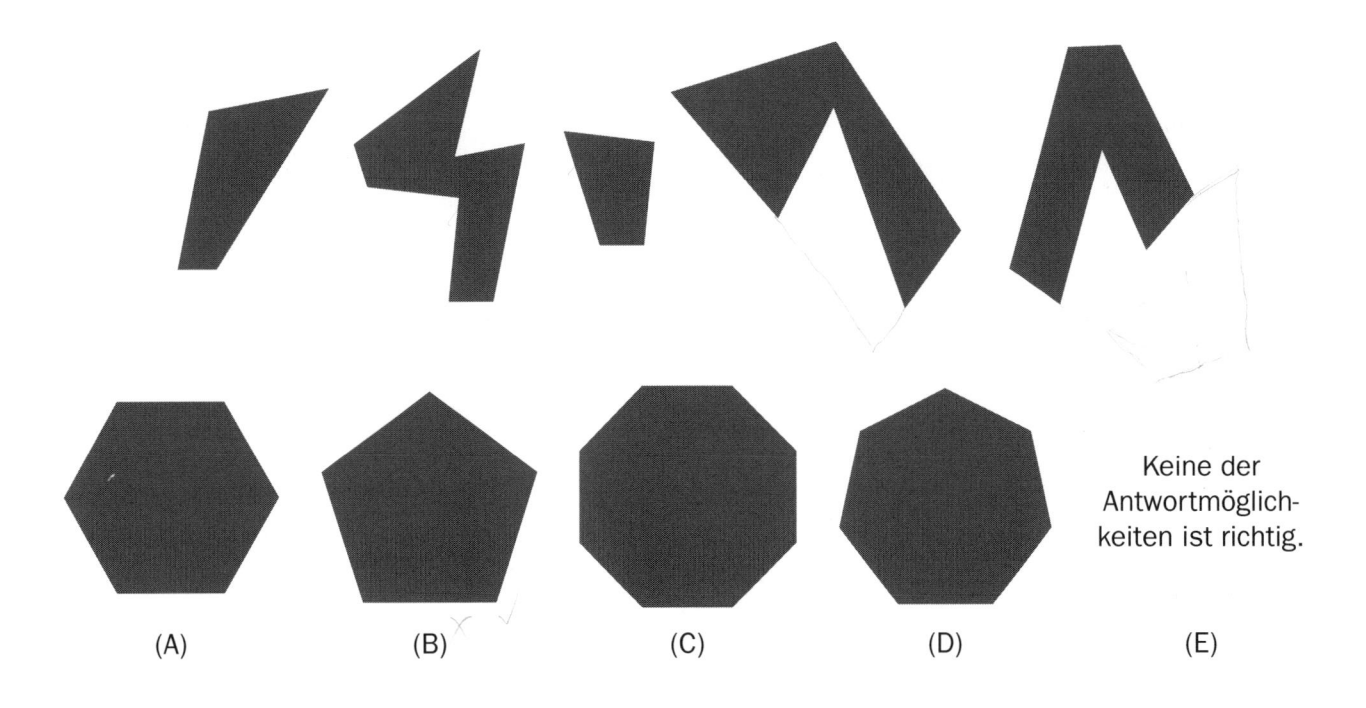

(A)   (B)   (C)   (D)   (E) Keine der Antwortmöglichkeiten ist richtig.

8   Welche Figur lässt sich aus den folgenden Einzelteilen zusammensetzen?

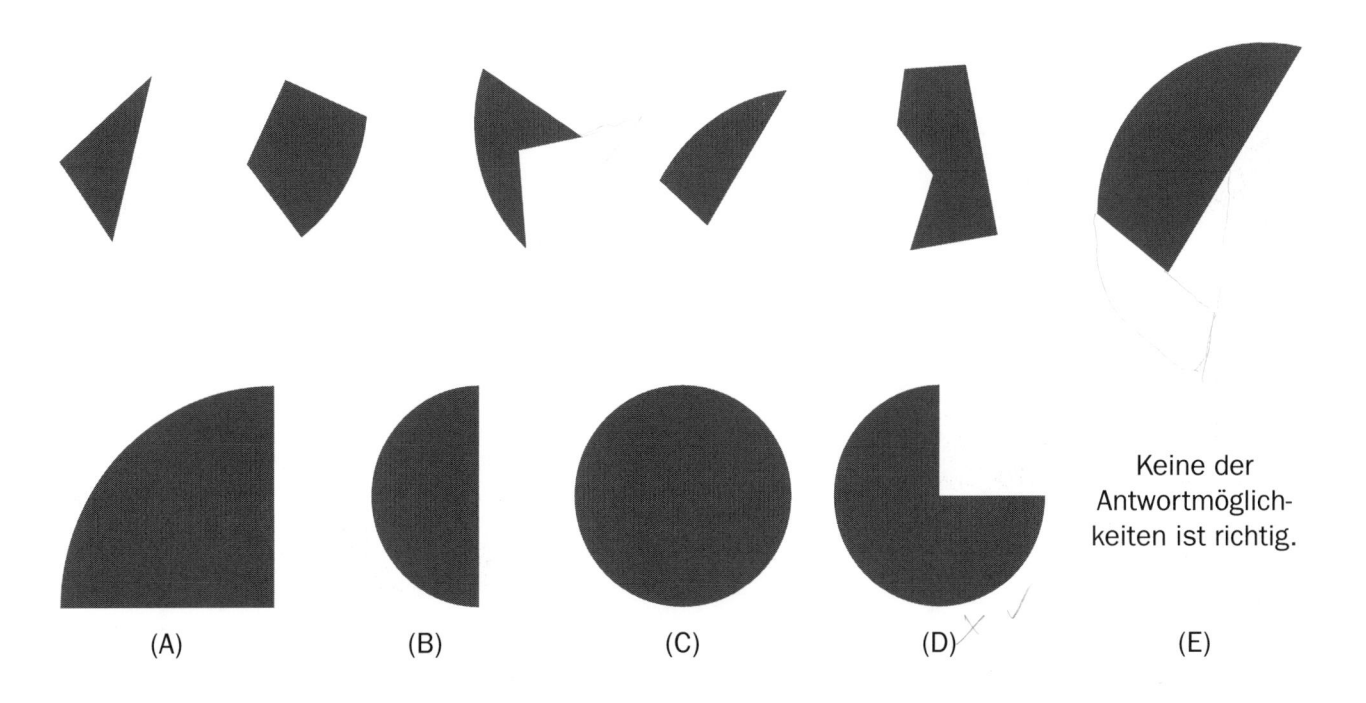

(A)   (B)   (C)   (D)   (E) Keine der Antwortmöglichkeiten ist richtig.

9   Welche Figur lässt sich aus den folgenden Einzelteilen zusammensetzen?

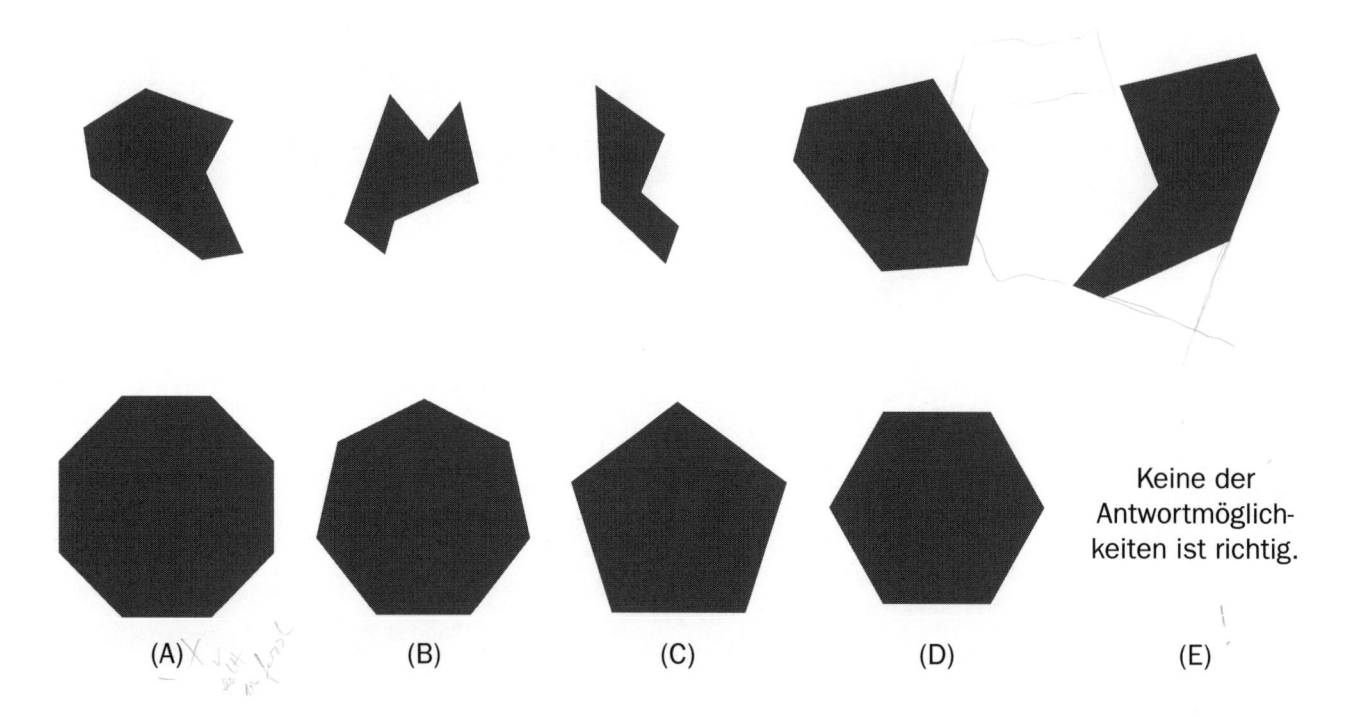

(A)   (B)   (C)   (D)   (E) Keine der Antwortmöglichkeiten ist richtig.

10 Welche Figur lässt sich aus den folgenden Einzelteilen zusammensetzen?

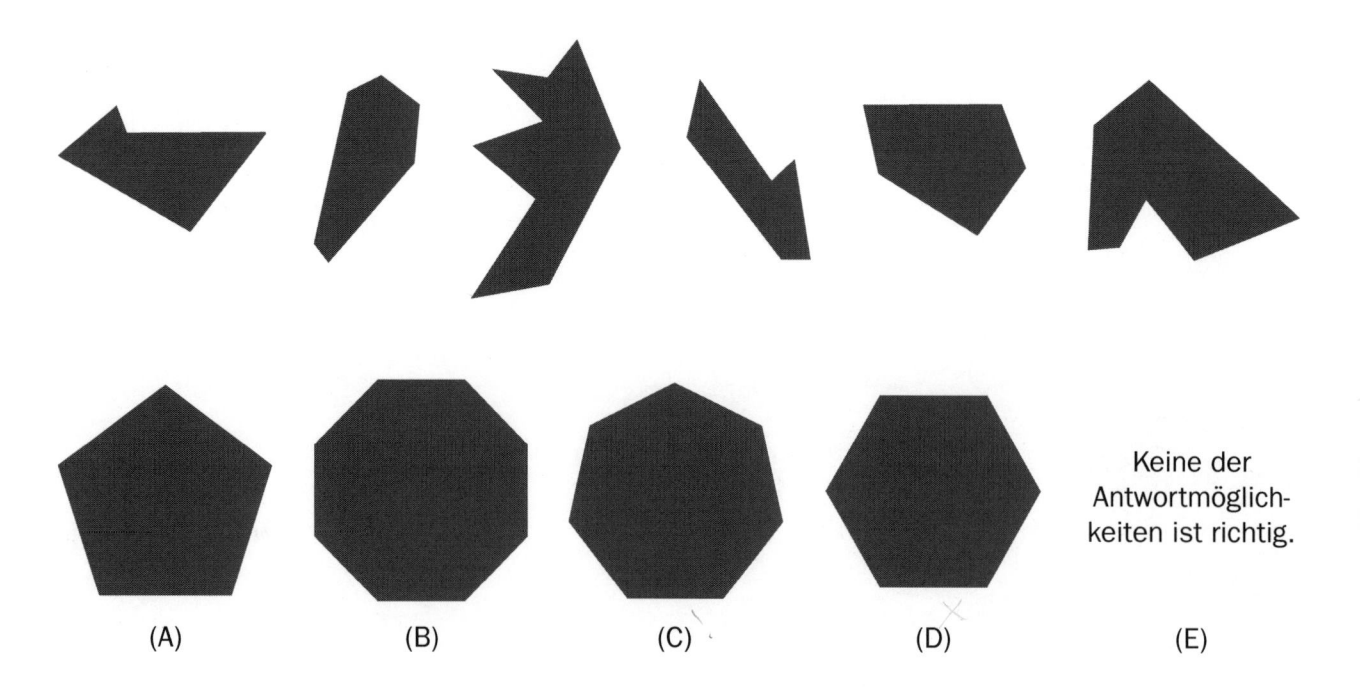

(A)   (B)   (C)   (D)   (E) Keine der Antwortmöglichkeiten ist richtig.

11 Welche Figur lässt sich aus den folgenden Einzelteilen zusammensetzen?

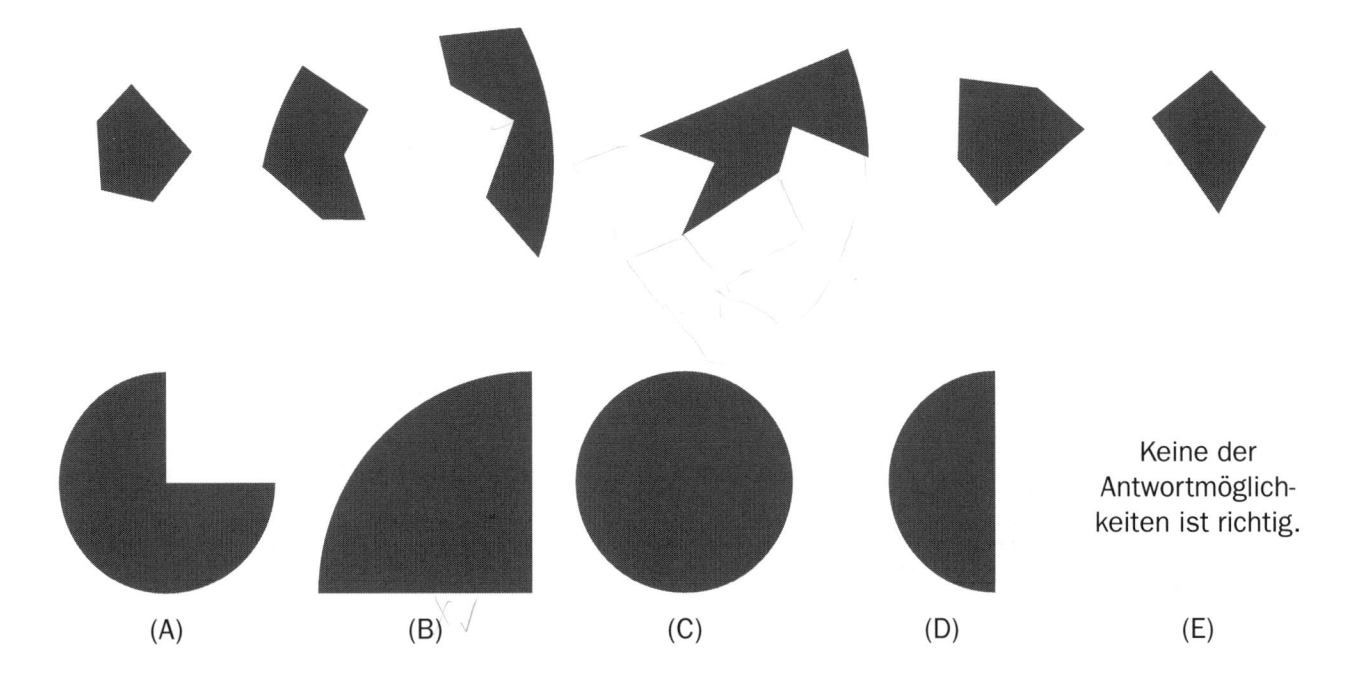

(A)   (B)   (C)   (D)   (E) Keine der Antwortmöglichkeiten ist richtig.

12 Welche Figur lässt sich aus den folgenden Einzelteilen zusammensetzen?

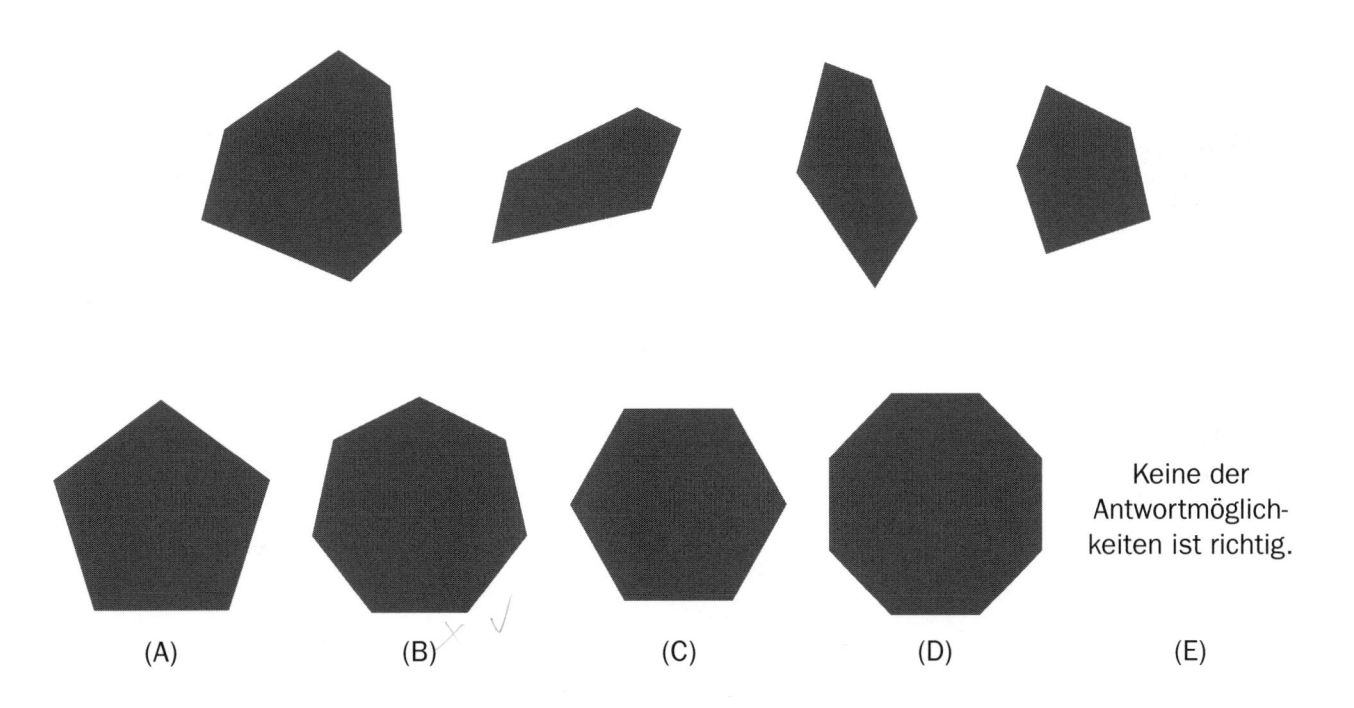

(A)   (B)   (C)   (D)   (E) Keine der Antwortmöglichkeiten ist richtig.

13 Welche Figur lässt sich aus den folgenden Einzelteilen zusammensetzen?

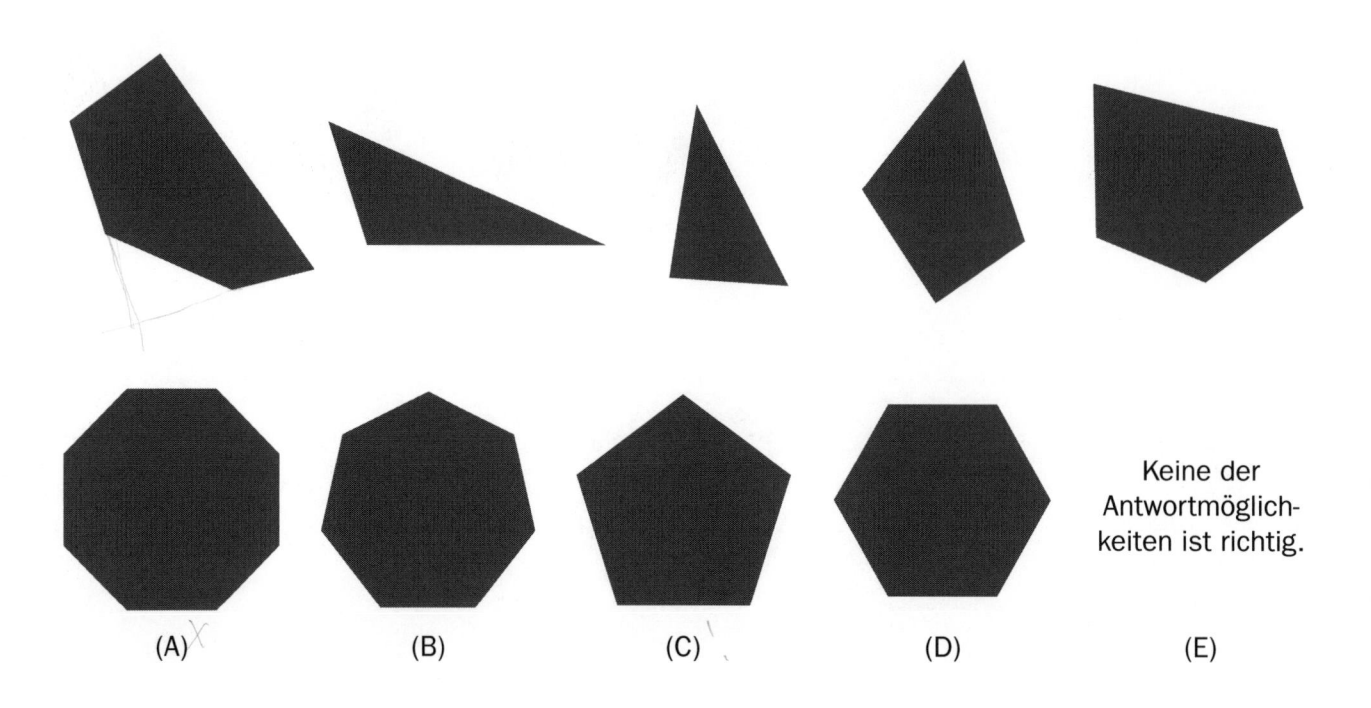

(A) (B) (C) (D) (E) Keine der Antwortmöglichkeiten ist richtig.

14 Welche Figur lässt sich aus den folgenden Einzelteilen zusammensetzen?

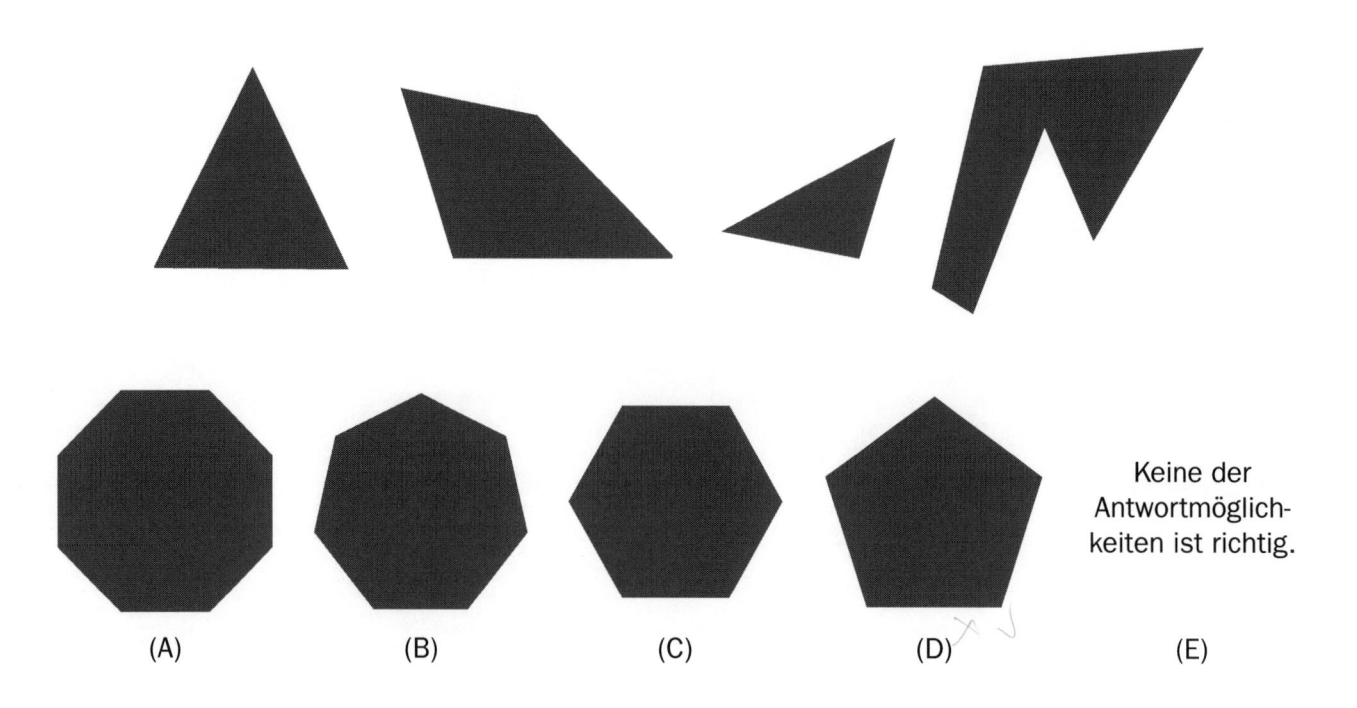

(A) (B) (C) (D) (E) Keine der Antwortmöglichkeiten ist richtig.

15   Welche Figur lässt sich aus den folgenden Einzelteilen zusammensetzen?

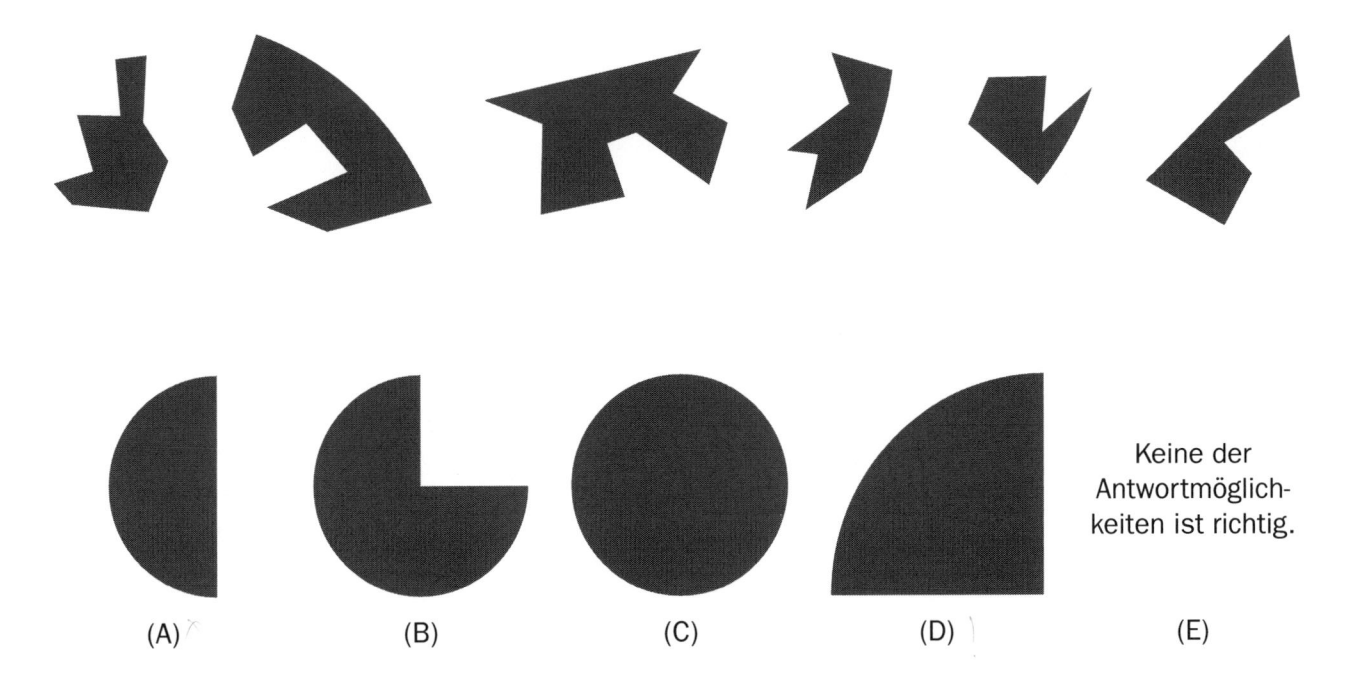

(A)   (B)   (C)   (D)   (E) Keine der Antwortmöglichkeiten ist richtig.

Figuren zusammensetzen | Testset 9

Testset 9
Anzahl der Aufgaben: 15, Bearbeitungszeit: 20 Minuten

1 Welche Figur lässt sich aus den folgenden Einzelteilen zusammensetzen?

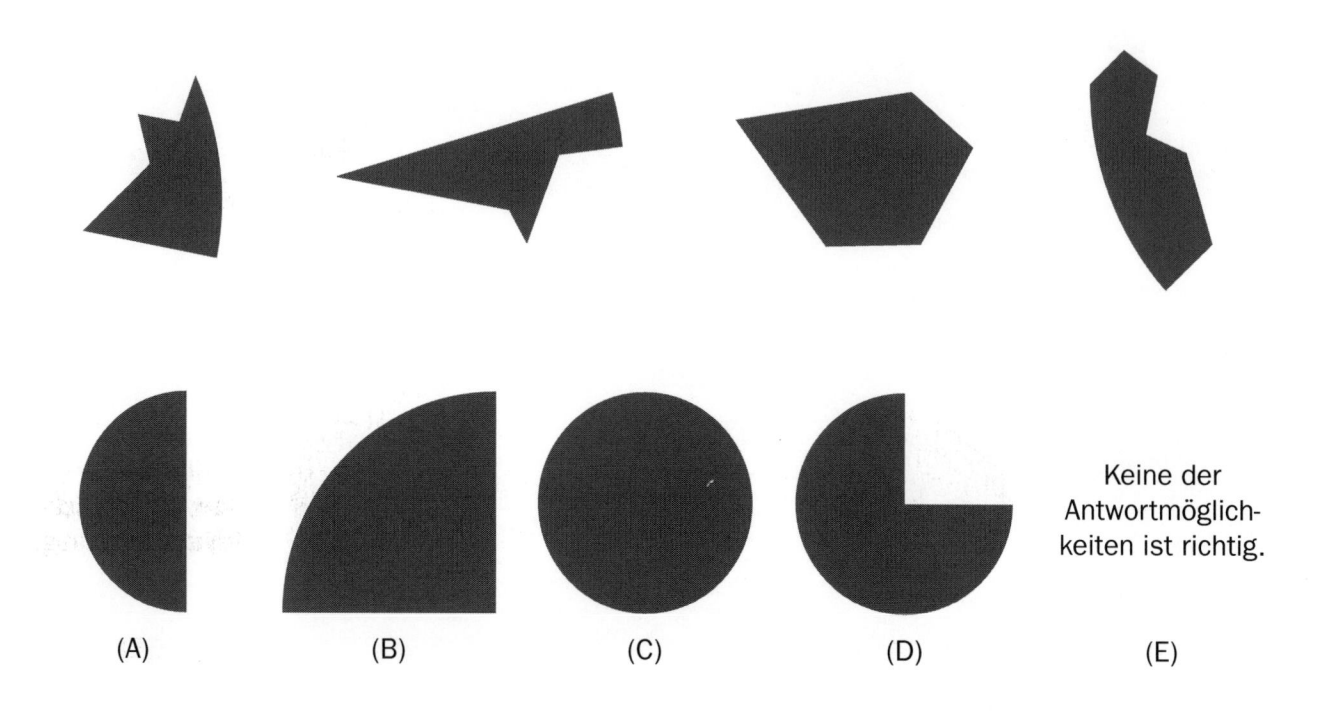

(A) (B) (C) (D) (E) Keine der Antwortmöglichkeiten ist richtig.

2 Welche Figur lässt sich aus den folgenden Einzelteilen zusammensetzen?

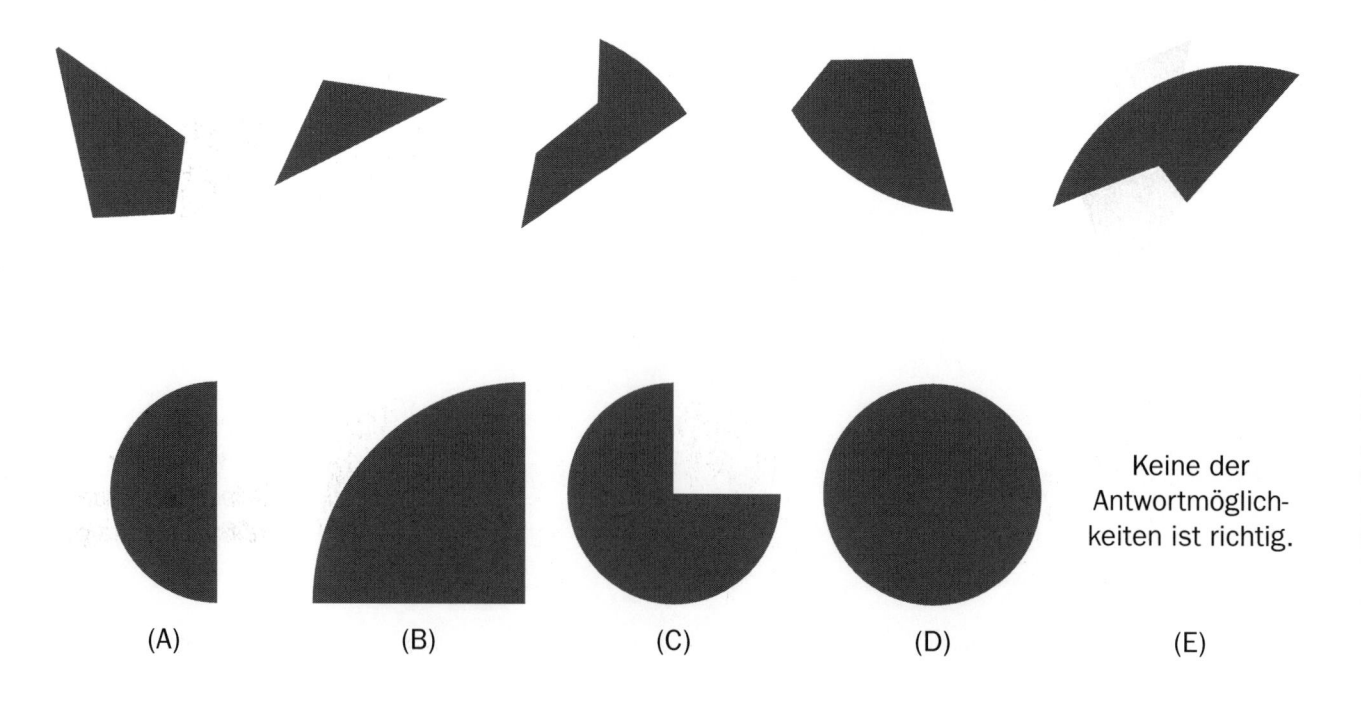

(A) (B) (C) (D) (E) Keine der Antwortmöglichkeiten ist richtig.

3   Welche Figur lässt sich aus den folgenden Einzelteilen zusammensetzen?

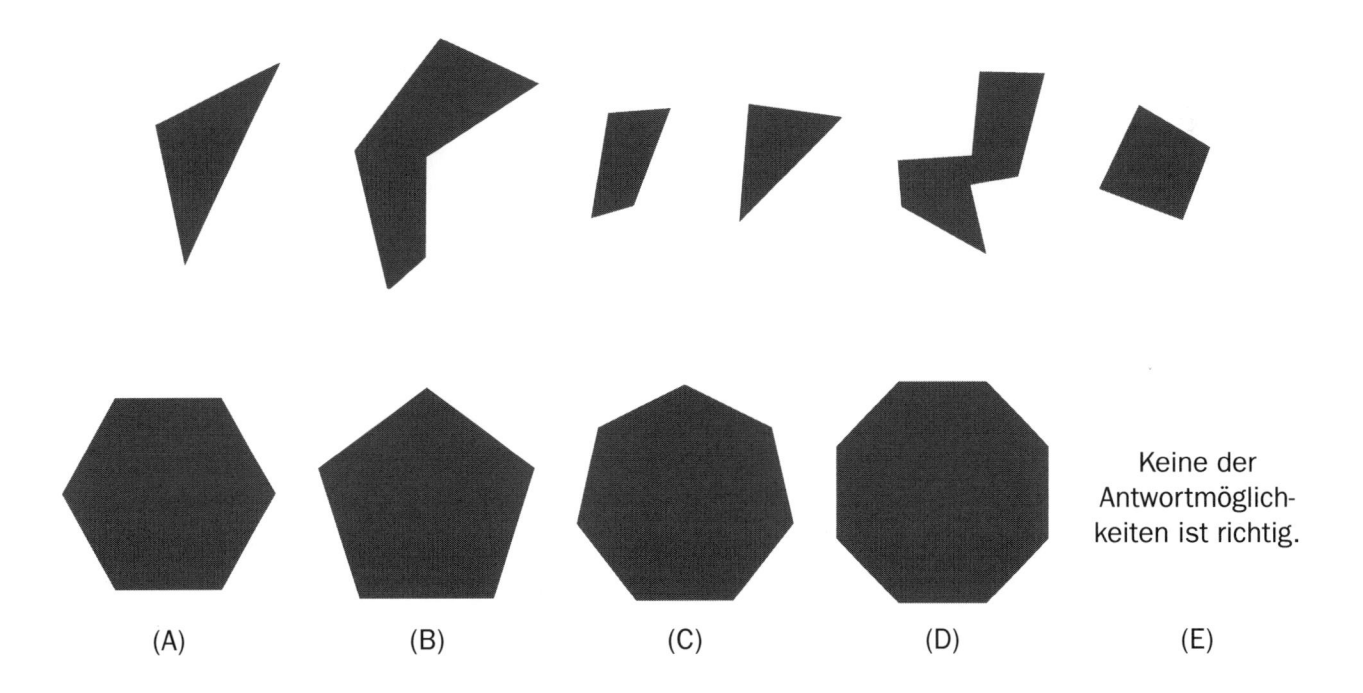

(A)   (B)   (C)   (D)   (E) Keine der Antwortmöglichkeiten ist richtig.

4   Welche Figur lässt sich aus den folgenden Einzelteilen zusammensetzen?

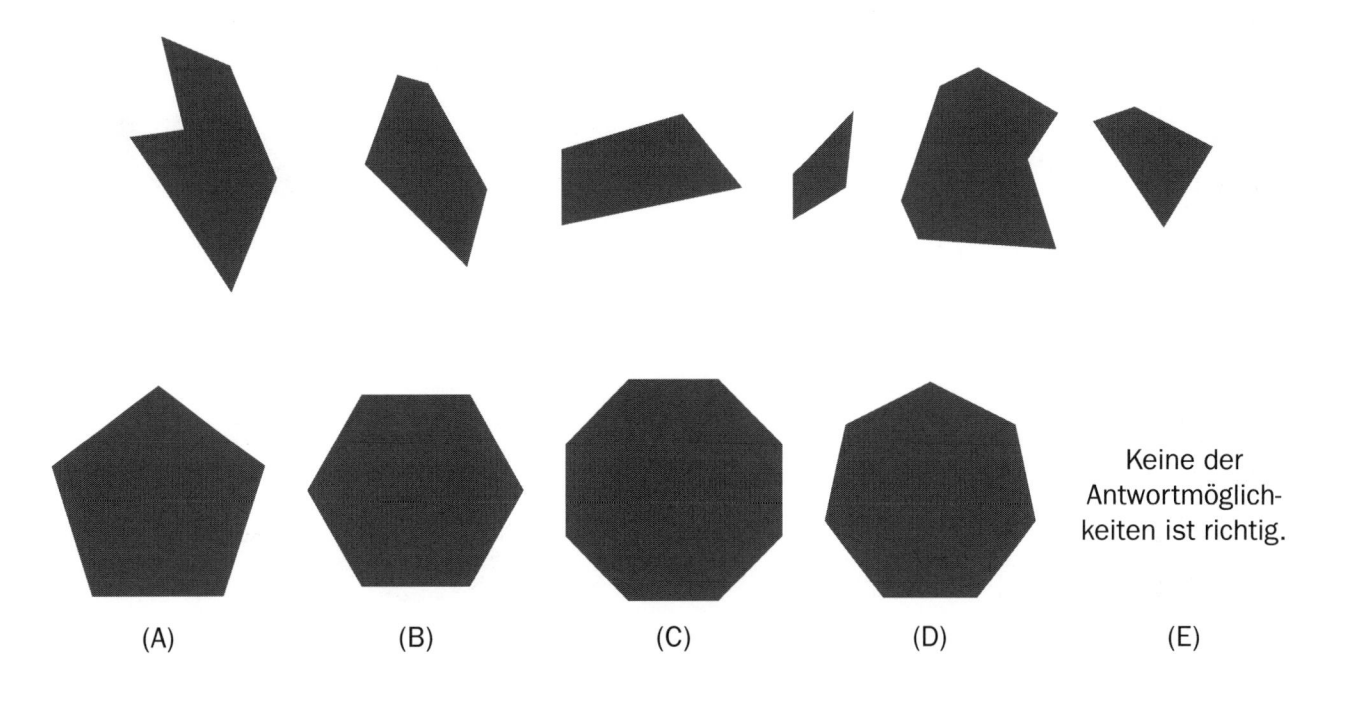

(A)   (B)   (C)   (D)   (E) Keine der Antwortmöglichkeiten ist richtig.

5 Welche Figur lässt sich aus den folgenden Einzelteilen zusammensetzen?

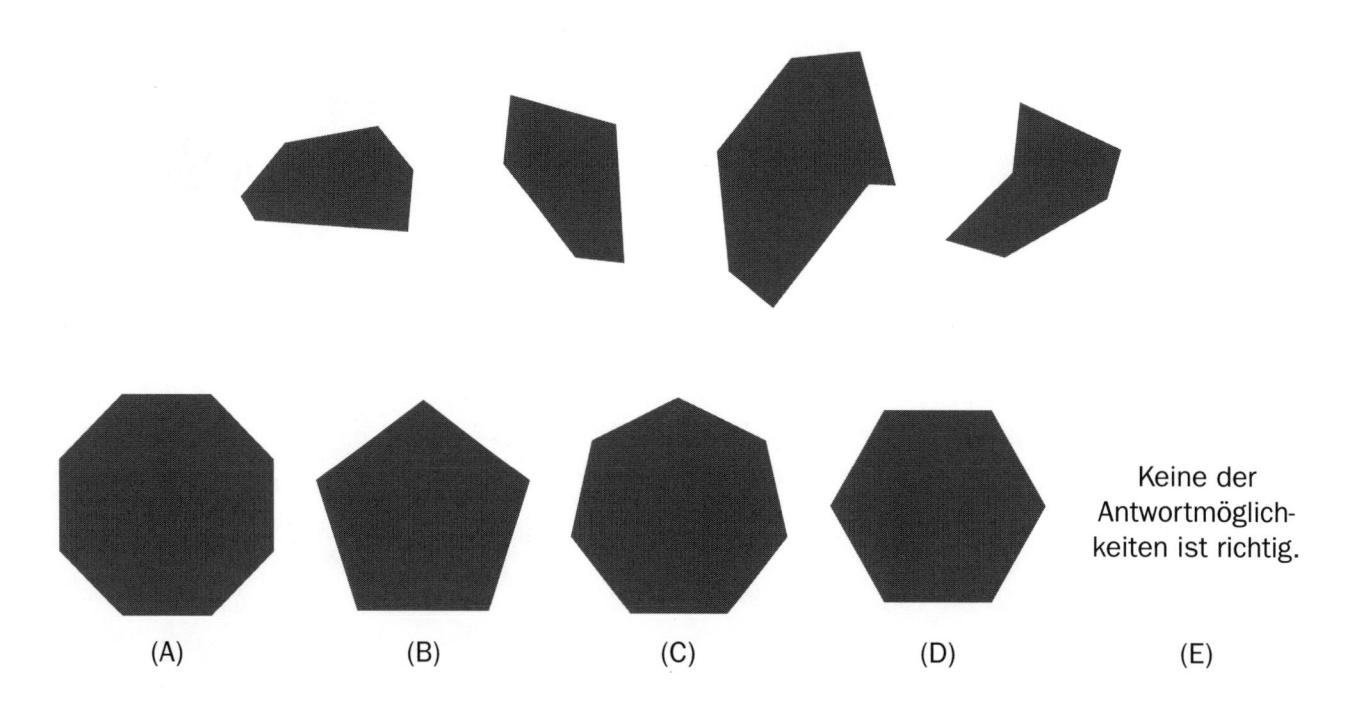

(A) (B) (C) (D) (E) Keine der Antwortmöglichkeiten ist richtig.

6 Welche Figur lässt sich aus den folgenden Einzelteilen zusammensetzen?

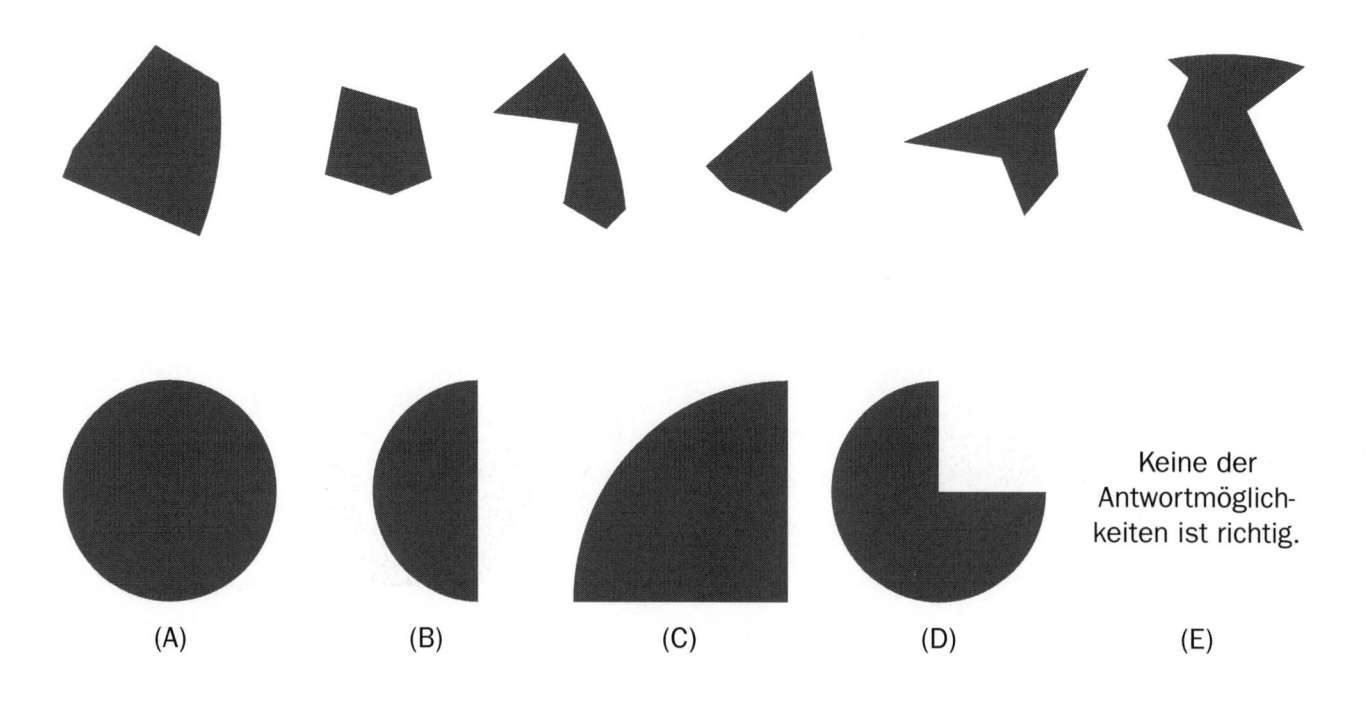

(A) (B) (C) (D) (E) Keine der Antwortmöglichkeiten ist richtig.

7   Welche Figur lässt sich aus den folgenden Einzelteilen zusammensetzen?

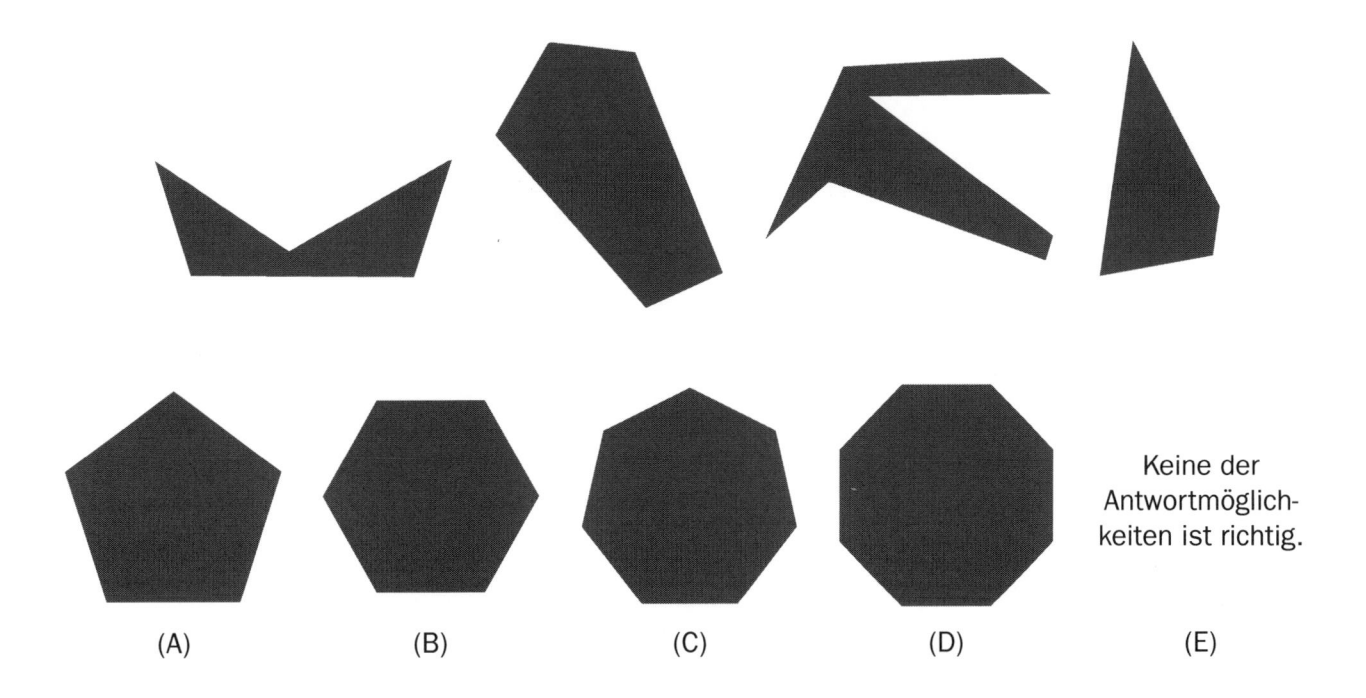

(A)   (B)   (C)   (D)   (E) Keine der Antwortmöglichkeiten ist richtig.

8   Welche Figur lässt sich aus den folgenden Einzelteilen zusammensetzen?

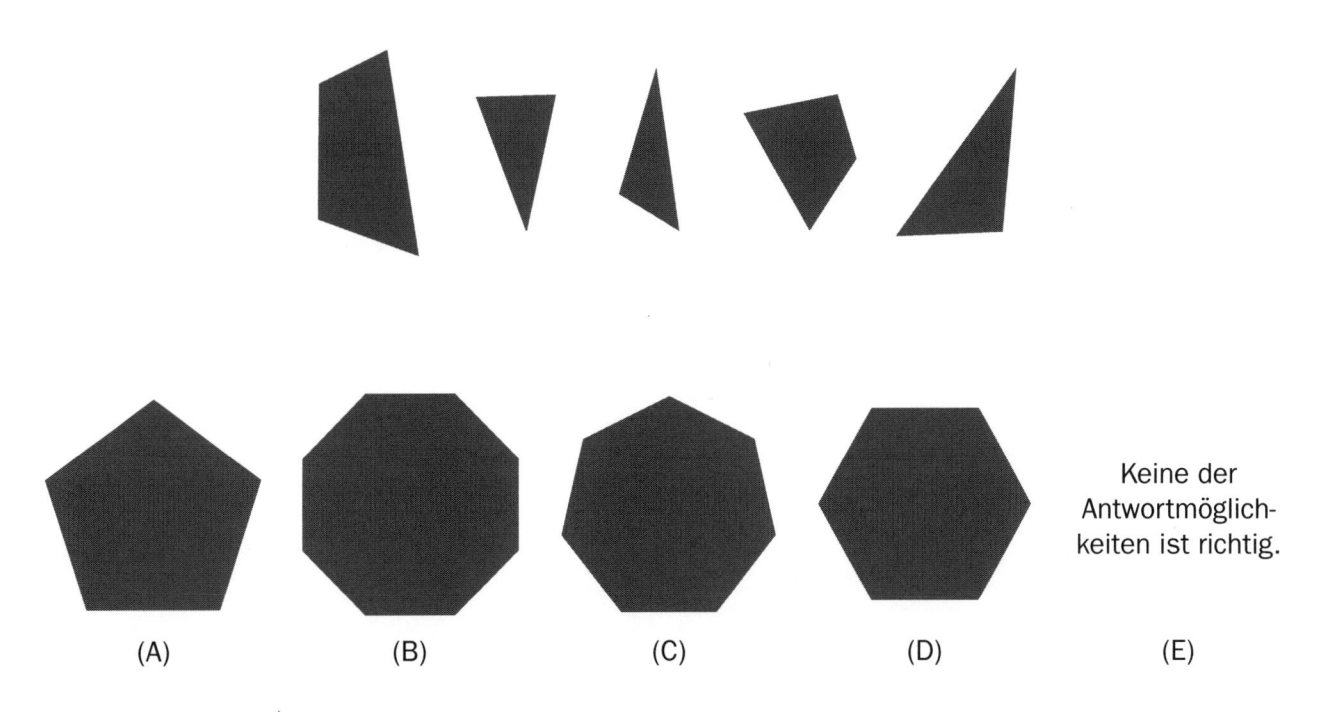

(A)   (B)   (C)   (D)   (E) Keine der Antwortmöglichkeiten ist richtig.

9   Welche Figur lässt sich aus den folgenden Einzelteilen zusammensetzen?

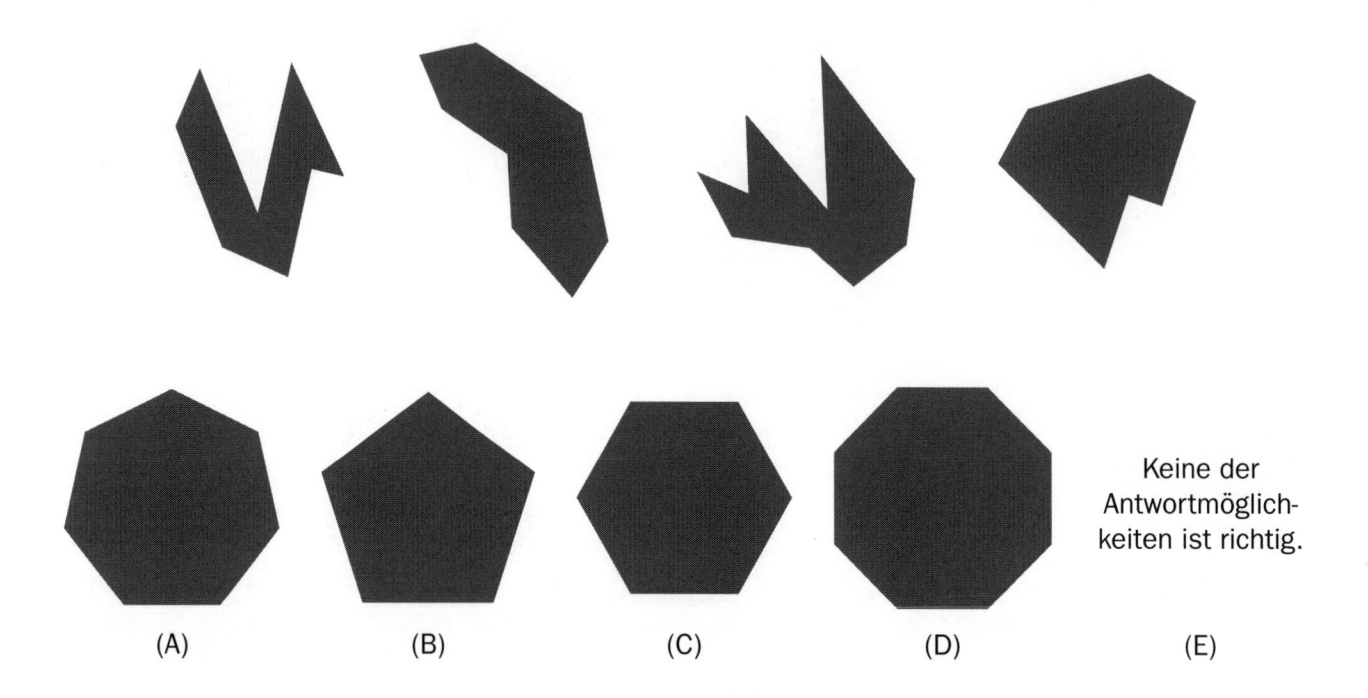

(A)   (B)   (C)   (D)   Keine der Antwortmöglichkeiten ist richtig.

(E)

10   Welche Figur lässt sich aus den folgenden Einzelteilen zusammensetzen?

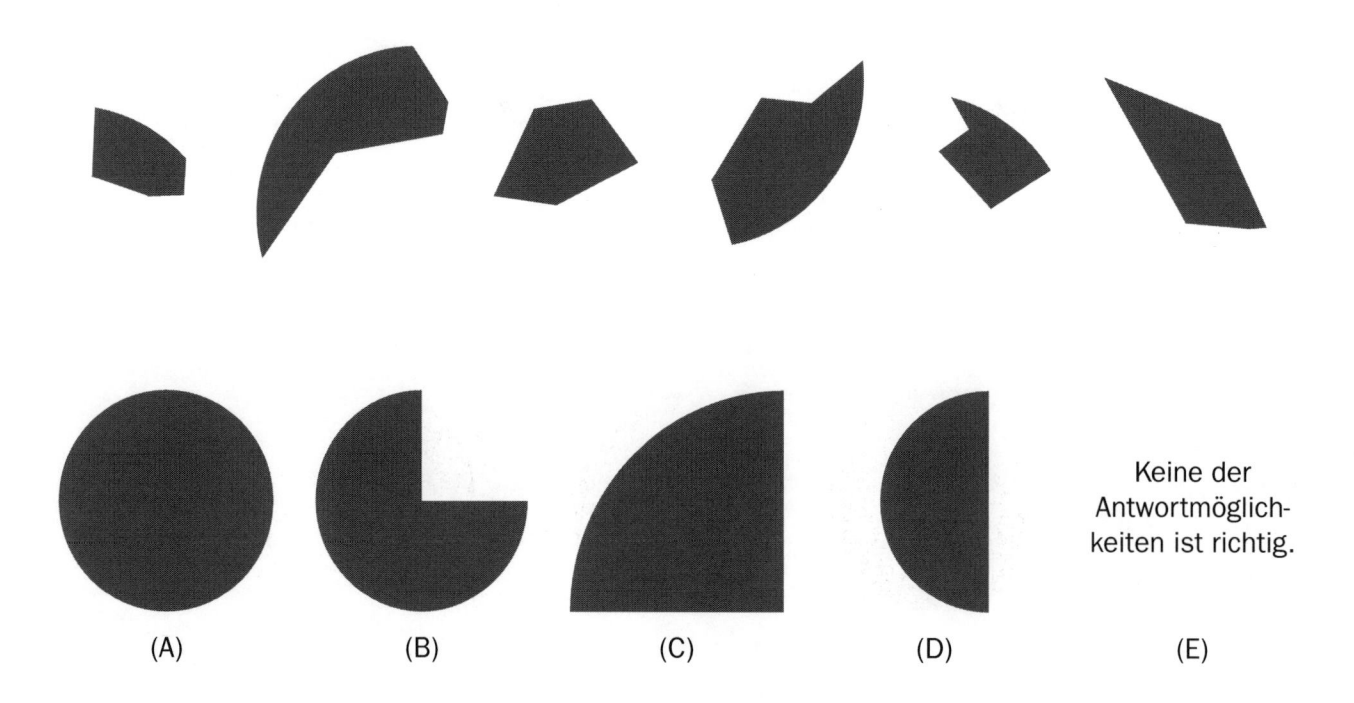

(A)   (B)   (C)   (D)   Keine der Antwortmöglichkeiten ist richtig.

(E)

11 Welche Figur lässt sich aus den folgenden Einzelteilen zusammensetzen?

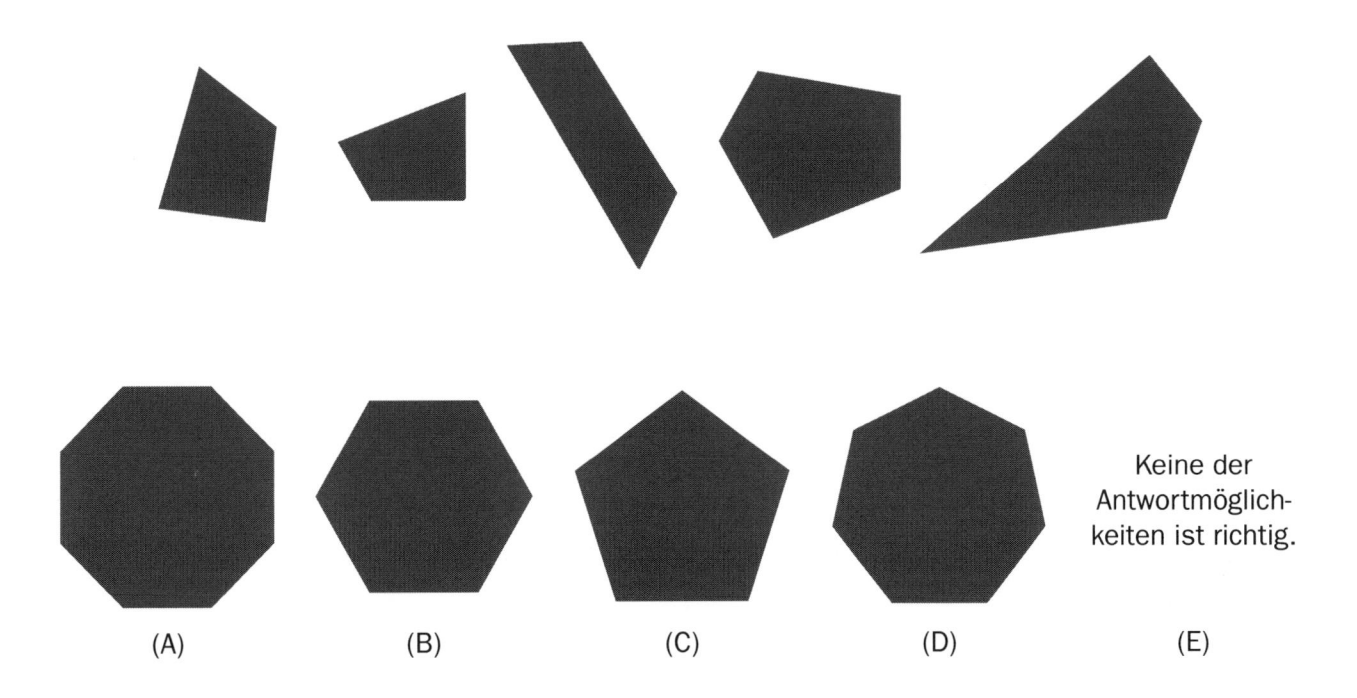

(A)   (B)   (C)   (D)   (E) Keine der Antwortmöglichkeiten ist richtig.

12 Welche Figur lässt sich aus den folgenden Einzelteilen zusammensetzen?

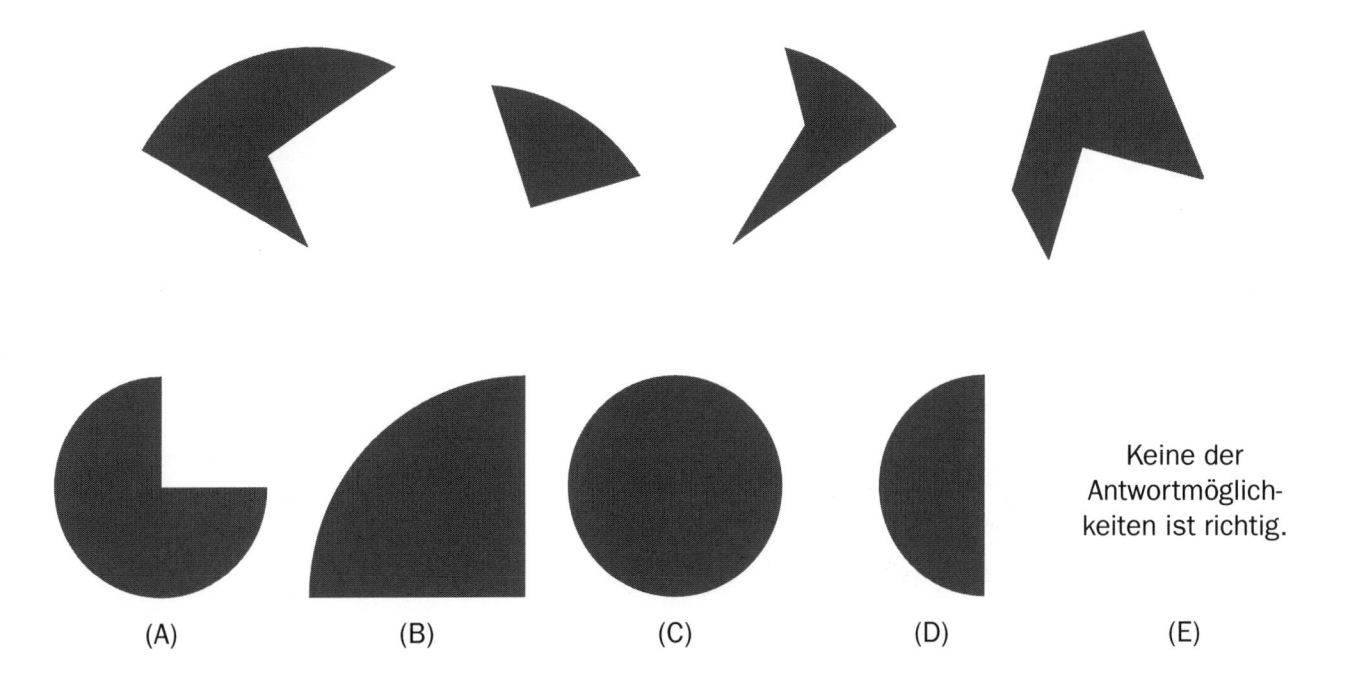

(A)   (B)   (C)   (D)   (E) Keine der Antwortmöglichkeiten ist richtig.

13 Welche Figur lässt sich aus den folgenden Einzelteilen zusammensetzen?

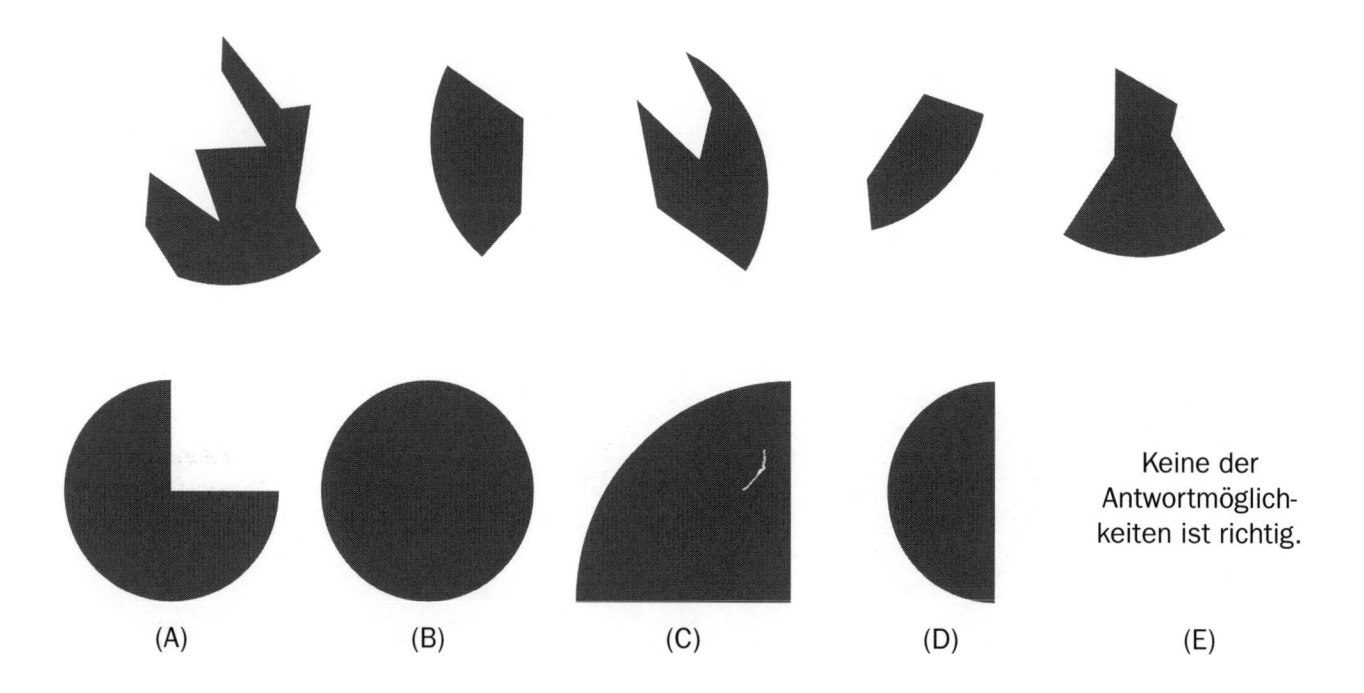

(A) (B) (C) (D) (E) Keine der Antwortmöglichkeiten ist richtig.

14 Welche Figur lässt sich aus den folgenden Einzelteilen zusammensetzen?

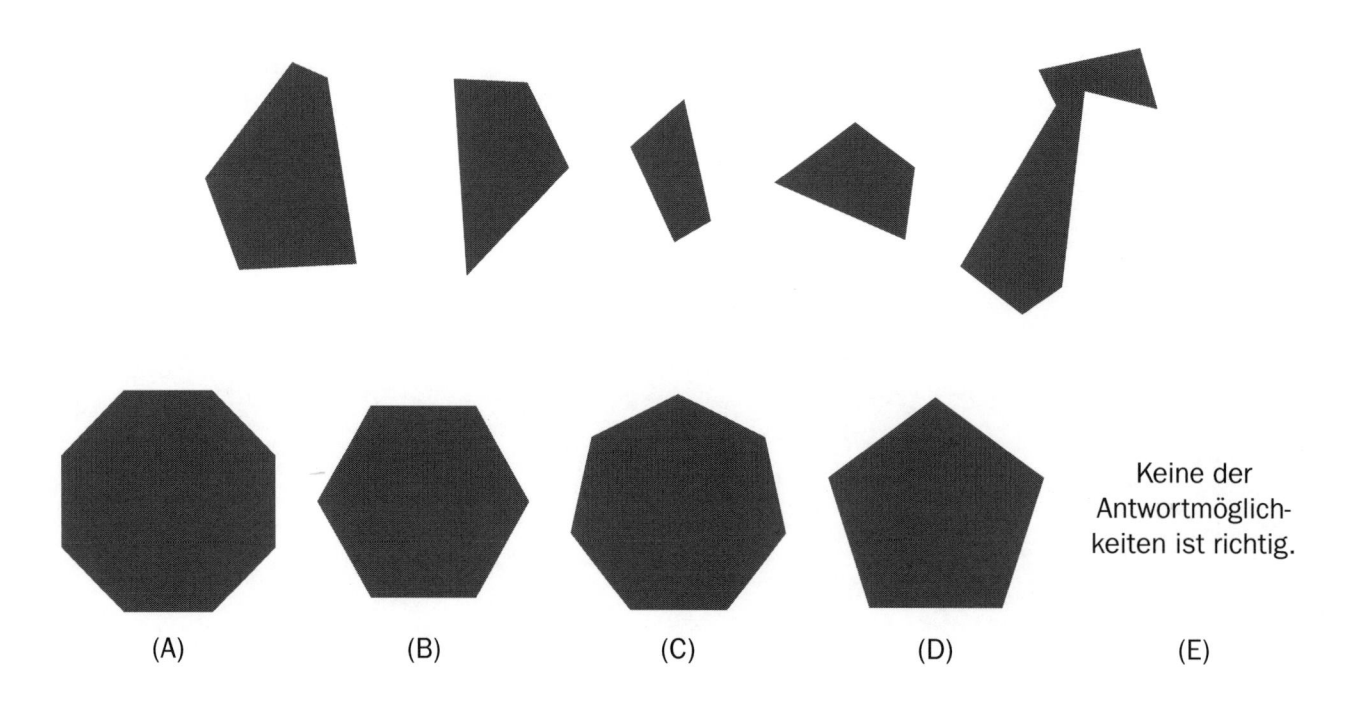

(A) (B) (C) (D) (E) Keine der Antwortmöglichkeiten ist richtig.

15   Welche Figur lässt sich aus den folgenden Einzelteilen zusammensetzen?

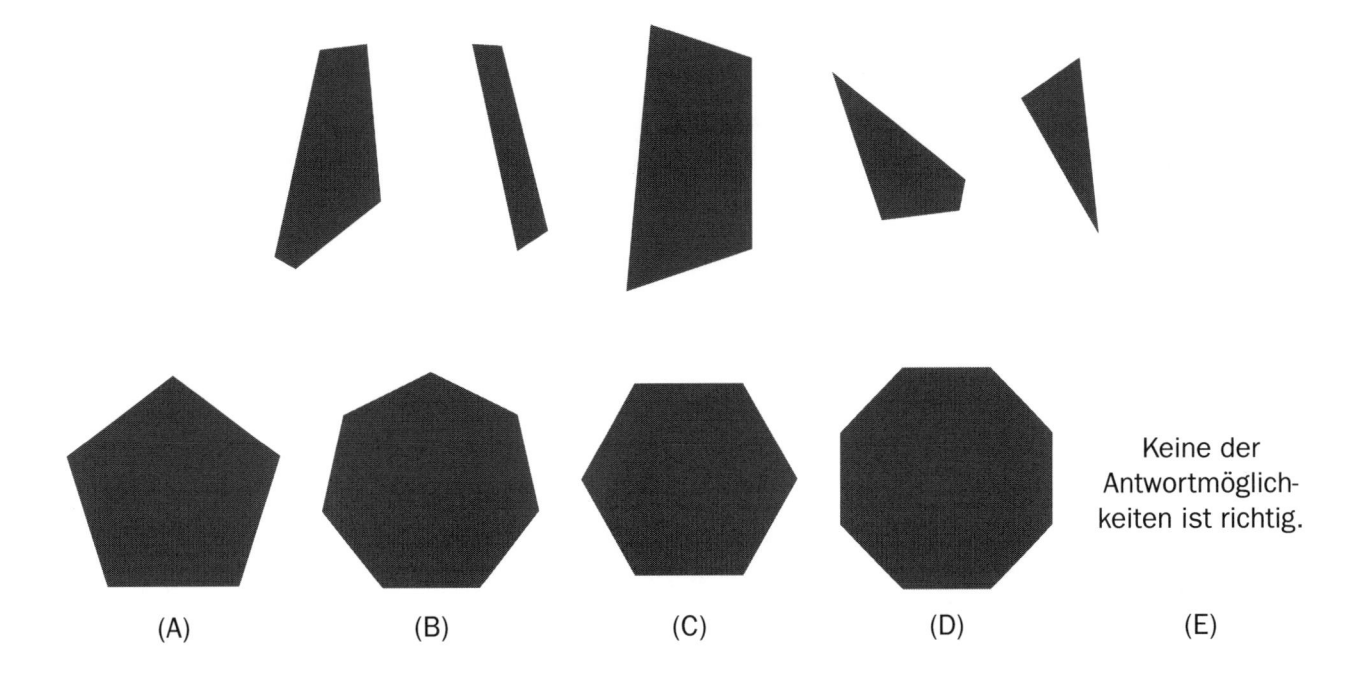

(A)   (B)   (C)   (D)   (E) Keine der Antwortmöglichkeiten ist richtig.

Testset 10

Anzahl der Aufgaben: 15, Bearbeitungszeit: 20 Minuten

1 Welche Figur lässt sich aus den folgenden Einzelteilen zusammensetzen?

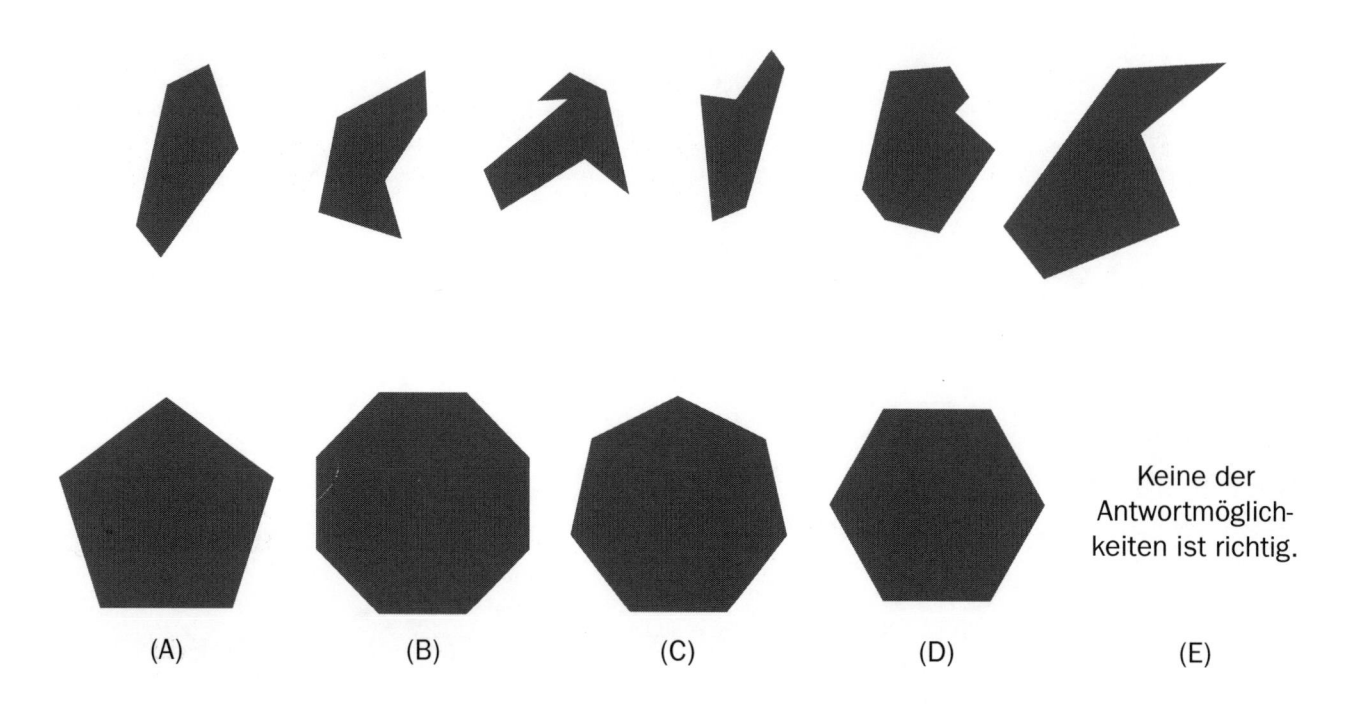

(A) (B) (C) (D) (E) Keine der Antwortmöglichkeiten ist richtig.

2 Welche Figur lässt sich aus den folgenden Einzelteilen zusammensetzen?

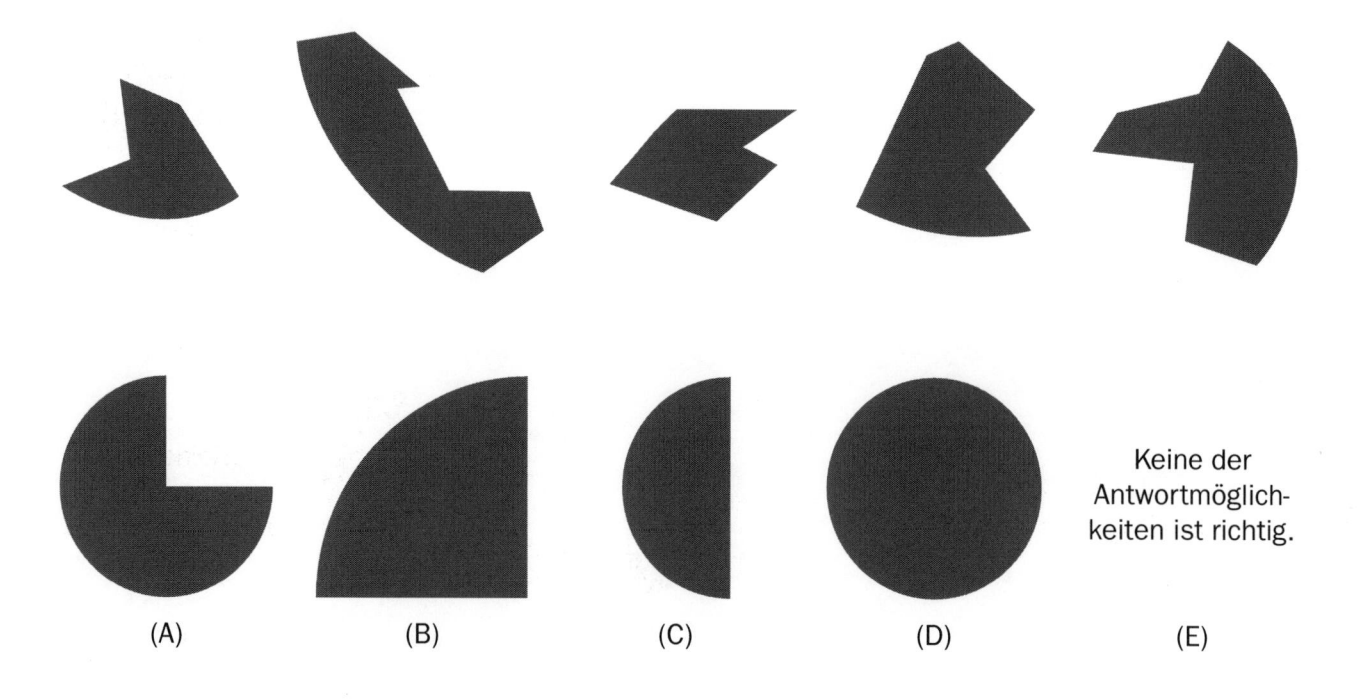

(A) (B) (C) (D) (E) Keine der Antwortmöglichkeiten ist richtig.

3   Welche Figur lässt sich aus den folgenden Einzelteilen zusammensetzen?

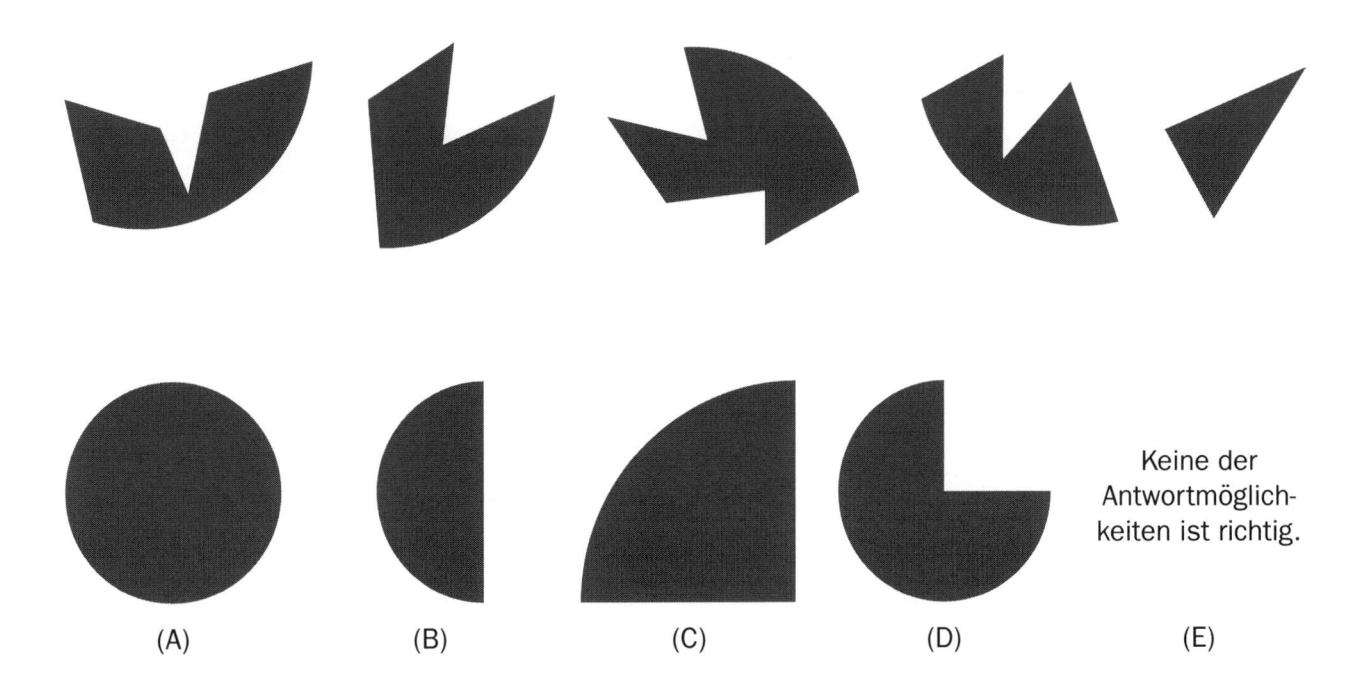

(A)   (B)   (C)   (D)   (E) Keine der Antwortmöglichkeiten ist richtig.

4   Welche Figur lässt sich aus den folgenden Einzelteilen zusammensetzen?

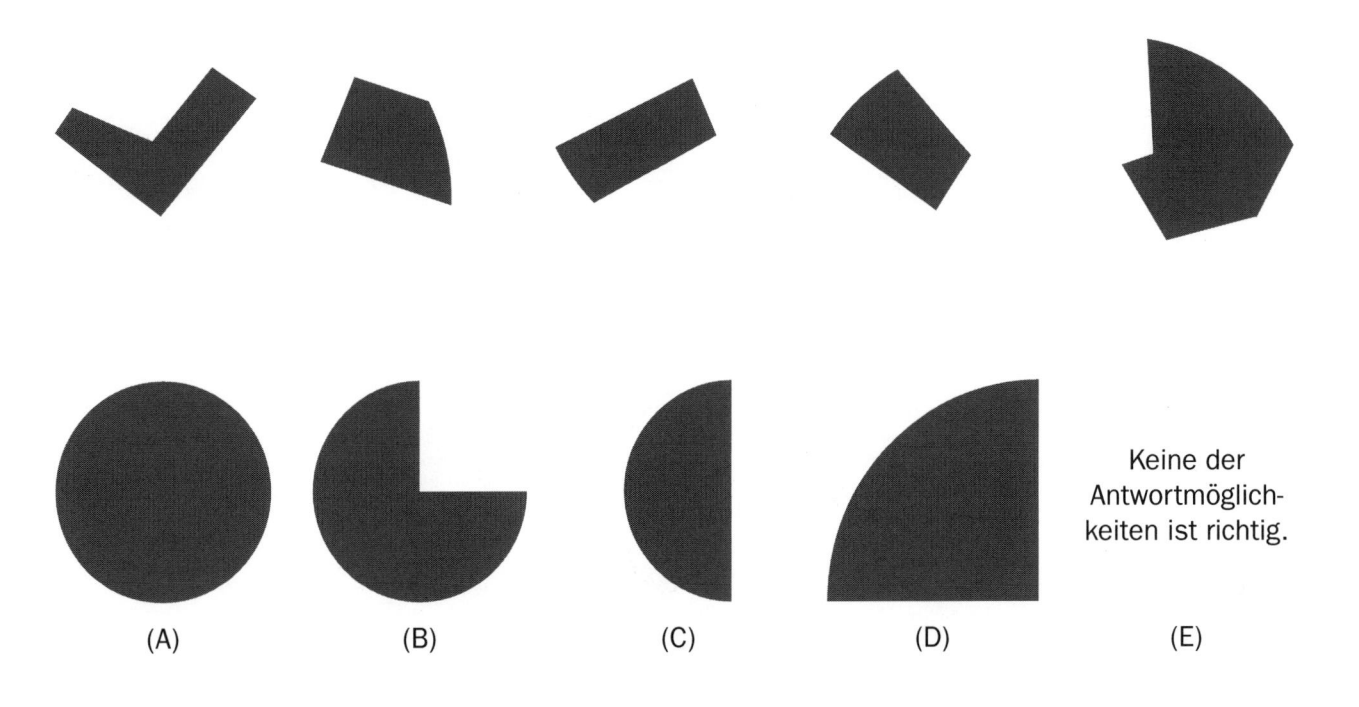

(A)   (B)   (C)   (D)   (E) Keine der Antwortmöglichkeiten ist richtig.

Figuren zusammensetzen | Testset 10

5   Welche Figur lässt sich aus den folgenden Einzelteilen zusammensetzen?

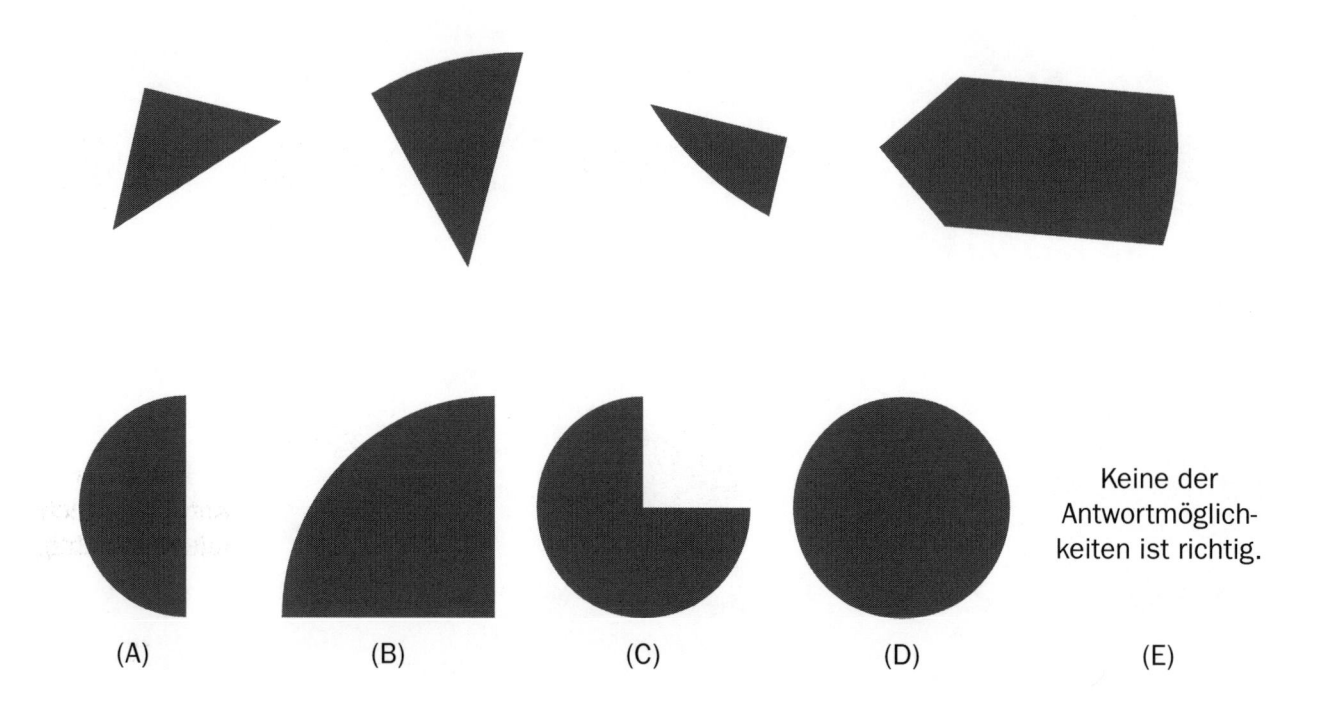

(A)   (B)   (C)   (D)   (E) Keine der Antwortmöglichkeiten ist richtig.

6   Welche Figur lässt sich aus den folgenden Einzelteilen zusammensetzen?

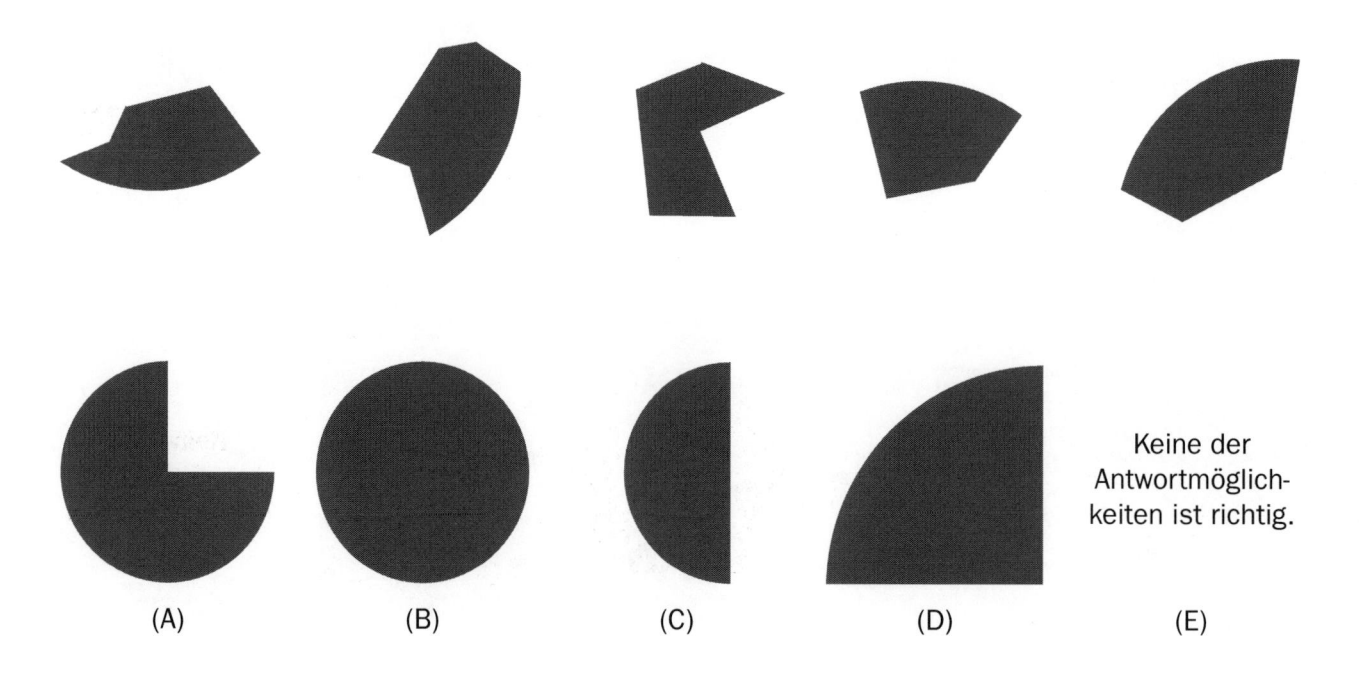

(A)   (B)   (C)   (D)   (E) Keine der Antwortmöglichkeiten ist richtig.

7   Welche Figur lässt sich aus den folgenden Einzelteilen zusammensetzen?

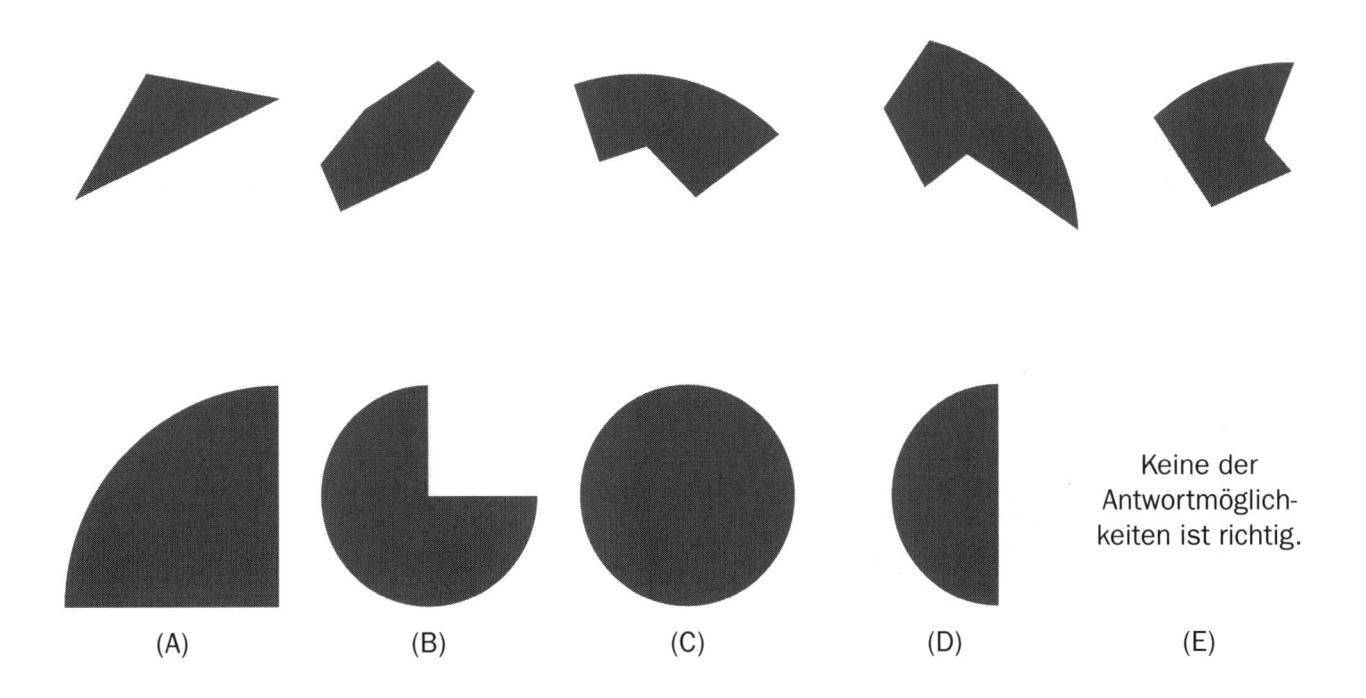

(A)   (B)   (C)   (D)   (E) Keine der Antwortmöglichkeiten ist richtig.

8   Welche Figur lässt sich aus den folgenden Einzelteilen zusammensetzen?

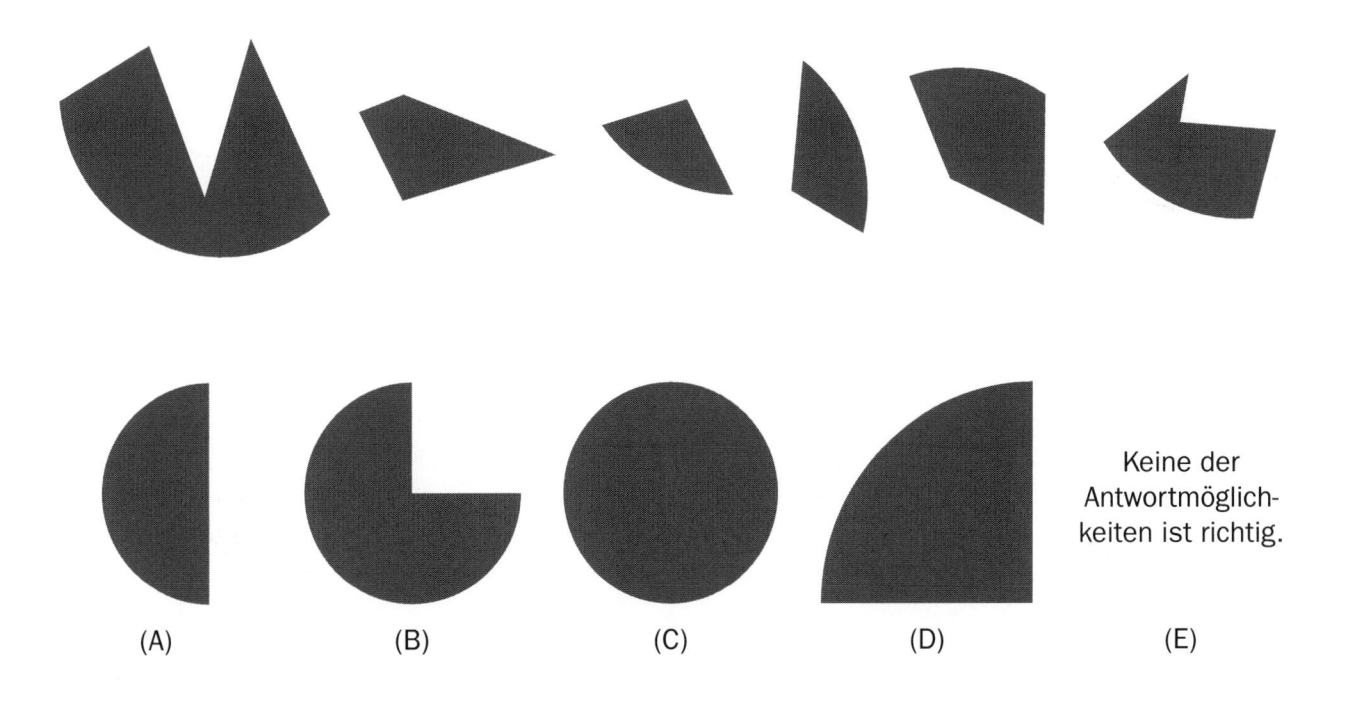

(A)   (B)   (C)   (D)   (E) Keine der Antwortmöglichkeiten ist richtig.

Figuren zusammensetzen | Testset 10

9   Welche Figur lässt sich aus den folgenden Einzelteilen zusammensetzen?

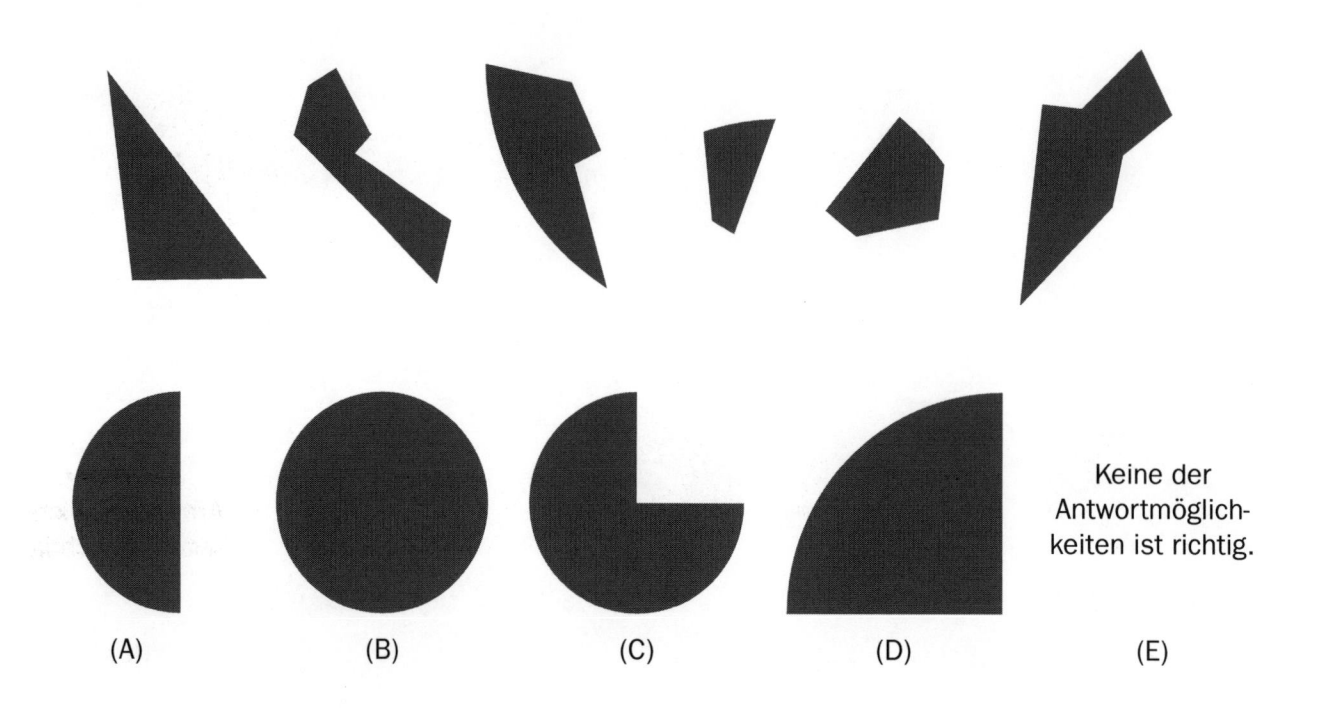

(A)   (B)   (C)   (D)   (E) Keine der Antwortmöglichkeiten ist richtig.

10   Welche Figur lässt sich aus den folgenden Einzelteilen zusammensetzen?

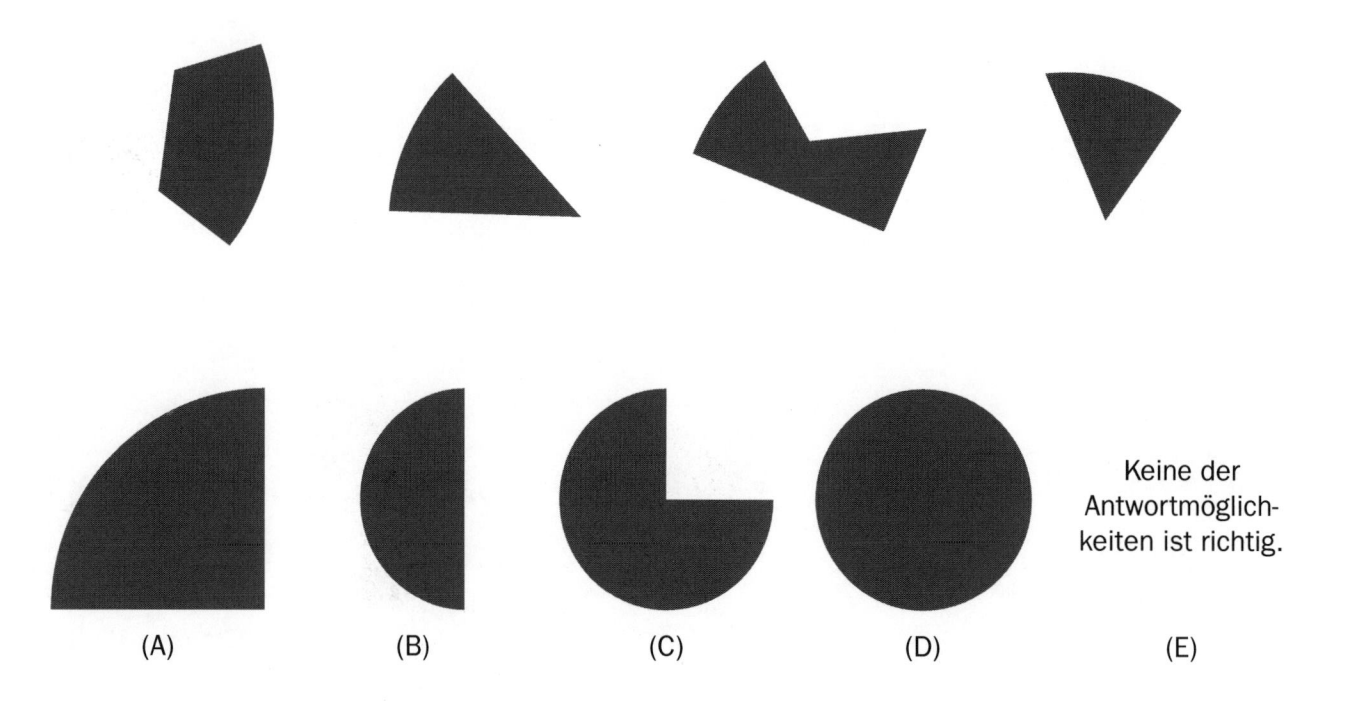

(A)   (B)   (C)   (D)   (E) Keine der Antwortmöglichkeiten ist richtig.

11   Welche Figur lässt sich aus den folgenden Einzelteilen zusammensetzen?

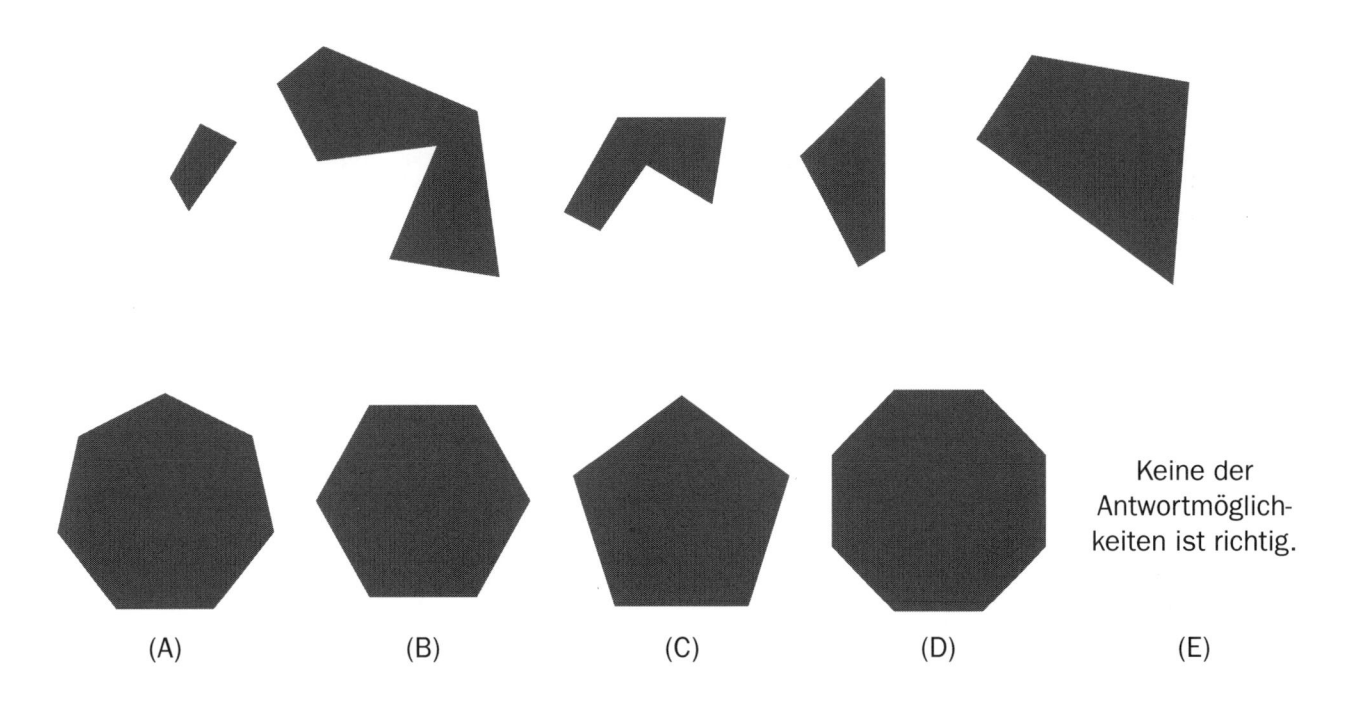

(A)   (B)   (C)   (D)   (E) Keine der Antwortmöglichkeiten ist richtig.

12   Welche Figur lässt sich aus den folgenden Einzelteilen zusammensetzen?

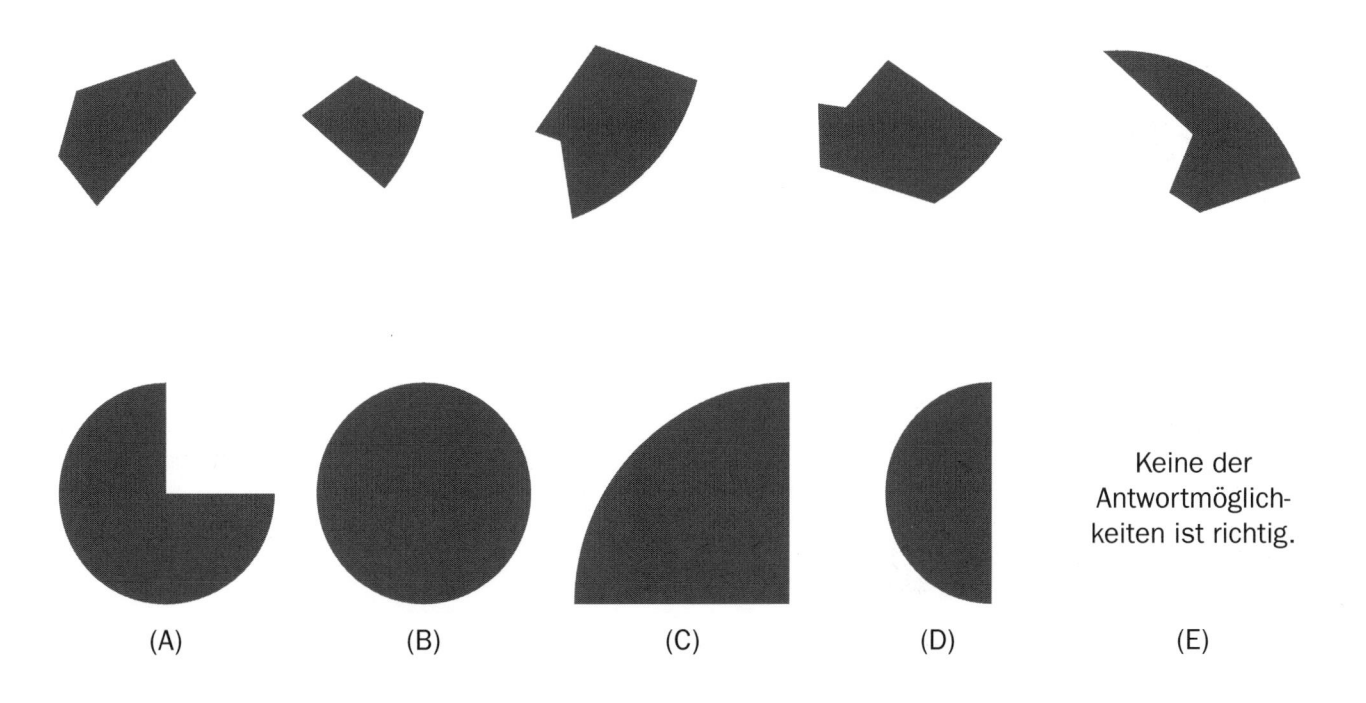

(A)   (B)   (C)   (D)   (E) Keine der Antwortmöglichkeiten ist richtig.

13   Welche Figur lässt sich aus den folgenden Einzelteilen zusammensetzen?

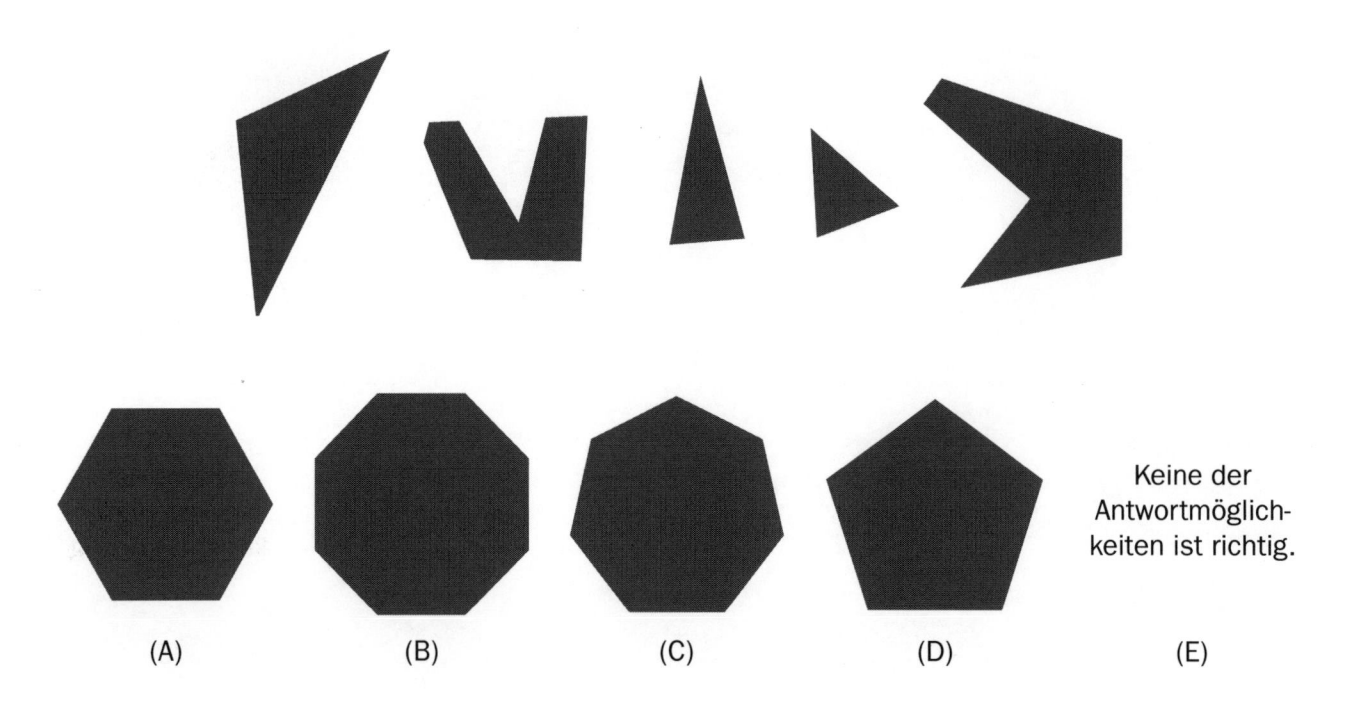

(A)   (B)   (C)   (D)   Keine der Antwortmöglichkeiten ist richtig. (E)

14   Welche Figur lässt sich aus den folgenden Einzelteilen zusammensetzen?

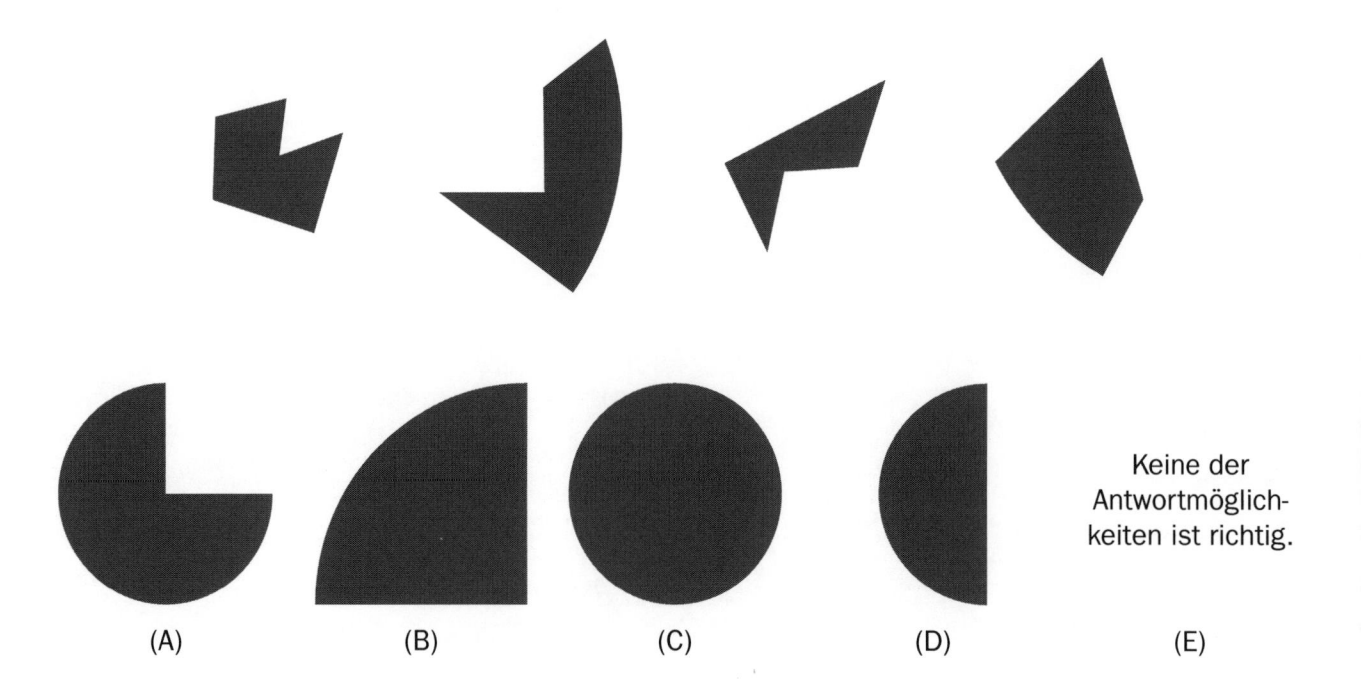

(A)   (B)   (C)   (D)   Keine der Antwortmöglichkeiten ist richtig. (E)

15 Welche Figur lässt sich aus den folgenden Einzelteilen zusammensetzen?

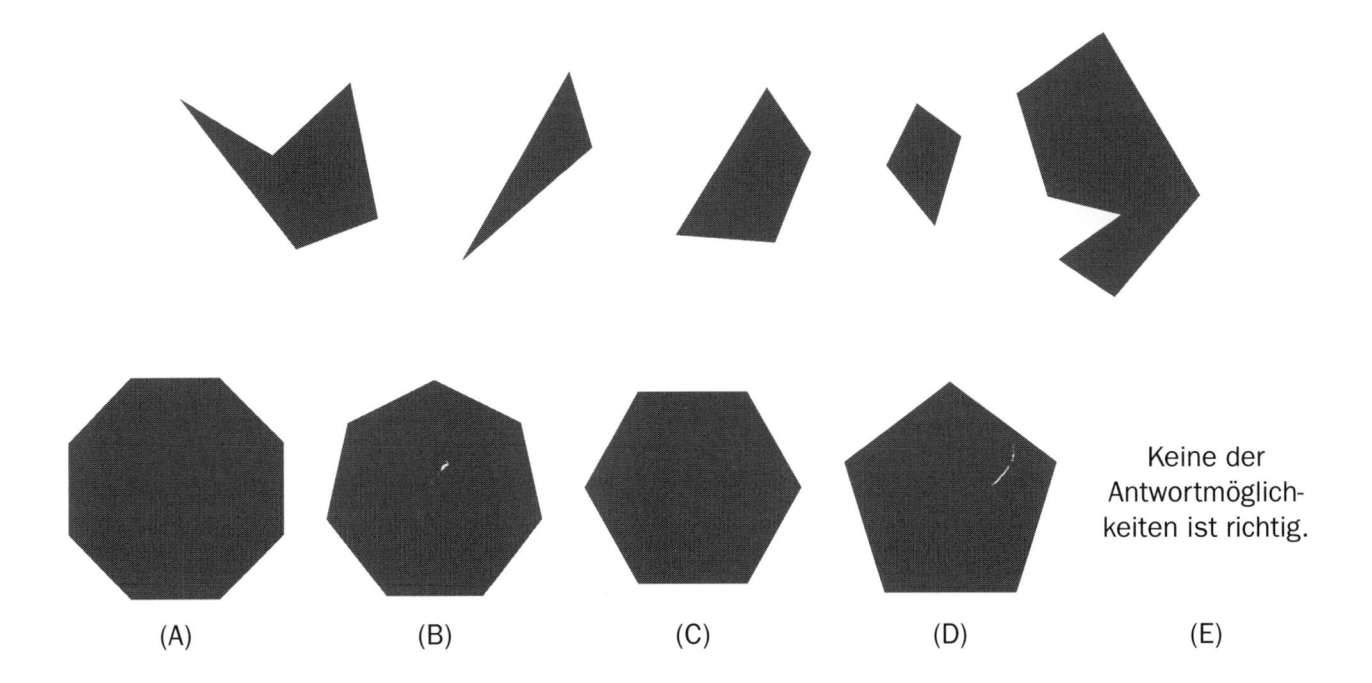

(A) (B) (C) (D) (E) Keine der Antwortmöglichkeiten ist richtig.

Testset 11
Anzahl der Aufgaben: 15, Bearbeitungszeit: 20 Minuten

1   Welche Figur lässt sich aus den folgenden Einzelteilen zusammensetzen?

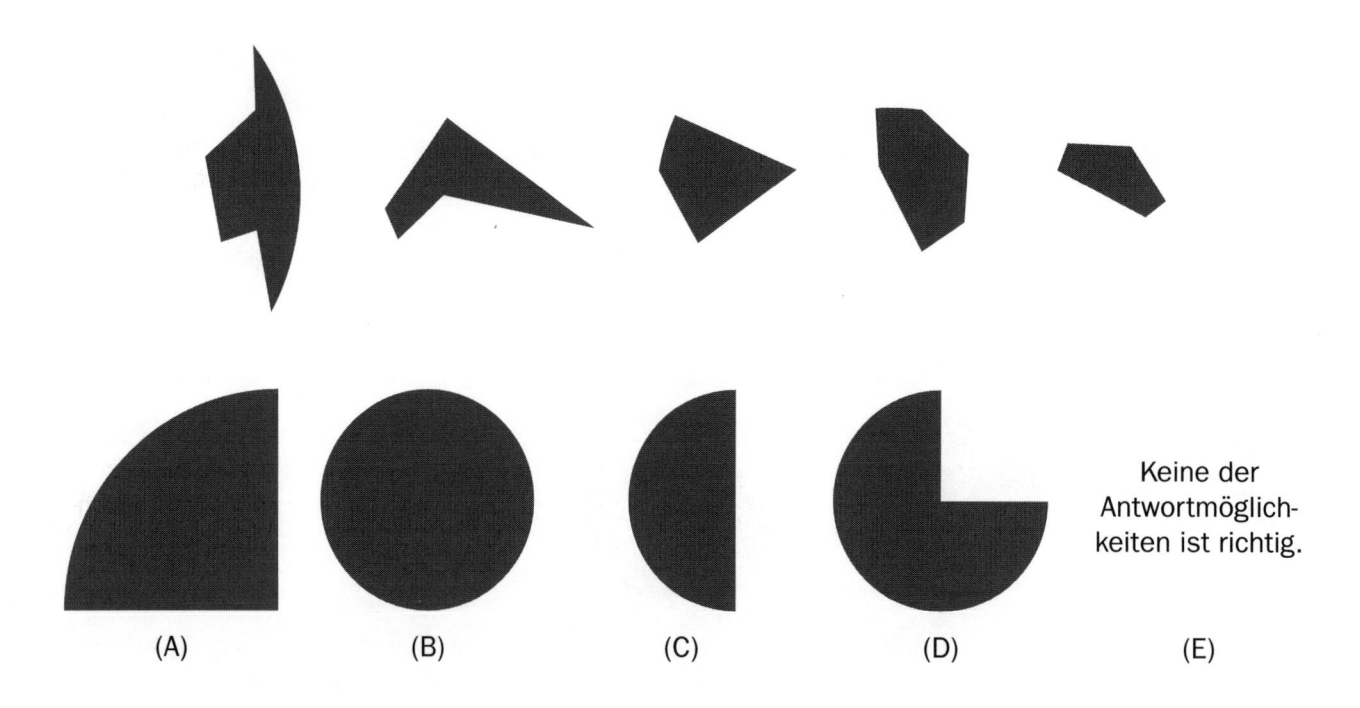

(A)   (B)   (C)   (D)   (E) Keine der Antwortmöglichkeiten ist richtig.

2   Welche Figur lässt sich aus den folgenden Einzelteilen zusammensetzen?

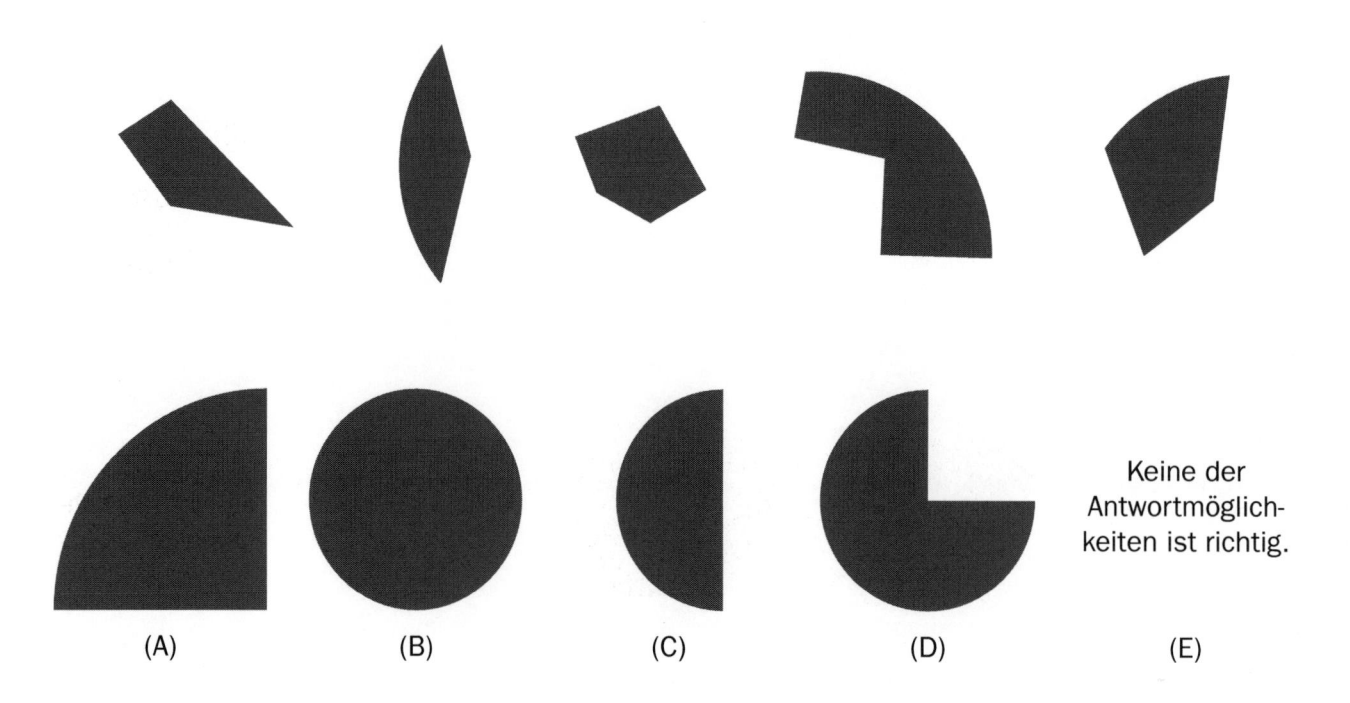

(A)   (B)   (C)   (D)   (E) Keine der Antwortmöglichkeiten ist richtig.

3   Welche Figur lässt sich aus den folgenden Einzelteilen zusammensetzen?

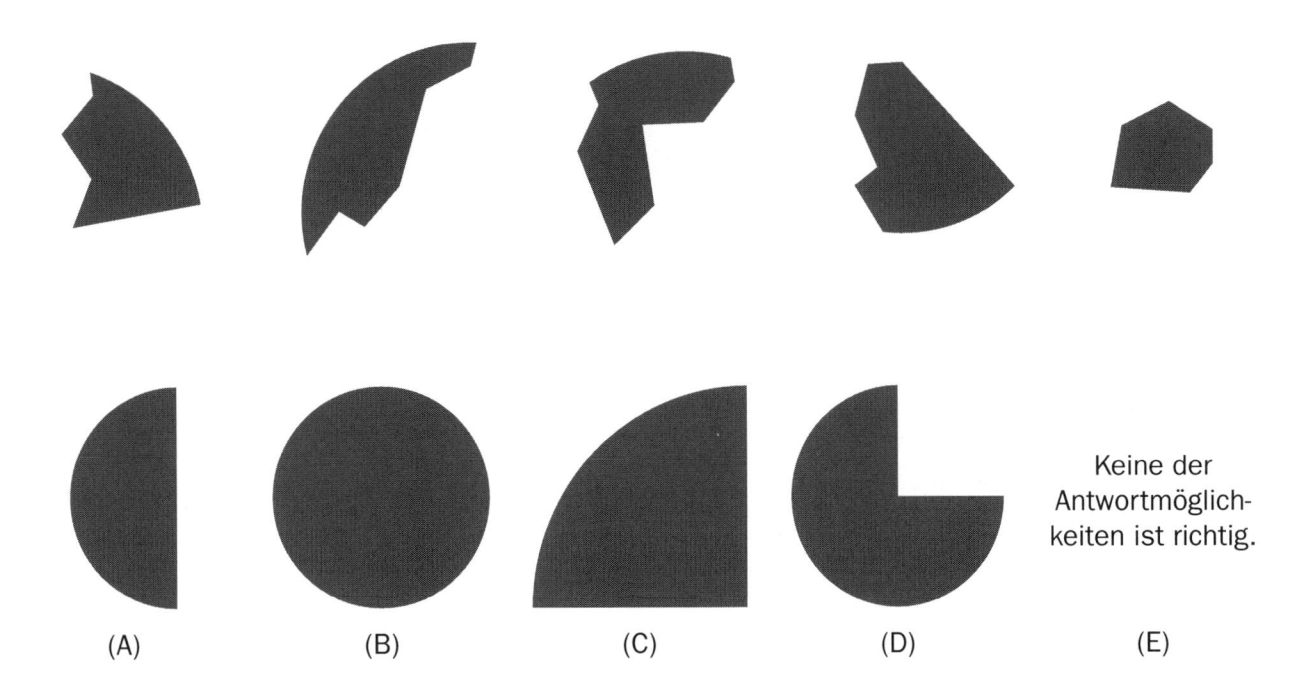

(A)   (B)   (C)   (D)   (E) Keine der Antwortmöglichkeiten ist richtig.

4   Welche Figur lässt sich aus den folgenden Einzelteilen zusammensetzen?

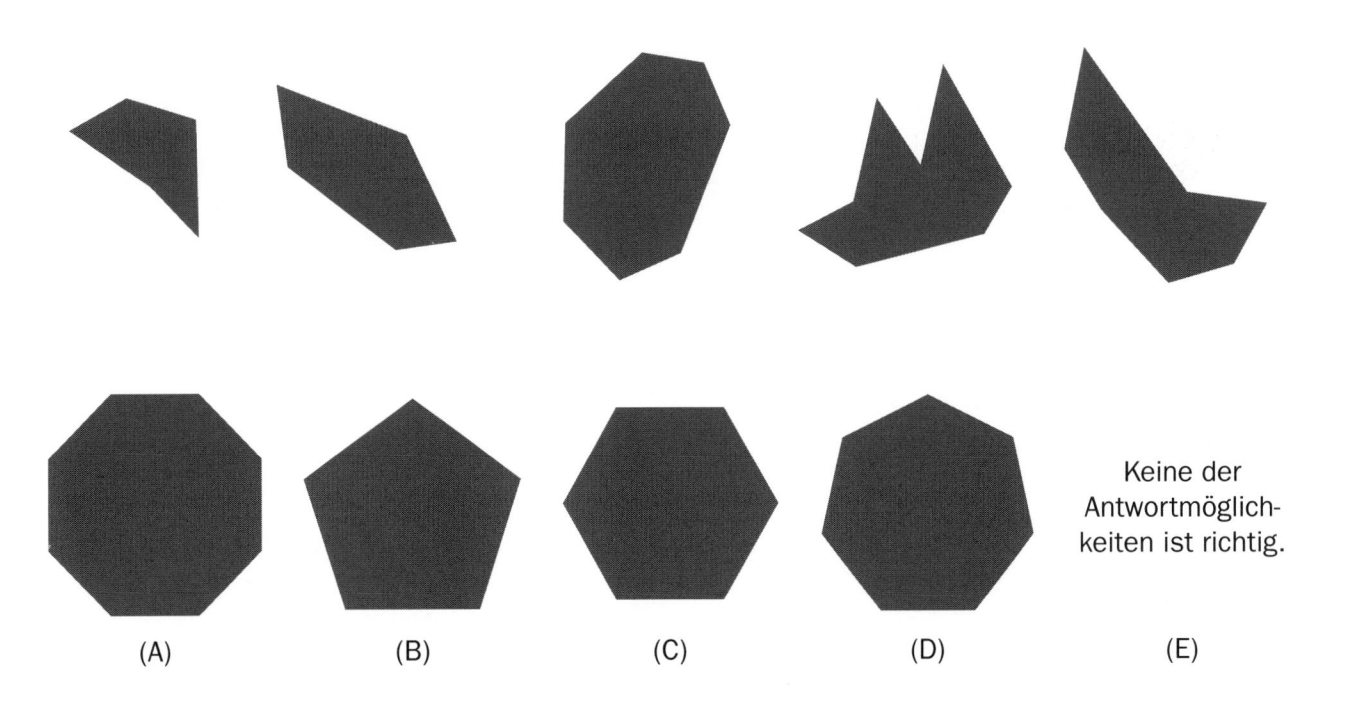

(A)   (B)   (C)   (D)   (E) Keine der Antwortmöglichkeiten ist richtig.

5   Welche Figur lässt sich aus den folgenden Einzelteilen zusammensetzen?

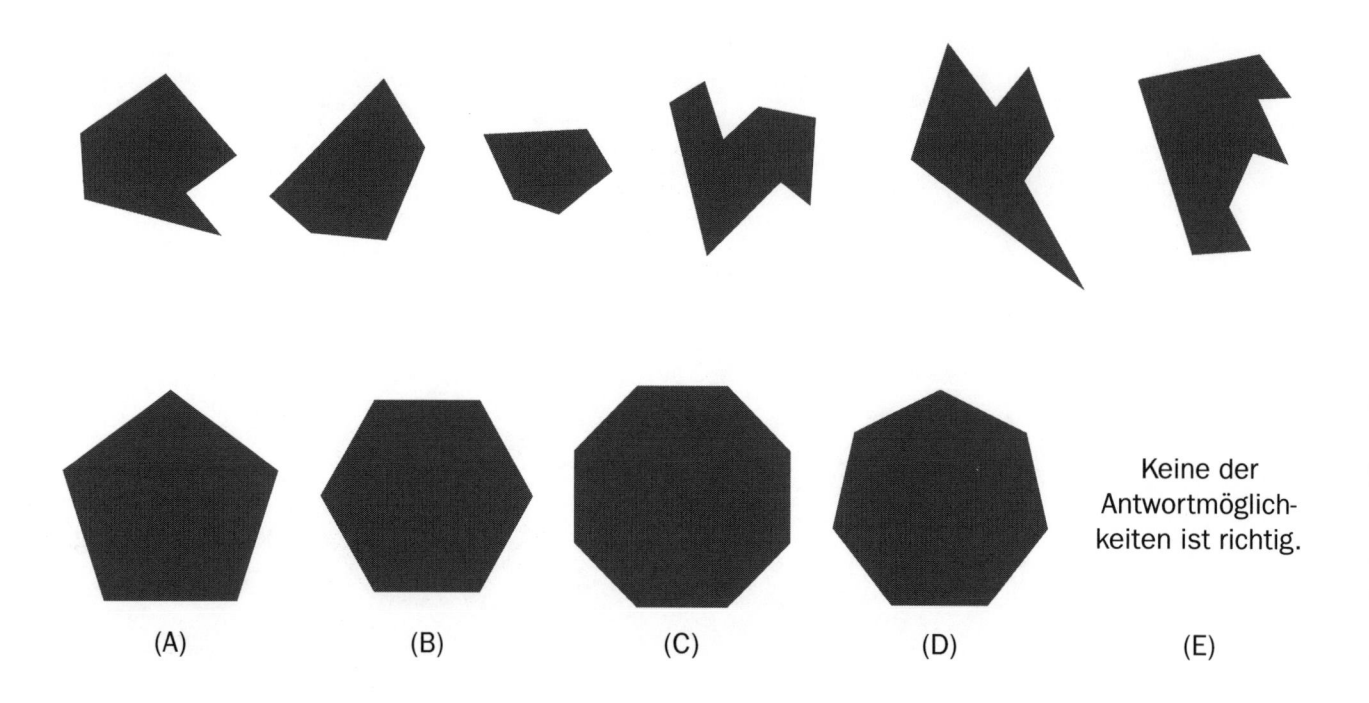

(A)   (B)   (C)   (D)   (E) Keine der Antwortmöglichkeiten ist richtig.

6   Welche Figur lässt sich aus den folgenden Einzelteilen zusammensetzen?

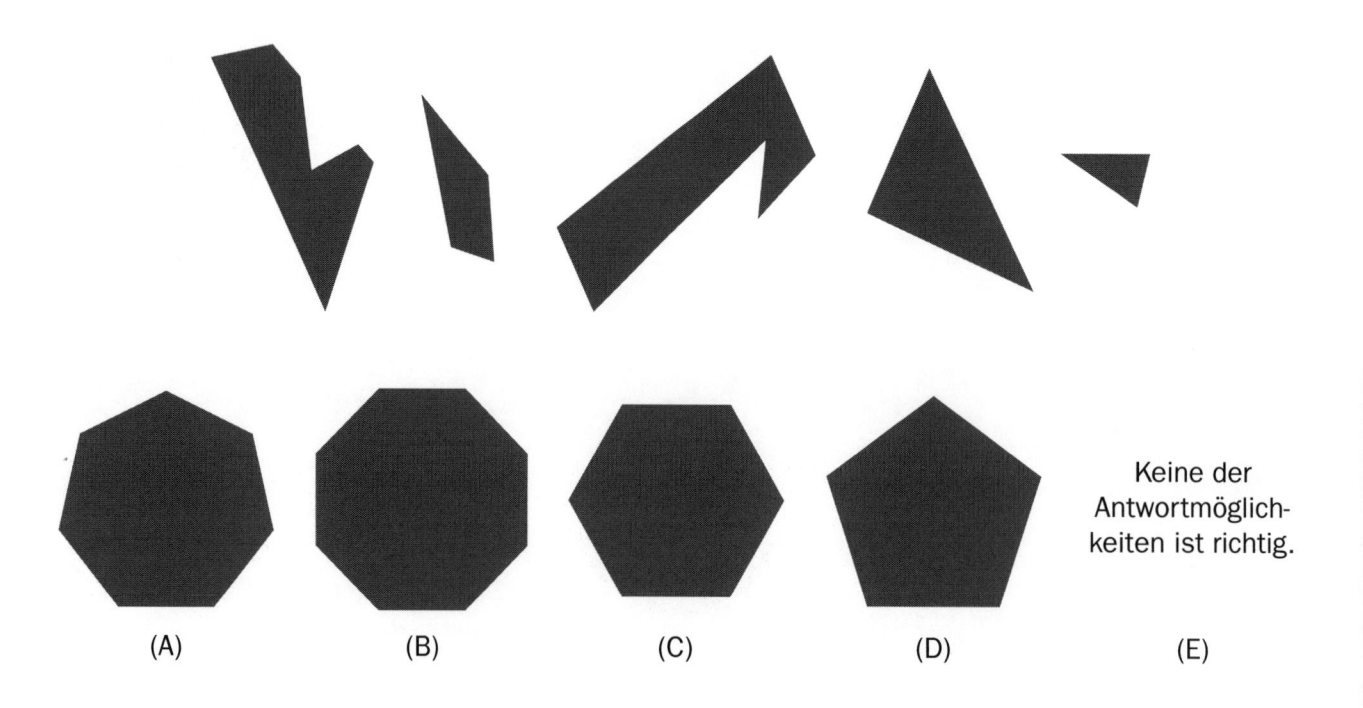

(A)   (B)   (C)   (D)   (E) Keine der Antwortmöglichkeiten ist richtig.

7   Welche Figur lässt sich aus den folgenden Einzelteilen zusammensetzen?

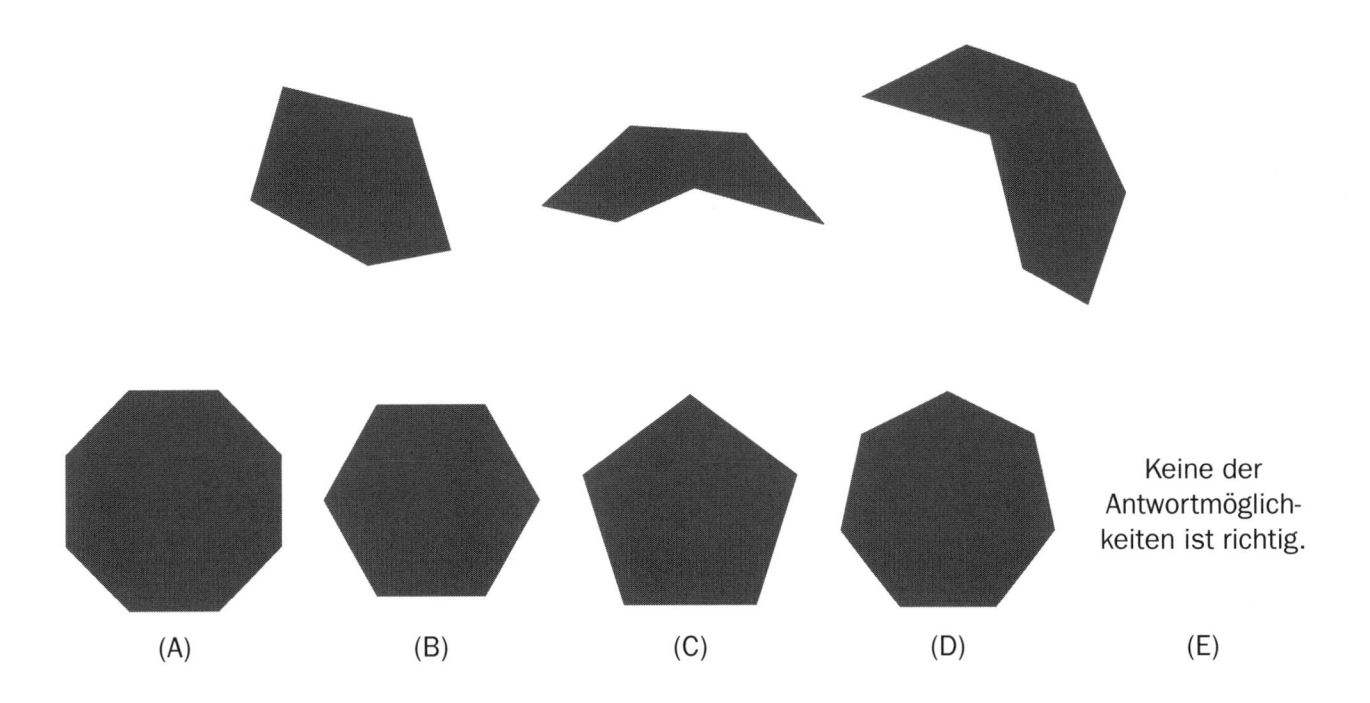

(A)   (B)   (C)   (D)   (E) Keine der Antwortmöglichkeiten ist richtig.

8   Welche Figur lässt sich aus den folgenden Einzelteilen zusammensetzen?

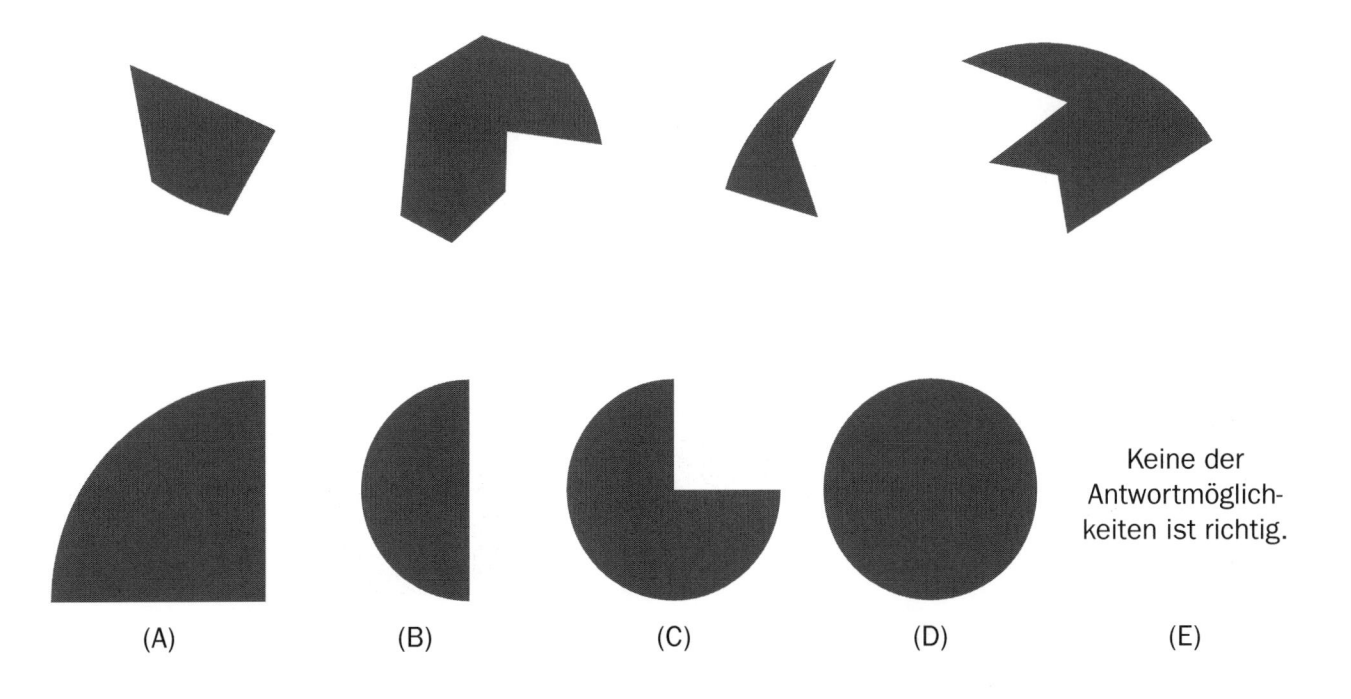

(A)   (B)   (C)   (D)   (E) Keine der Antwortmöglichkeiten ist richtig.

9   Welche Figur lässt sich aus den folgenden Einzelteilen zusammensetzen?

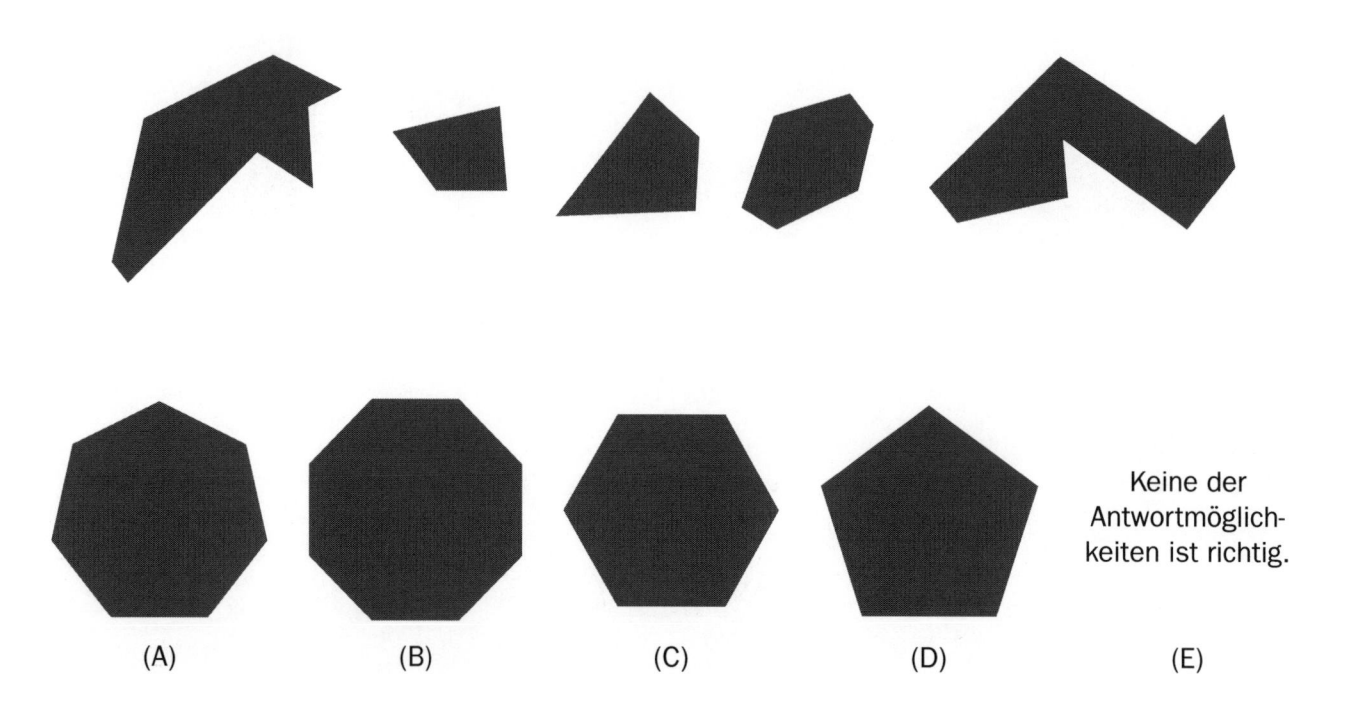

(A)   (B)   (C)   (D)   (E) Keine der Antwortmöglichkeiten ist richtig.

10   Welche Figur lässt sich aus den folgenden Einzelteilen zusammensetzen?

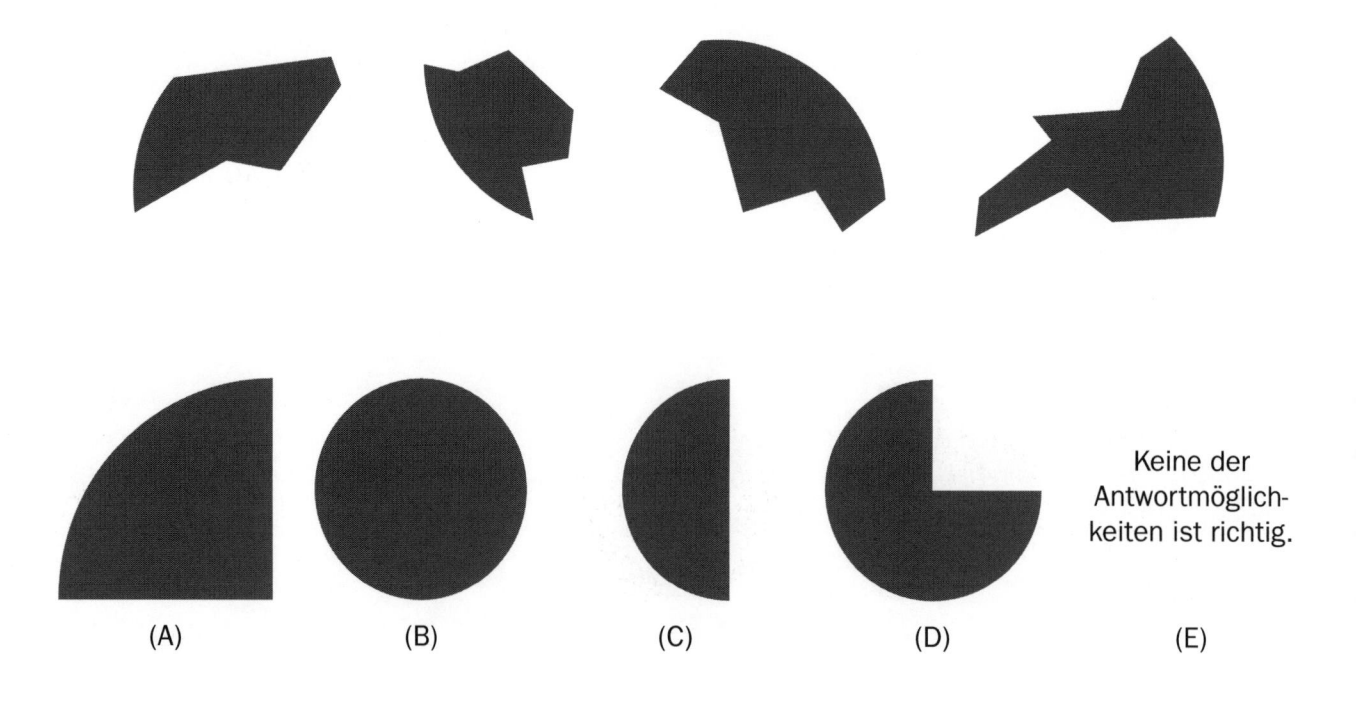

(A)   (B)   (C)   (D)   (E) Keine der Antwortmöglichkeiten ist richtig.

11   Welche Figur lässt sich aus den folgenden Einzelteilen zusammensetzen?

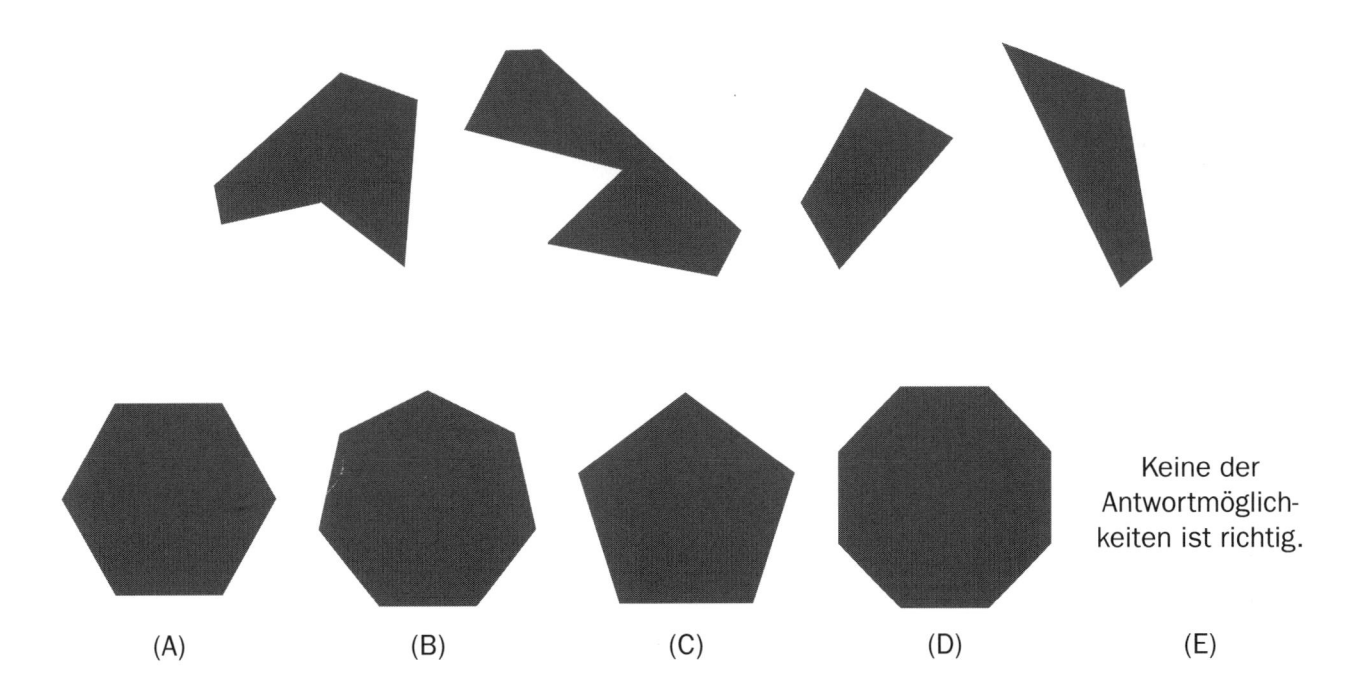

(A)   (B)   (C)   (D)   Keine der Antwortmöglichkeiten ist richtig. (E)

12   Welche Figur lässt sich aus den folgenden Einzelteilen zusammensetzen?

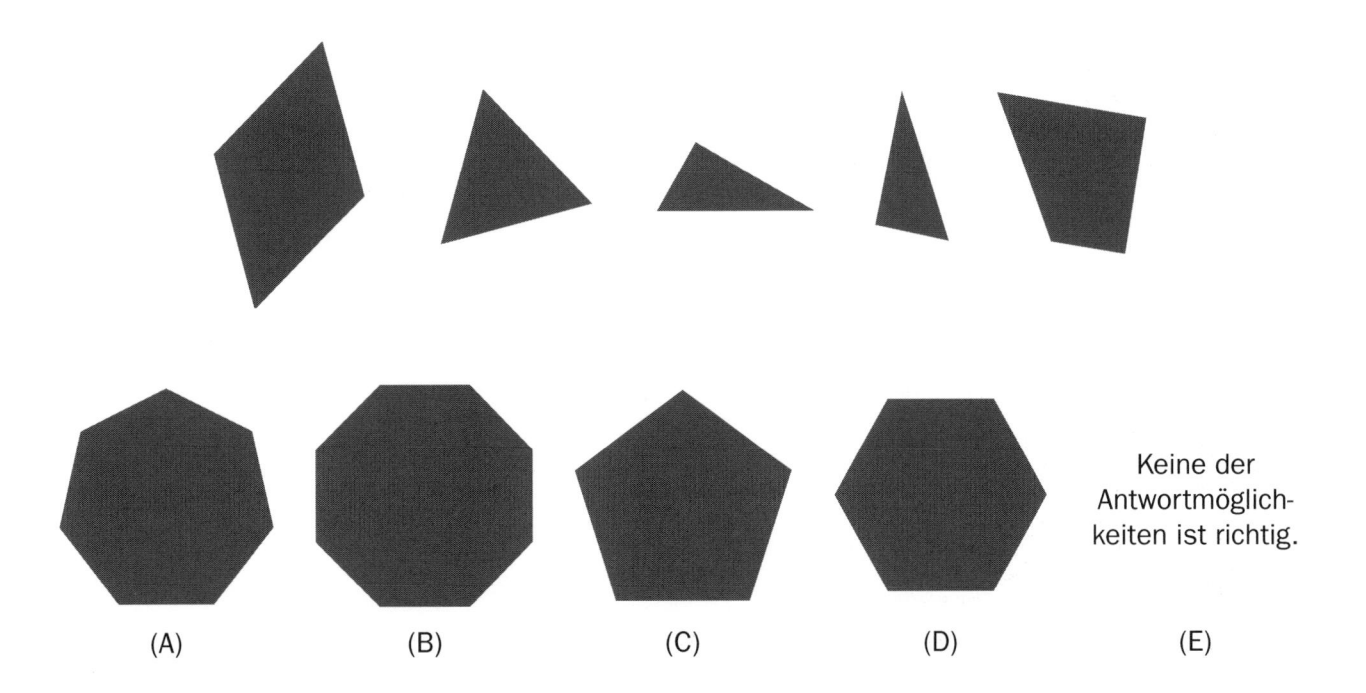

(A)   (B)   (C)   (D)   Keine der Antwortmöglichkeiten ist richtig. (E)

13 Welche Figur lässt sich aus den folgenden Einzelteilen zusammensetzen?

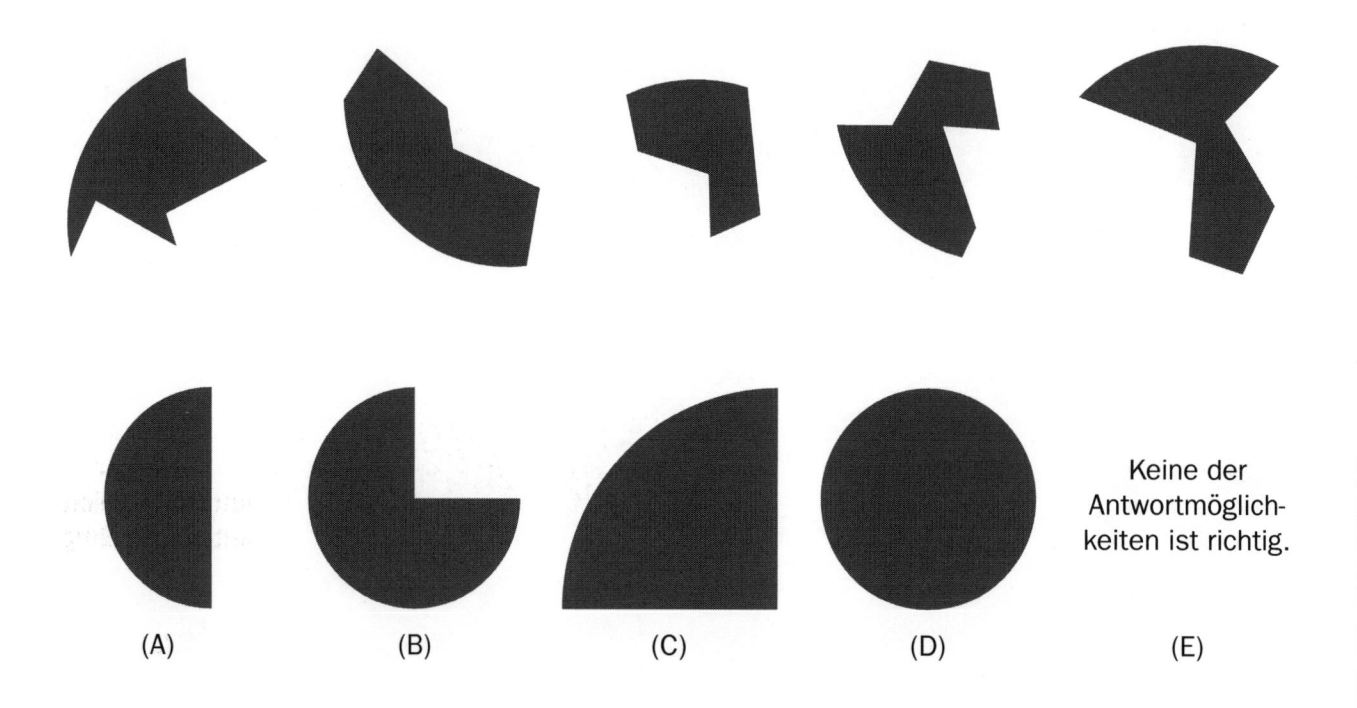

(A) (B) (C) (D) (E) Keine der Antwortmöglichkeiten ist richtig.

14 Welche Figur lässt sich aus den folgenden Einzelteilen zusammensetzen?

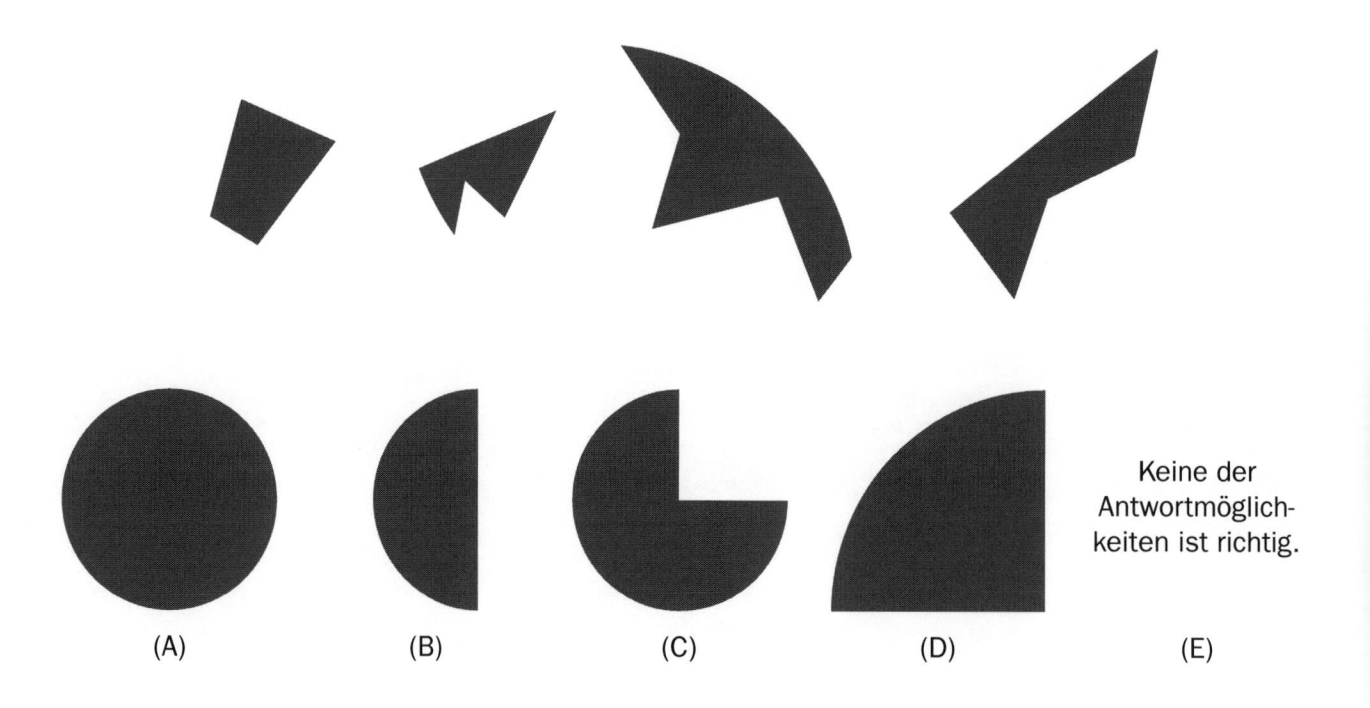

(A) (B) (C) (D) (E) Keine der Antwortmöglichkeiten ist richtig.

15   Welche Figur lässt sich aus den folgenden Einzelteilen zusammensetzen?

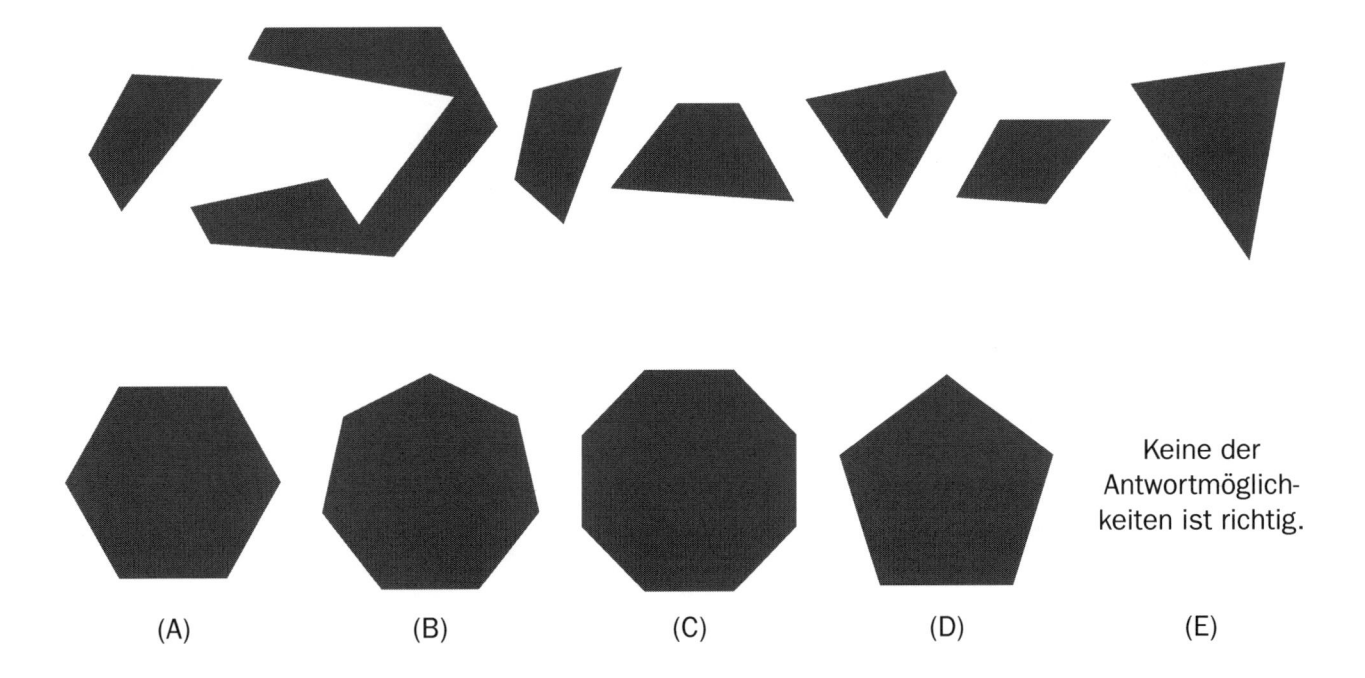

(A)   (B)   (C)   (D)   Keine der Antwortmöglichkeiten ist richtig.

                                                (E)

Testset 12
Anzahl der Aufgaben: 15, Bearbeitungszeit: 20 Minuten

1 Welche Figur lässt sich aus den folgenden Einzelteilen zusammensetzen?

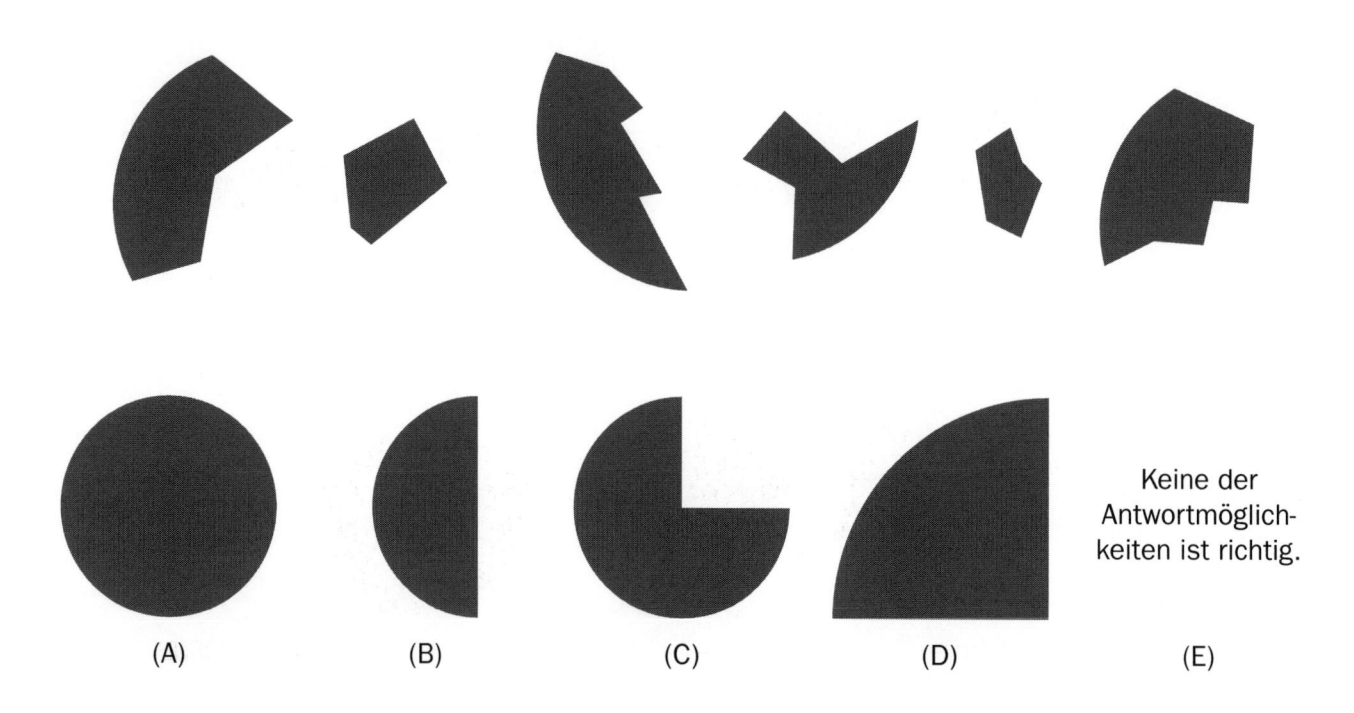

(A) (B) (C) (D) (E) Keine der Antwortmöglichkeiten ist richtig.

2 Welche Figur lässt sich aus den folgenden Einzelteilen zusammensetzen?

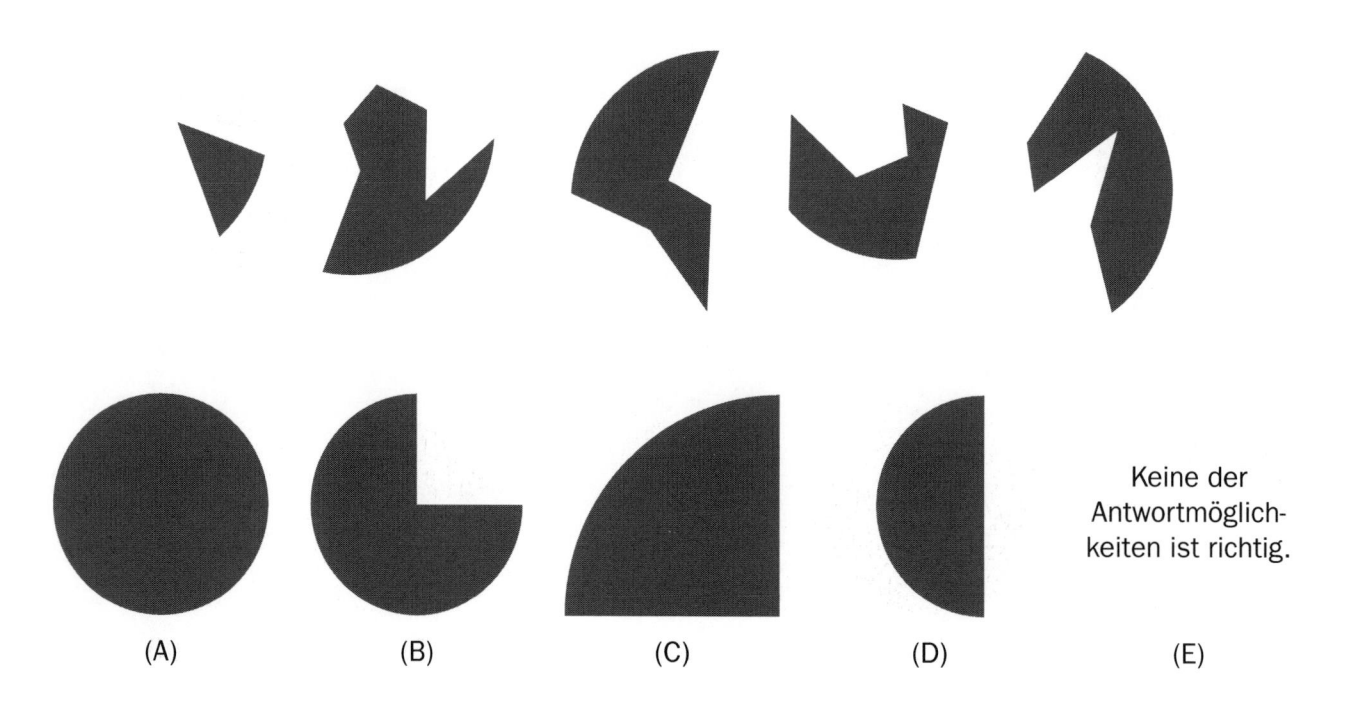

(A) (B) (C) (D) (E) Keine der Antwortmöglichkeiten ist richtig.

3   Welche Figur lässt sich aus den folgenden Einzelteilen zusammensetzen?

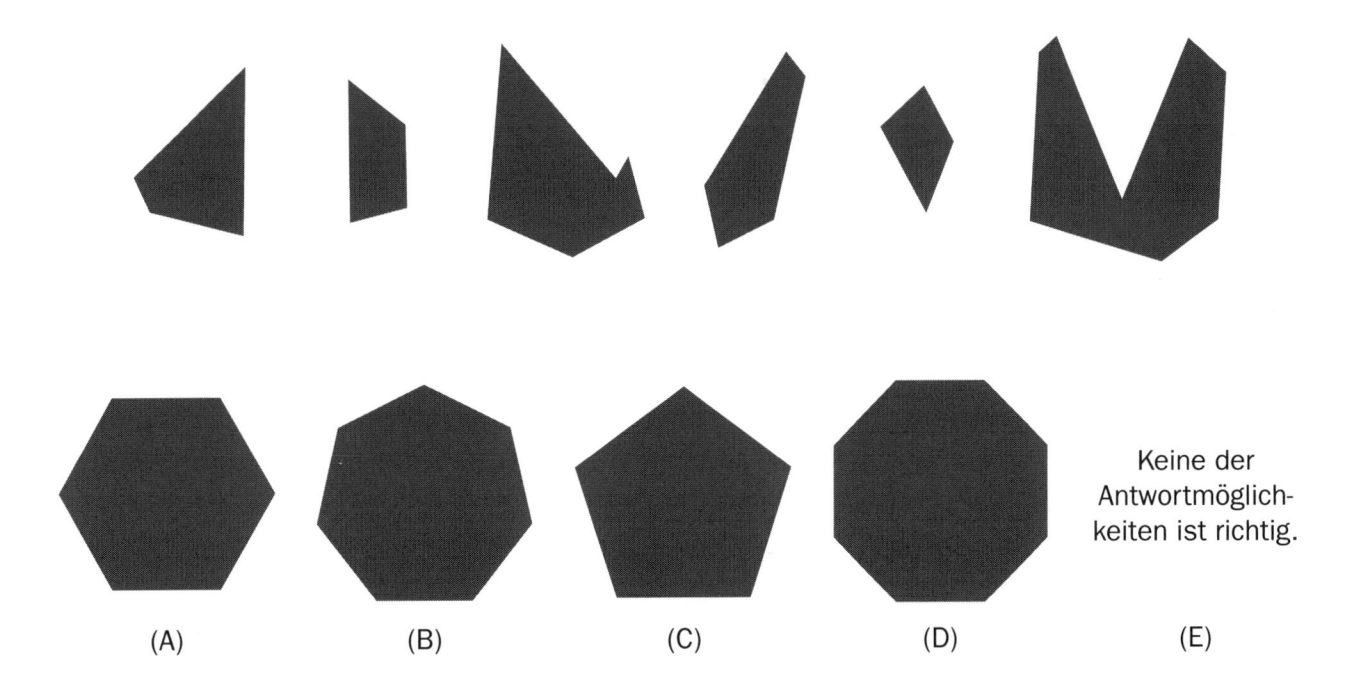

(A)   (B)   (C)   (D)   (E) Keine der Antwortmöglichkeiten ist richtig.

4   Welche Figur lässt sich aus den folgenden Einzelteilen zusammensetzen?

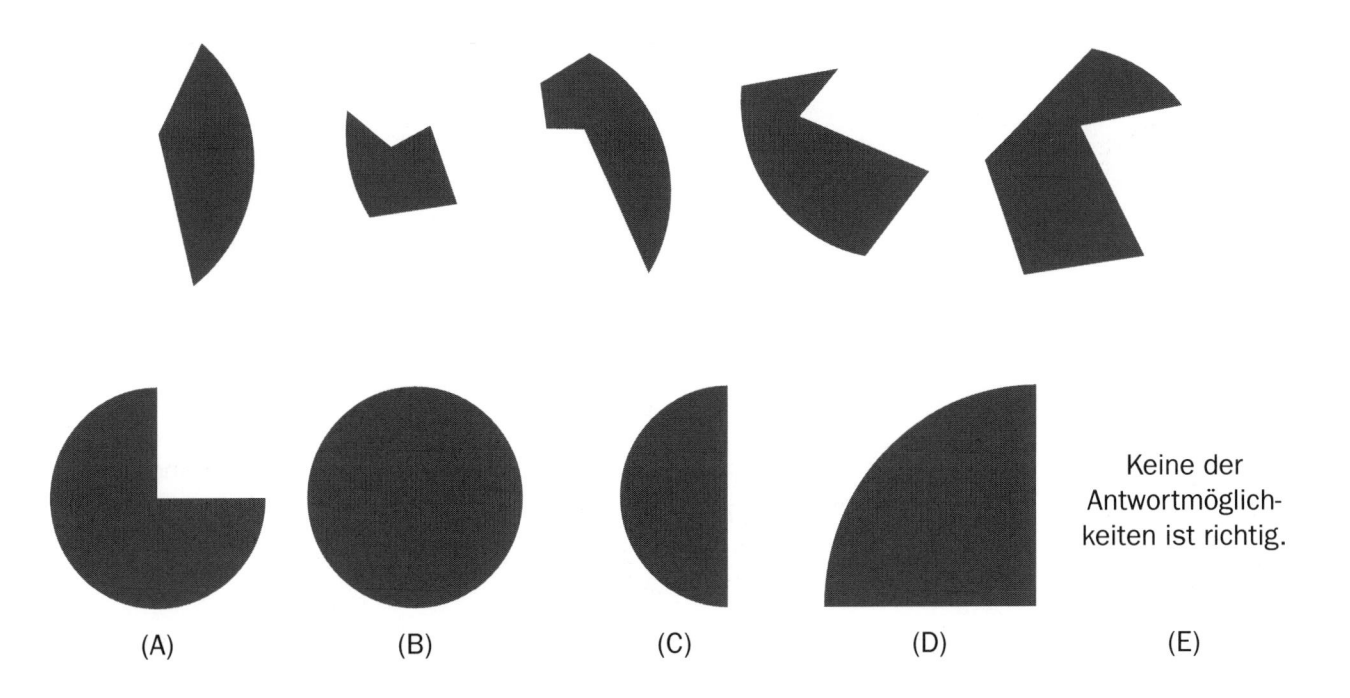

(A)   (B)   (C)   (D)   (E) Keine der Antwortmöglichkeiten ist richtig.

5   Welche Figur lässt sich aus den folgenden Einzelteilen zusammensetzen?

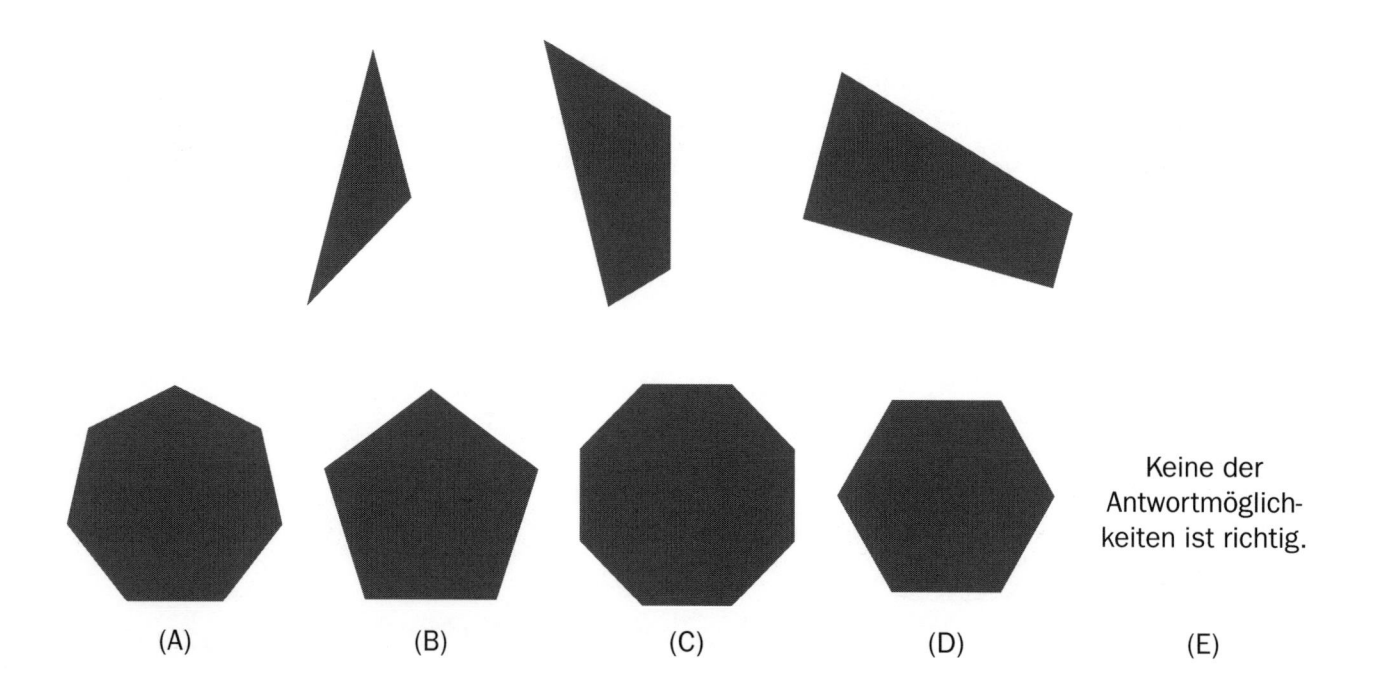

(A)   (B)   (C)   (D)   Keine der Antwortmöglichkeiten ist richtig. (E)

6   Welche Figur lässt sich aus den folgenden Einzelteilen zusammensetzen?

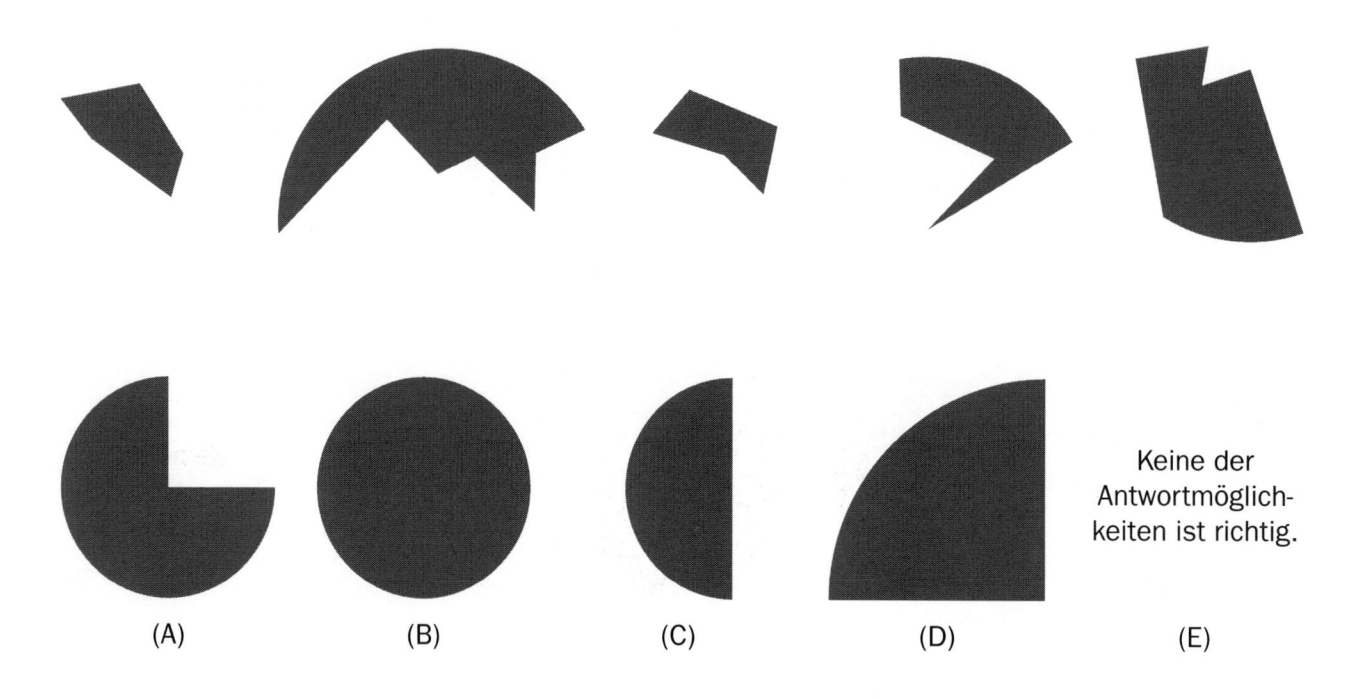

(A)   (B)   (C)   (D)   Keine der Antwortmöglichkeiten ist richtig. (E)

7   Welche Figur lässt sich aus den folgenden Einzelteilen zusammensetzen?

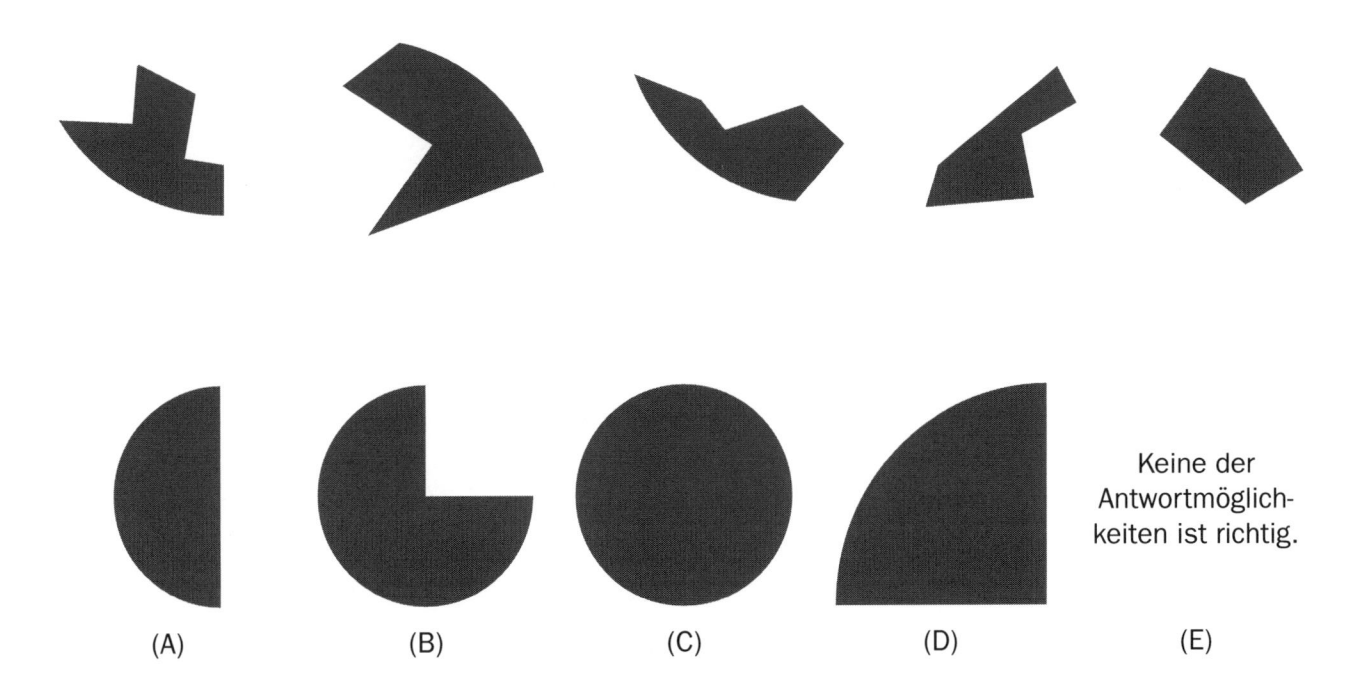

(A)   (B)   (C)   (D)   (E) Keine der Antwortmöglichkeiten ist richtig.

8   Welche Figur lässt sich aus den folgenden Einzelteilen zusammensetzen?

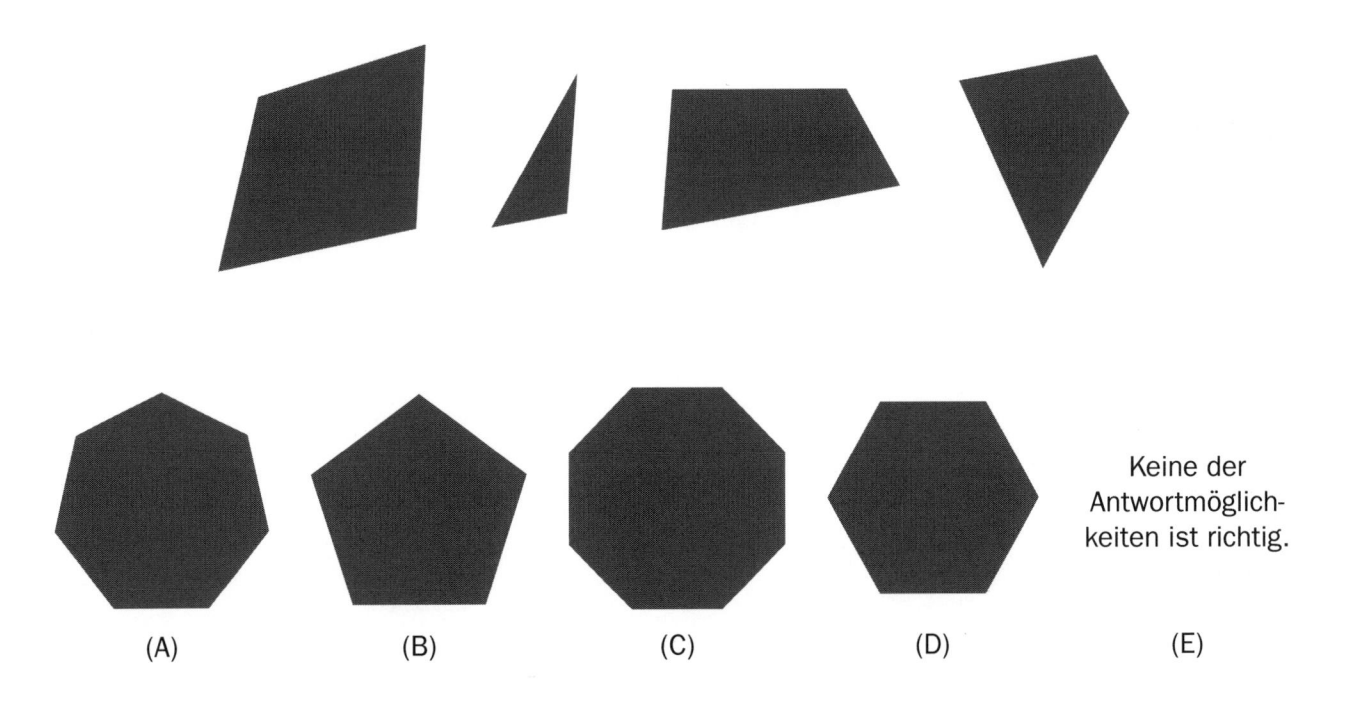

(A)   (B)   (C)   (D)   (E) Keine der Antwortmöglichkeiten ist richtig.

9   Welche Figur lässt sich aus den folgenden Einzelteilen zusammensetzen?

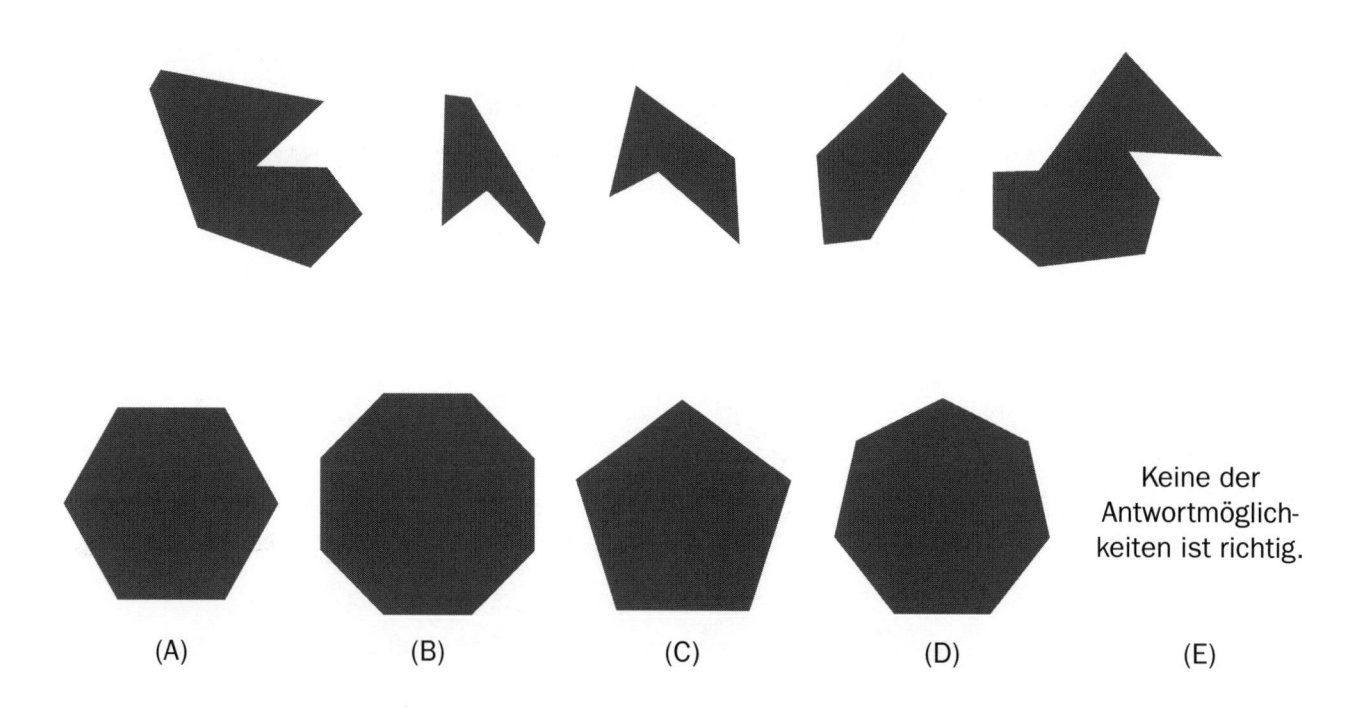

(A)   (B)   (C)   (D)   (E) Keine der Antwortmöglichkeiten ist richtig.

10   Welche Figur lässt sich aus den folgenden Einzelteilen zusammensetzen?

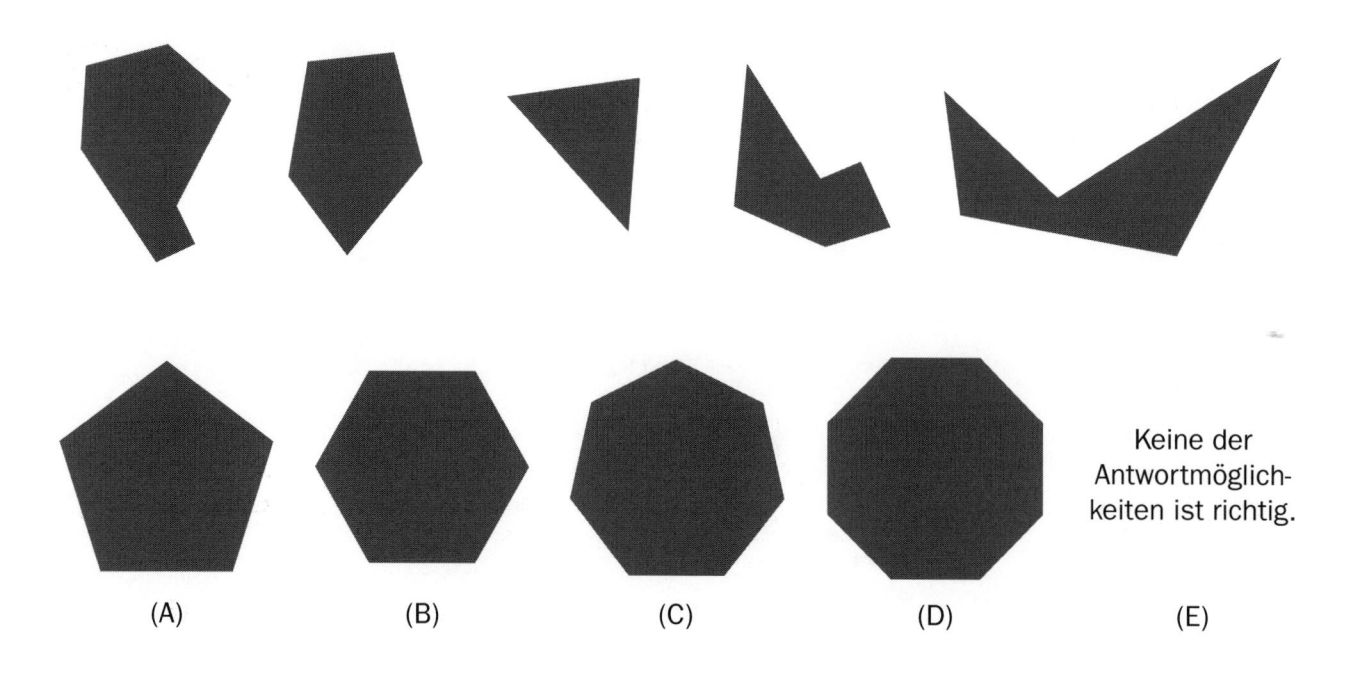

(A)   (B)   (C)   (D)   (E) Keine der Antwortmöglichkeiten ist richtig.

Figuren zusammensetzen | Testset 12

11   Welche Figur lässt sich aus den folgenden Einzelteilen zusammensetzen?

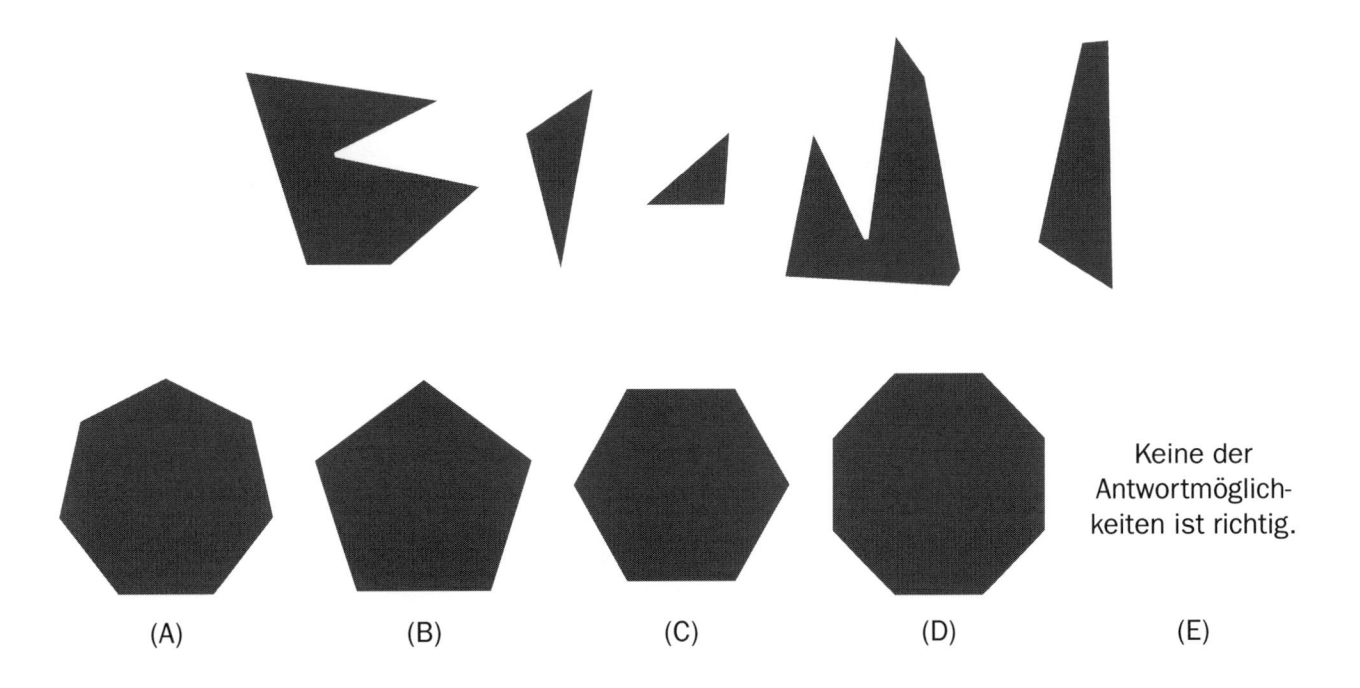

(A)   (B)   (C)   (D)   (E) Keine der Antwortmöglichkeiten ist richtig.

12   Welche Figur lässt sich aus den folgenden Einzelteilen zusammensetzen?

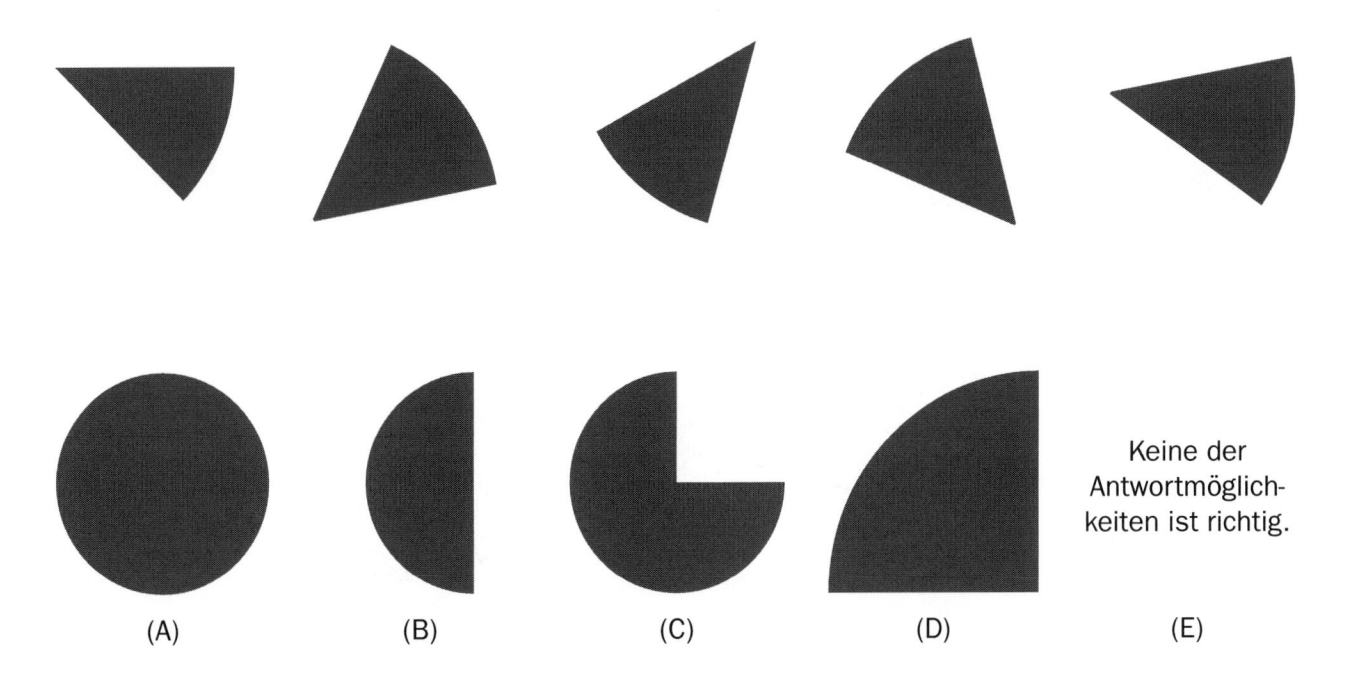

(A)   (B)   (C)   (D)   (E) Keine der Antwortmöglichkeiten ist richtig.

13 Welche Figur lässt sich aus den folgenden Einzelteilen zusammensetzen?

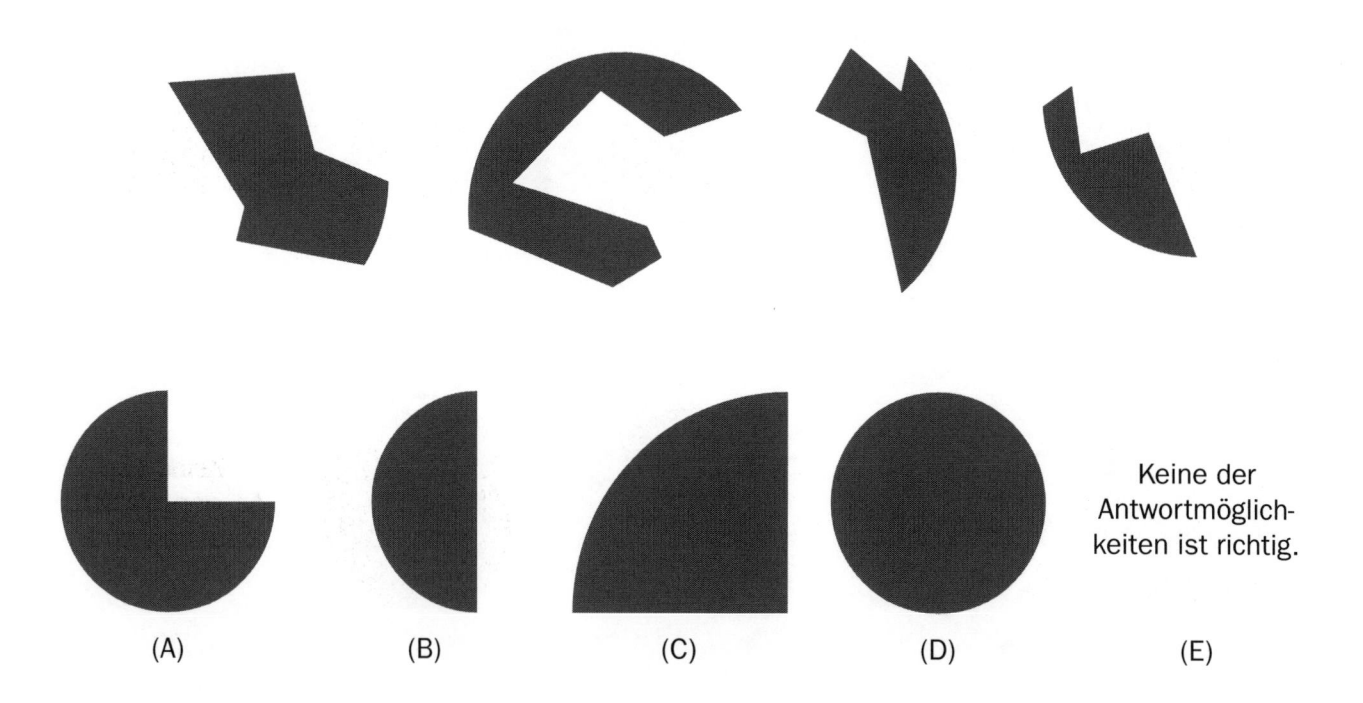

(A)   (B)   (C)   (D)   (E) Keine der Antwortmöglichkeiten ist richtig.

14 Welche Figur lässt sich aus den folgenden Einzelteilen zusammensetzen?

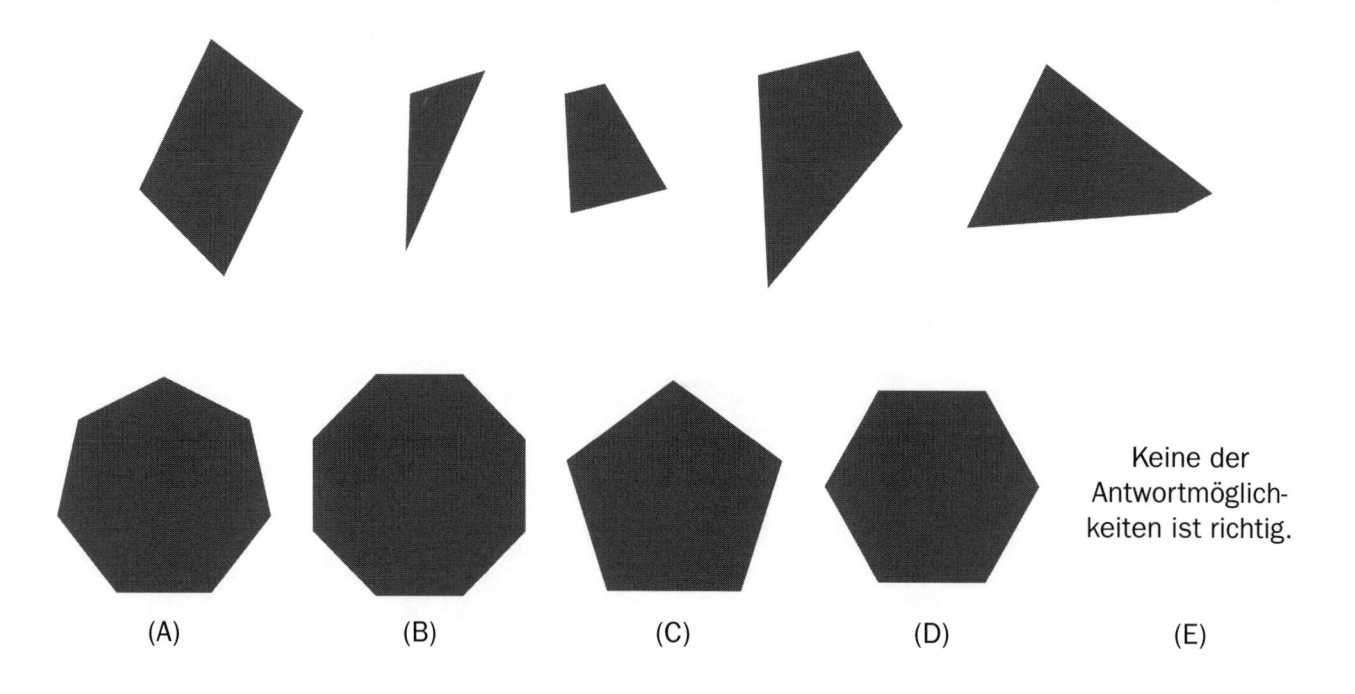

(A)   (B)   (C)   (D)   (E) Keine der Antwortmöglichkeiten ist richtig.

15   Welche Figur lässt sich aus den folgenden Einzelteilen zusammensetzen?

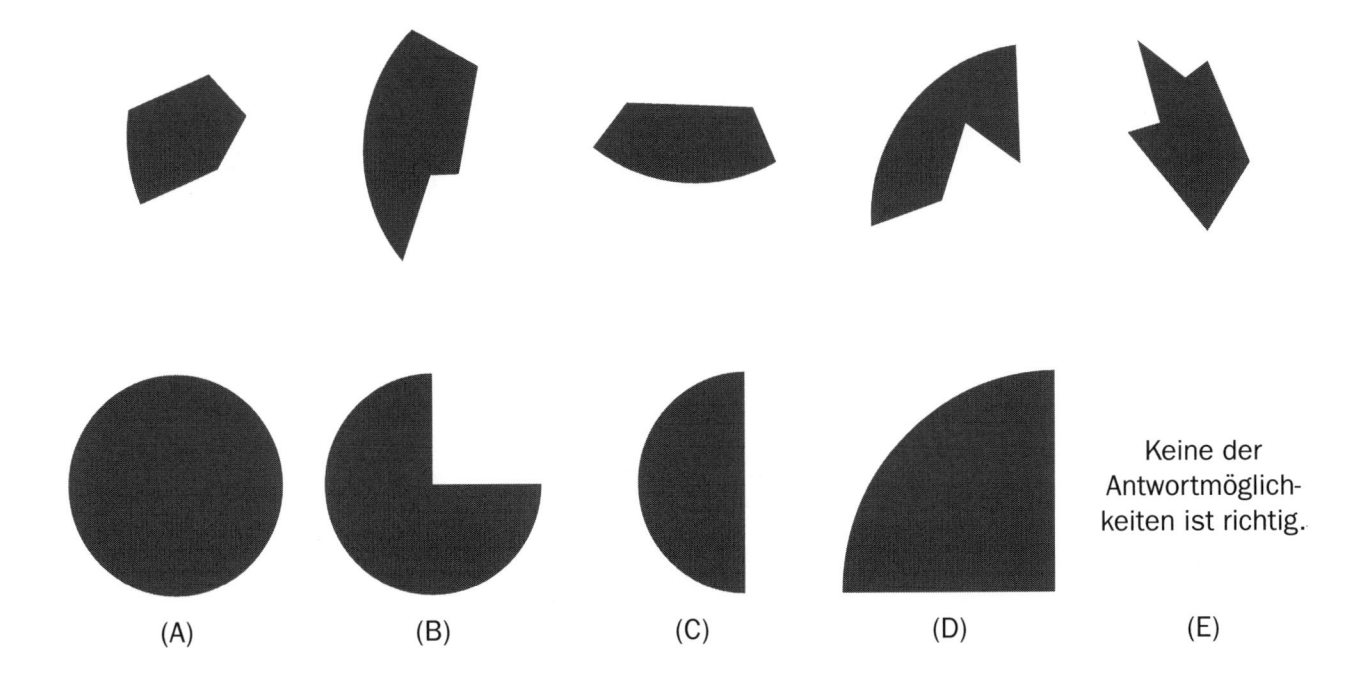

(A)   (B)   (C)   (D)   Keine der Antwortmöglichkeiten ist richtig. (E)

Testset 13
Anzahl der Aufgaben: 15, Bearbeitungszeit: 20 Minuten

1 Welche Figur lässt sich aus den folgenden Einzelteilen zusammensetzen?

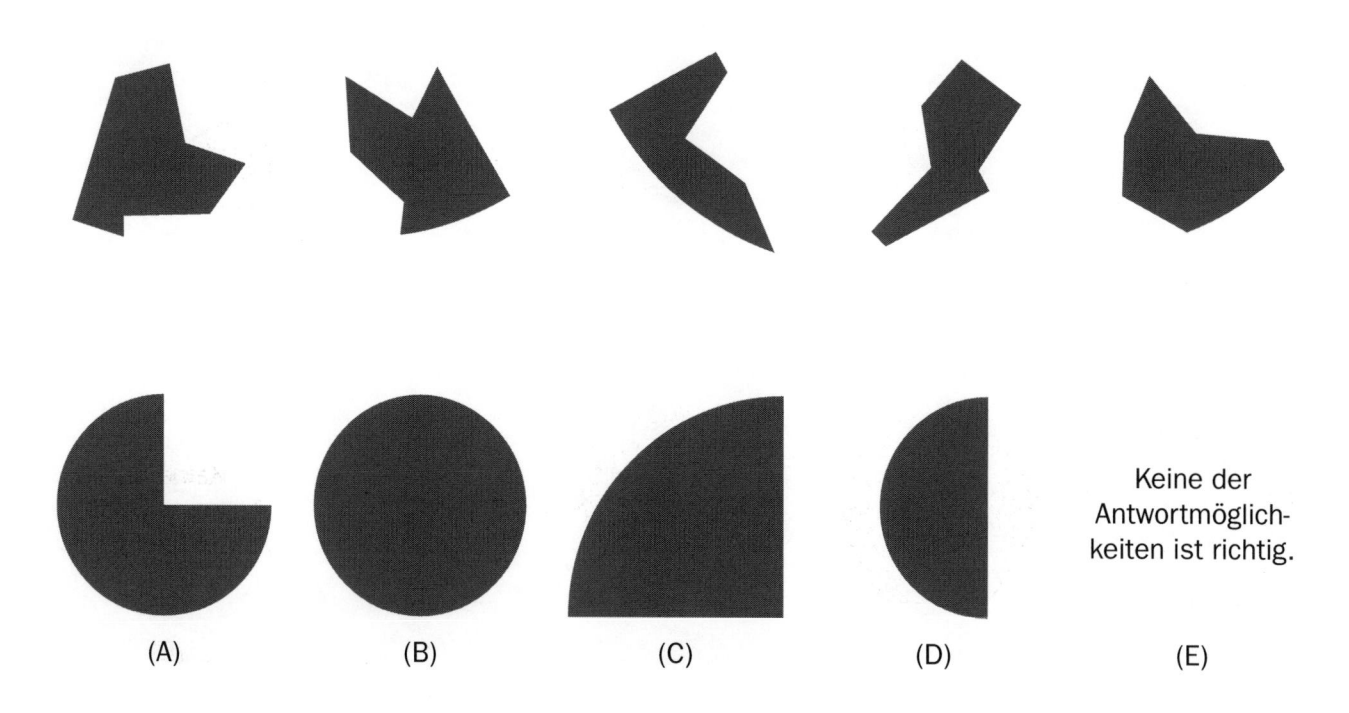

(A) (B) (C) (D) (E) Keine der Antwortmöglichkeiten ist richtig.

2 Welche Figur lässt sich aus den folgenden Einzelteilen zusammensetzen?

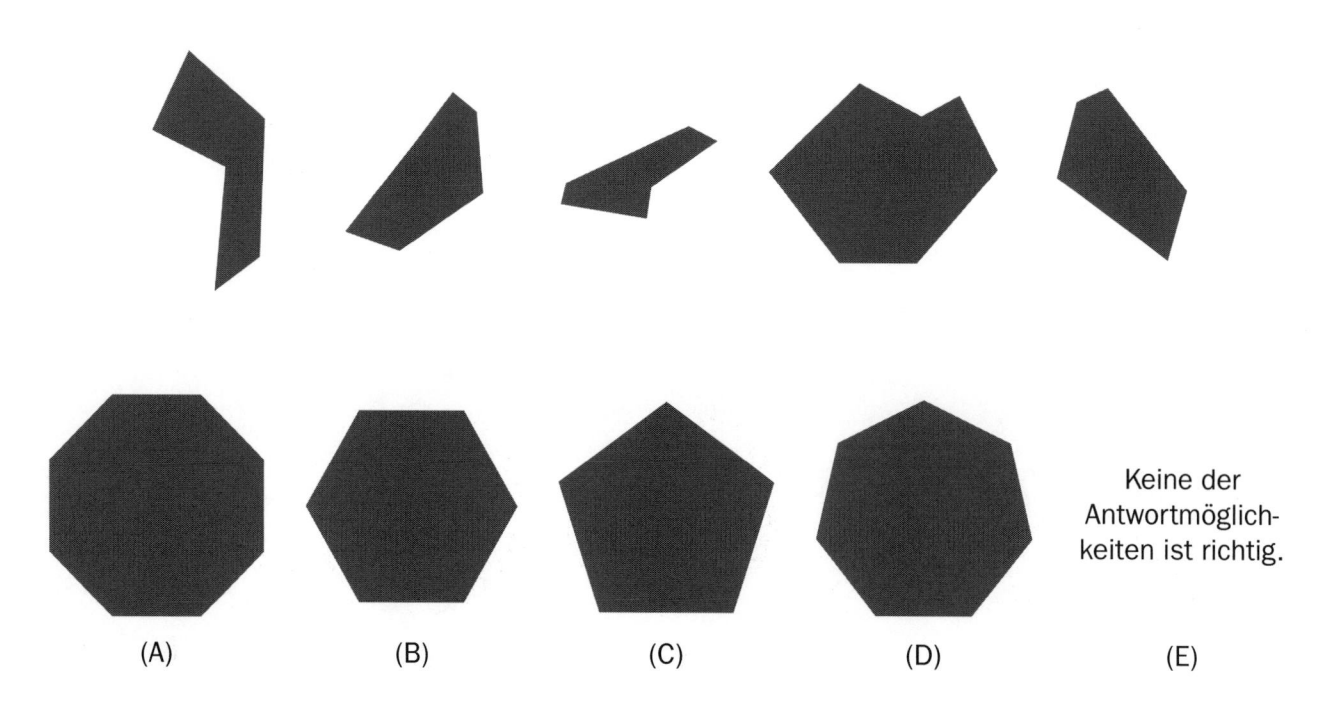

(A) (B) (C) (D) (E) Keine der Antwortmöglichkeiten ist richtig.

3   Welche Figur lässt sich aus den folgenden Einzelteilen zusammensetzen?

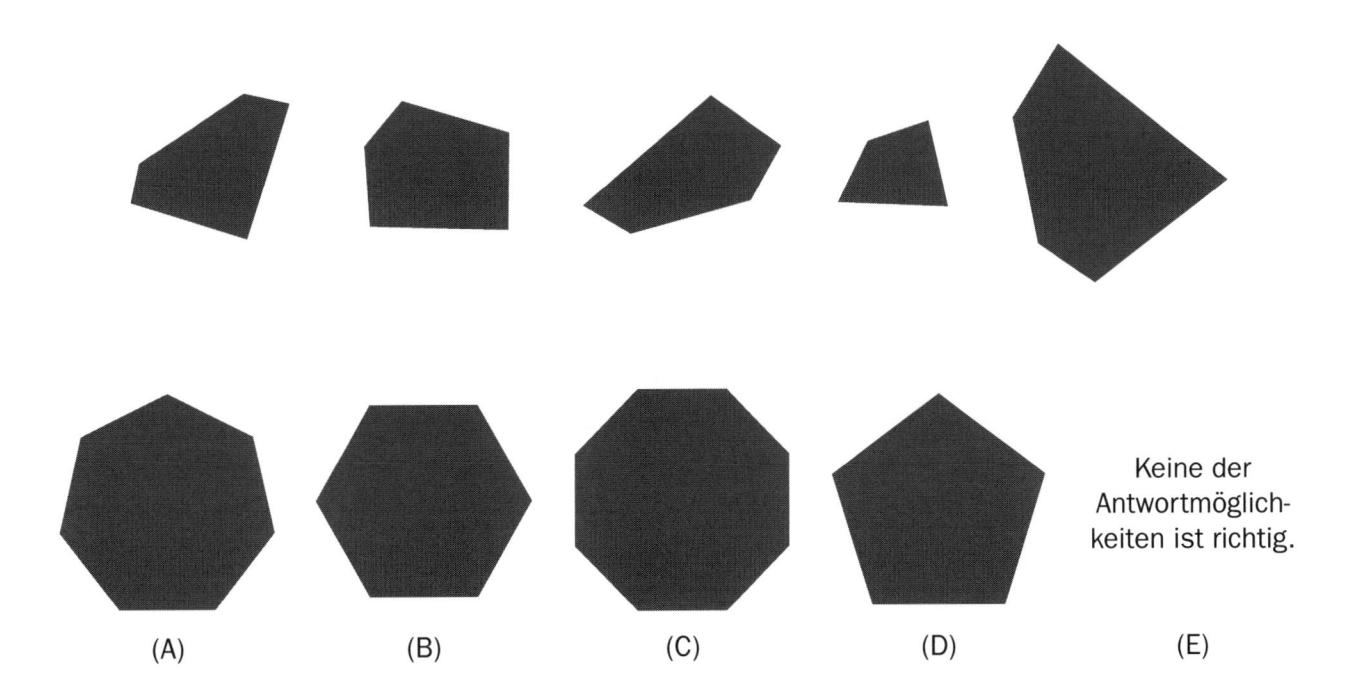

(A)   (B)   (C)   (D)   Keine der Antwortmöglichkeiten ist richtig.

(E)

4   Welche Figur lässt sich aus den folgenden Einzelteilen zusammensetzen?

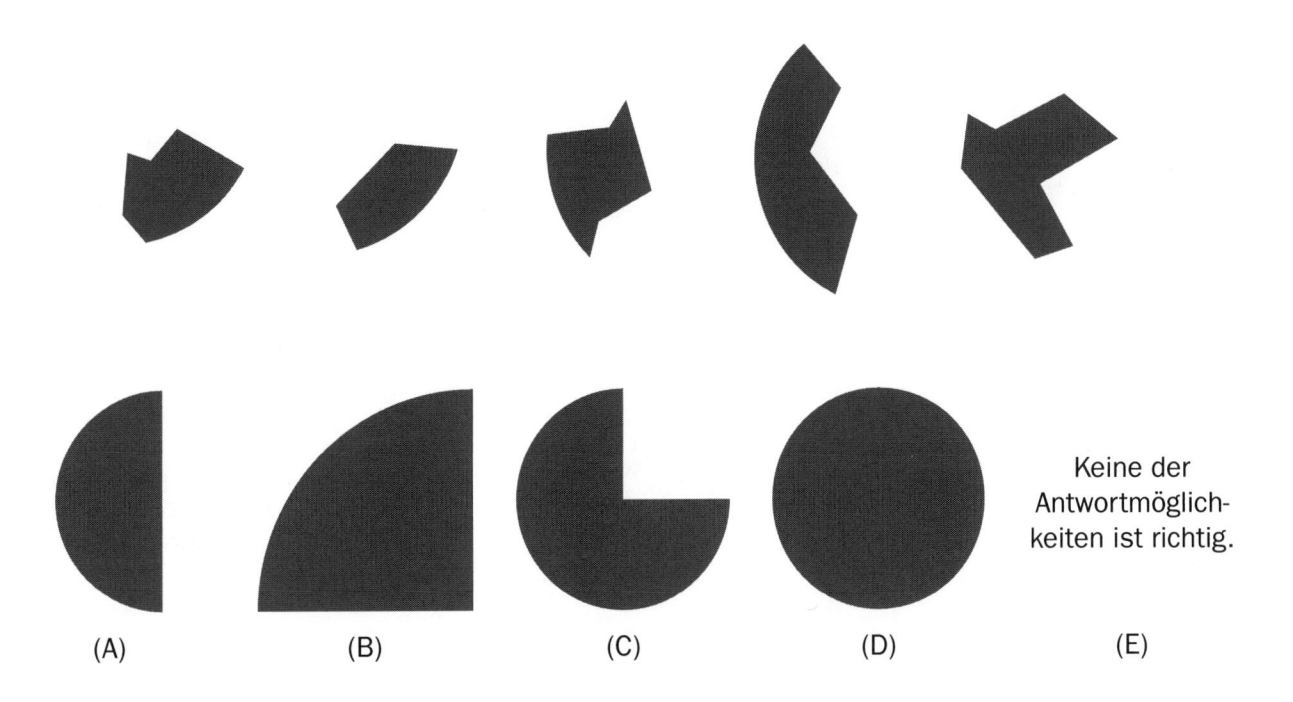

(A)   (B)   (C)   (D)   Keine der Antwortmöglichkeiten ist richtig.

(E)

Figuren zusammensetzen | Testset 13

5 Welche Figur lässt sich aus den folgenden Einzelteilen zusammensetzen?

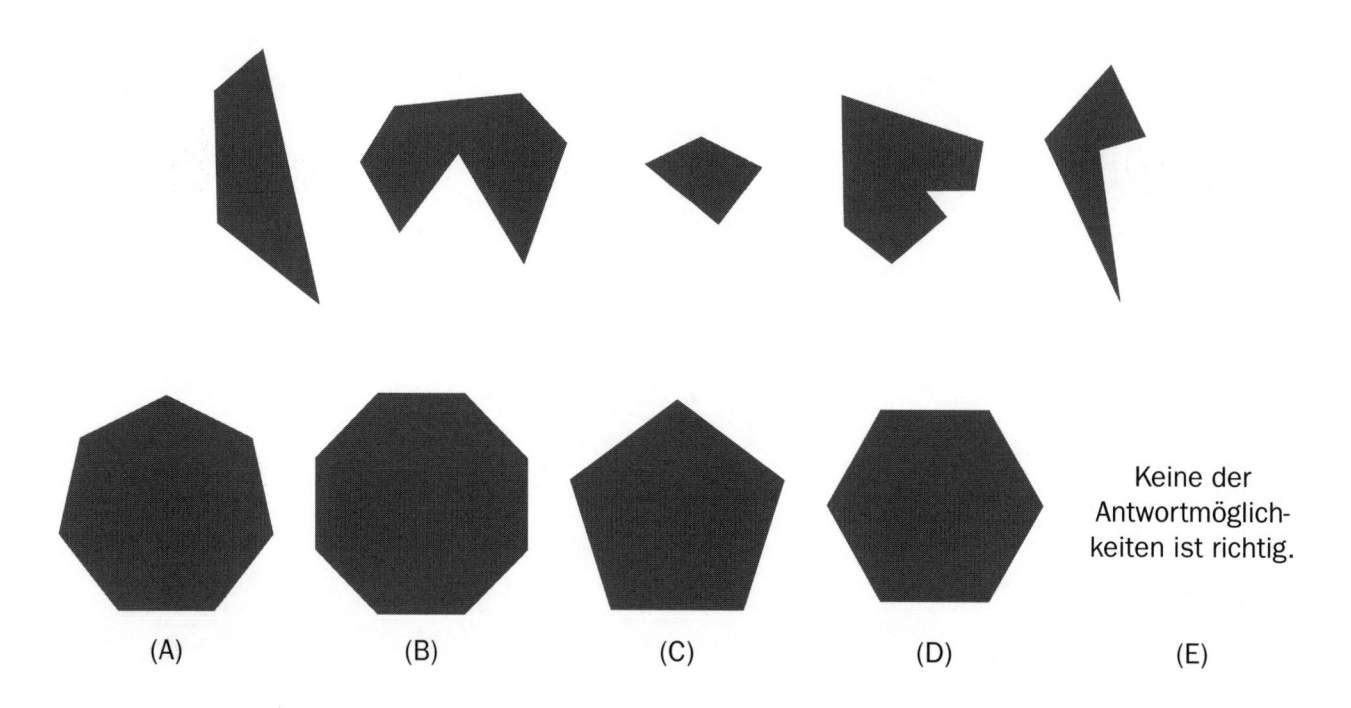

(A) (B) (C) (D) Keine der Antwortmöglichkeiten ist richtig. (E)

6 Welche Figur lässt sich aus den folgenden Einzelteilen zusammensetzen?

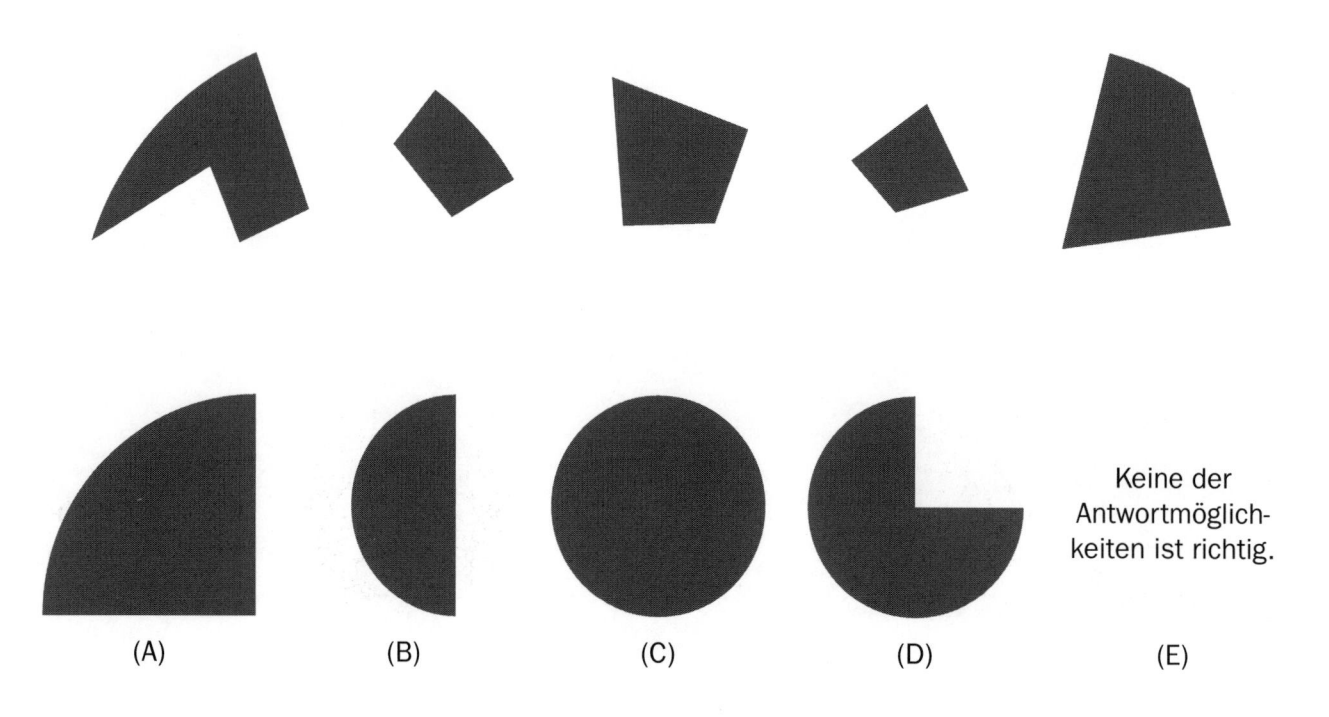

(A) (B) (C) (D) Keine der Antwortmöglichkeiten ist richtig. (E)

7   Welche Figur lässt sich aus den folgenden Einzelteilen zusammensetzen?

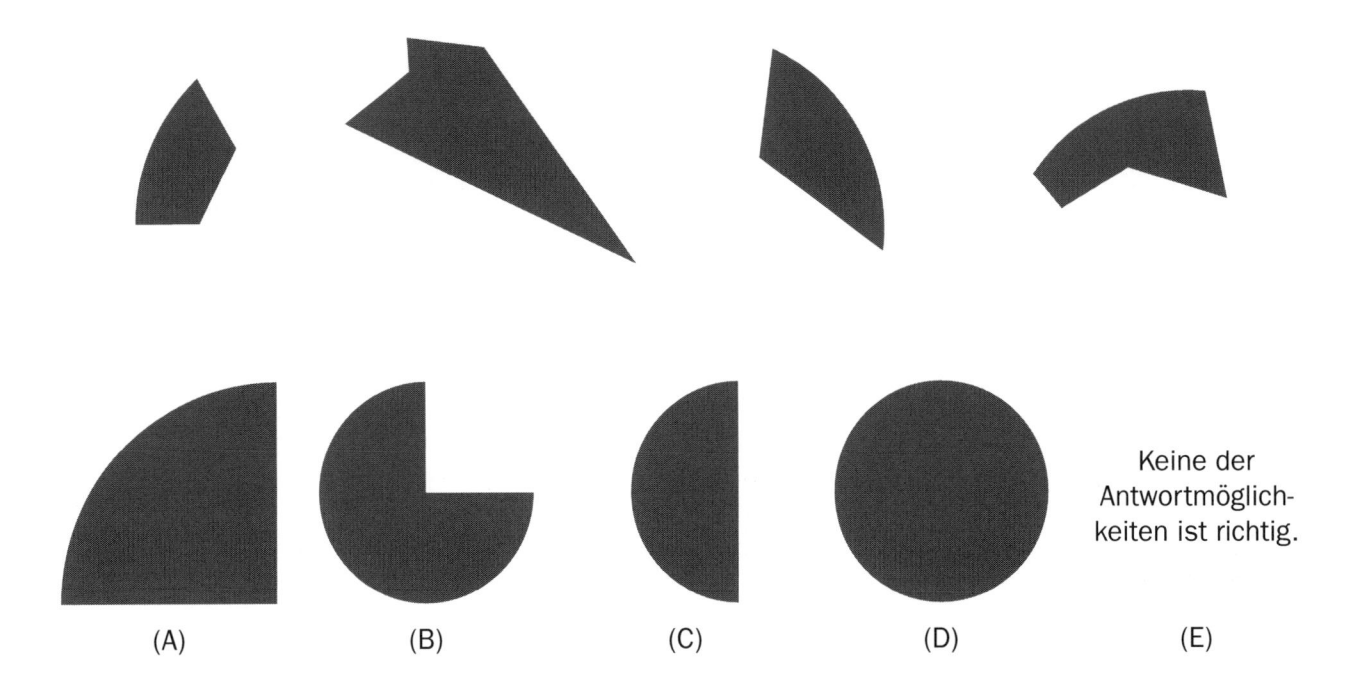

(A)   (B)   (C)   (D)   (E) Keine der Antwortmöglichkeiten ist richtig.

8   Welche Figur lässt sich aus den folgenden Einzelteilen zusammensetzen?

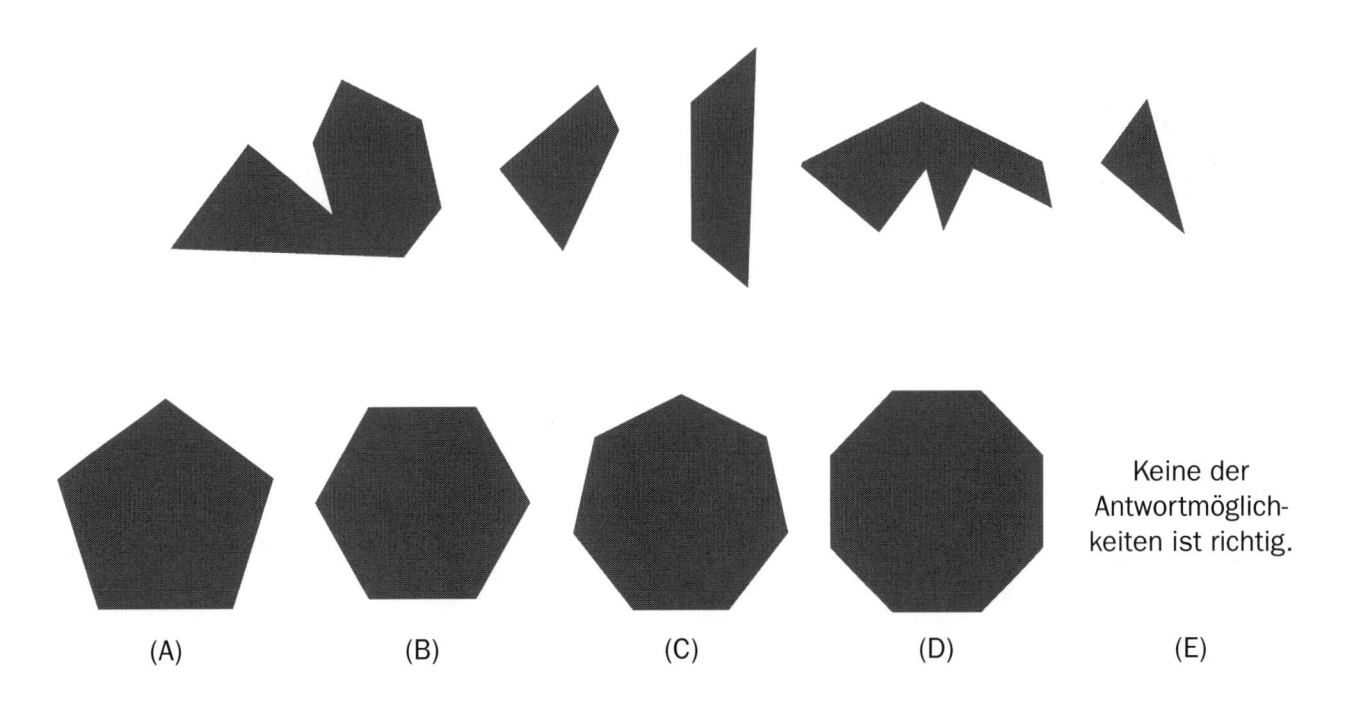

(A)   (B)   (C)   (D)   (E) Keine der Antwortmöglichkeiten ist richtig.

Figuren zusammensetzen | Testset 13

9 Welche Figur lässt sich aus den folgenden Einzelteilen zusammensetzen?

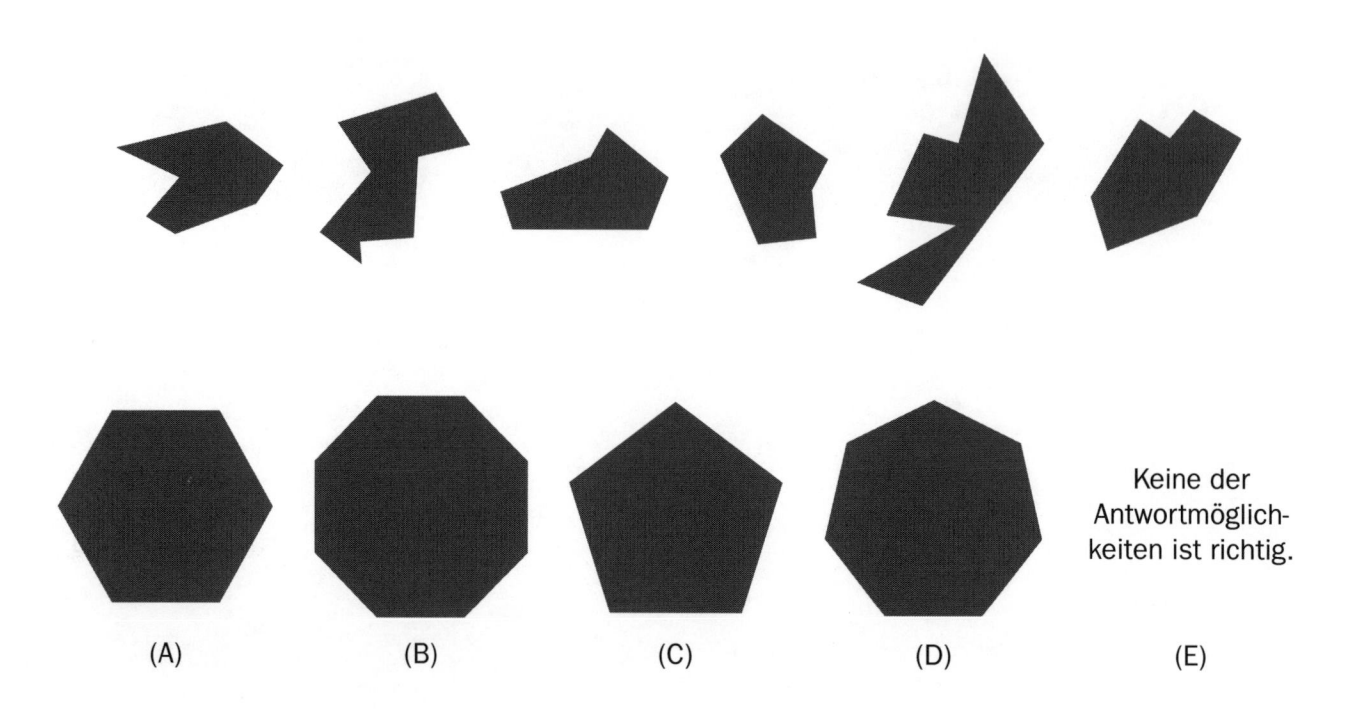

(A)   (B)   (C)   (D)   Keine der Antwortmöglichkeiten ist richtig. (E)

10 Welche Figur lässt sich aus den folgenden Einzelteilen zusammensetzen?

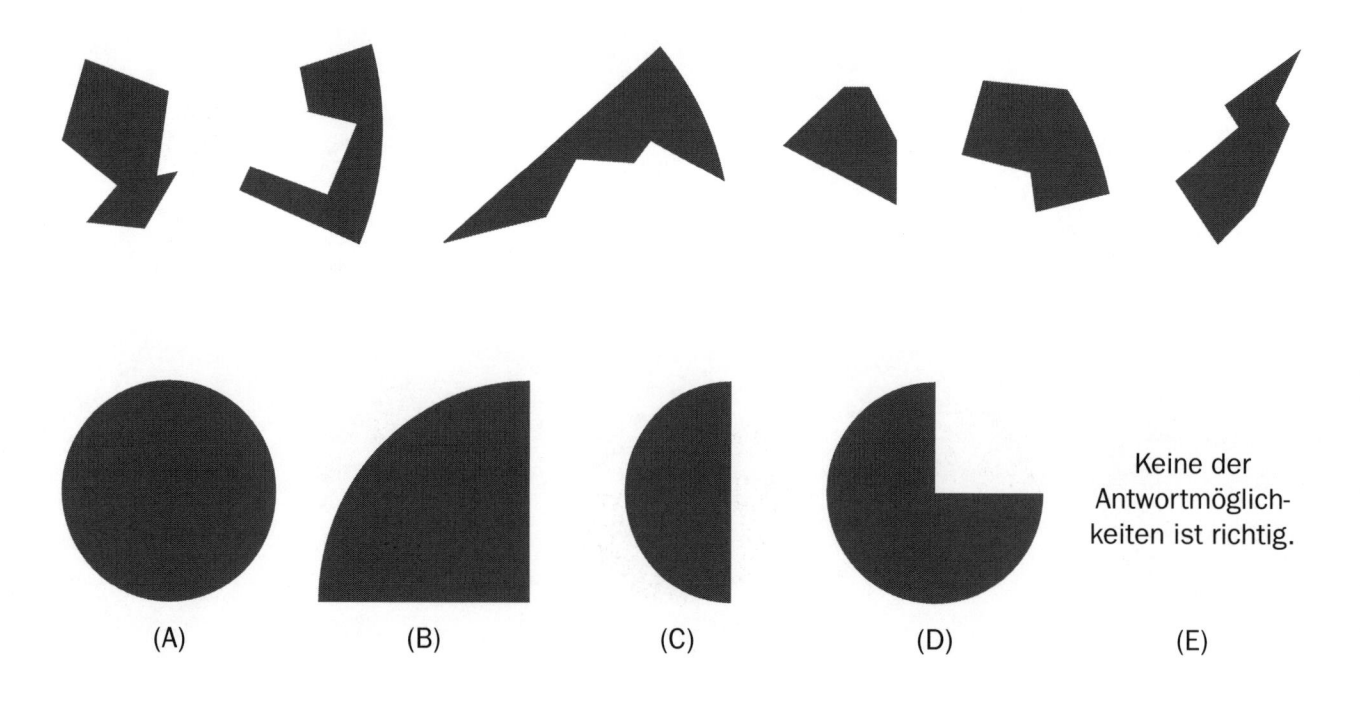

(A)   (B)   (C)   (D)   Keine der Antwortmöglichkeiten ist richtig. (E)

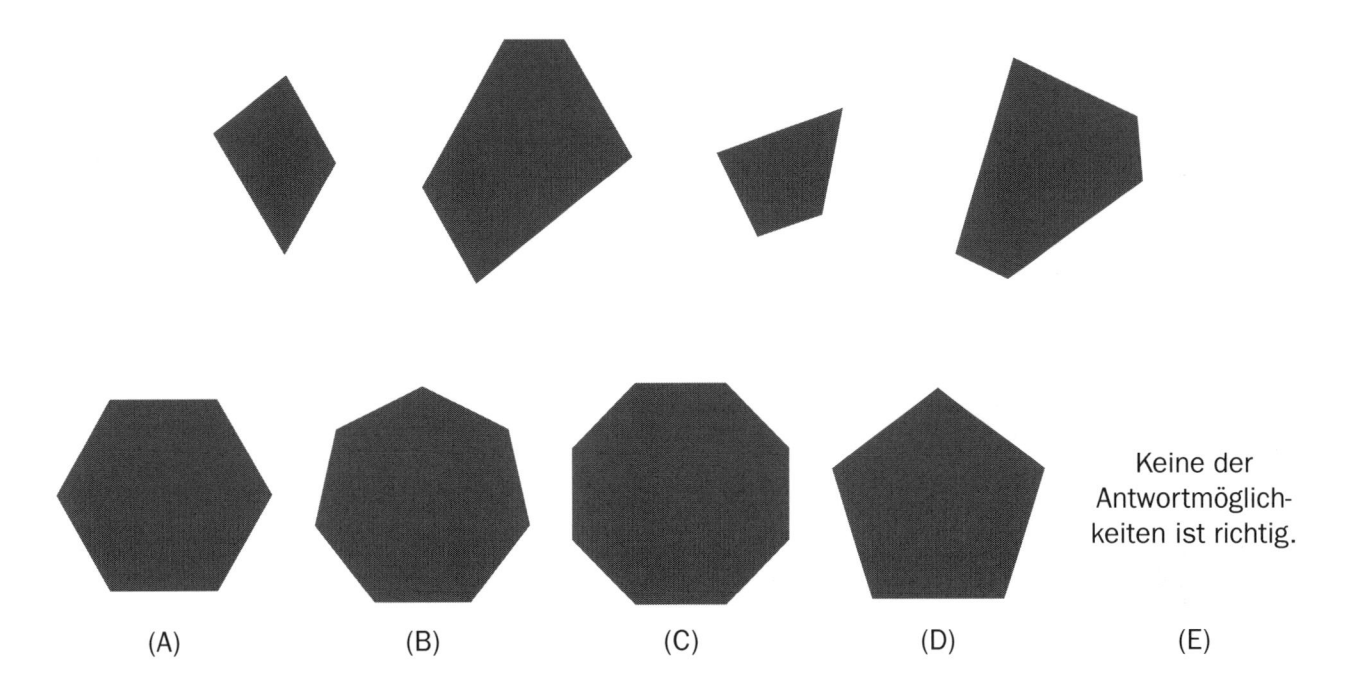

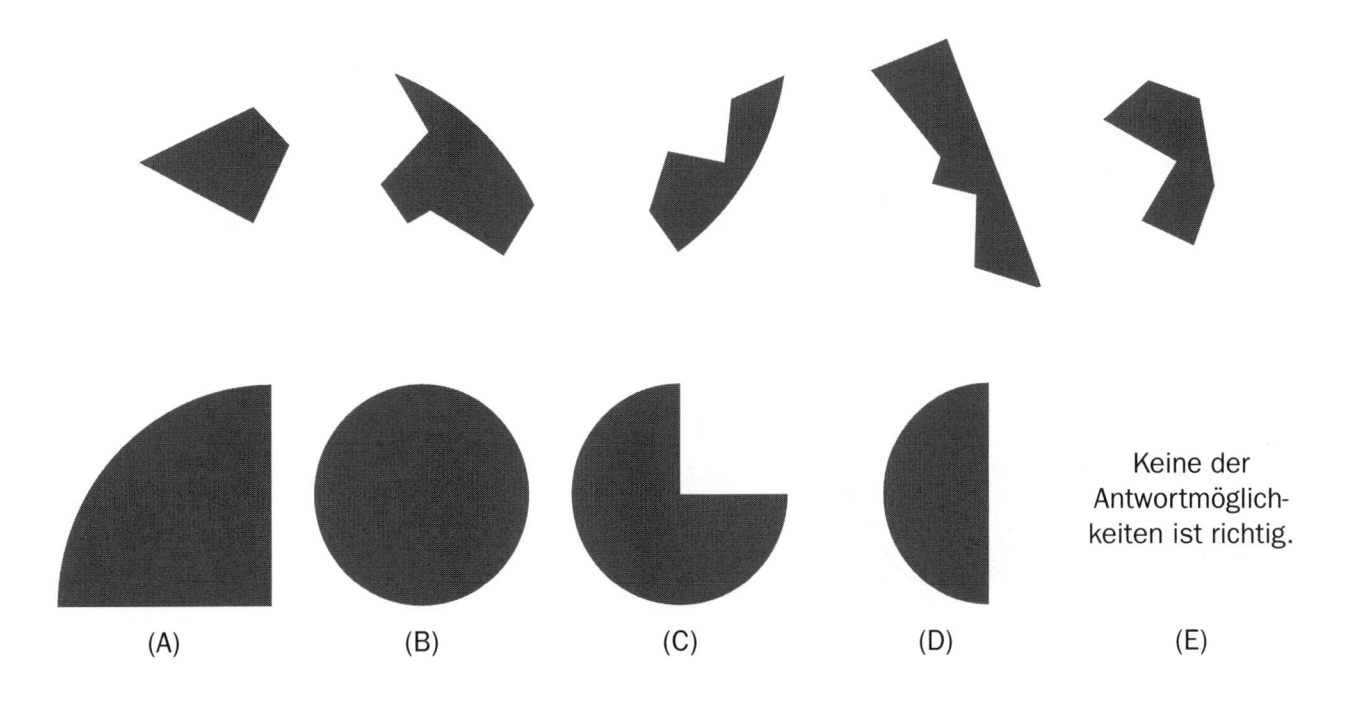

11 Welche Figur lässt sich aus den folgenden Einzelteilen zusammensetzen?

(A) (B) (C) (D) (E) Keine der Antwortmöglichkeiten ist richtig.

12 Welche Figur lässt sich aus den folgenden Einzelteilen zusammensetzen?

(A) (B) (C) (D) (E) Keine der Antwortmöglichkeiten ist richtig.

Figuren zusammensetzen | Testset 13

13 Welche Figur lässt sich aus den folgenden Einzelteilen zusammensetzen?

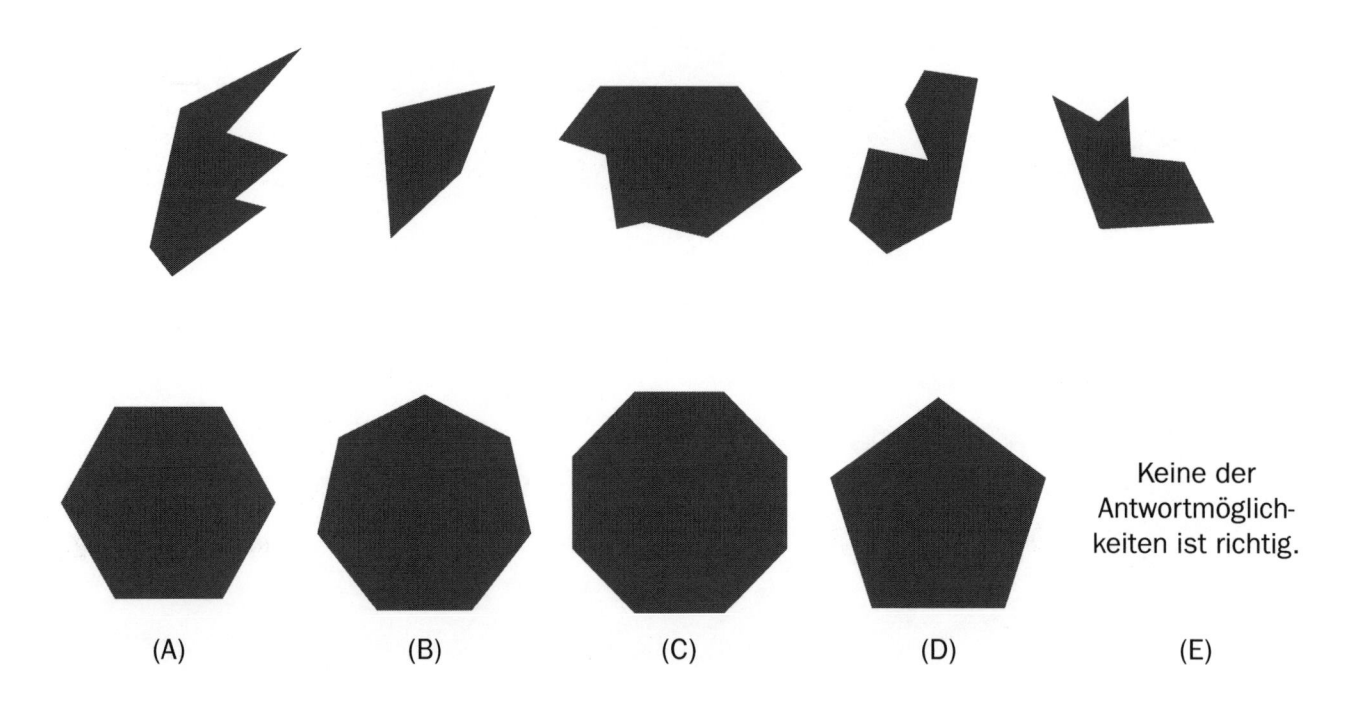

(A) (B) (C) (D) (E) Keine der Antwortmöglichkeiten ist richtig.

14 Welche Figur lässt sich aus den folgenden Einzelteilen zusammensetzen?

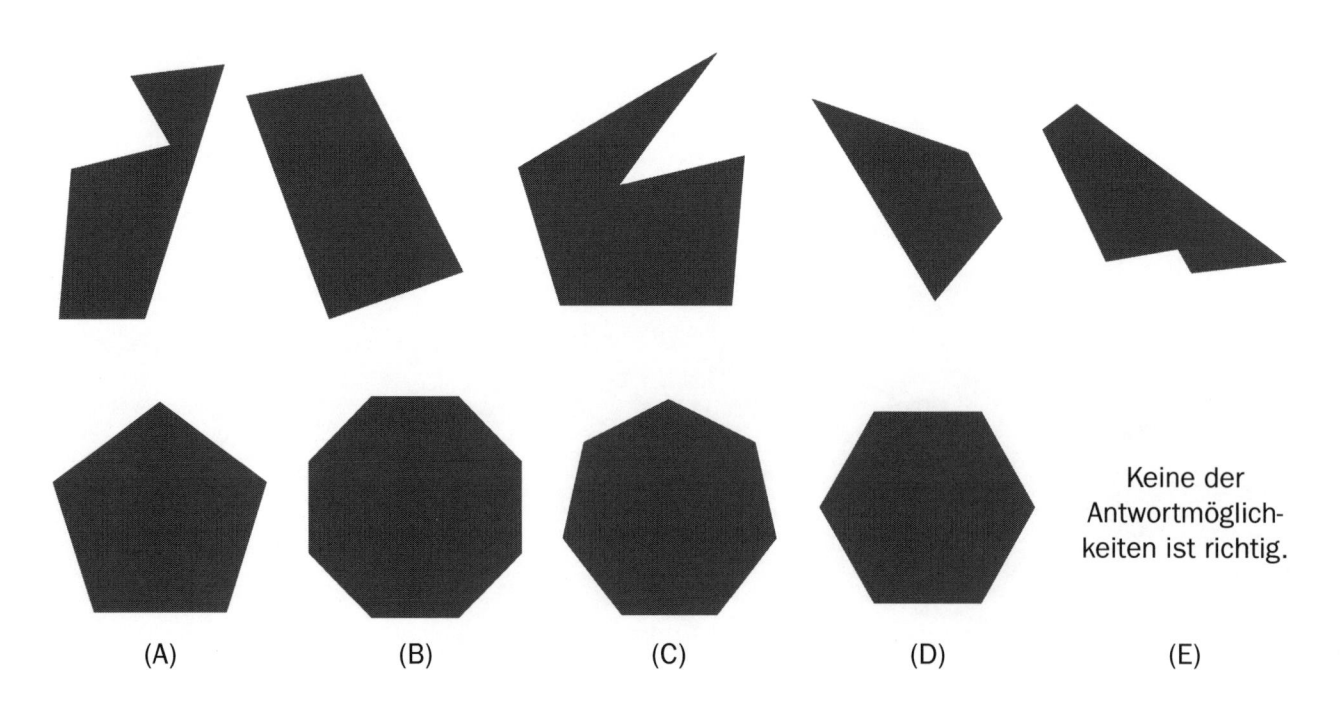

(A) (B) (C) (D) (E) Keine der Antwortmöglichkeiten ist richtig.

15   Welche Figur lässt sich aus den folgenden Einzelteilen zusammensetzen?

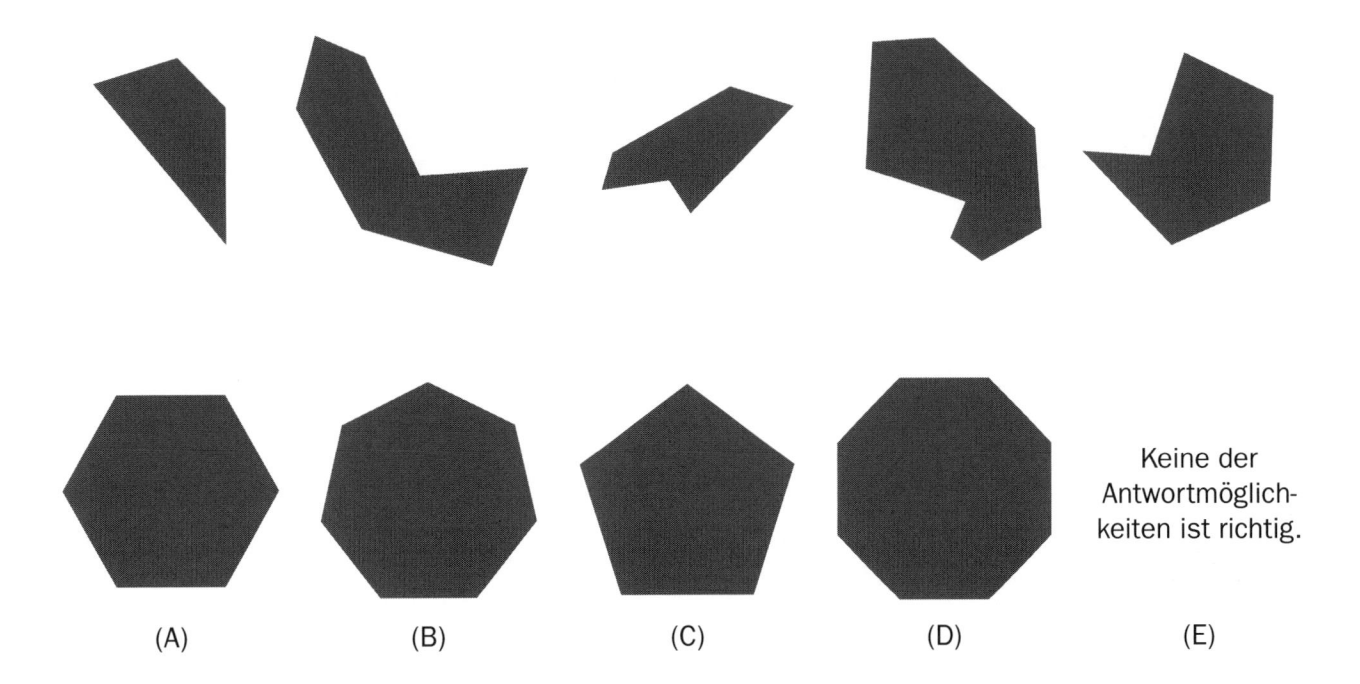

(A)   (B)   (C)   (D)   (E) Keine der Antwortmöglichkeiten ist richtig.

Figuren zusammensetzen | Testset 14

Testset 14
Anzahl der Aufgaben: 15, Bearbeitungszeit: 20 Minuten

1   Welche Figur lässt sich aus den folgenden Einzelteilen zusammensetzen?

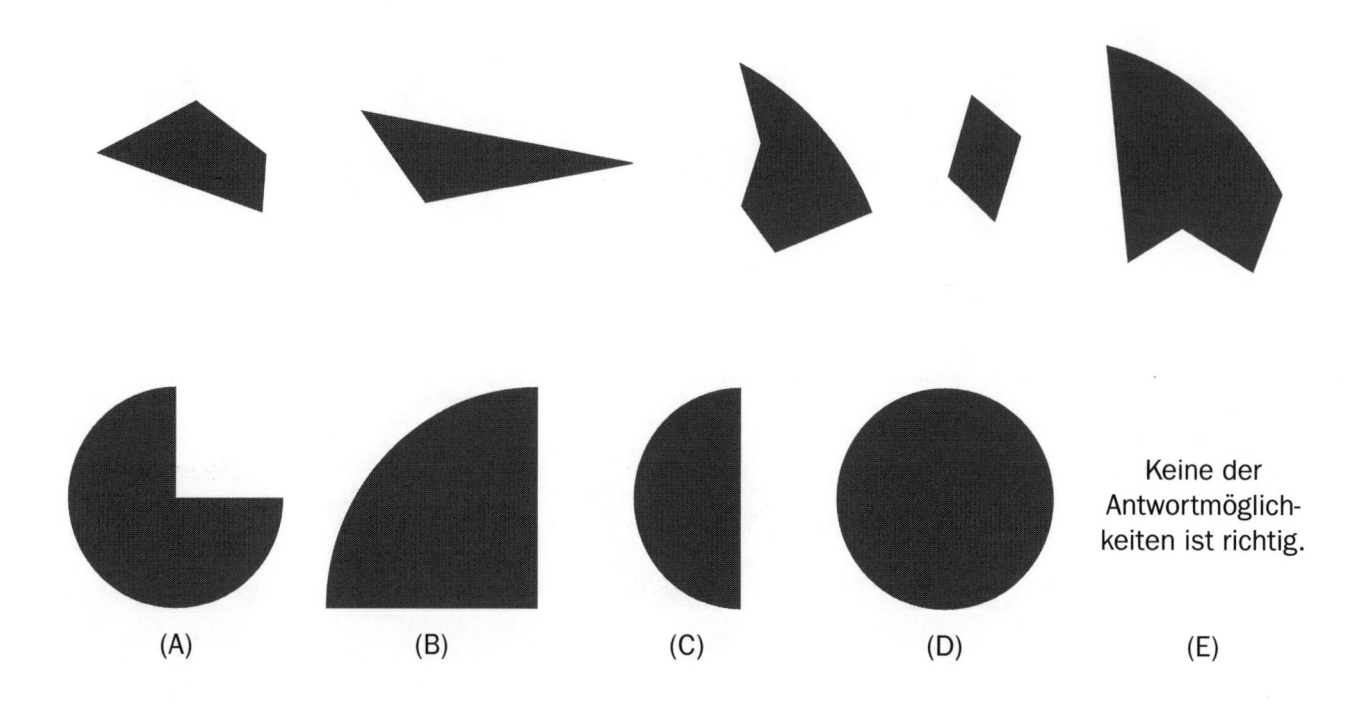

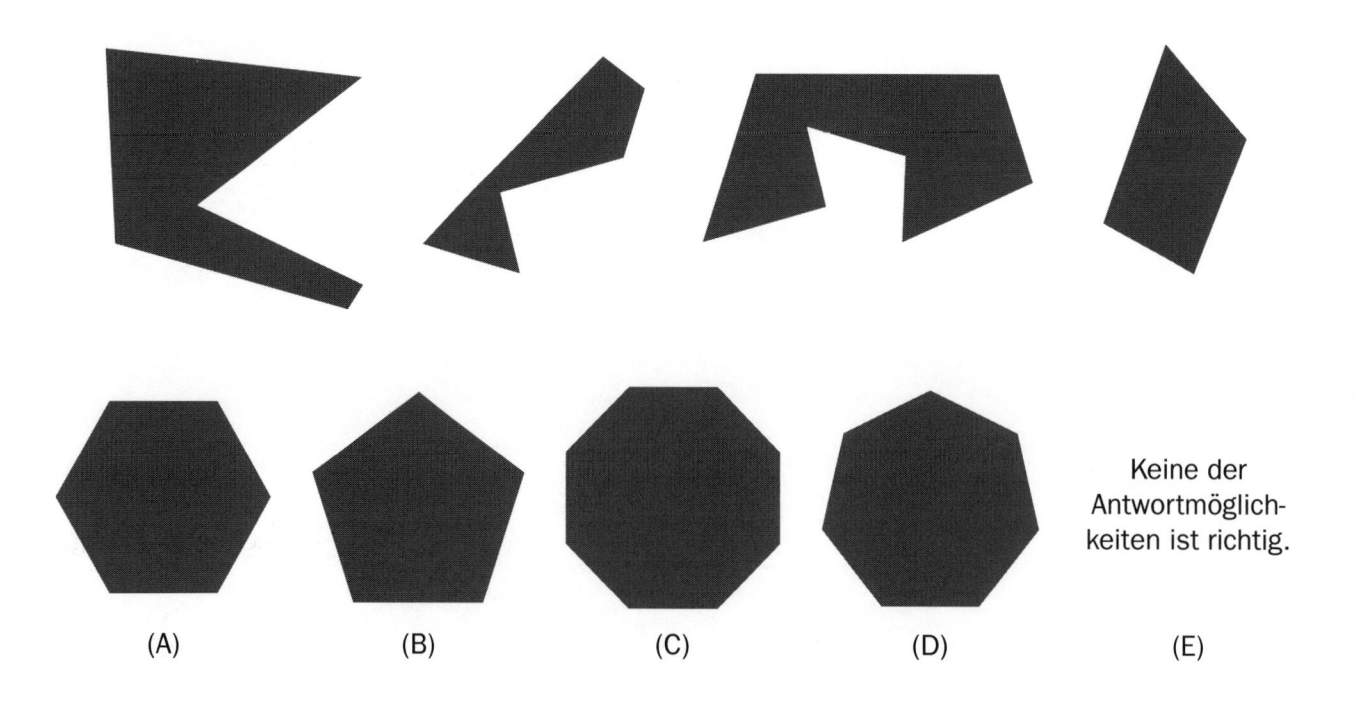

(A)   (B)   (C)   (D)   (E) Keine der Antwortmöglichkeiten ist richtig.

2   Welche Figur lässt sich aus den folgenden Einzelteilen zusammensetzen?

(A)   (B)   (C)   (D)   (E) Keine der Antwortmöglichkeiten ist richtig.

3   Welche Figur lässt sich aus den folgenden Einzelteilen zusammensetzen?

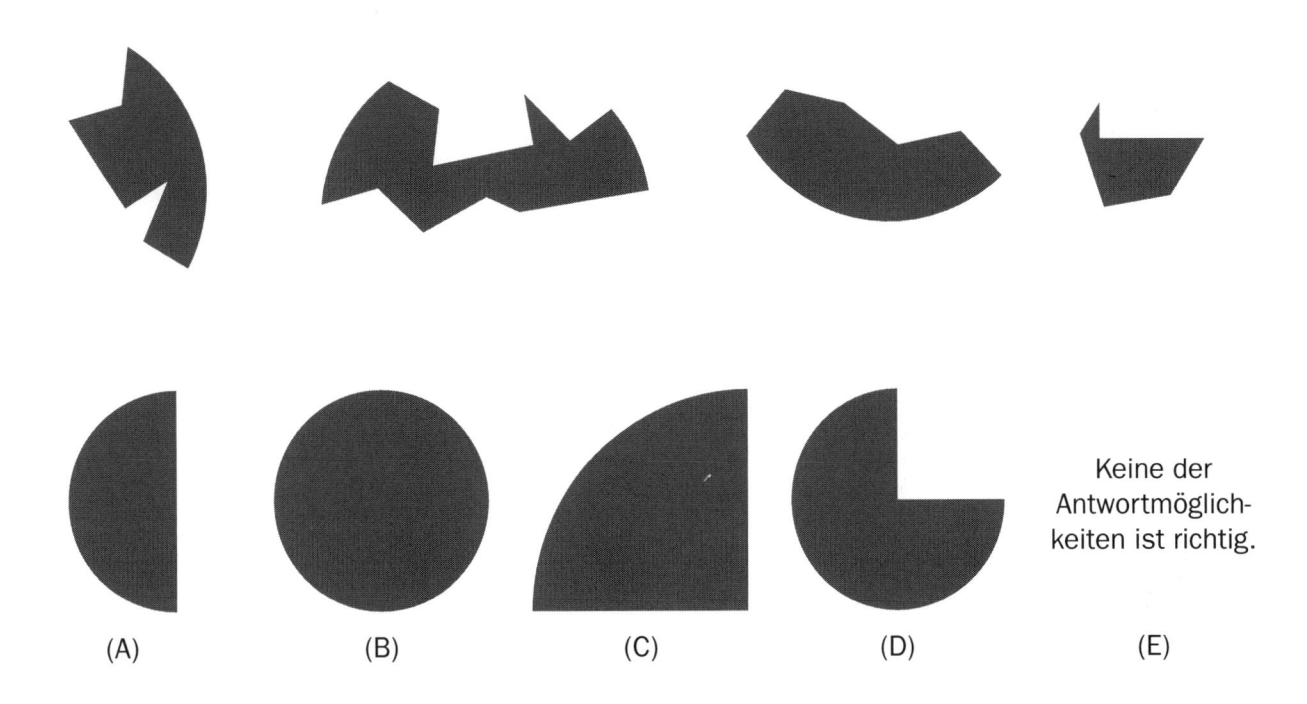

(A)   (B)   (C)   (D)   (E) Keine der Antwortmöglichkeiten ist richtig.

4   Welche Figur lässt sich aus den folgenden Einzelteilen zusammensetzen?

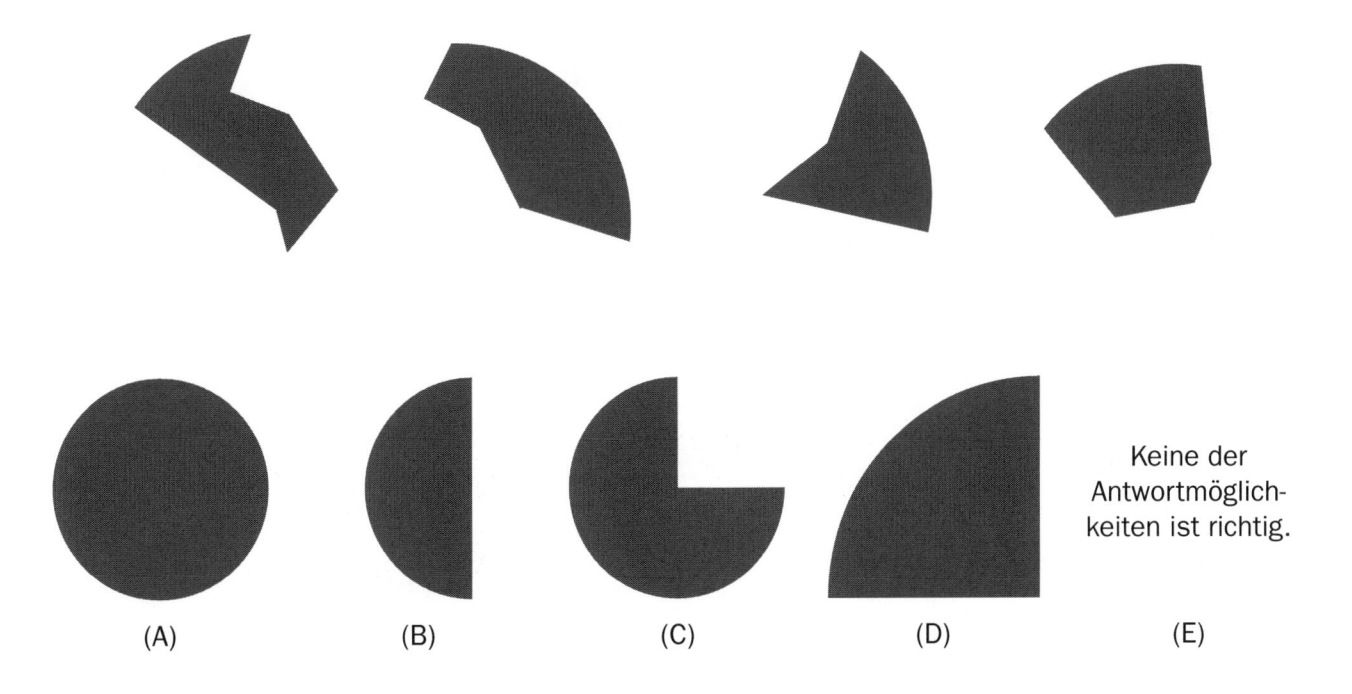

(A)   (B)   (C)   (D)   (E) Keine der Antwortmöglichkeiten ist richtig.

5   Welche Figur lässt sich aus den folgenden Einzelteilen zusammensetzen?

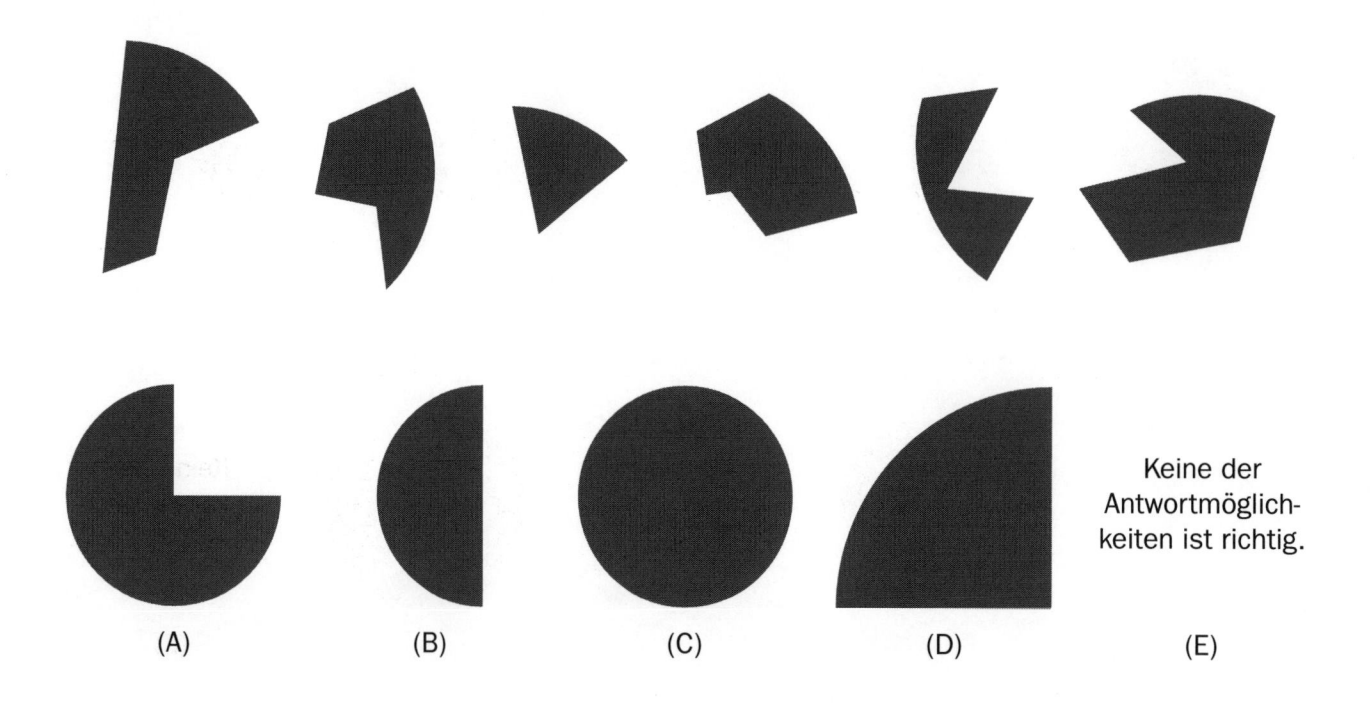

(A)   (B)   (C)   (D)   (E) Keine der Antwortmöglichkeiten ist richtig.

6   Welche Figur lässt sich aus den folgenden Einzelteilen zusammensetzen?

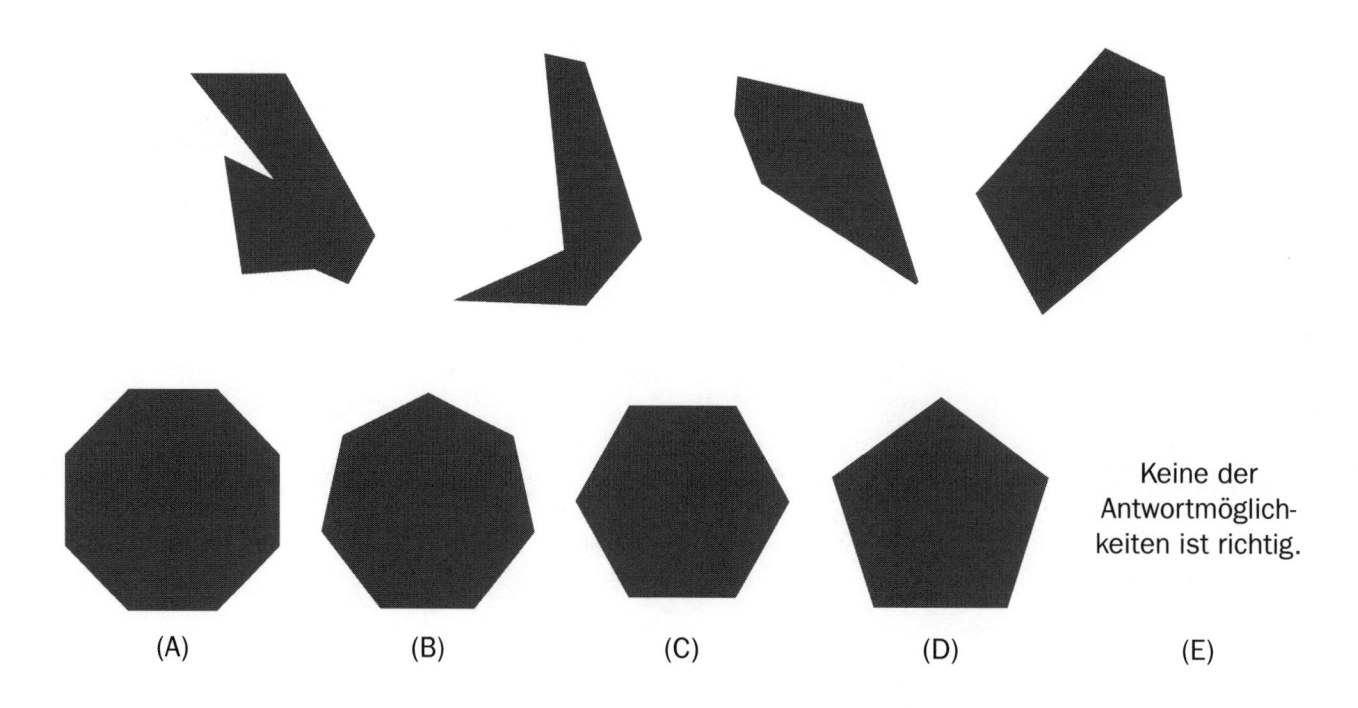

(A)   (B)   (C)   (D)   (E) Keine der Antwortmöglichkeiten ist richtig.

Figuren zusammensetzen | Testset 14

7   Welche Figur lässt sich aus den folgenden Einzelteilen zusammensetzen?

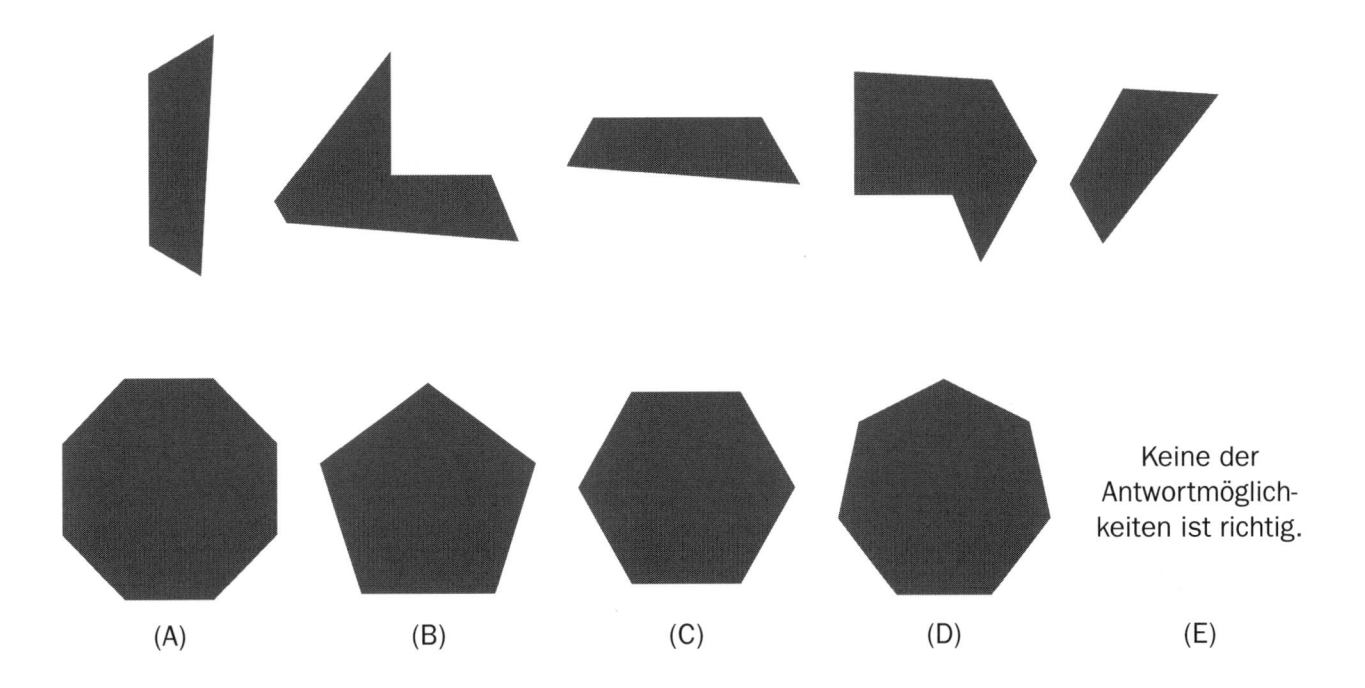

(A)   (B)   (C)   (D)   (E) Keine der Antwortmöglichkeiten ist richtig.

8   Welche Figur lässt sich aus den folgenden Einzelteilen zusammensetzen?

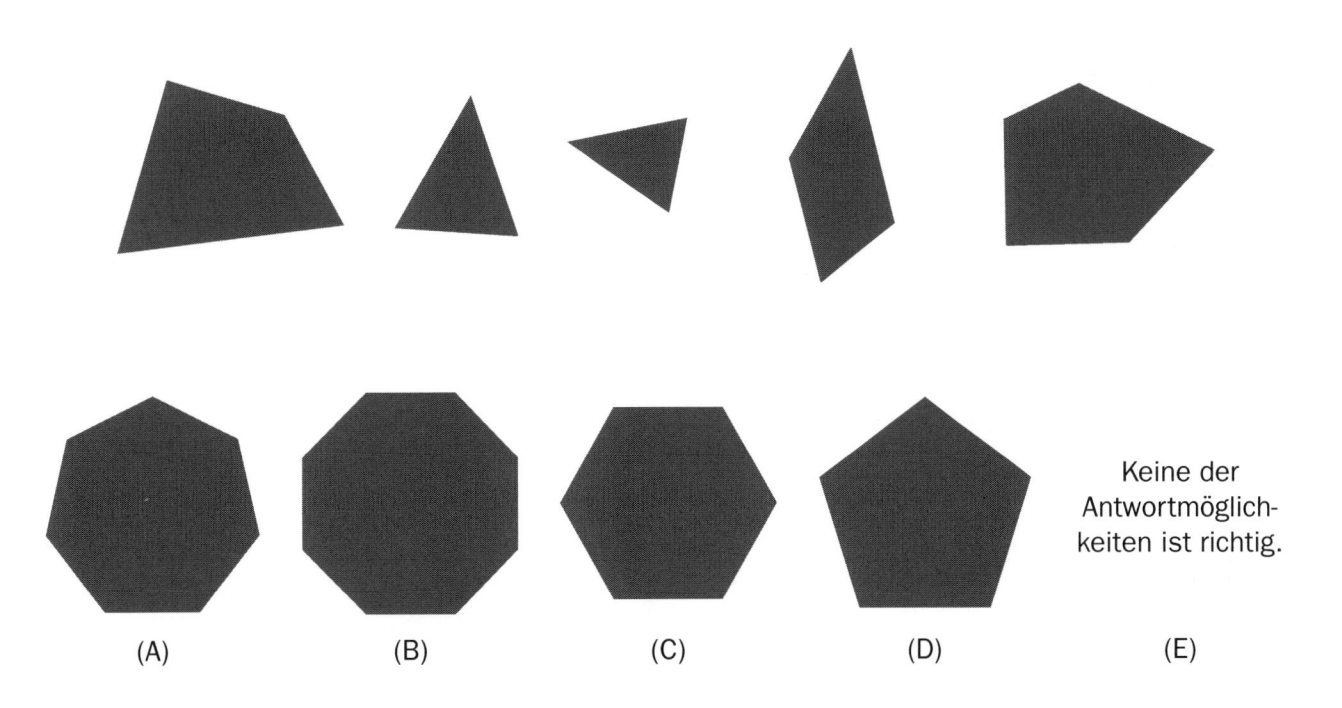

(A)   (B)   (C)   (D)   (E) Keine der Antwortmöglichkeiten ist richtig.

9   Welche Figur lässt sich aus den folgenden Einzelteilen zusammensetzen?

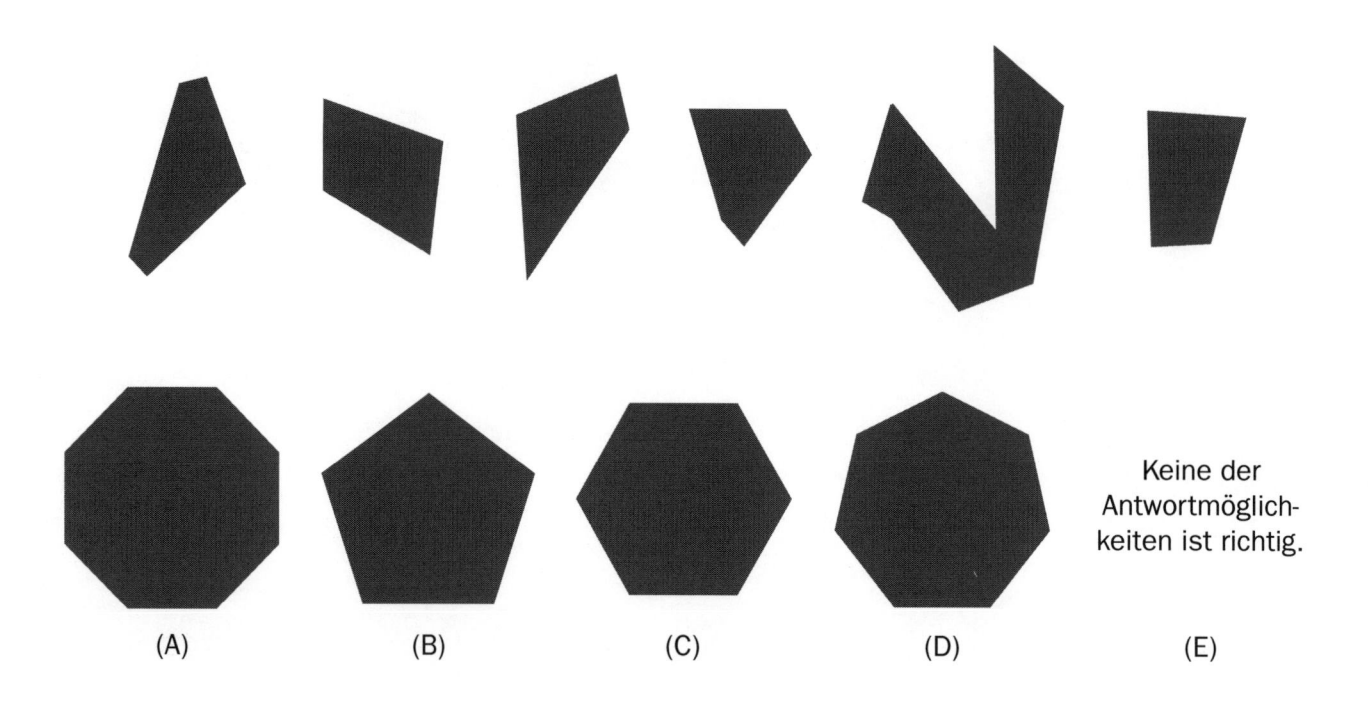

(A)   (B)   (C)   (D)   (E) Keine der Antwortmöglichkeiten ist richtig.

10   Welche Figur lässt sich aus den folgenden Einzelteilen zusammensetzen?

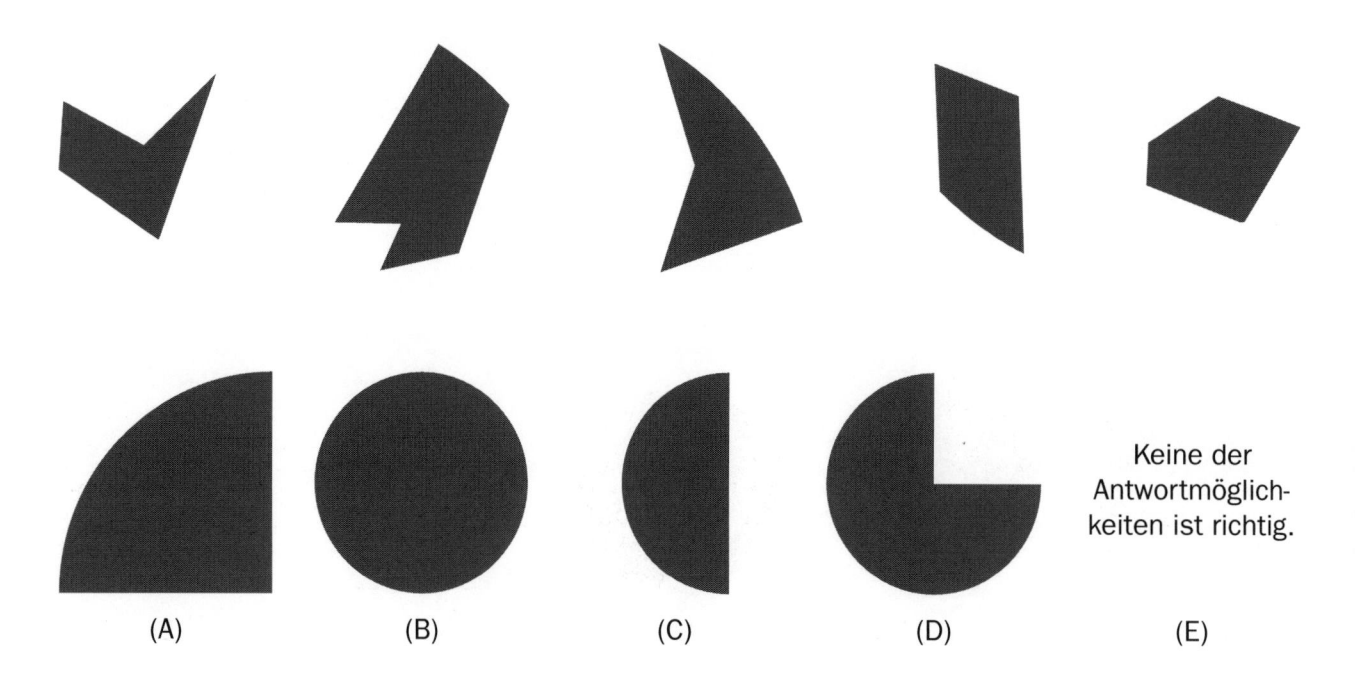

(A)   (B)   (C)   (D)   (E) Keine der Antwortmöglichkeiten ist richtig.

11 Welche Figur lässt sich aus den folgenden Einzelteilen zusammensetzen?

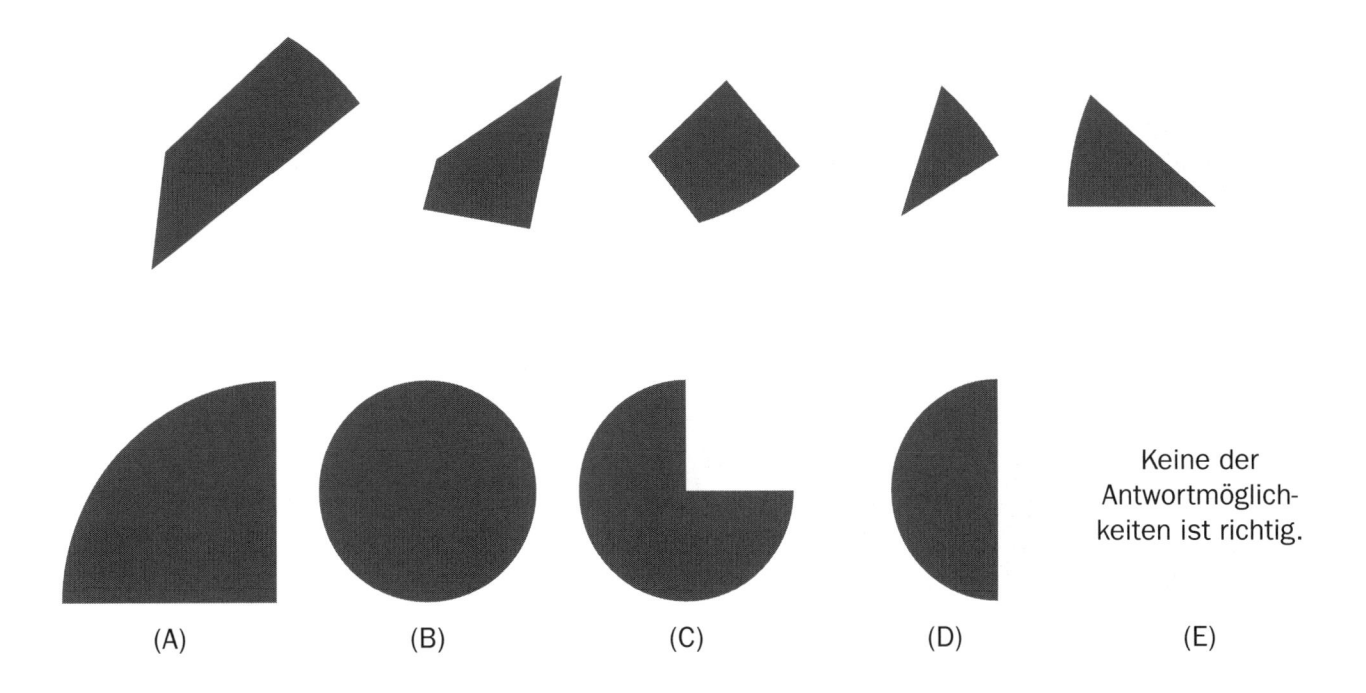

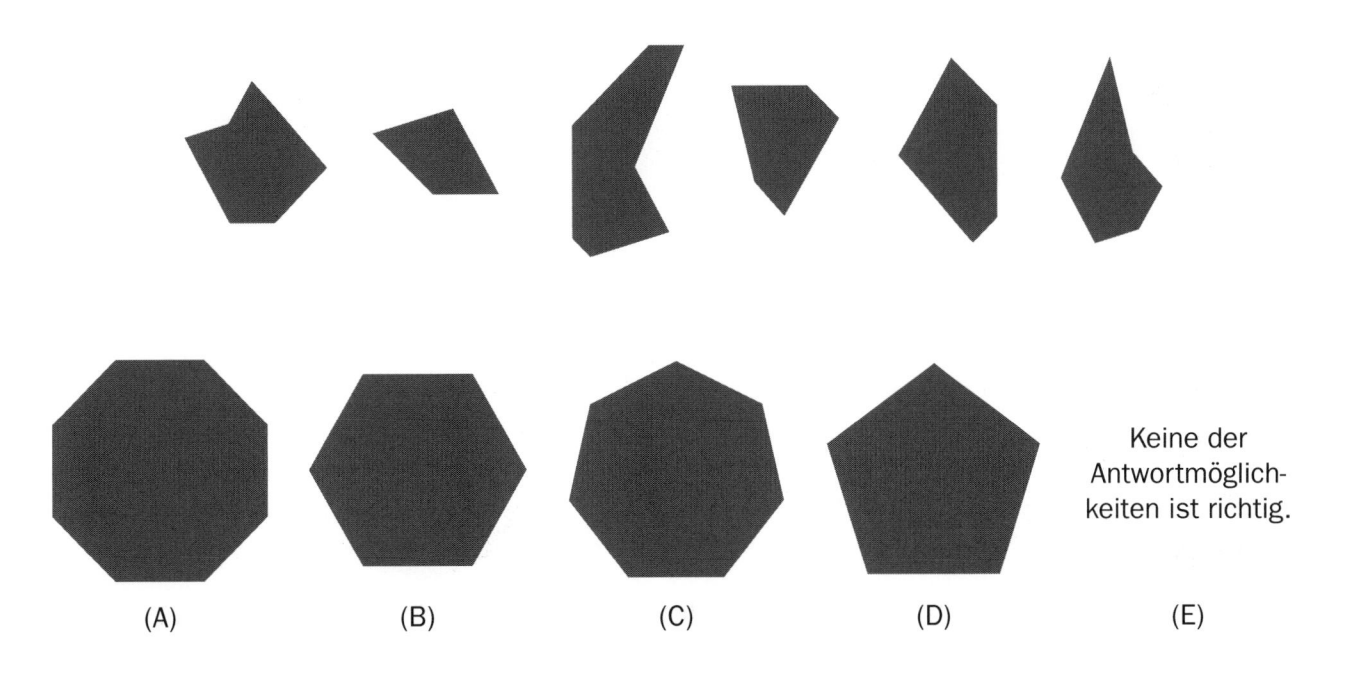

(A) (B) (C) (D) (E) Keine der Antwortmöglichkeiten ist richtig.

12 Welche Figur lässt sich aus den folgenden Einzelteilen zusammensetzen?

(A) (B) (C) (D) (E) Keine der Antwortmöglichkeiten ist richtig.

Figuren zusammensetzen | Testset 14

13   Welche Figur lässt sich aus den folgenden Einzelteilen zusammensetzen?

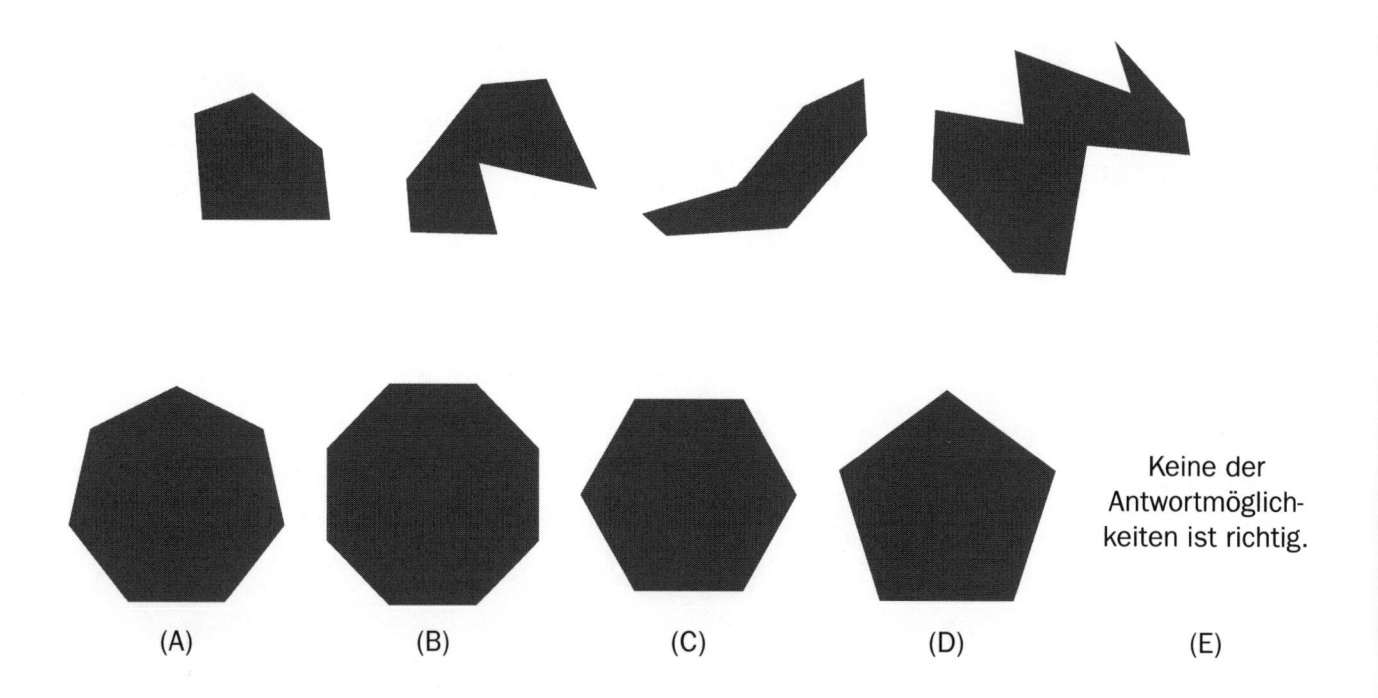

(A)   (B)   (C)   (D)   (E) Keine der Antwortmöglichkeiten ist richtig.

14   Welche Figur lässt sich aus den folgenden Einzelteilen zusammensetzen?

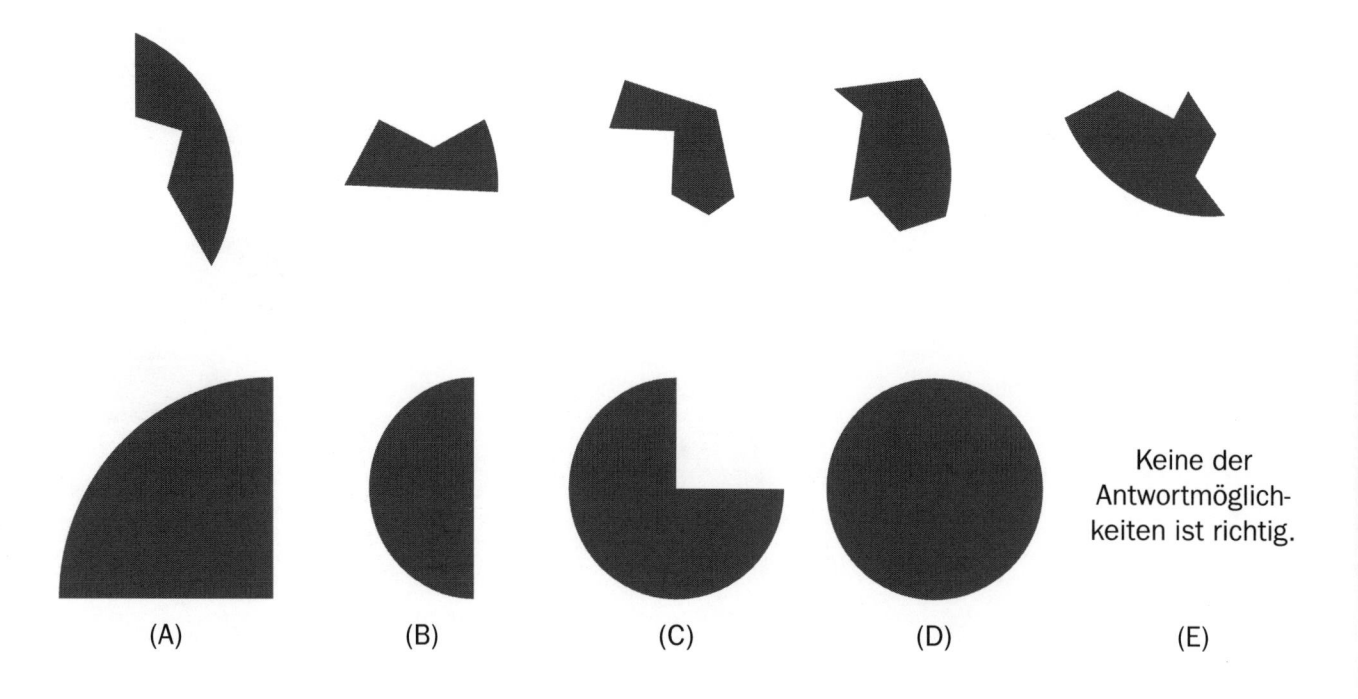

(A)   (B)   (C)   (D)   (E) Keine der Antwortmöglichkeiten ist richtig.

15   Welche Figur lässt sich aus den folgenden Einzelteilen zusammensetzen?

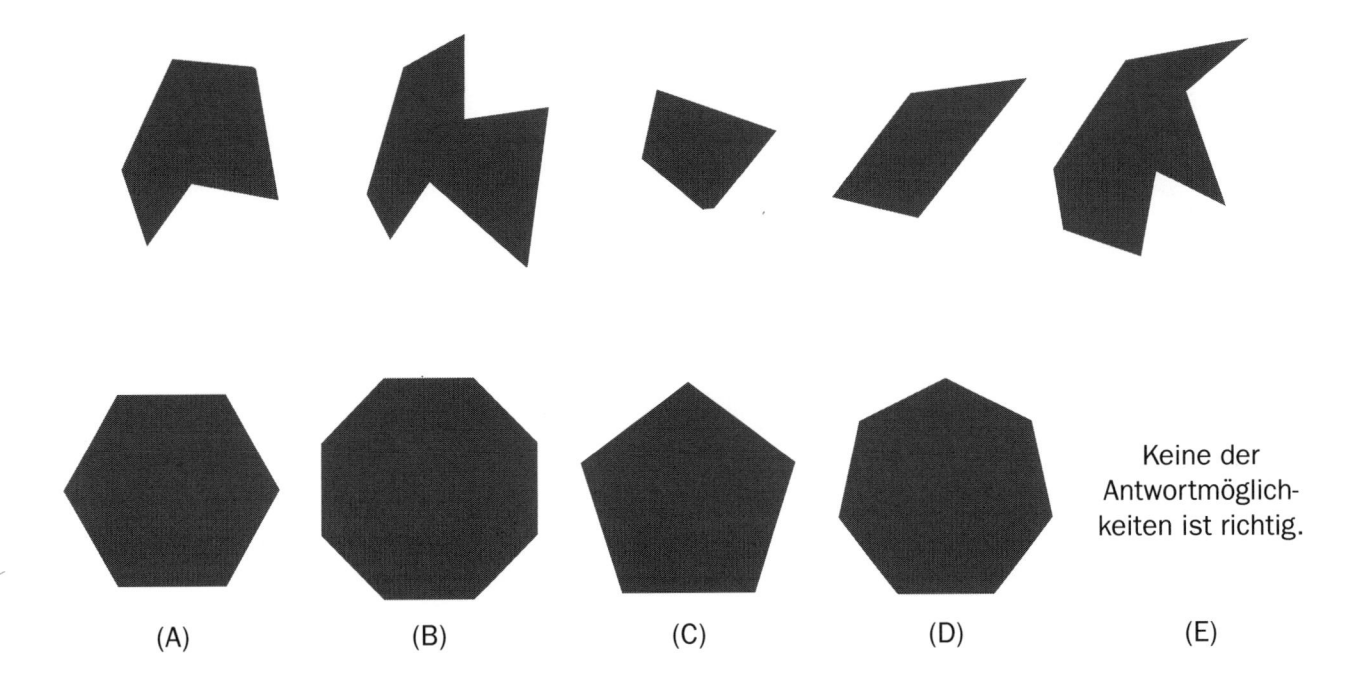

(A)   (B)   (C)   (D)   (E) Keine der Antwortmöglichkeiten ist richtig.

Figuren zusammensetzen | Testset 15

Testset 15
Anzahl der Aufgaben: 15, Bearbeitungszeit: 20 Minuten

1   Welche Figur lässt sich aus den folgenden Einzelteilen zusammensetzen?

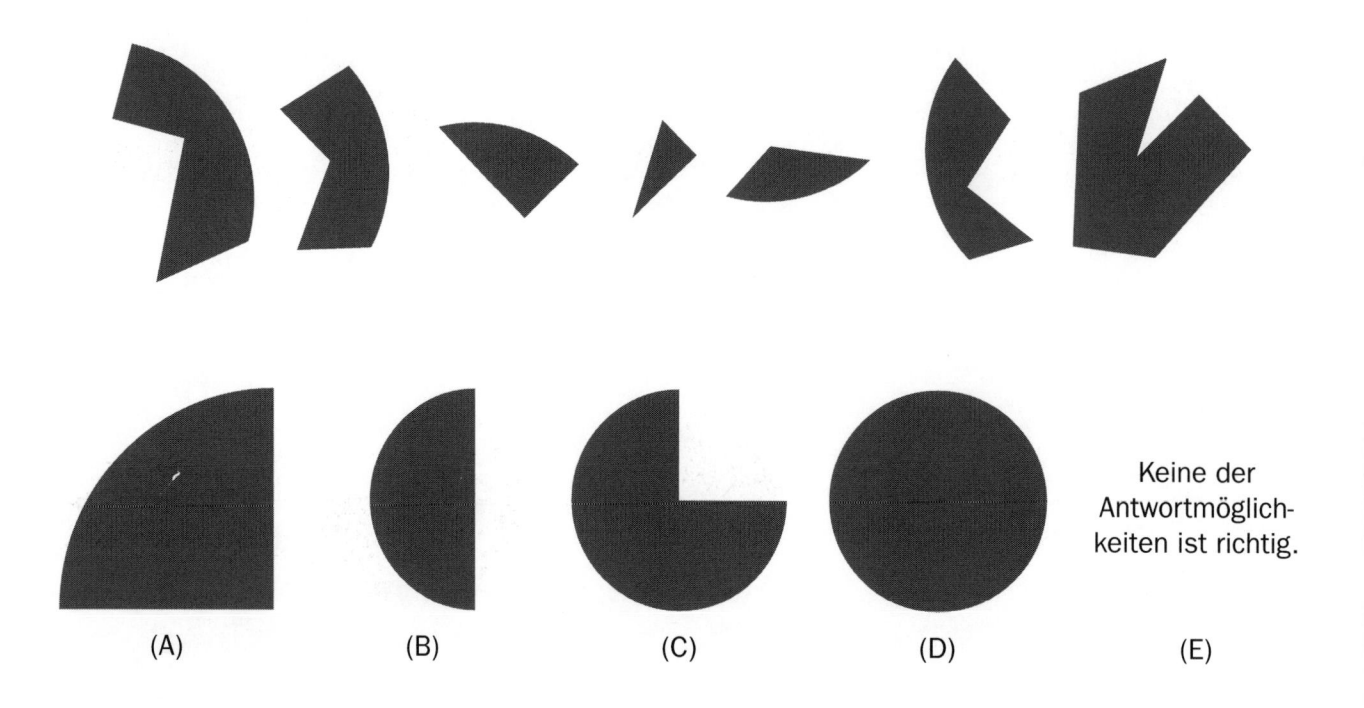

(A)   (B)   (C)   (D)   (E) Keine der Antwortmöglichkeiten ist richtig.

2   Welche Figur lässt sich aus den folgenden Einzelteilen zusammensetzen?

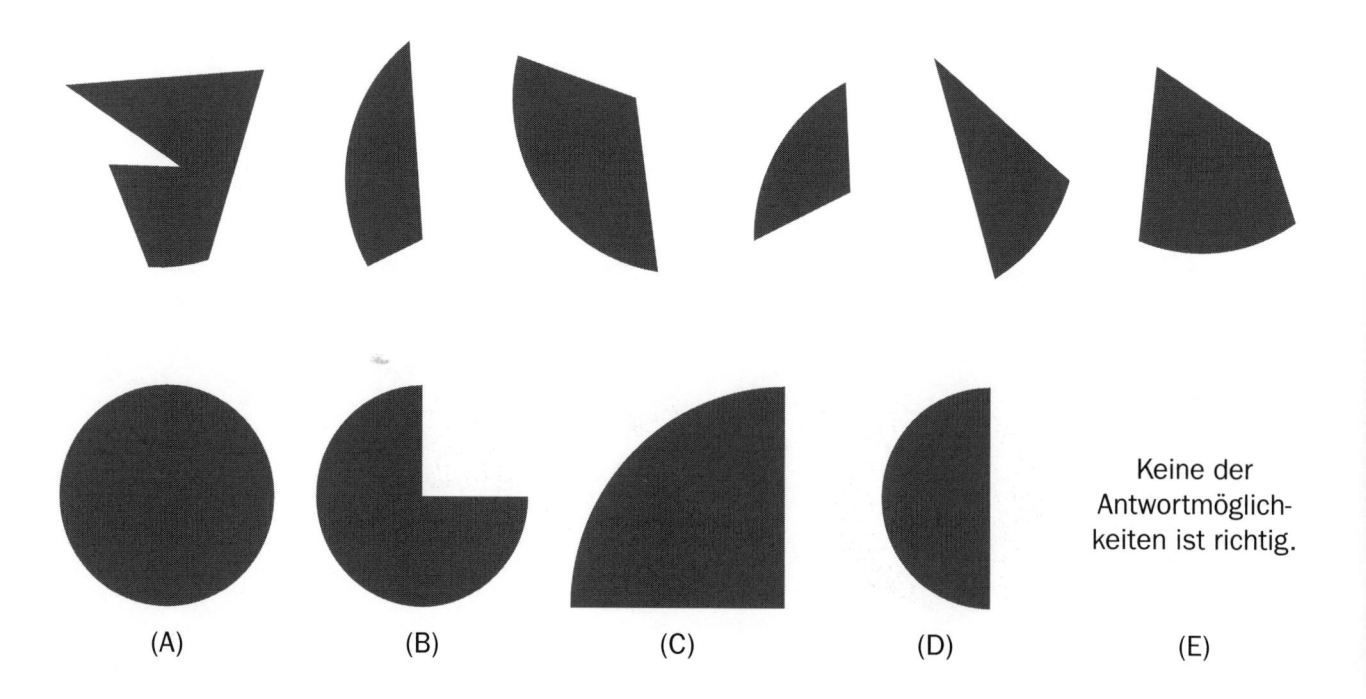

(A)   (B)   (C)   (D)   (E) Keine der Antwortmöglichkeiten ist richtig.

3 Welche Figur lässt sich aus den folgenden Einzelteilen zusammensetzen?

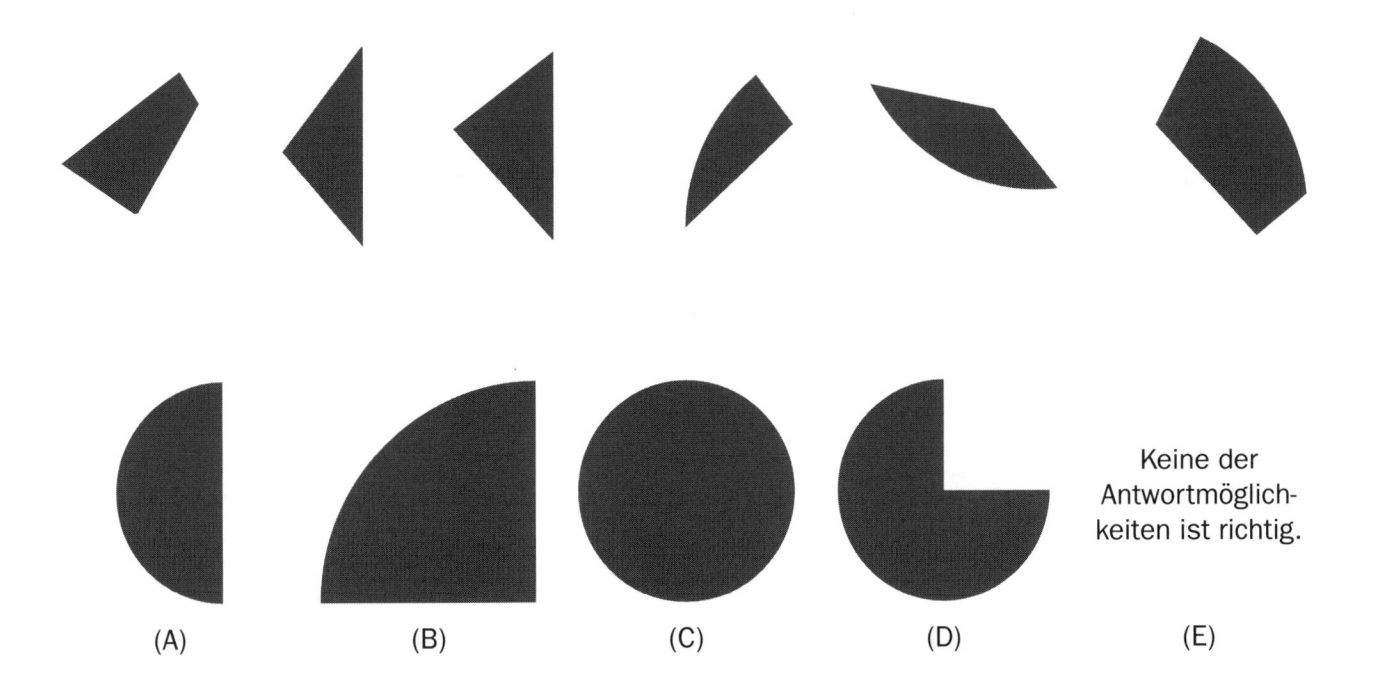

(A) (B) (C) (D) (E) Keine der Antwortmöglichkeiten ist richtig.

4 Welche Figur lässt sich aus den folgenden Einzelteilen zusammensetzen?

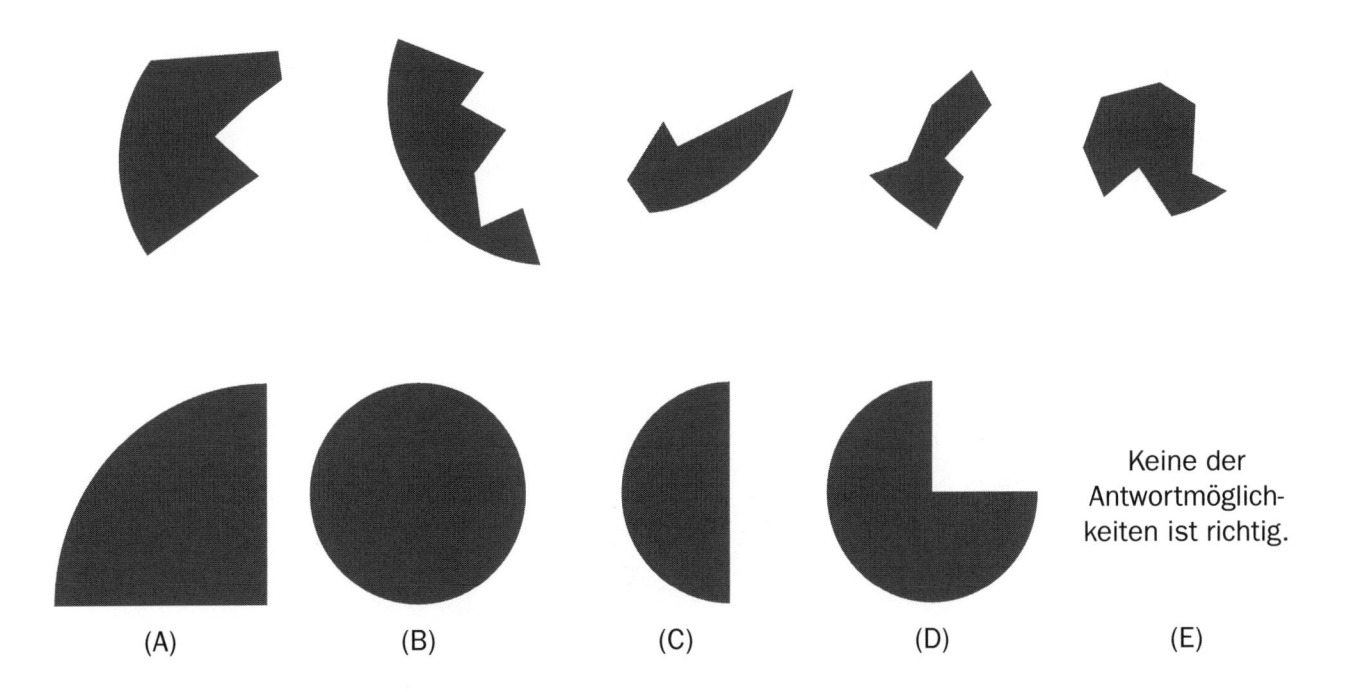

(A) (B) (C) (D) (E) Keine der Antwortmöglichkeiten ist richtig.

5   Welche Figur lässt sich aus den folgenden Einzelteilen zusammensetzen?

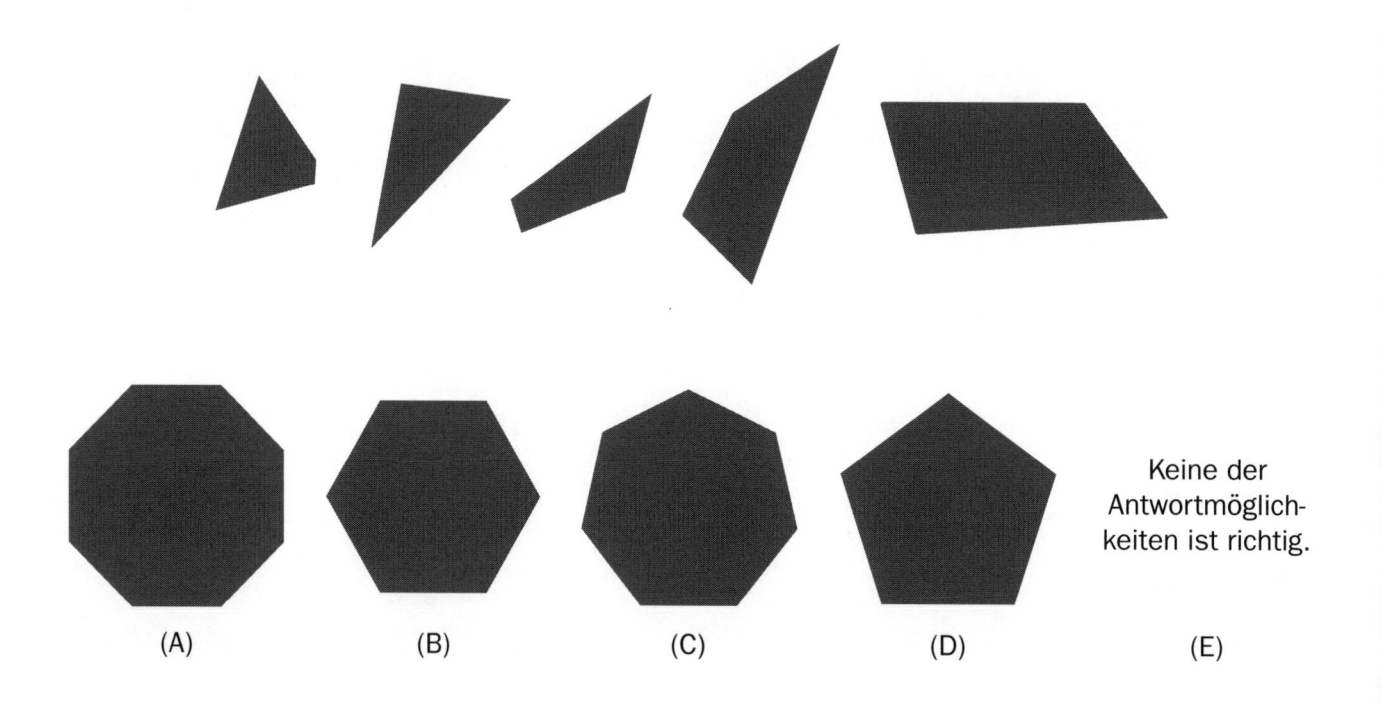

(A)   (B)   (C)   (D)   Keine der Antwortmöglichkeiten ist richtig. (E)

6   Welche Figur lässt sich aus den folgenden Einzelteilen zusammensetzen?

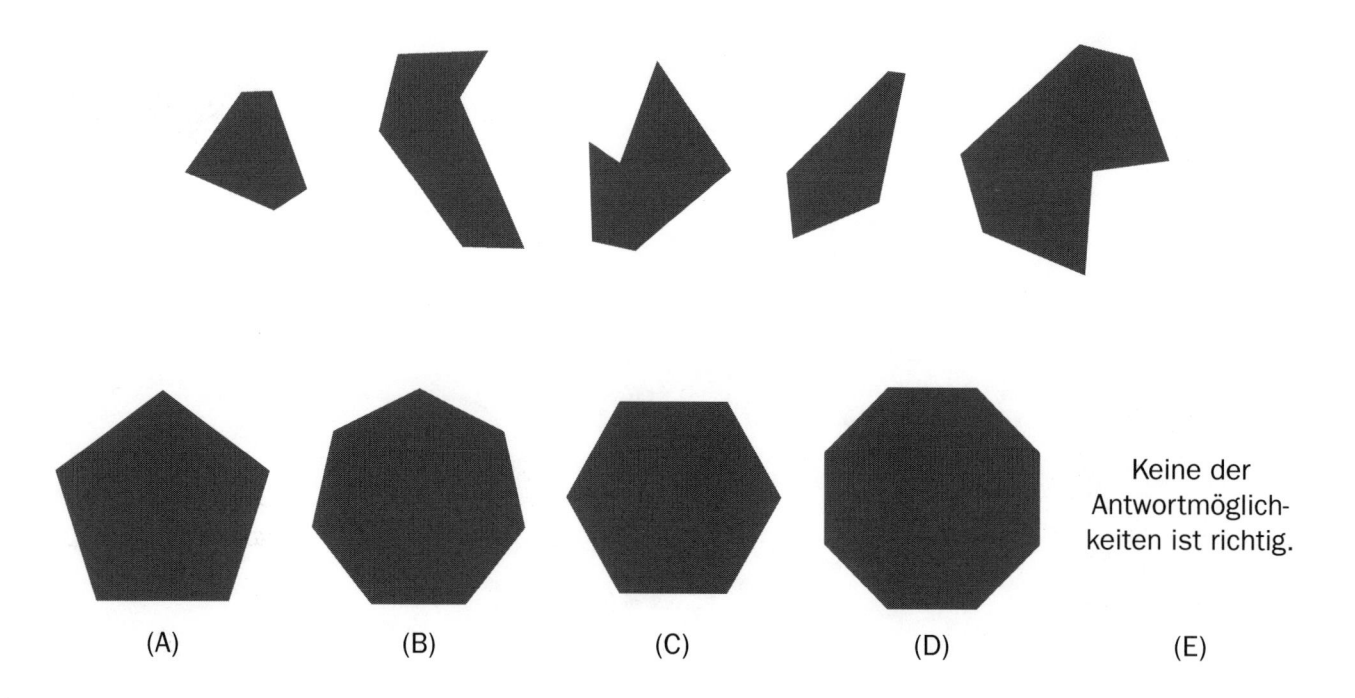

(A)   (B)   (C)   (D)   Keine der Antwortmöglichkeiten ist richtig. (E)

7   Welche Figur lässt sich aus den folgenden Einzelteilen zusammensetzen?

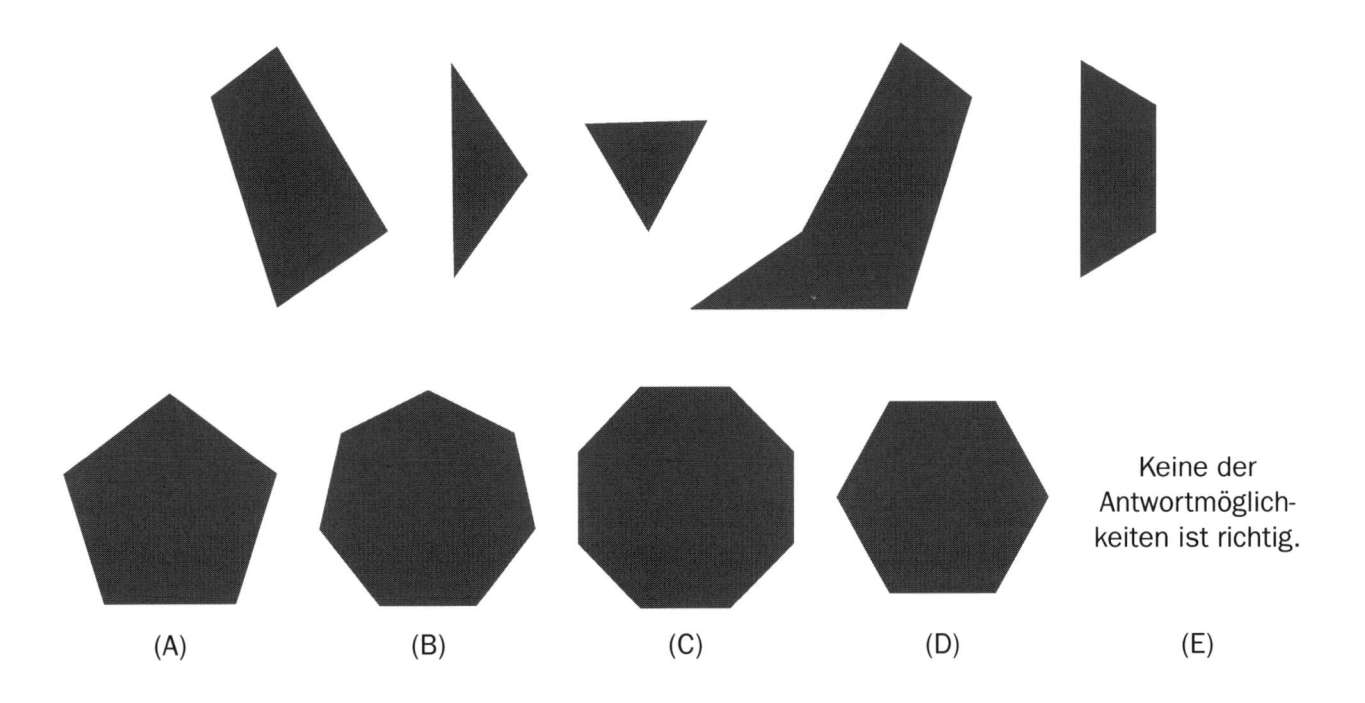

(A)   (B)   (C)   (D)   (E) Keine der Antwortmöglichkeiten ist richtig.

8   Welche Figur lässt sich aus den folgenden Einzelteilen zusammensetzen?

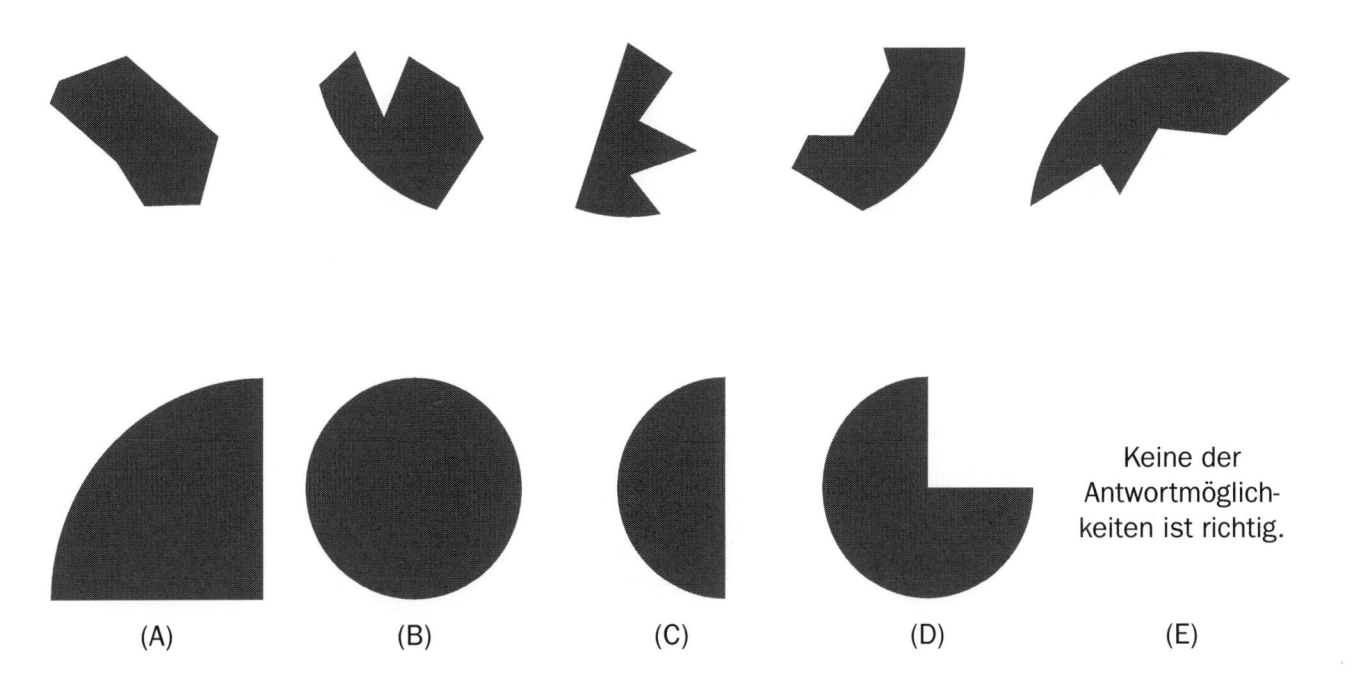

(A)   (B)   (C)   (D)   (E) Keine der Antwortmöglichkeiten ist richtig.

Figuren zusammensetzen | Testset 15

9   Welche Figur lässt sich aus den folgenden Einzelteilen zusammensetzen?

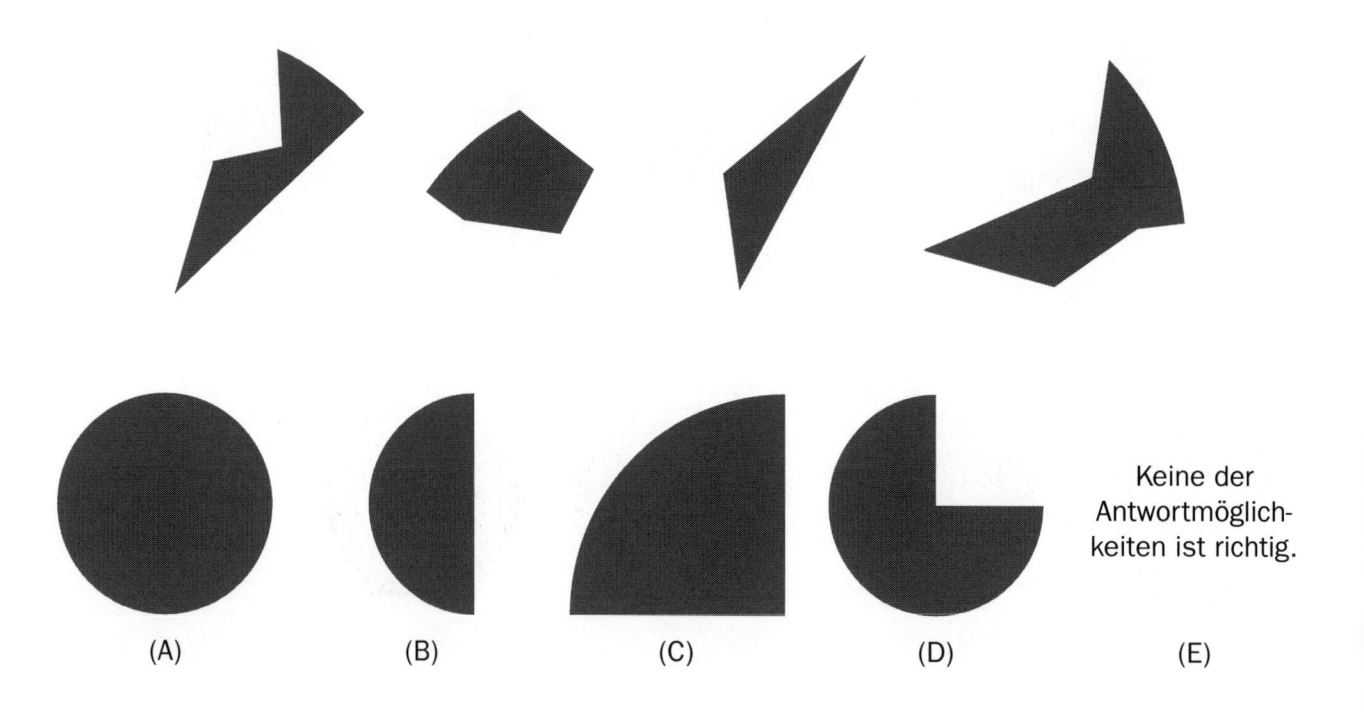

(A)   (B)   (C)   (D)   (E) Keine der Antwortmöglichkeiten ist richtig.

10   Welche Figur lässt sich aus den folgenden Einzelteilen zusammensetzen?

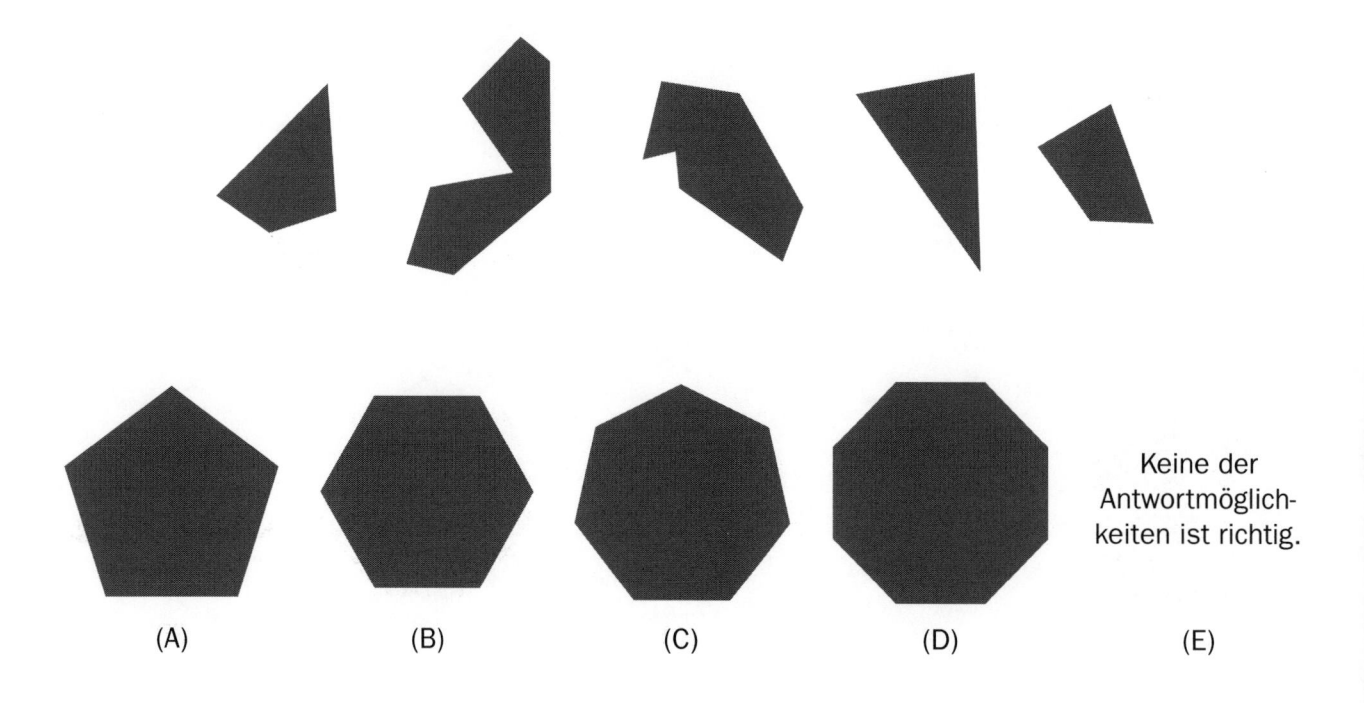

(A)   (B)   (C)   (D)   (E) Keine der Antwortmöglichkeiten ist richtig.

11 Welche Figur lässt sich aus den folgenden Einzelteilen zusammensetzen?

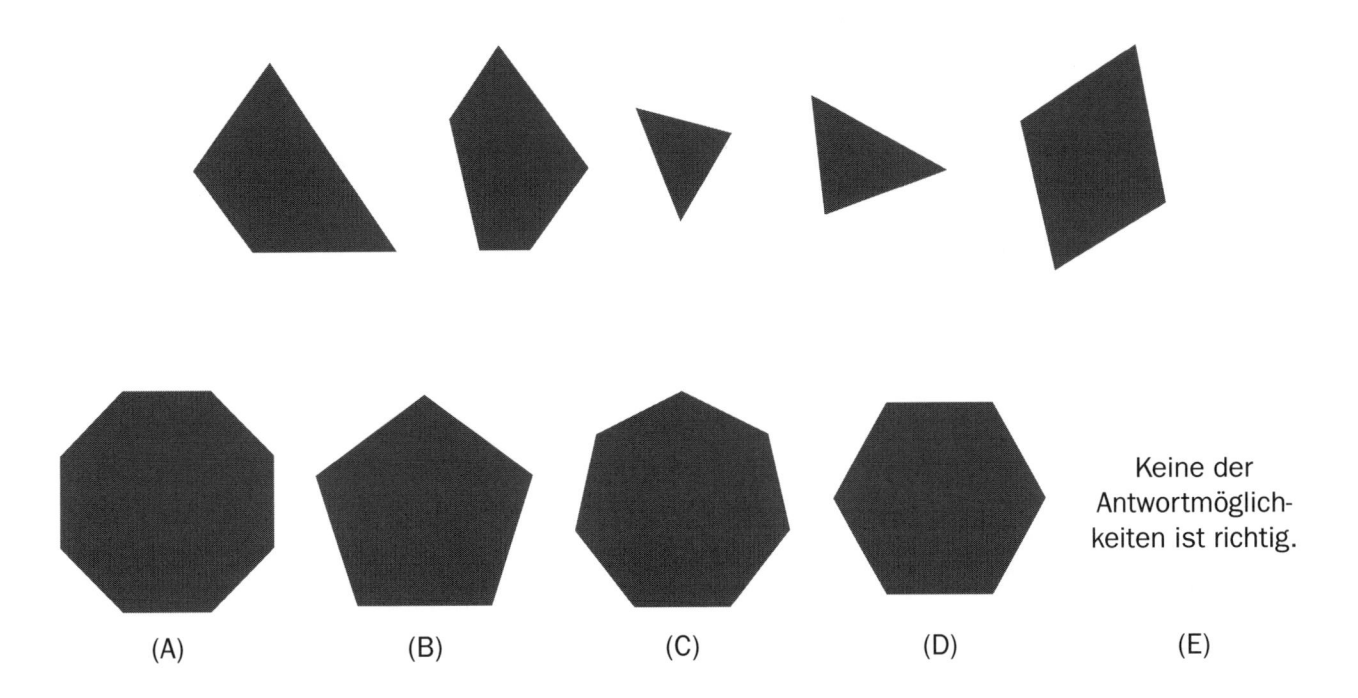

(A)   (B)   (C)   (D)   (E) Keine der Antwortmöglichkeiten ist richtig.

12 Welche Figur lässt sich aus den folgenden Einzelteilen zusammensetzen?

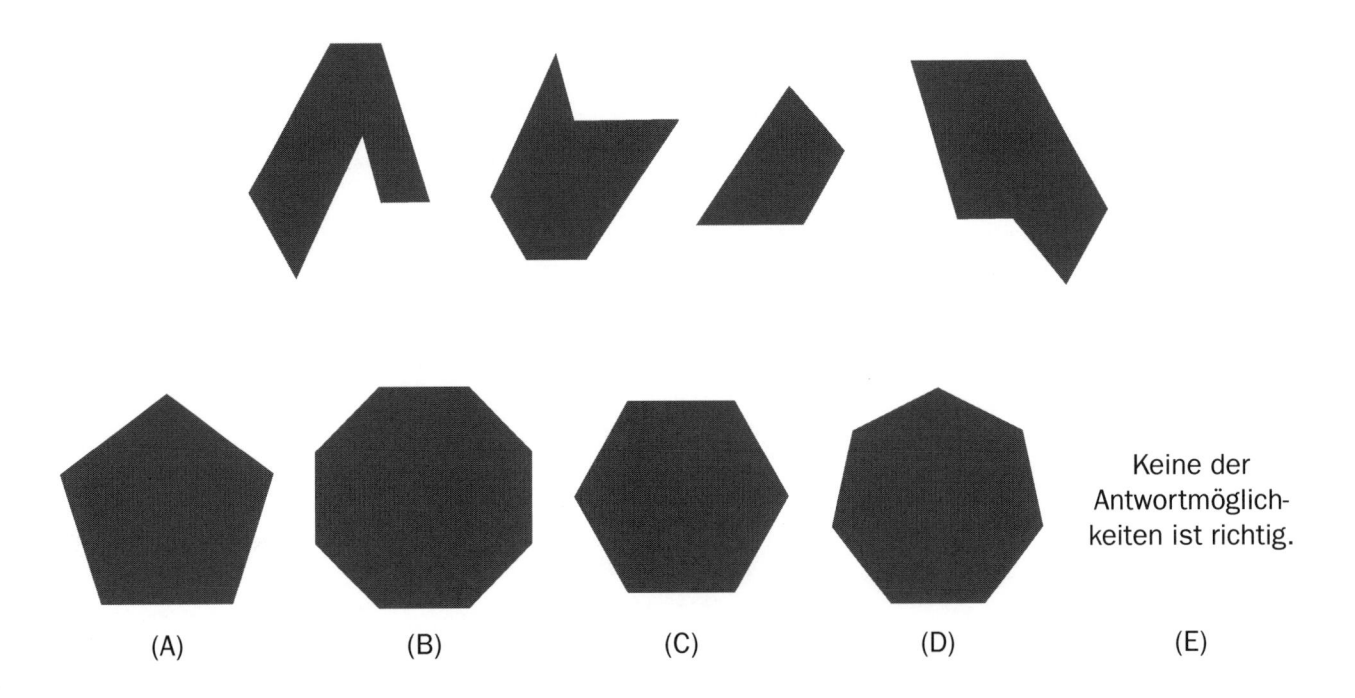

(A)   (B)   (C)   (D)   (E) Keine der Antwortmöglichkeiten ist richtig.

13 Welche Figur lässt sich aus den folgenden Einzelteilen zusammensetzen?

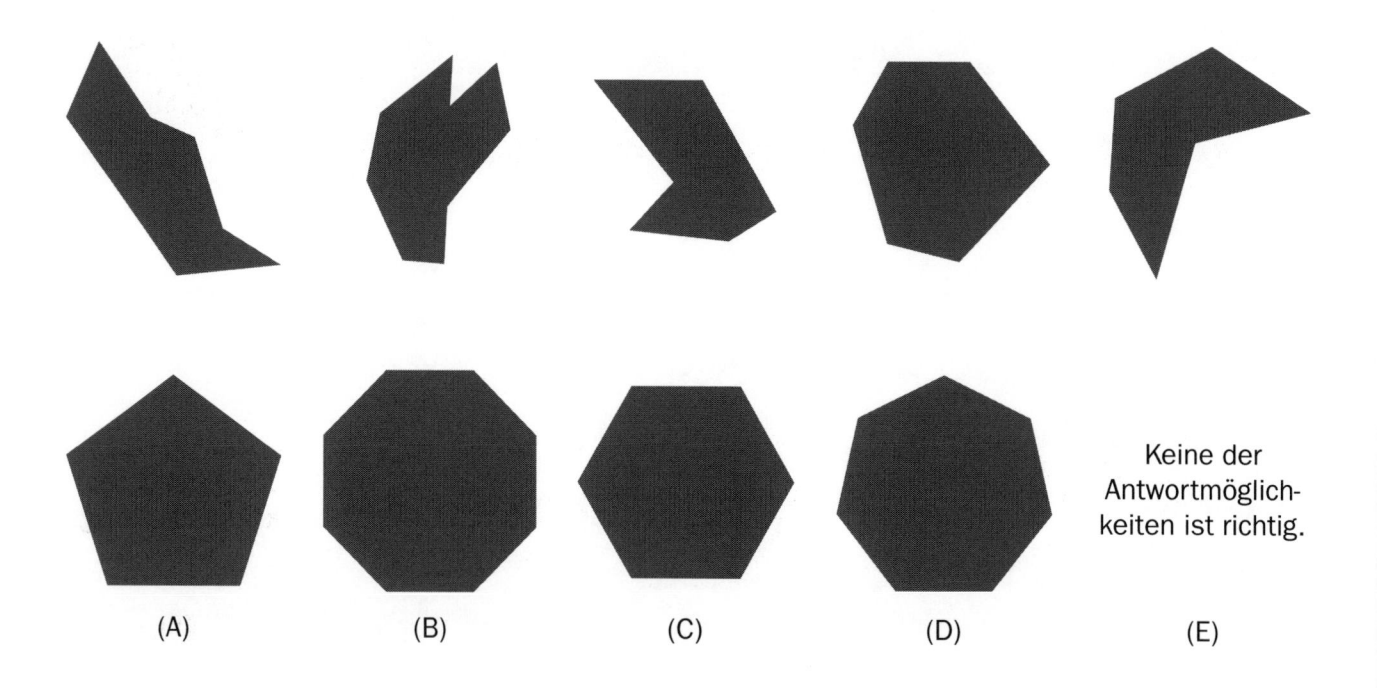

(A) (B) (C) (D) (E) Keine der Antwortmöglichkeiten ist richtig.

14 Welche Figur lässt sich aus den folgenden Einzelteilen zusammensetzen?

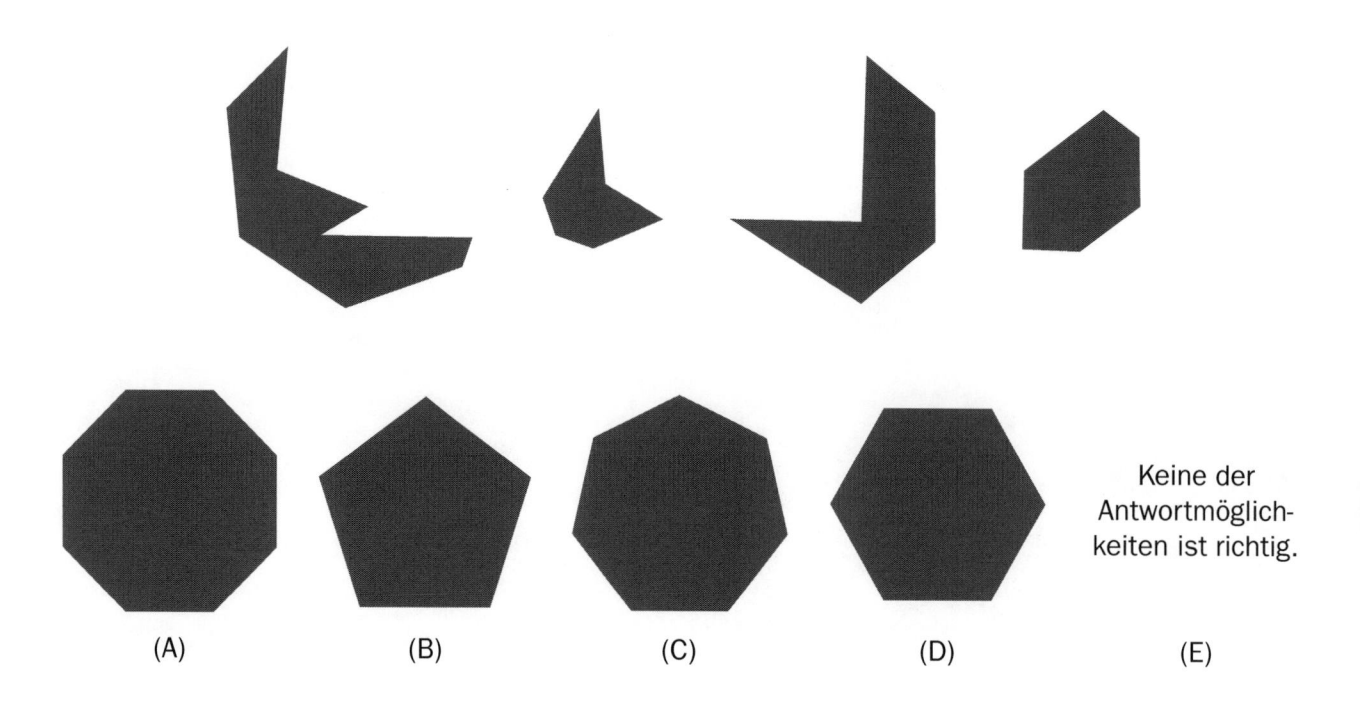

(A) (B) (C) (D) (E) Keine der Antwortmöglichkeiten ist richtig.

15 Welche Figur lässt sich aus den folgenden Einzelteilen zusammensetzen?

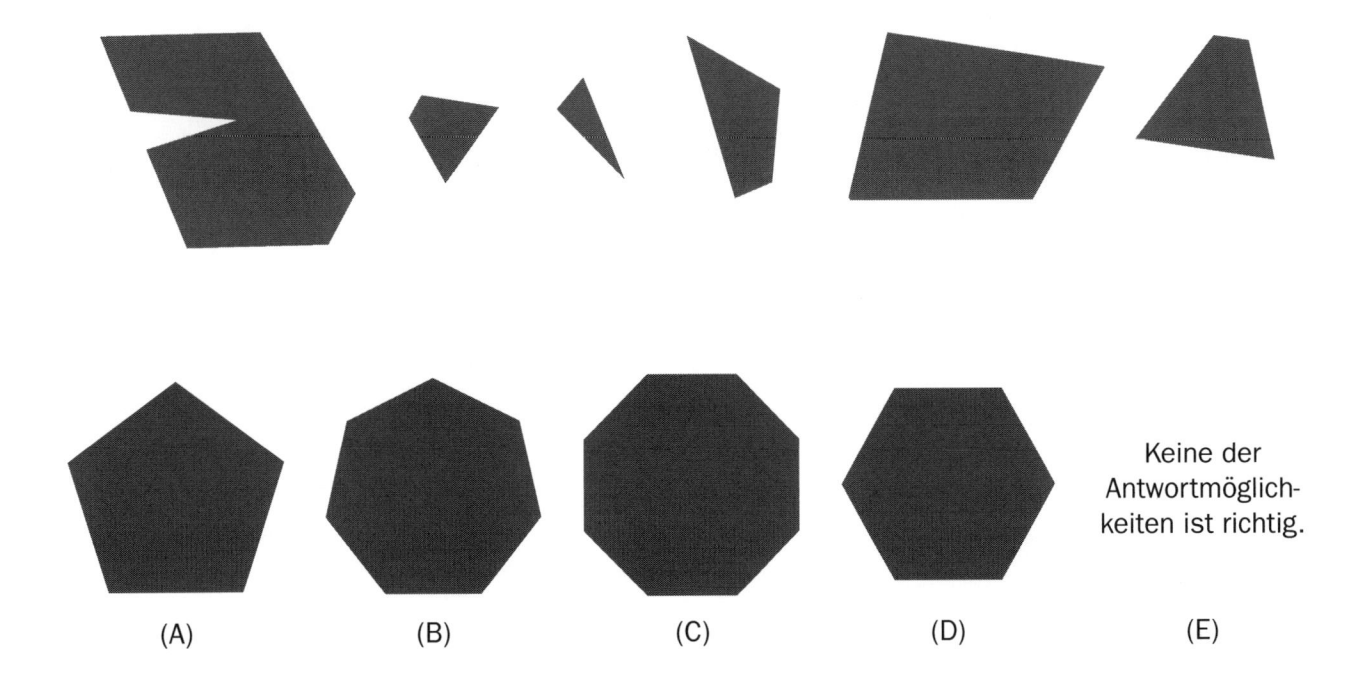

(A) (B) (C) (D) (E) Keine der Antwortmöglichkeiten ist richtig.

Testset 16
Anzahl der Aufgaben: 15, Bearbeitungszeit: 20 Minuten

1 Welche Figur lässt sich aus den folgenden Einzelteilen zusammensetzen?

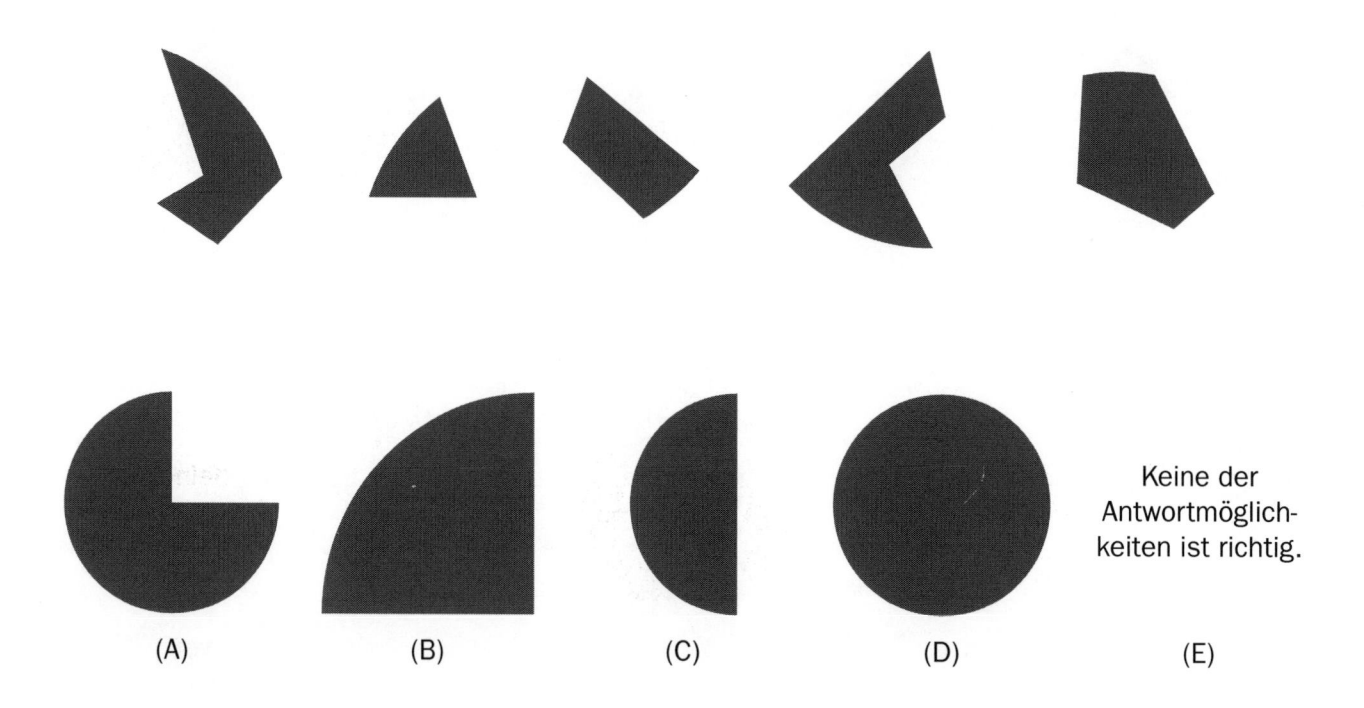

(A) (B) (C) (D) (E) Keine der Antwortmöglichkeiten ist richtig.

2 Welche Figur lässt sich aus den folgenden Einzelteilen zusammensetzen?

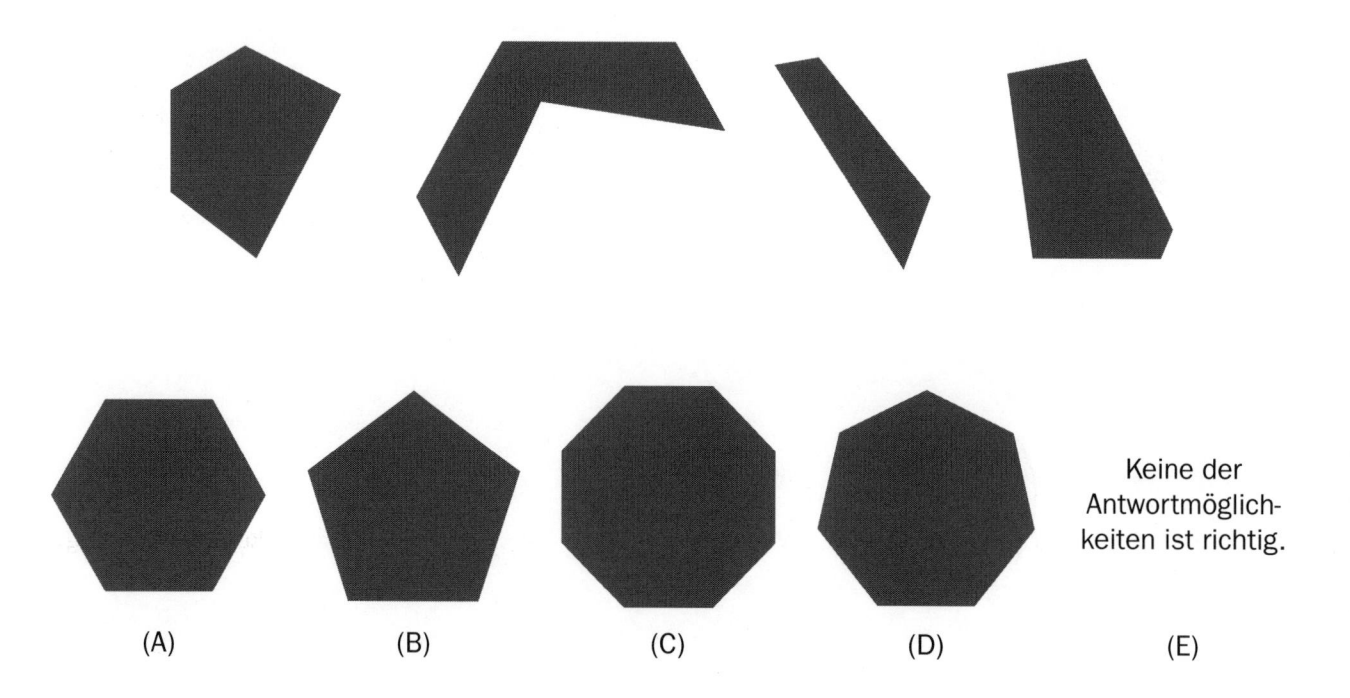

(A) (B) (C) (D) (E) Keine der Antwortmöglichkeiten ist richtig.

3   Welche Figur lässt sich aus den folgenden Einzelteilen zusammensetzen?

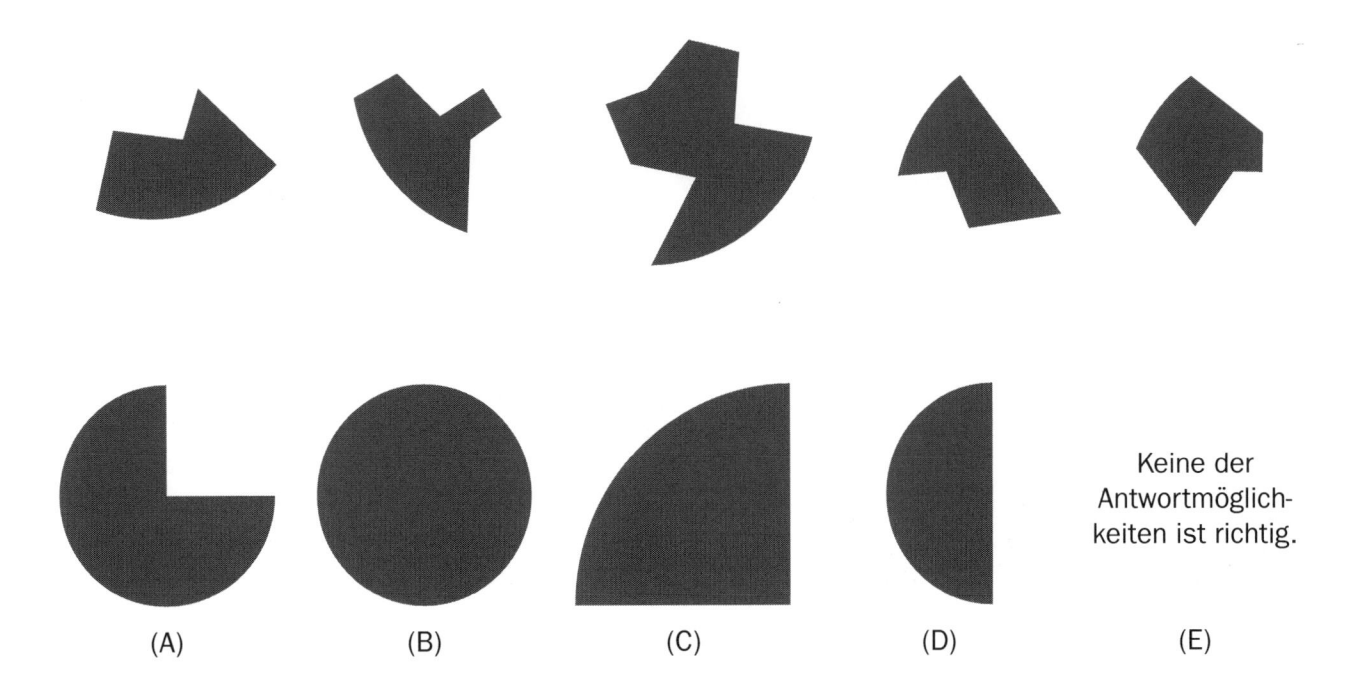

(A)   (B)   (C)   (D)   Keine der Antwortmöglichkeiten ist richtig. (E)

4   Welche Figur lässt sich aus den folgenden Einzelteilen zusammensetzen?

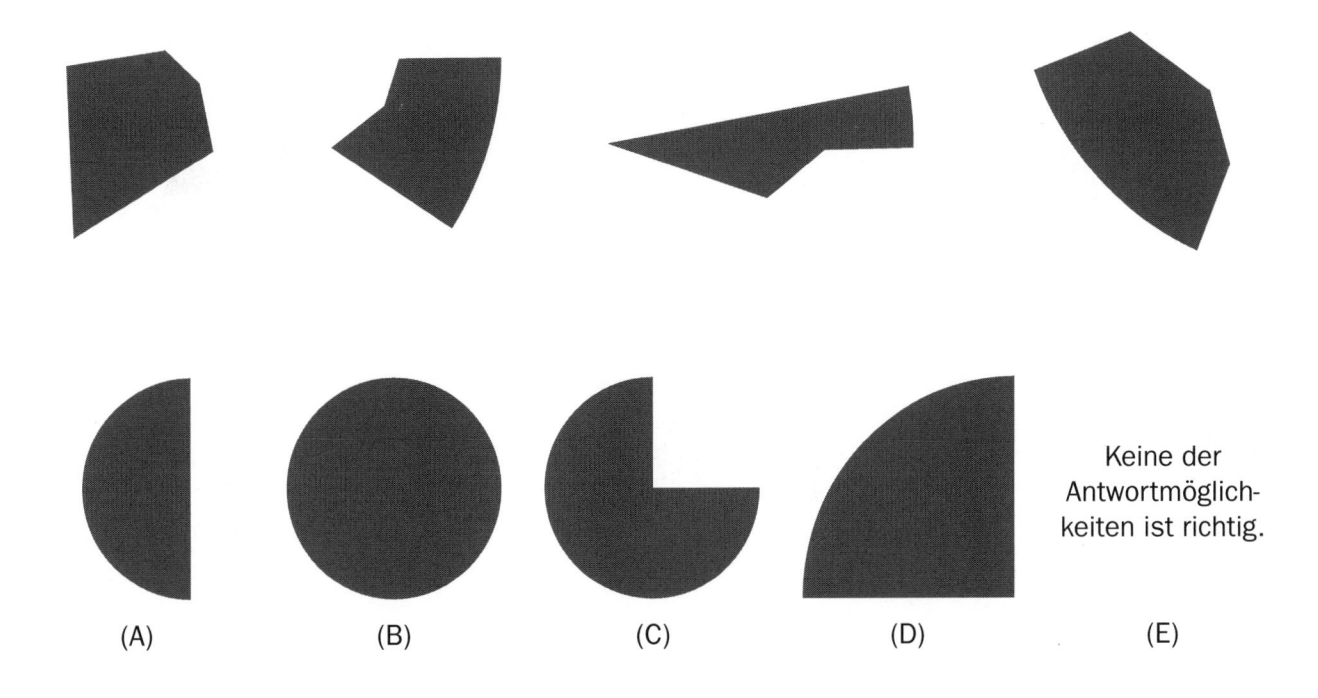

(A)   (B)   (C)   (D)   Keine der Antwortmöglichkeiten ist richtig. (E)

Figuren zusammensetzen | Testset 16

5   Welche Figur lässt sich aus den folgenden Einzelteilen zusammensetzen?

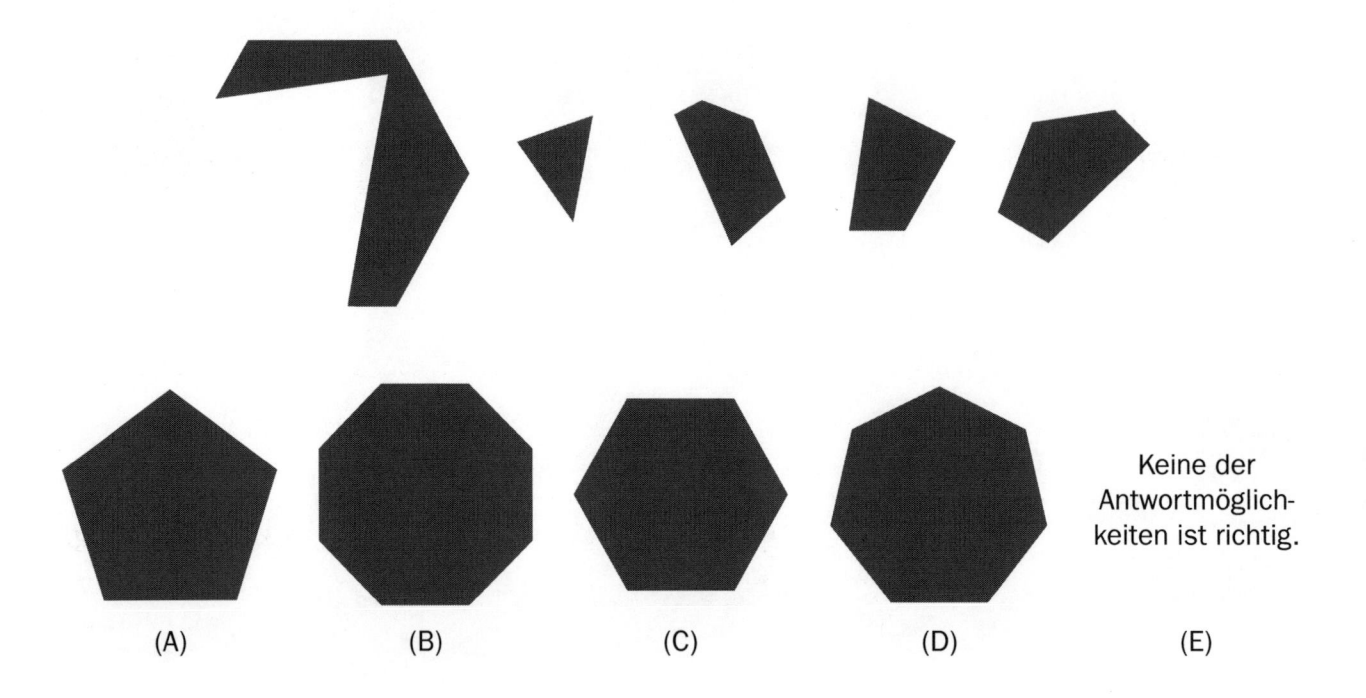

(A)   (B)   (C)   (D)   (E) Keine der Antwortmöglichkeiten ist richtig.

6   Welche Figur lässt sich aus den folgenden Einzelteilen zusammensetzen?

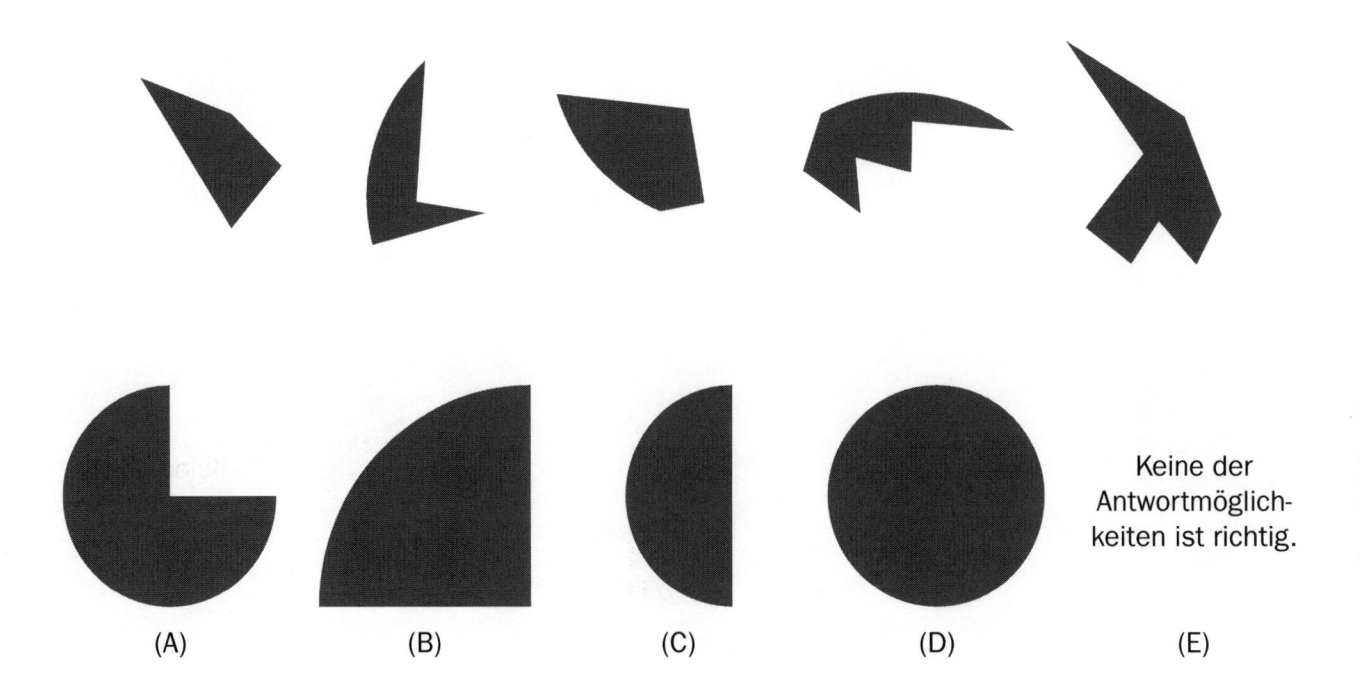

(A)   (B)   (C)   (D)   (E) Keine der Antwortmöglichkeiten ist richtig.

7   Welche Figur lässt sich aus den folgenden Einzelteilen zusammensetzen?

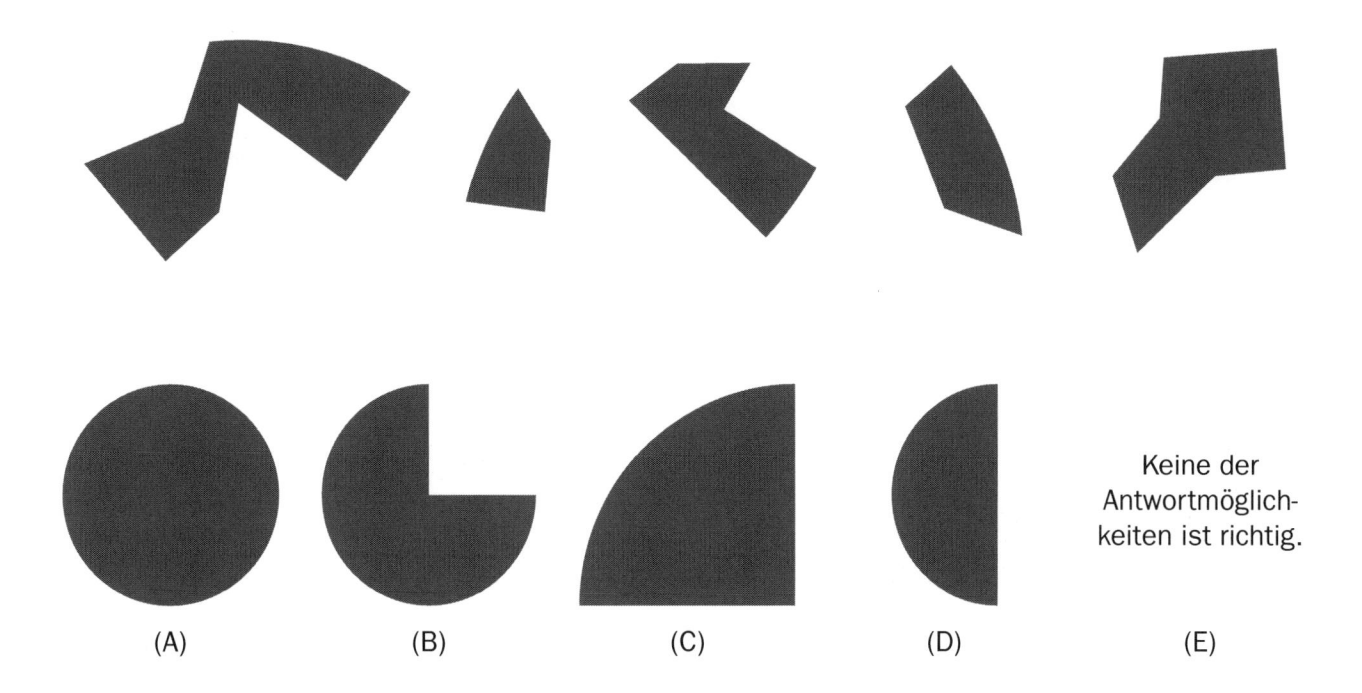

(A)   (B)   (C)   (D)   (E) Keine der Antwortmöglichkeiten ist richtig.

8   Welche Figur lässt sich aus den folgenden Einzelteilen zusammensetzen?

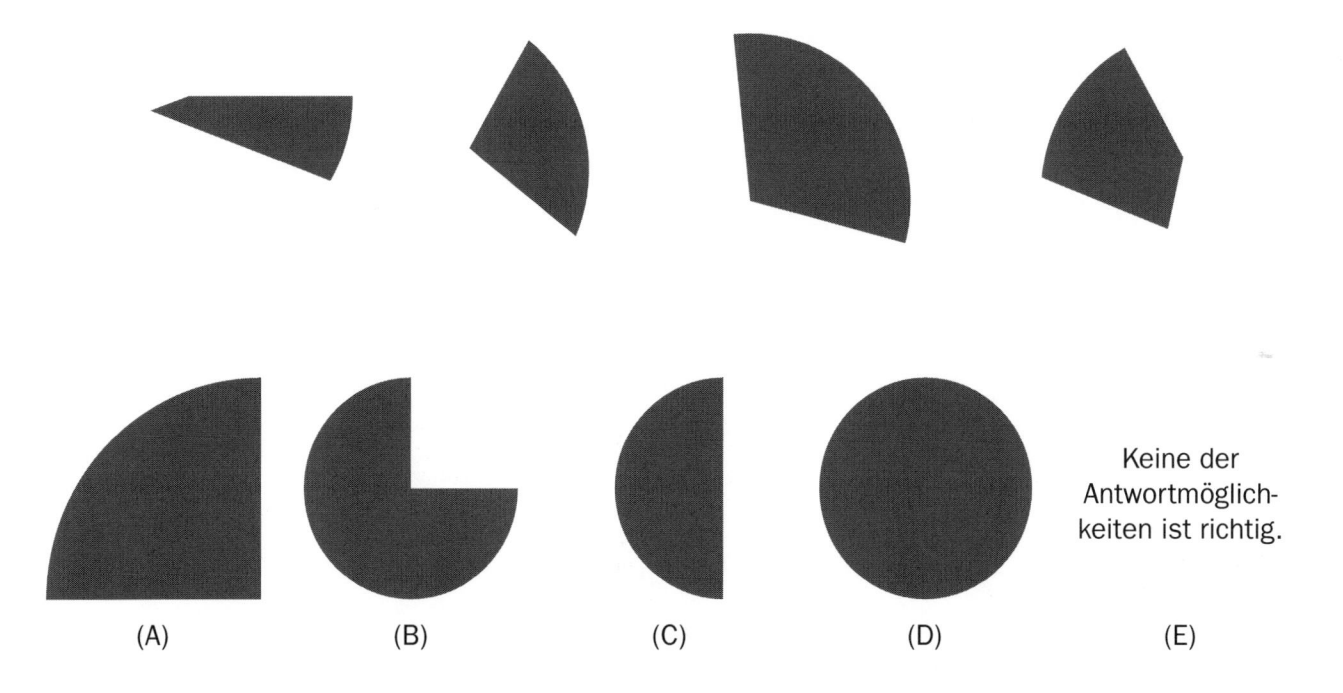

(A)   (B)   (C)   (D)   (E) Keine der Antwortmöglichkeiten ist richtig.

Figuren zusammensetzen | Testset 16

9   Welche Figur lässt sich aus den folgenden Einzelteilen zusammensetzen?

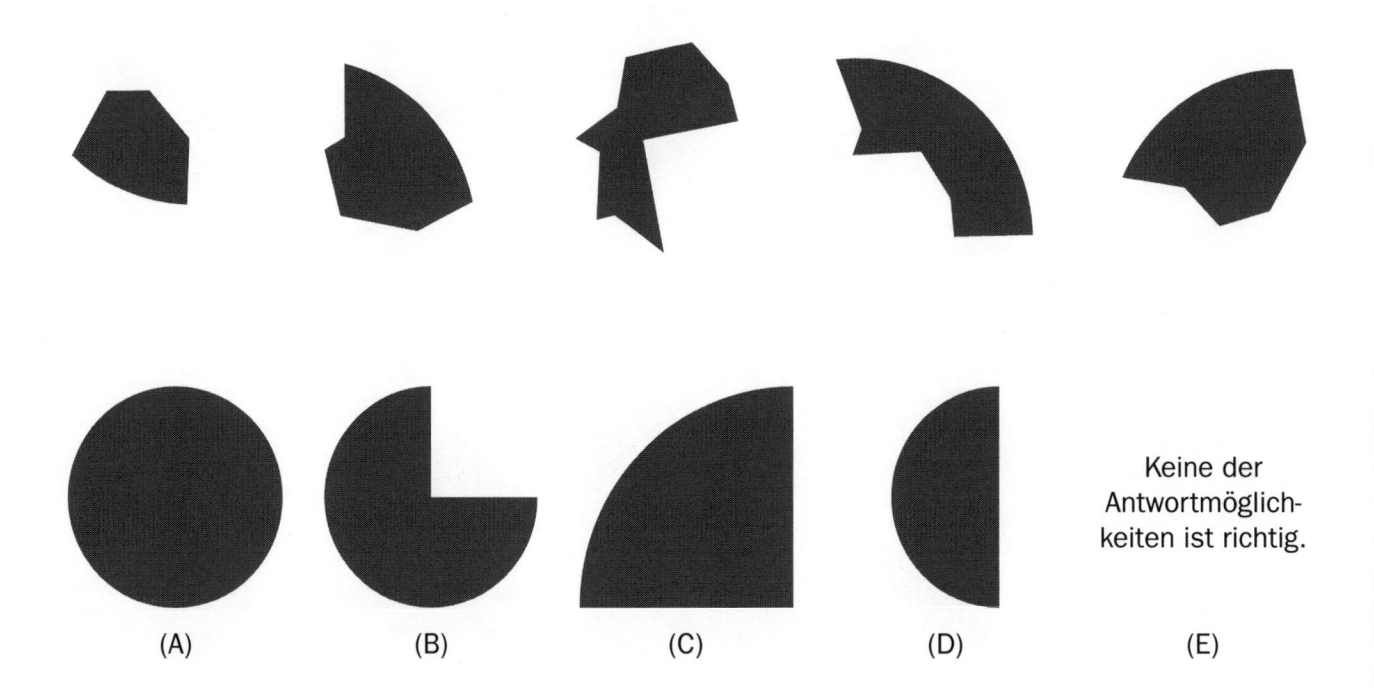

(A)   (B)   (C)   (D)   (E) Keine der Antwortmöglichkeiten ist richtig.

10   Welche Figur lässt sich aus den folgenden Einzelteilen zusammensetzen?

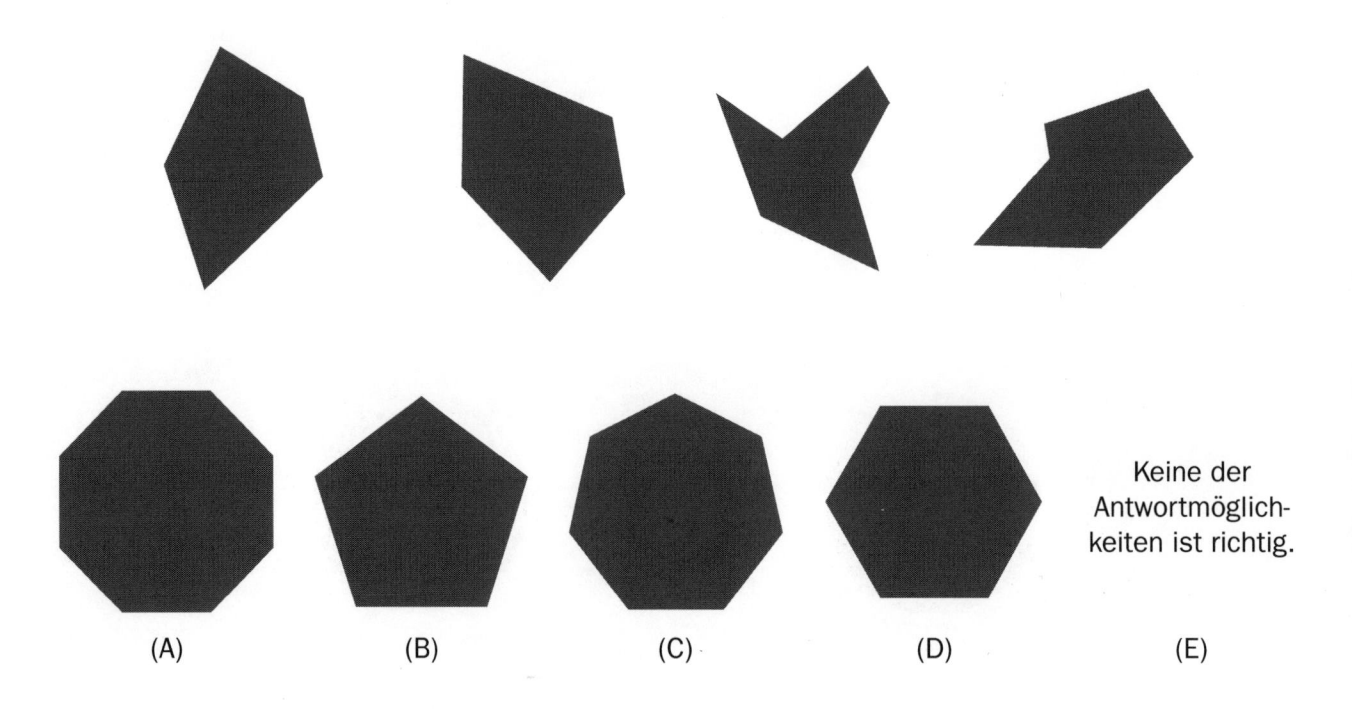

(A)   (B)   (C)   (D)   (E) Keine der Antwortmöglichkeiten ist richtig.

Figuren zusammensetzen | Testset 16

11   Welche Figur lässt sich aus den folgenden Einzelteilen zusammensetzen?

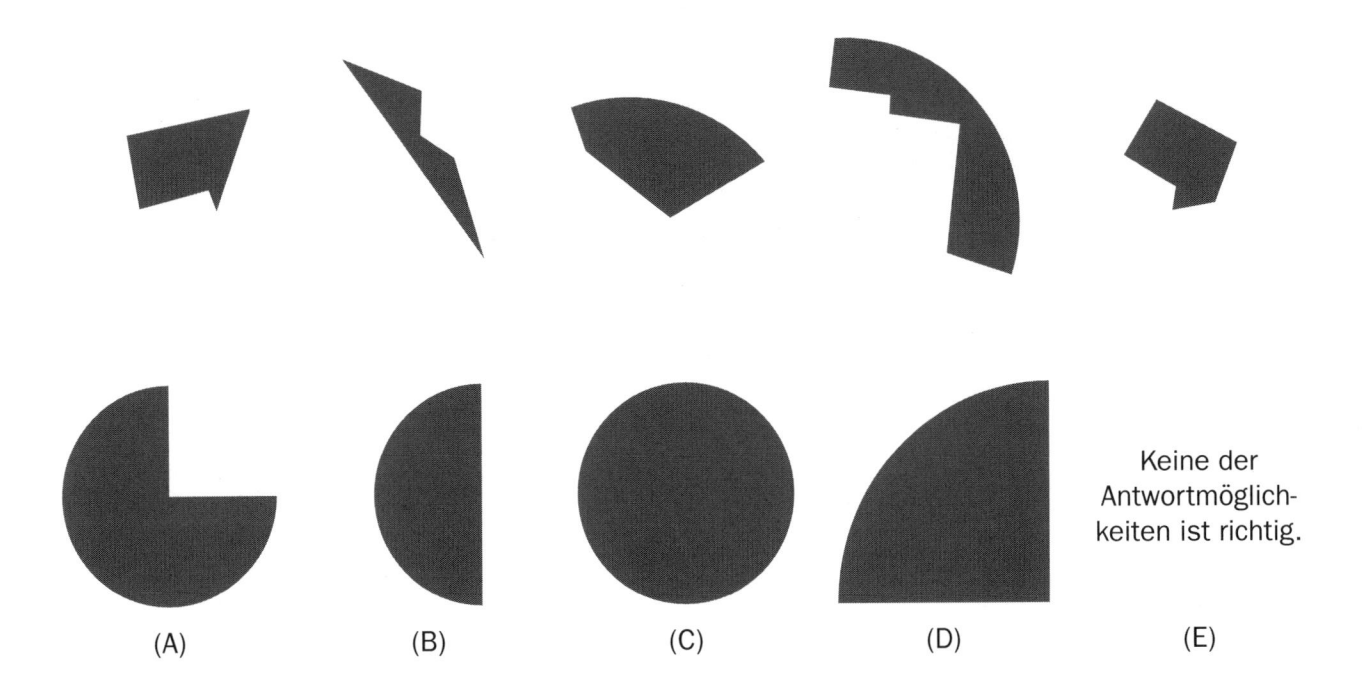

(A)   (B)   (C)   (D)   Keine der Antwortmöglichkeiten ist richtig. (E)

12   Welche Figur lässt sich aus den folgenden Einzelteilen zusammensetzen?

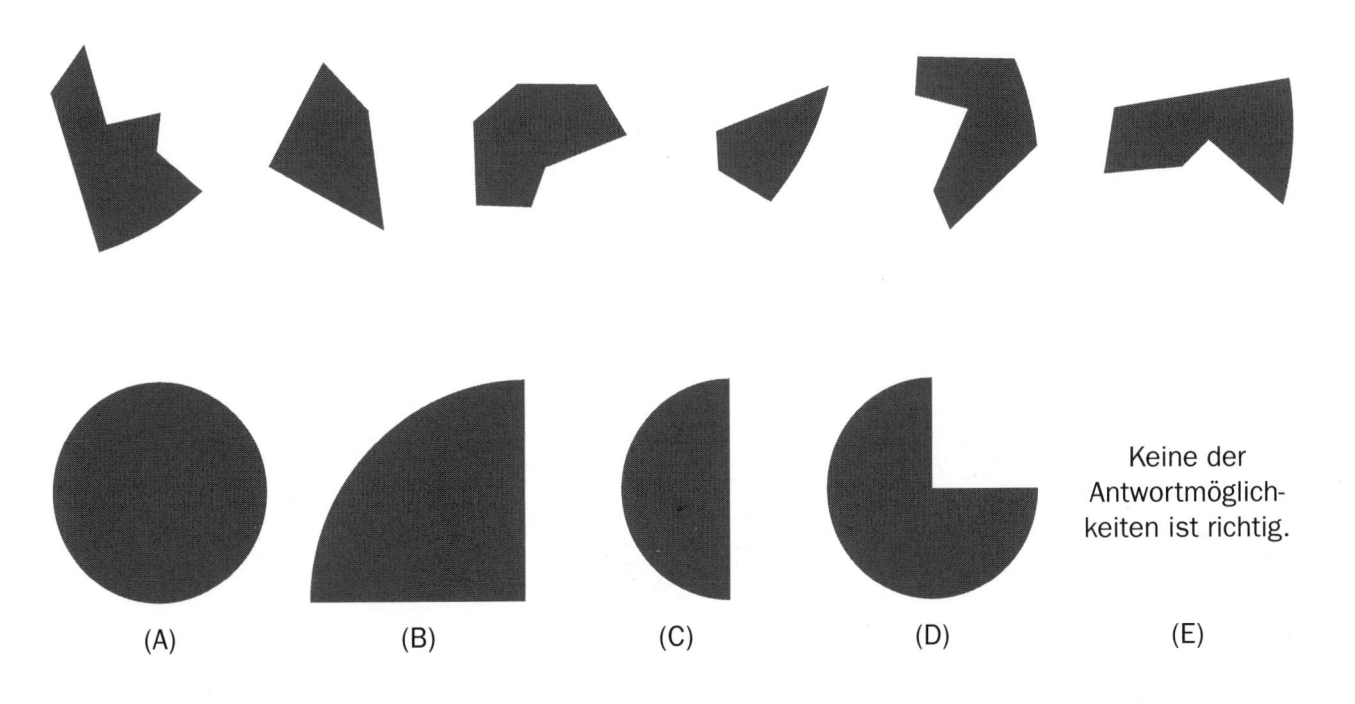

(A)   (B)   (C)   (D)   Keine der Antwortmöglichkeiten ist richtig. (E)

Figuren zusammensetzen | Testset 16

13 Welche Figur lässt sich aus den folgenden Einzelteilen zusammensetzen?

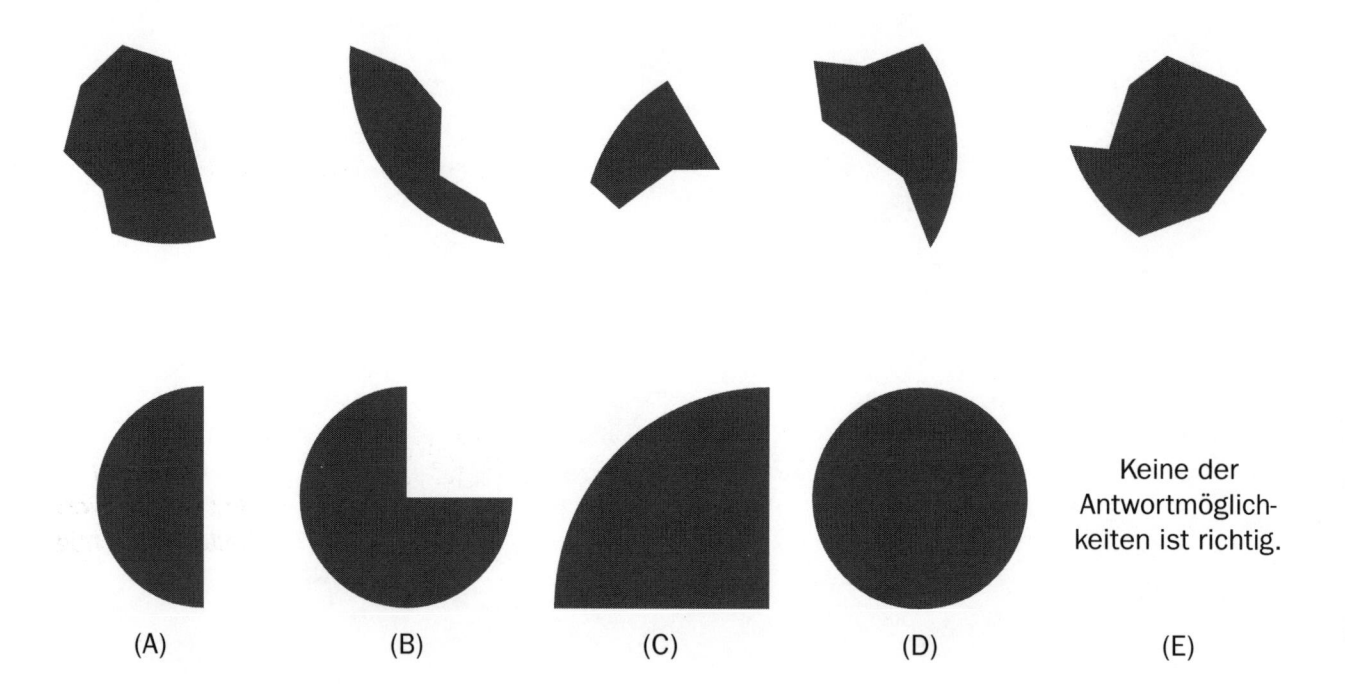

(A) (B) (C) (D) (E) Keine der Antwortmöglichkeiten ist richtig.

14 Welche Figur lässt sich aus den folgenden Einzelteilen zusammensetzen?

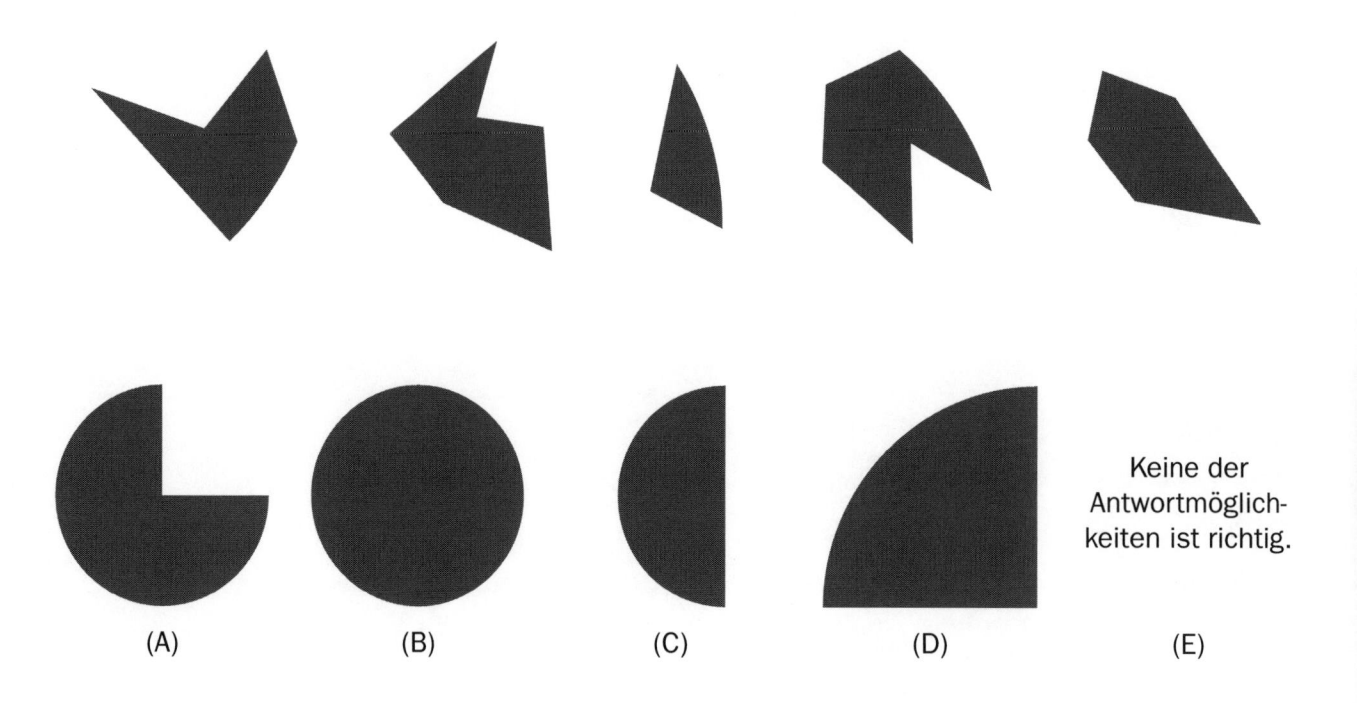

(A) (B) (C) (D) (E) Keine der Antwortmöglichkeiten ist richtig.

15 Welche Figur lässt sich aus den folgenden Einzelteilen zusammensetzen?

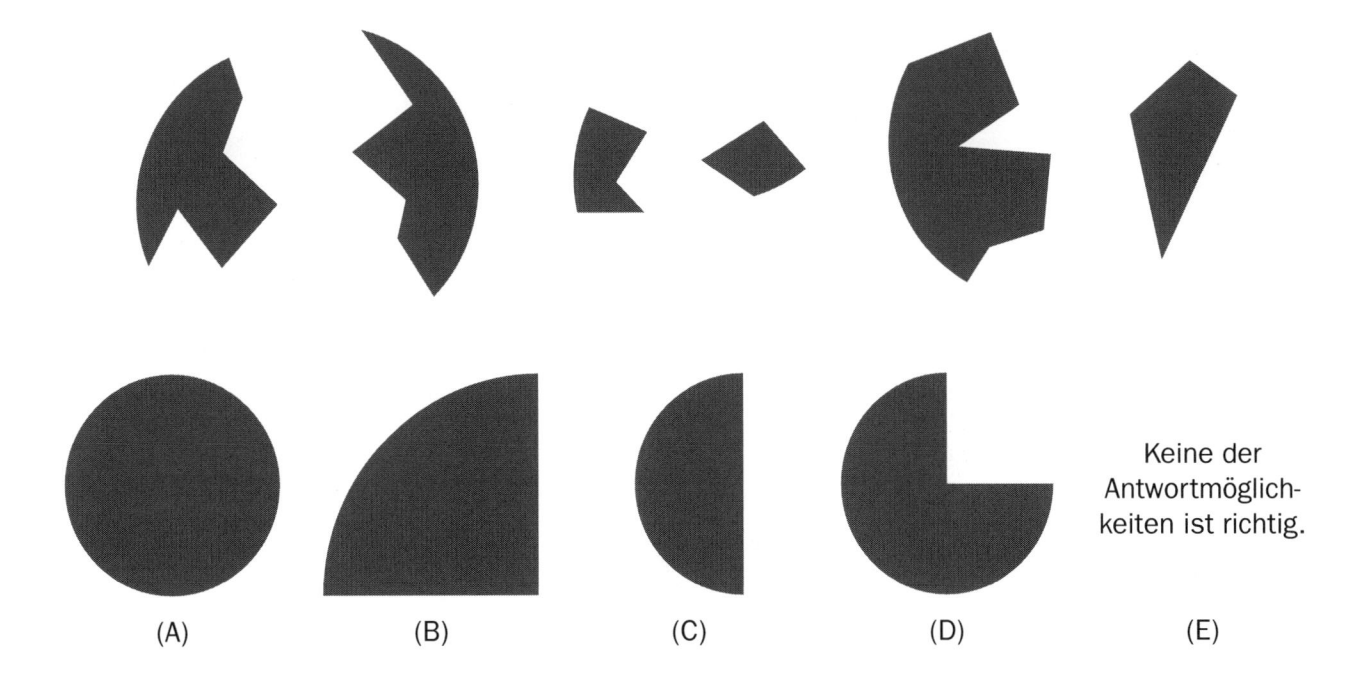

(A) (B) (C) (D) (E) Keine der Antwortmöglichkeiten ist richtig.

Figuren zusammensetzen | Testset 17

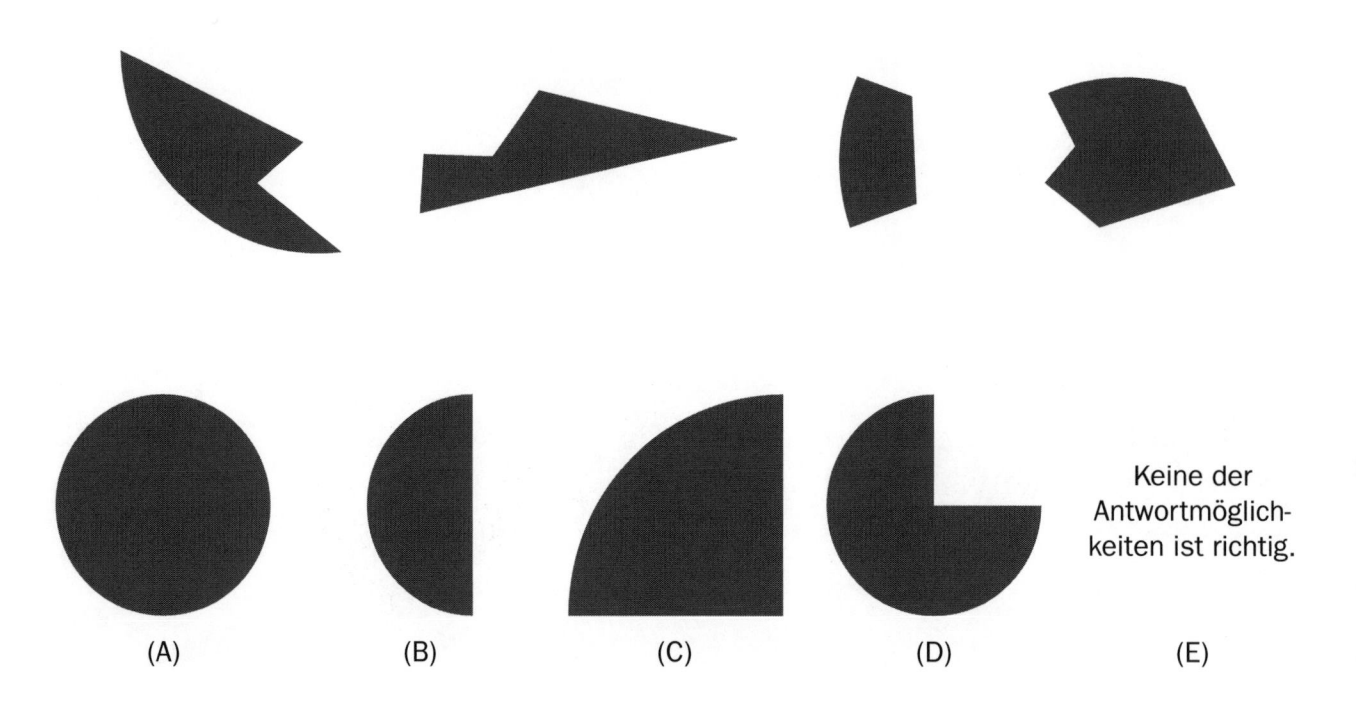

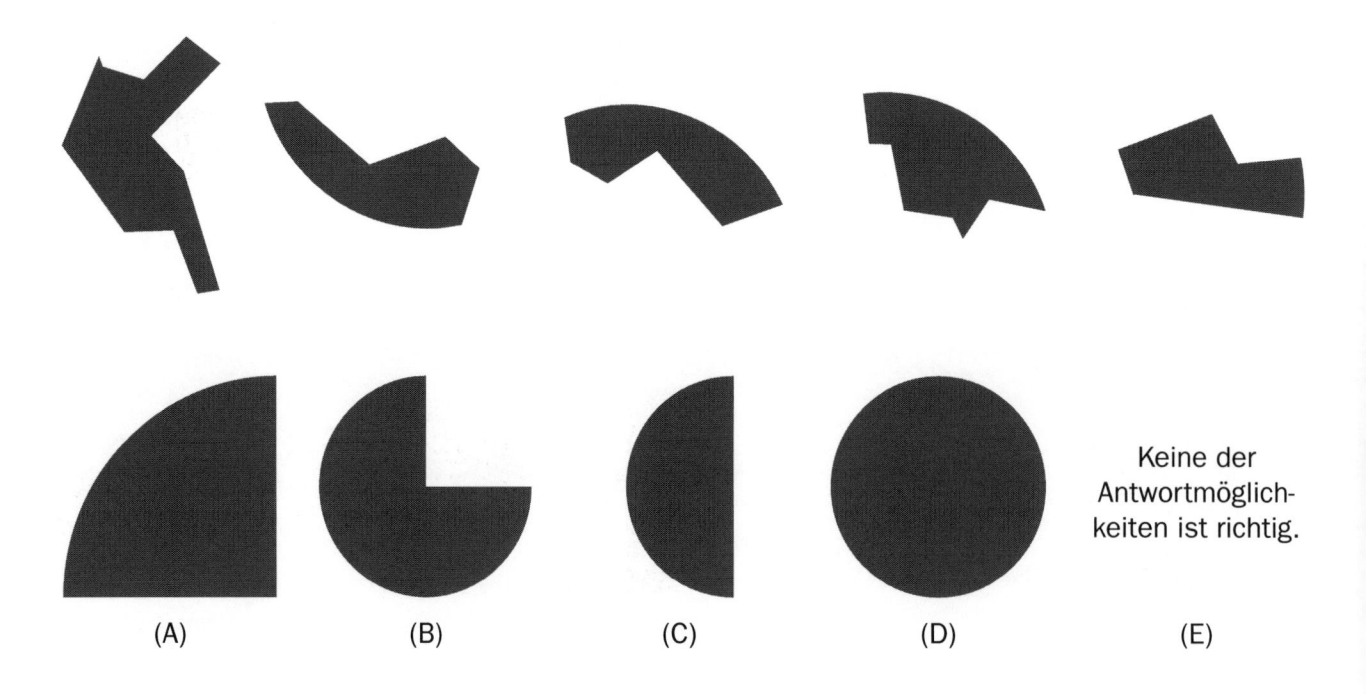

Testset 17
Anzahl der Aufgaben: 15, Bearbeitungszeit: 20 Minuten

1   Welche Figur lässt sich aus den folgenden Einzelteilen zusammensetzen?

(A)   (B)   (C)   (D)   (E) Keine der Antwortmöglichkeiten ist richtig.

2   Welche Figur lässt sich aus den folgenden Einzelteilen zusammensetzen?

(A)   (B)   (C)   (D)   (E) Keine der Antwortmöglichkeiten ist richtig.

3   Welche Figur lässt sich aus den folgenden Einzelteilen zusammensetzen?

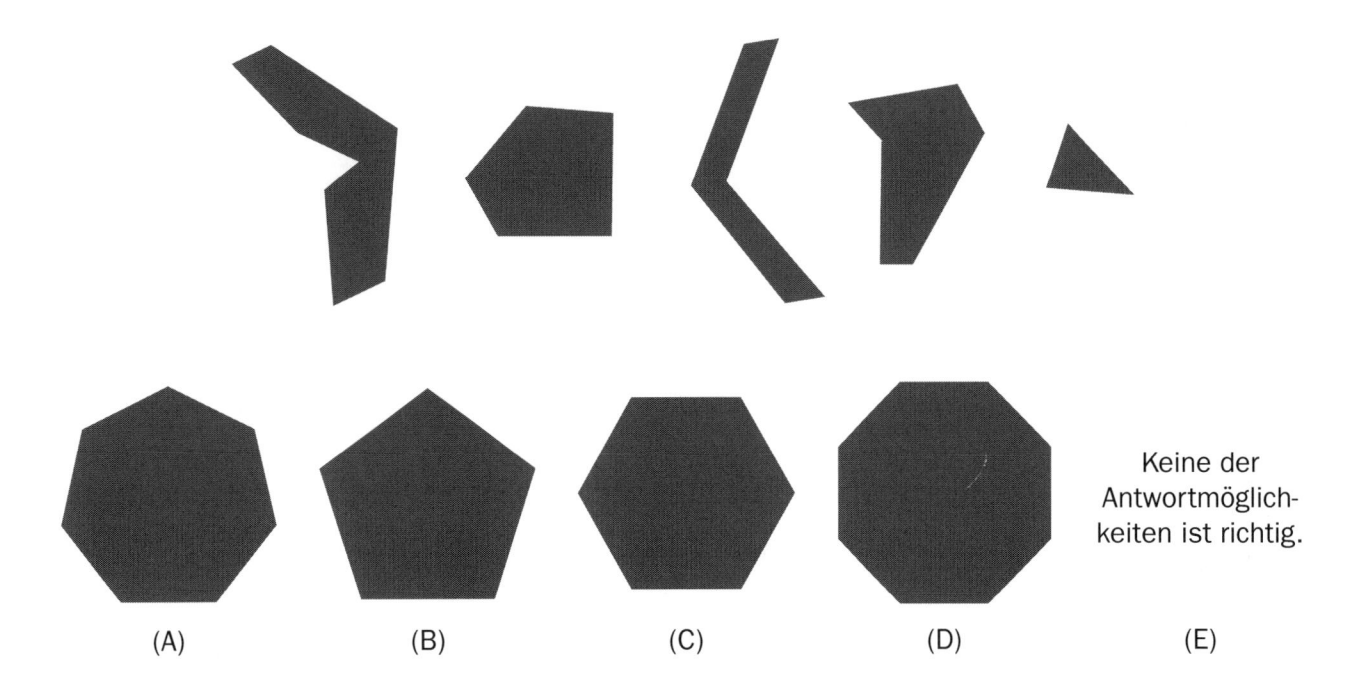

(A)   (B)   (C)   (D)   Keine der Antwortmöglichkeiten ist richtig. (E)

4   Welche Figur lässt sich aus den folgenden Einzelteilen zusammensetzen?

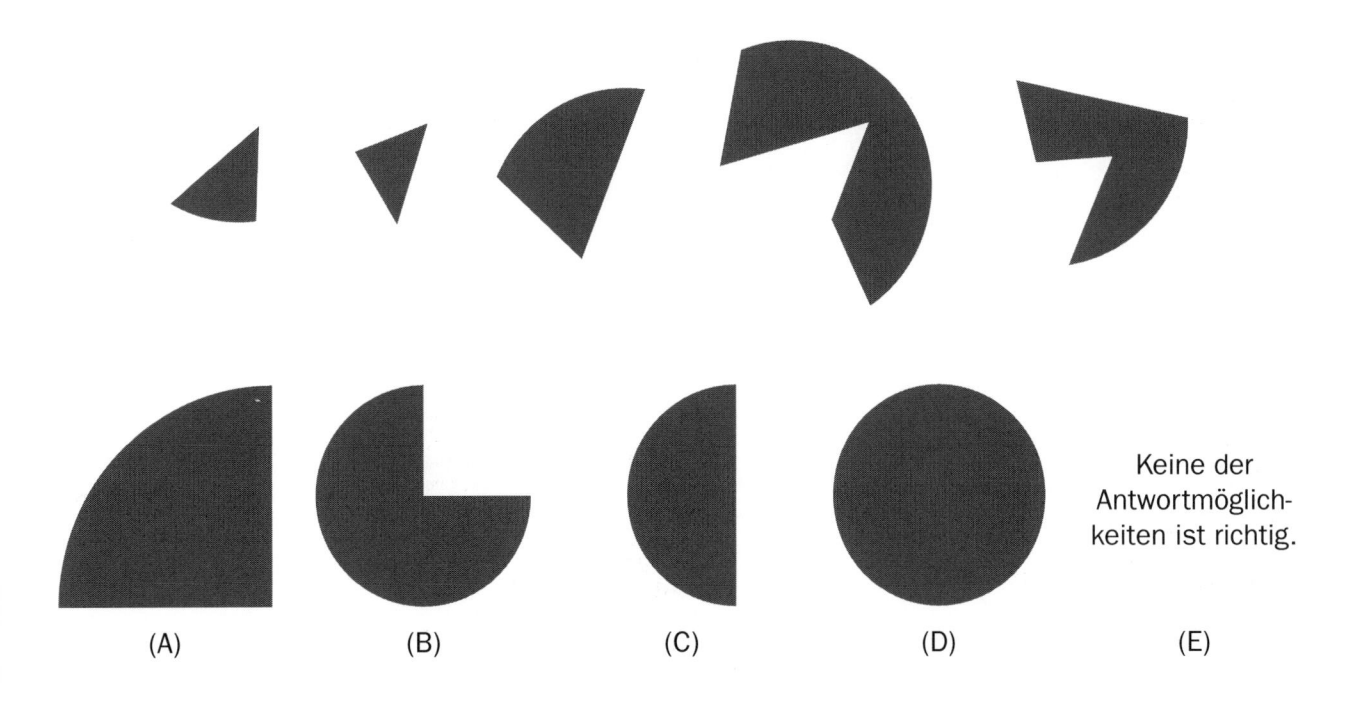

(A)   (B)   (C)   (D)   Keine der Antwortmöglichkeiten ist richtig. (E)

5   Welche Figur lässt sich aus den folgenden Einzelteilen zusammensetzen?

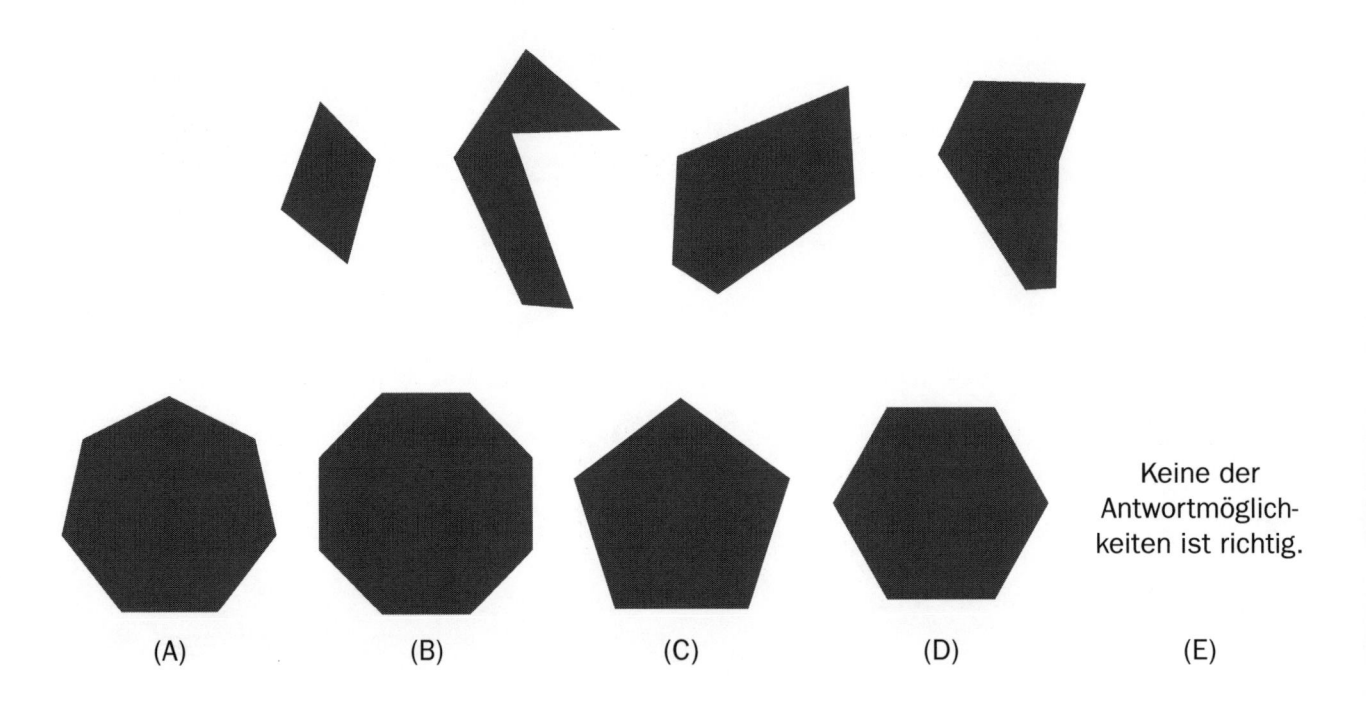

(A)   (B)   (C)   (D)   Keine der Antwortmöglichkeiten ist richtig.

                                                                                (E)

6   Welche Figur lässt sich aus den folgenden Einzelteilen zusammensetzen?

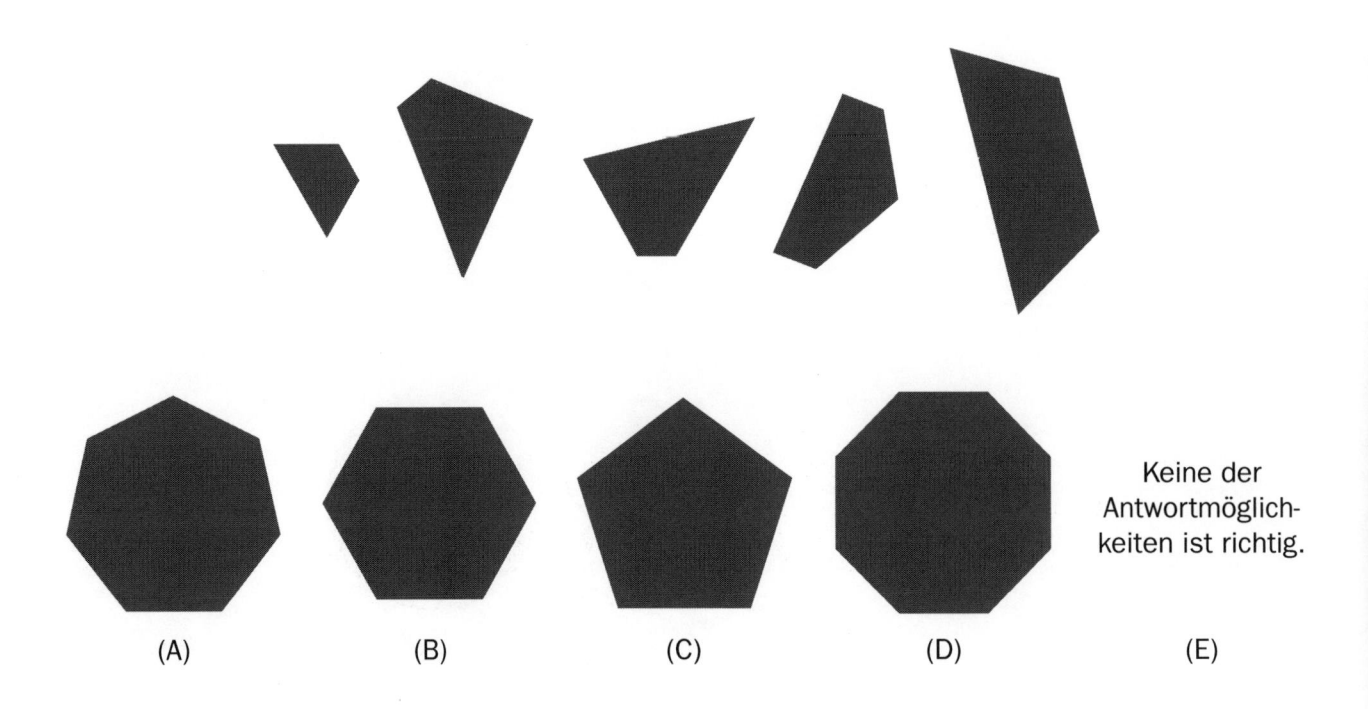

(A)   (B)   (C)   (D)   Keine der Antwortmöglichkeiten ist richtig.

                                                                                (E)

7   Welche Figur lässt sich aus den folgenden Einzelteilen zusammensetzen?

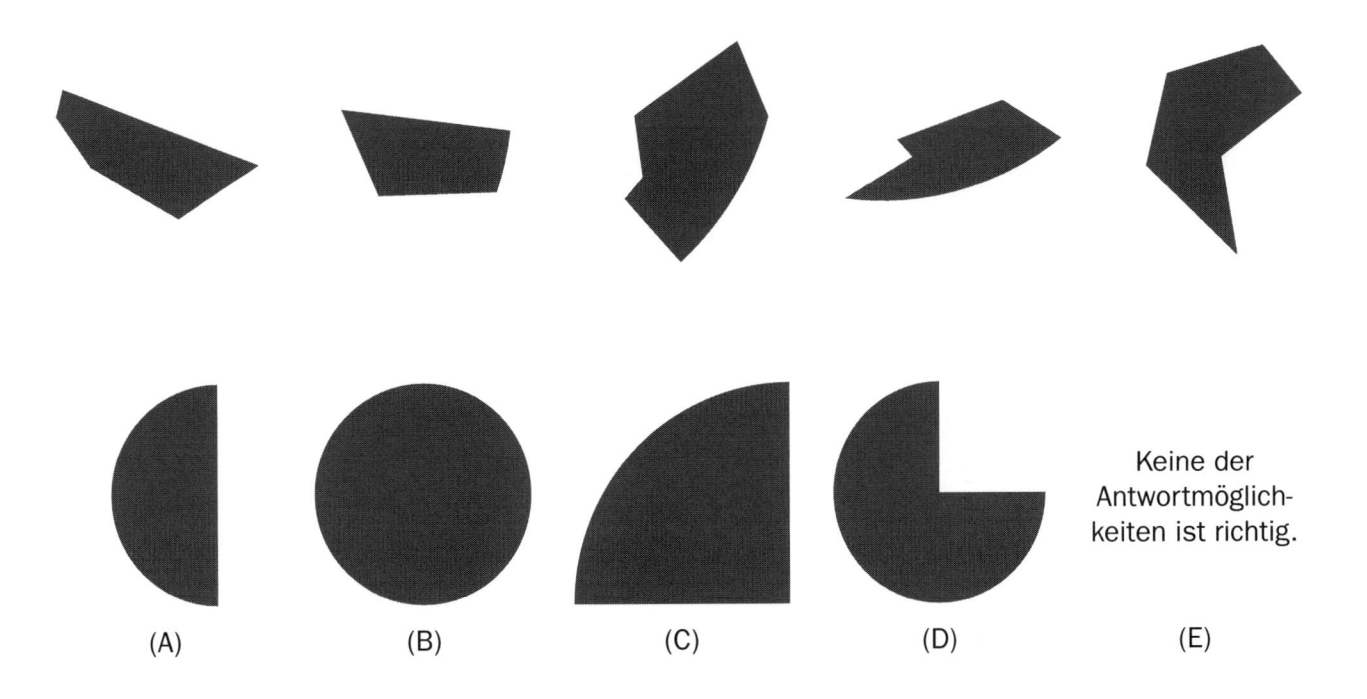

(A)   (B)   (C)   (D)   (E) Keine der Antwortmöglichkeiten ist richtig.

8   Welche Figur lässt sich aus den folgenden Einzelteilen zusammensetzen?

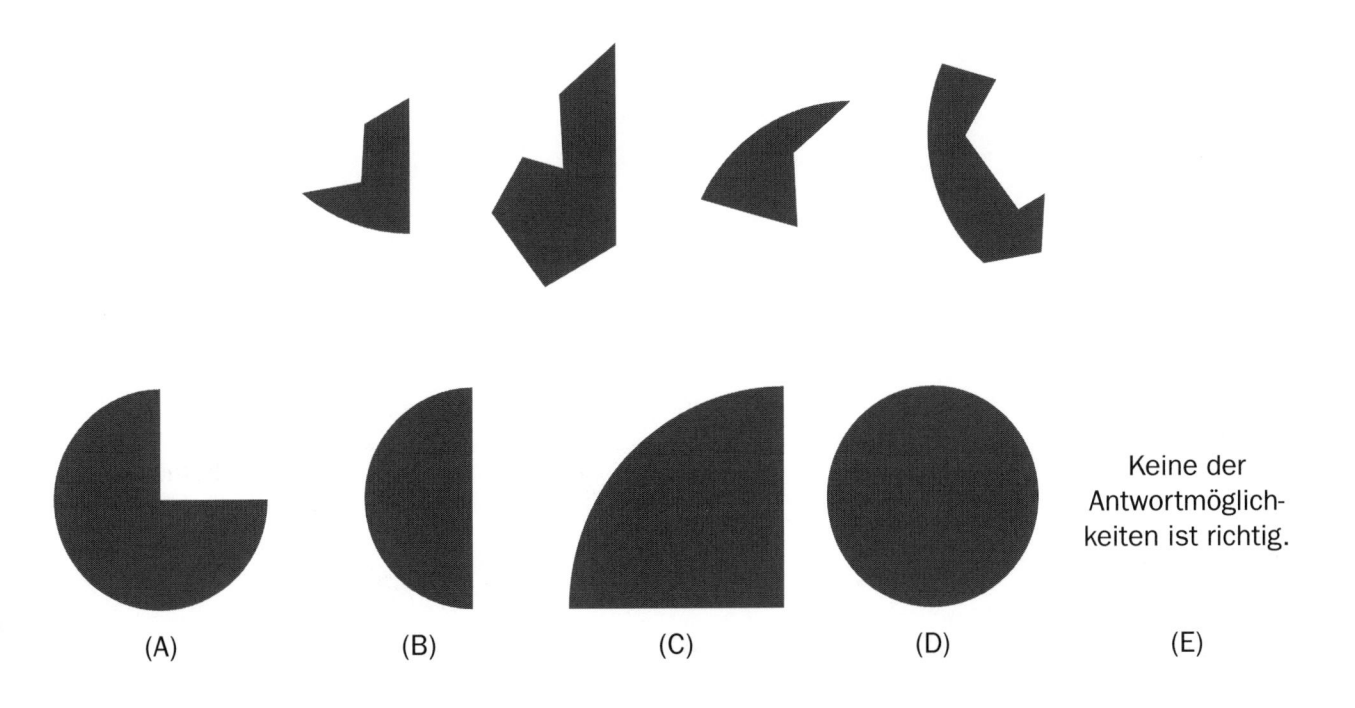

(A)   (B)   (C)   (D)   (E) Keine der Antwortmöglichkeiten ist richtig.

9. Welche Figur lässt sich aus den folgenden Einzelteilen zusammensetzen?

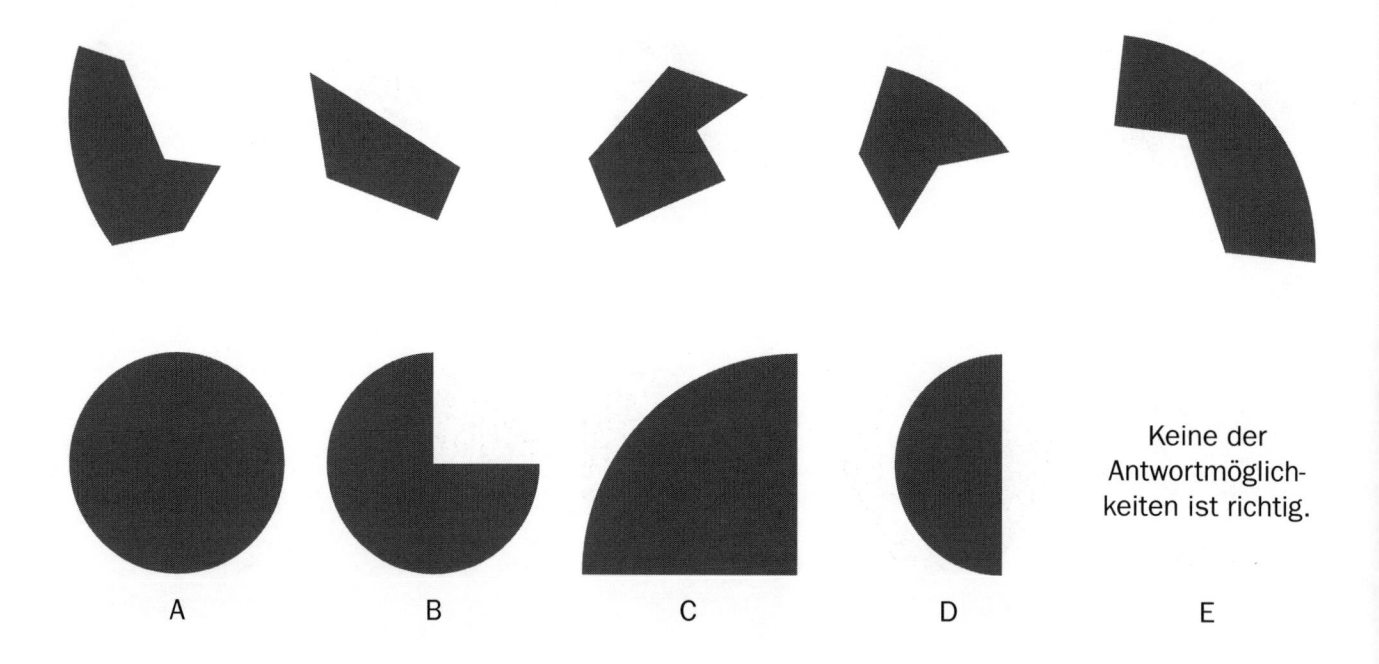

A	B	C	D	E
				Keine der Antwortmöglichkeiten ist richtig.

10. Welche Figur lässt sich aus den folgenden Einzelteilen zusammensetzen?

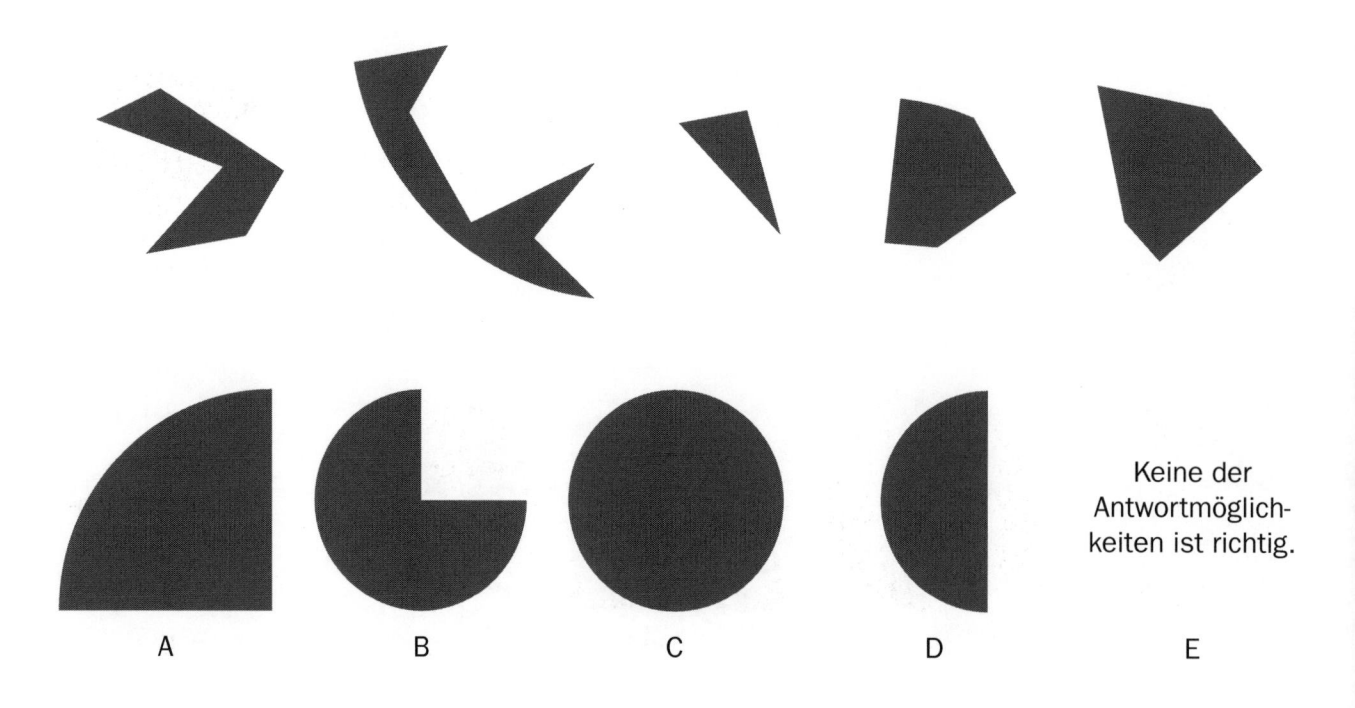

A	B	C	D	E
				Keine der Antwortmöglichkeiten ist richtig.

Figuren zusammensetzen | Testset 17

11. Welche Figur lässt sich aus den folgenden Einzelteilen zusammensetzen?

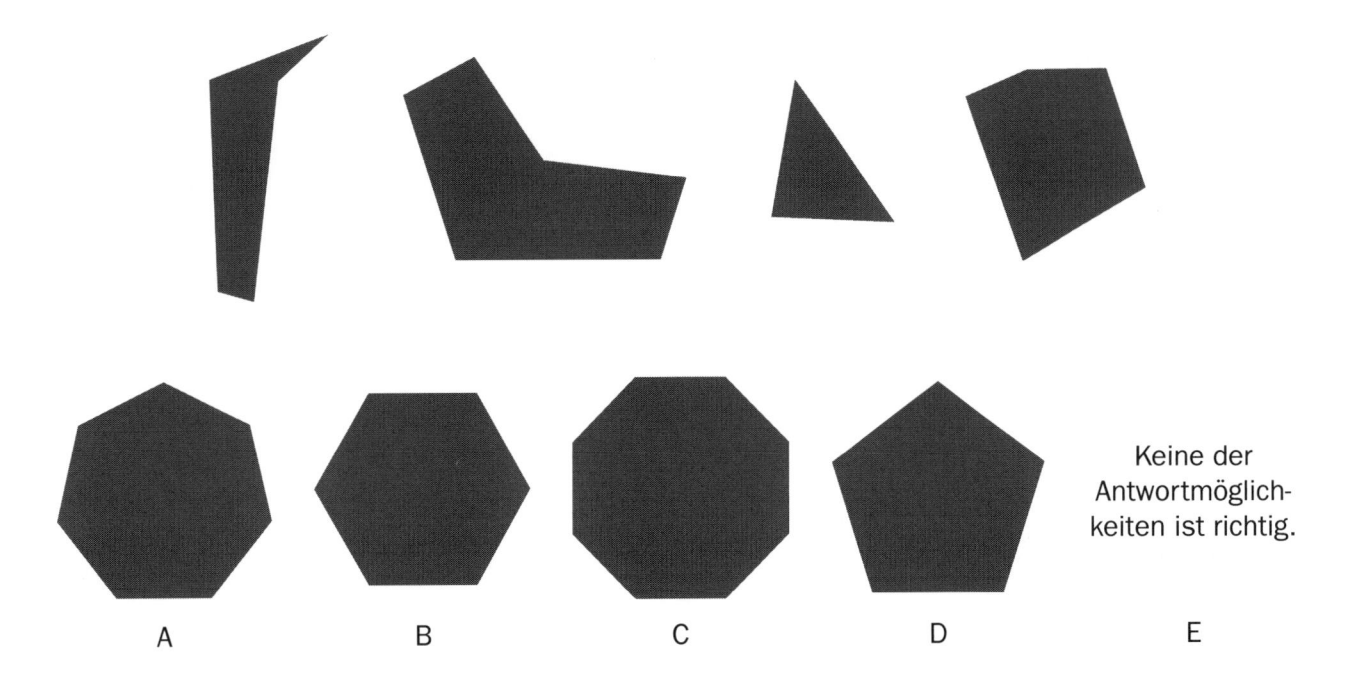

A   B   C   D   E Keine der Antwortmöglichkeiten ist richtig.

12. Welche Figur lässt sich aus den folgenden Einzelteilen zusammensetzen?

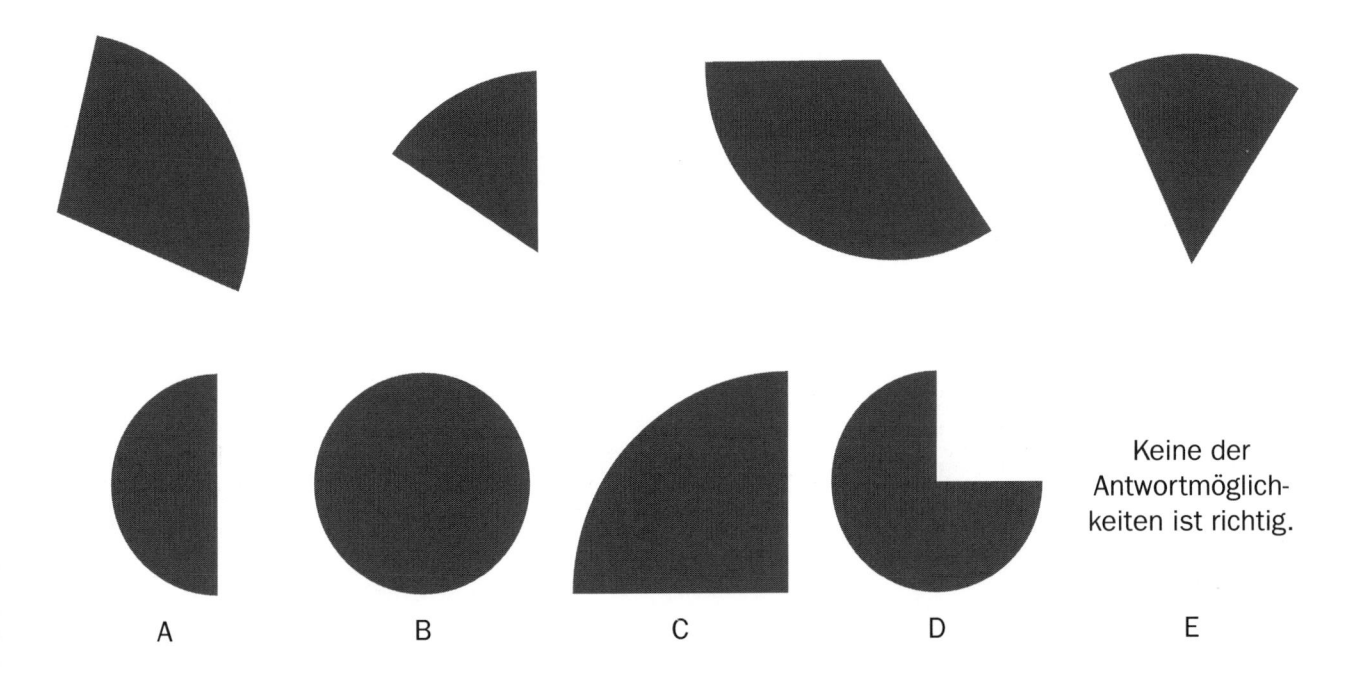

A   B   C   D   E Keine der Antwortmöglichkeiten ist richtig.

13   Welche Figur lässt sich aus den folgenden Einzelteilen zusammensetzen?

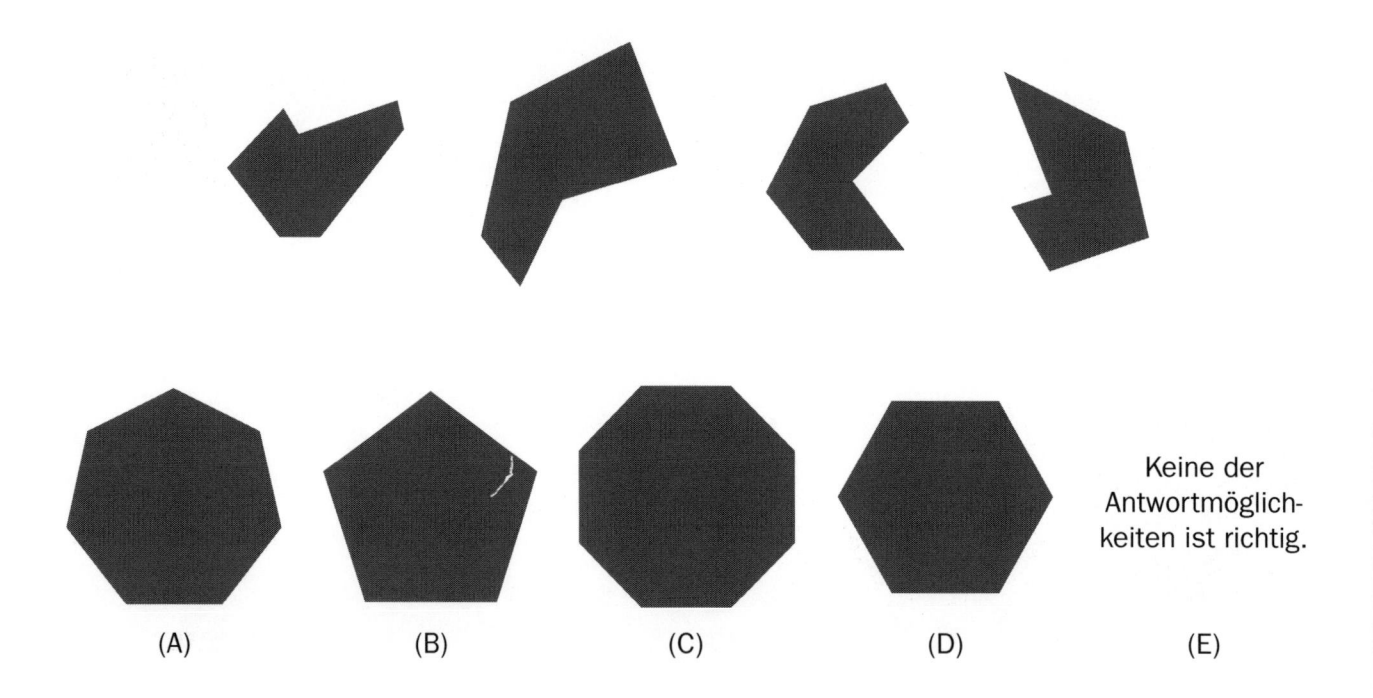

(A)   (B)   (C)   (D)   (E) Keine der Antwortmöglichkeiten ist richtig.

14   Welche Figur lässt sich aus den folgenden Einzelteilen zusammensetzen?

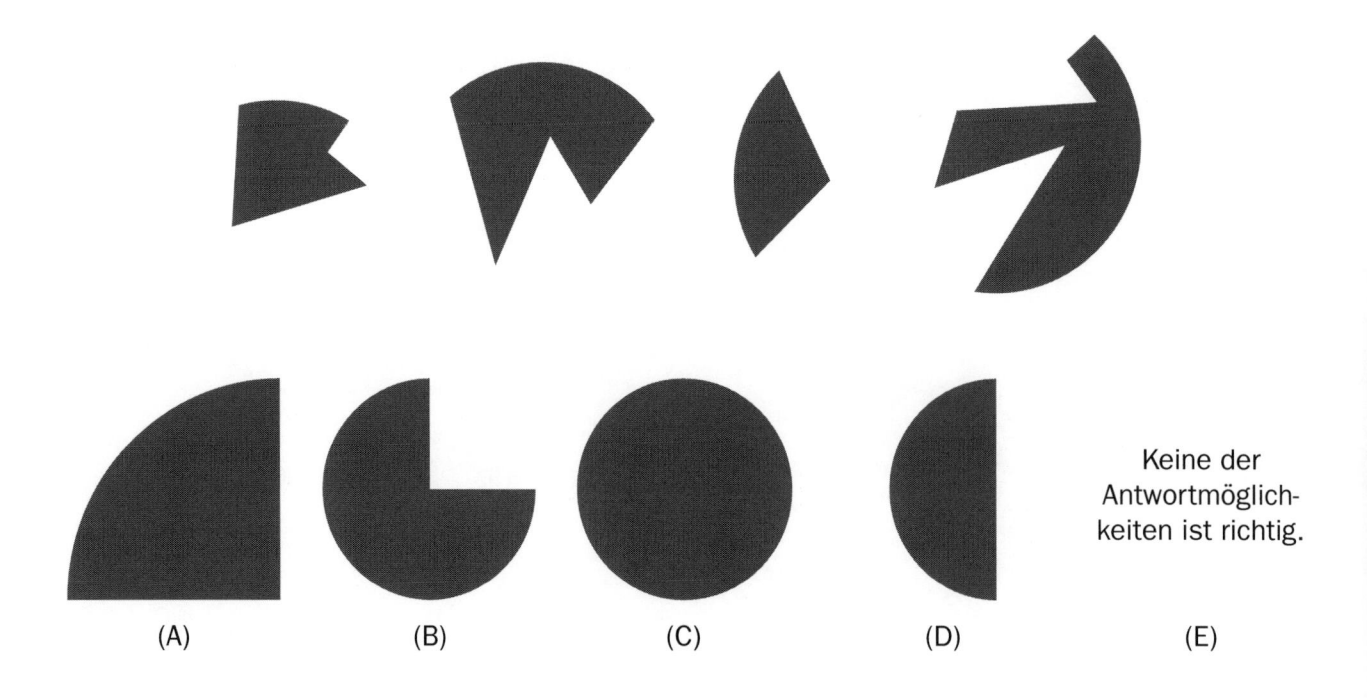

(A)   (B)   (C)   (D)   (E) Keine der Antwortmöglichkeiten ist richtig.

15 Welche Figur lässt sich aus den folgenden Einzelteilen zusammensetzen?

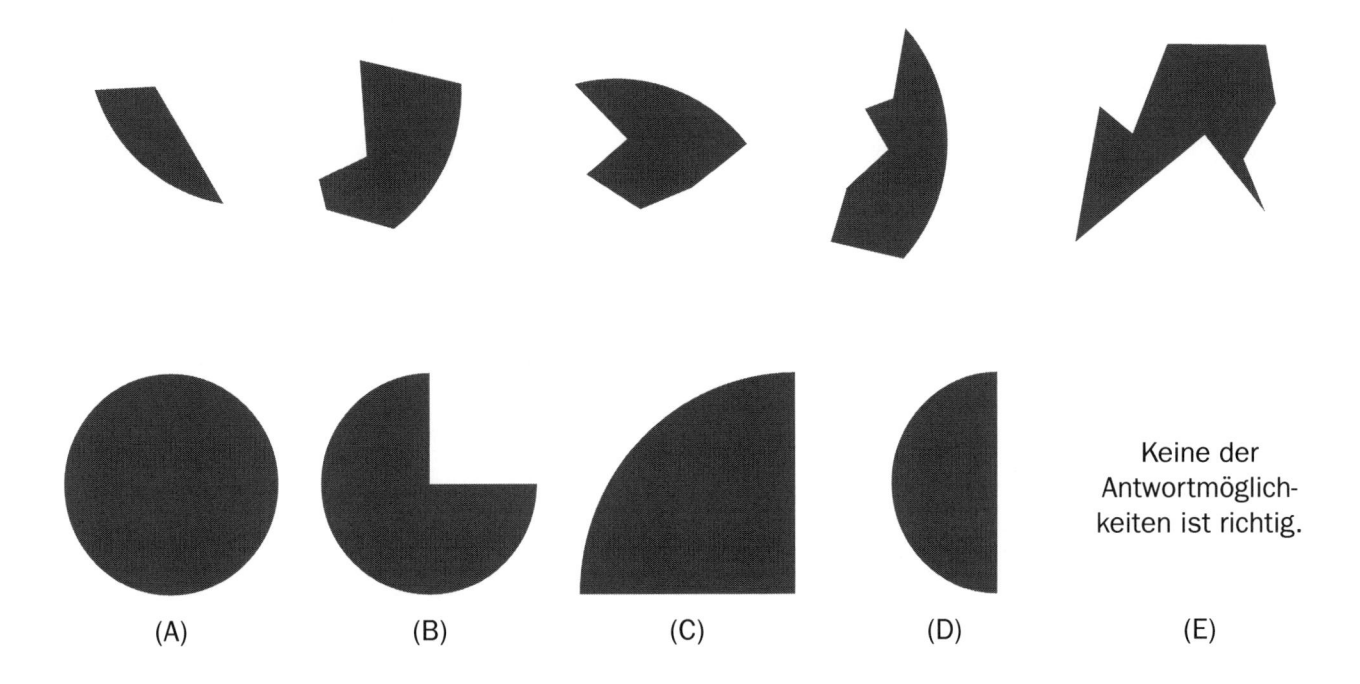

(A) (B) (C) (D) (E) Keine der Antwortmöglichkeiten ist richtig.

Figuren zusammensetzen | Testset 18

Testset 18
Anzahl der Aufgaben: 15, Bearbeitungszeit: 20 Minuten

1   Welche Figur lässt sich aus den folgenden Einzelteilen zusammensetzen?

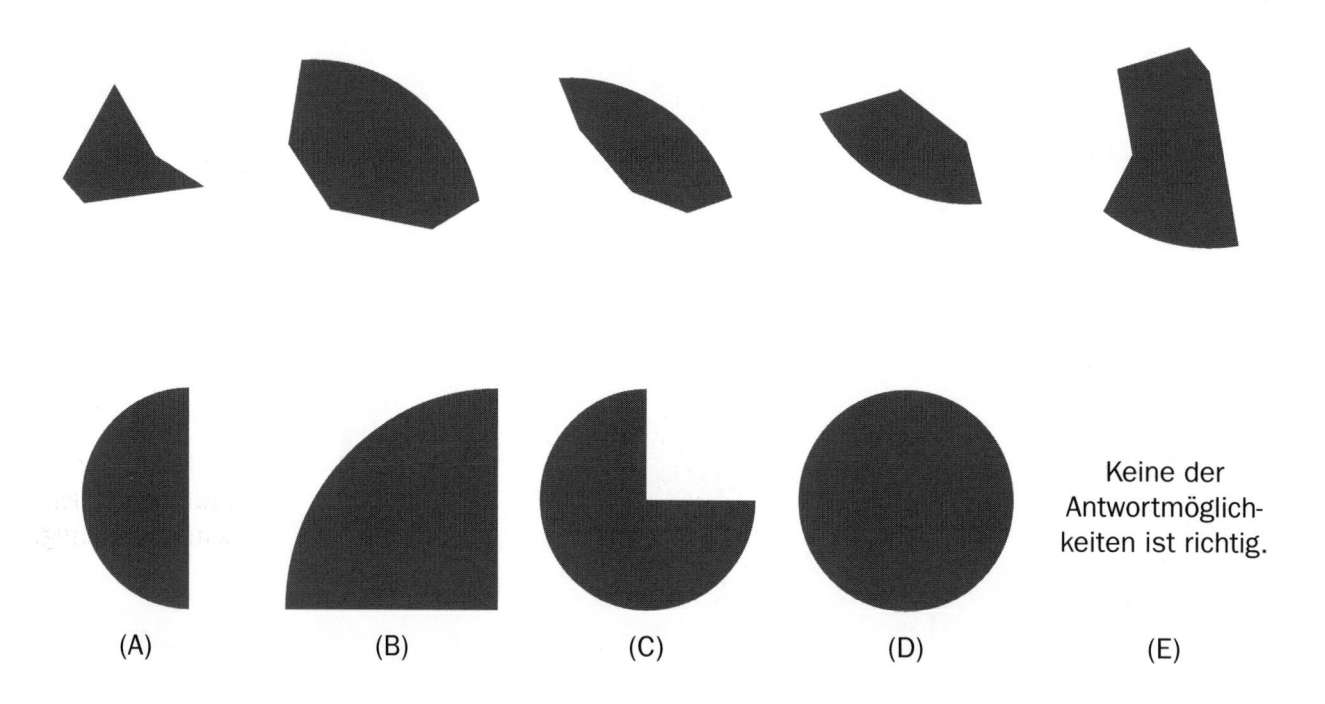

(A)   (B)   (C)   (D)   (E) Keine der Antwortmöglichkeiten ist richtig.

2   Welche Figur lässt sich aus den folgenden Einzelteilen zusammensetzen?

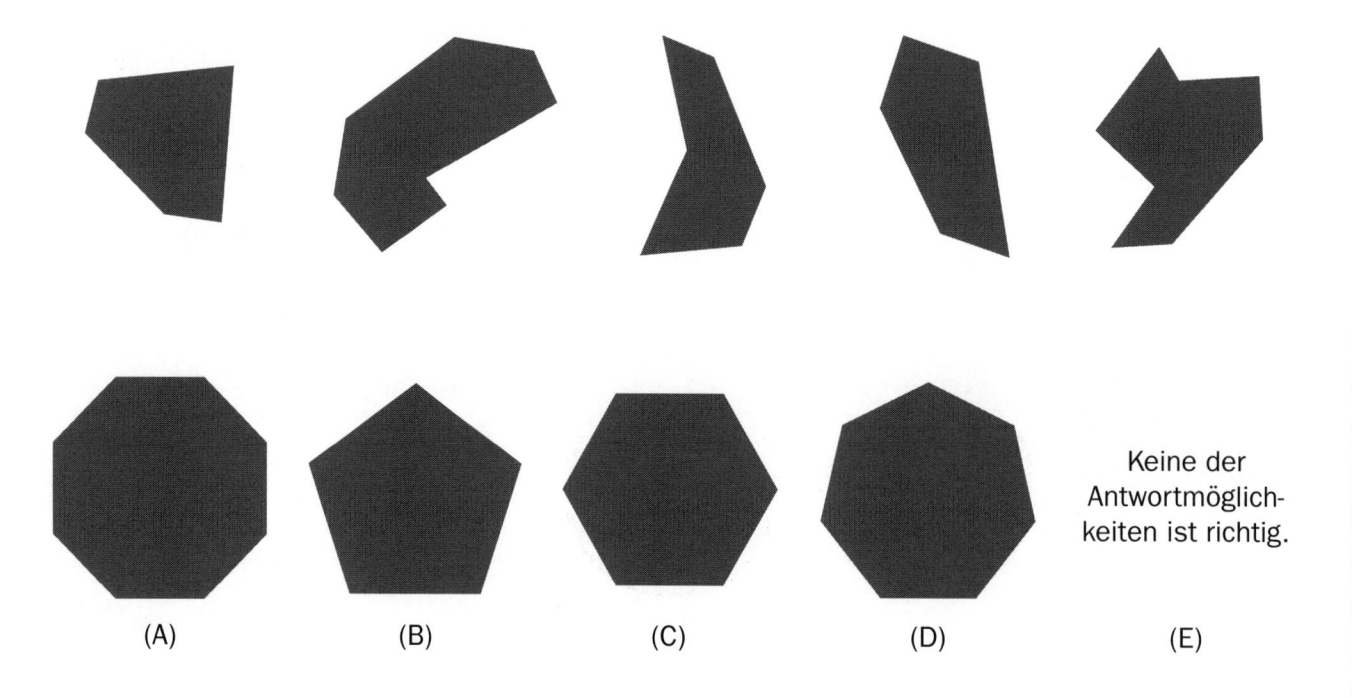

(A)   (B)   (C)   (D)   (E) Keine der Antwortmöglichkeiten ist richtig.

3   Welche Figur lässt sich aus den folgenden Einzelteilen zusammensetzen?

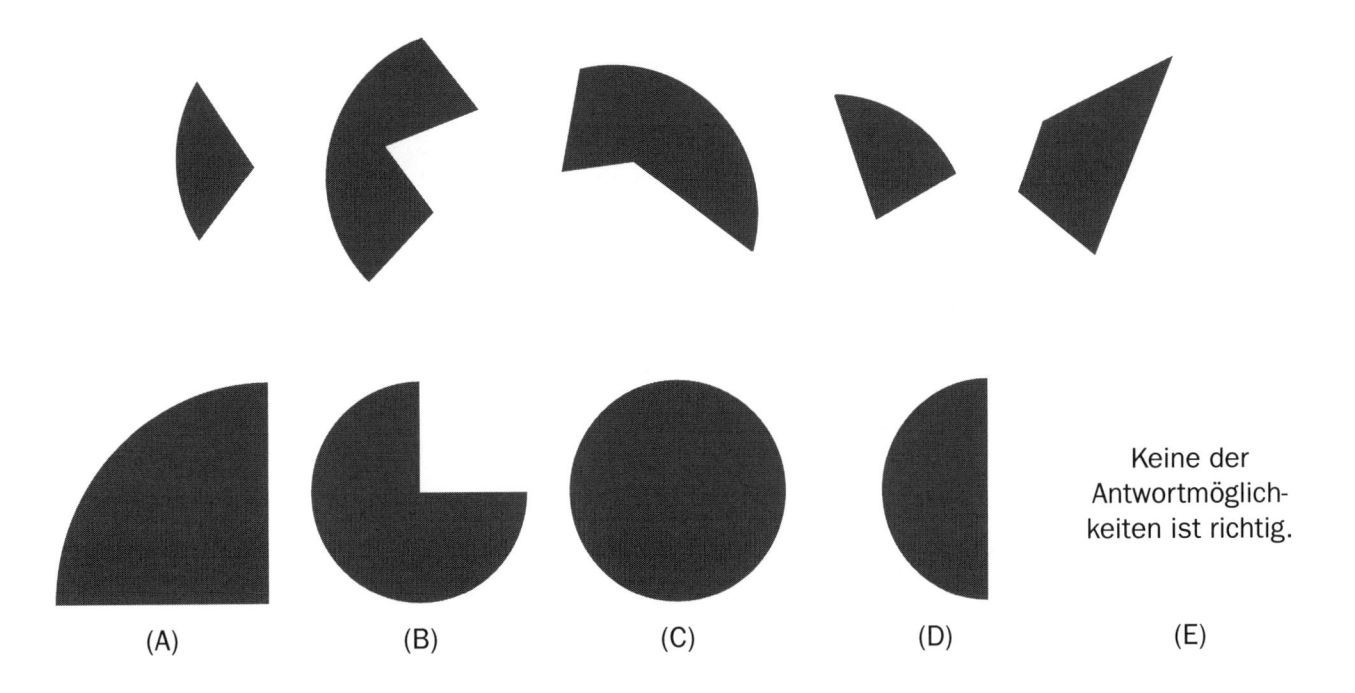

(A)   (B)   (C)   (D)   (E) Keine der Antwortmöglichkeiten ist richtig.

4   Welche Figur lässt sich aus den folgenden Einzelteilen zusammensetzen?

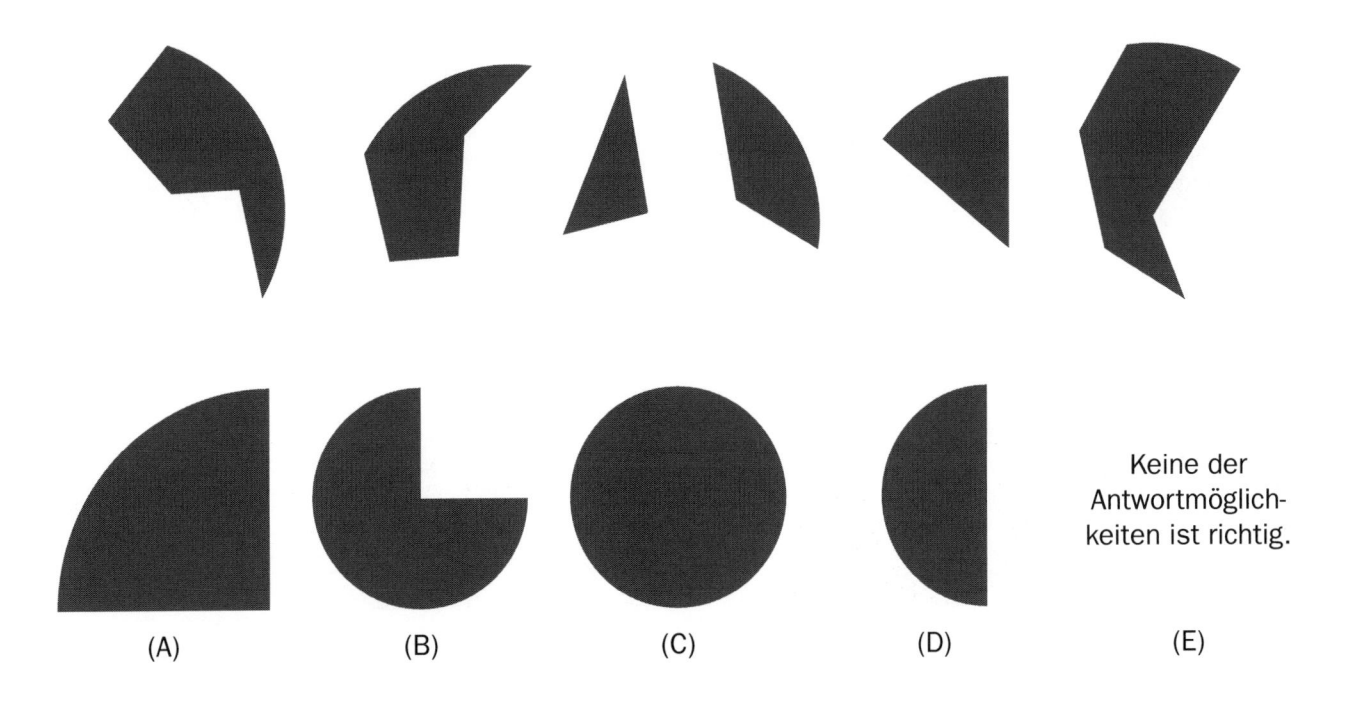

(A)   (B)   (C)   (D)   (E) Keine der Antwortmöglichkeiten ist richtig.

Figuren zusammensetzen | Testset 18

5   Welche Figur lässt sich aus den folgenden Einzelteilen zusammensetzen?

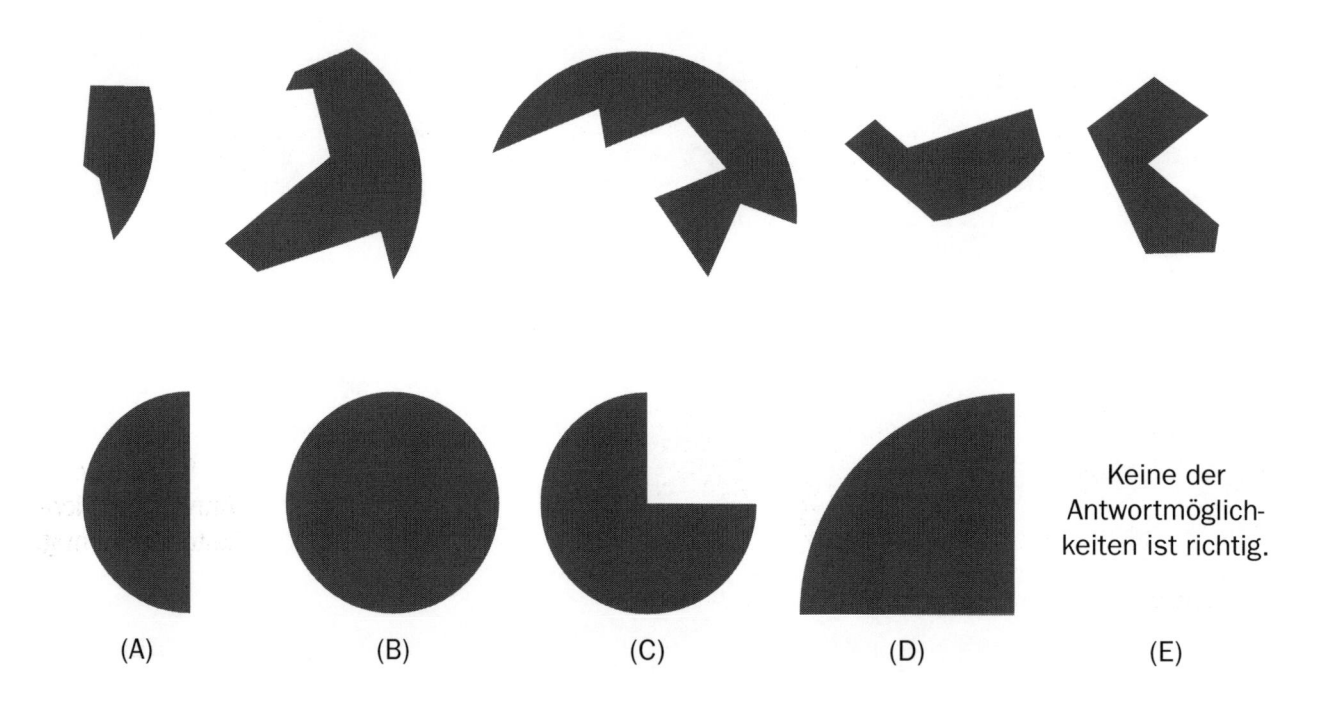

(A)   (B)   (C)   (D)   (E) Keine der Antwortmöglichkeiten ist richtig.

6   Welche Figur lässt sich aus den folgenden Einzelteilen zusammensetzen?

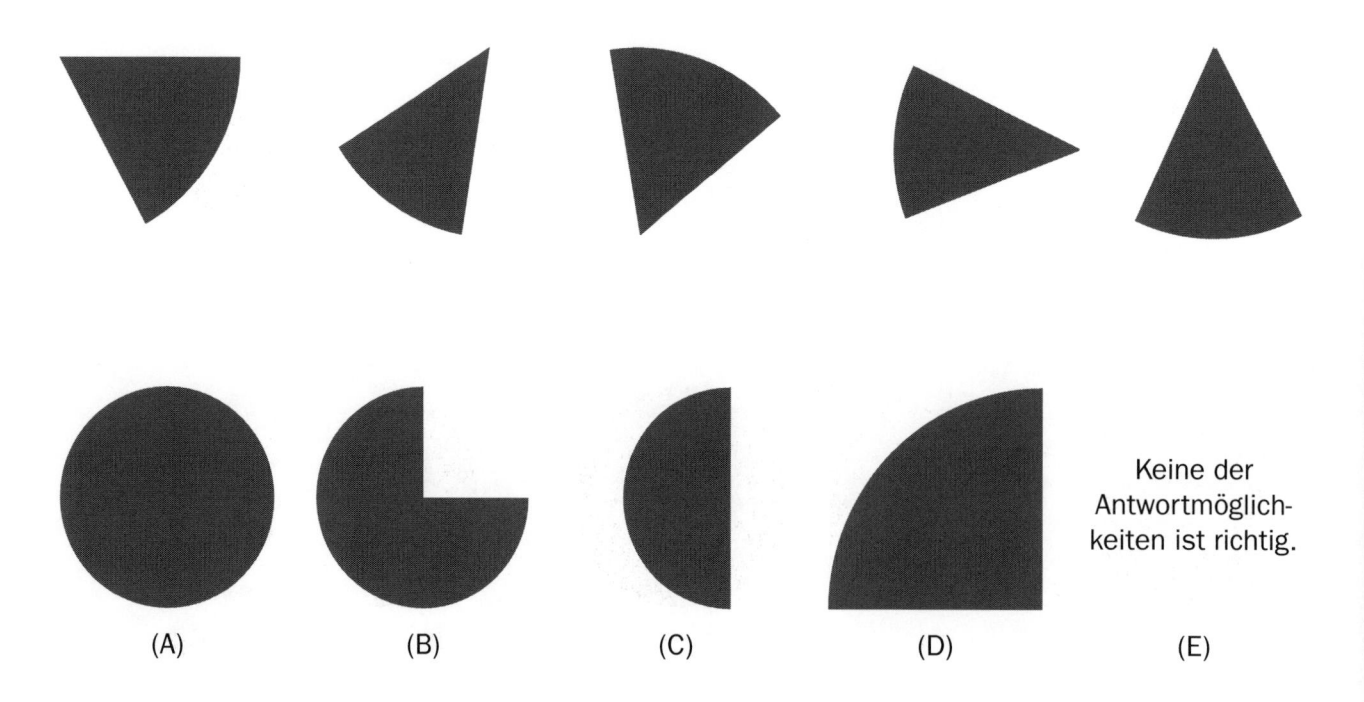

(A)   (B)   (C)   (D)   (E) Keine der Antwortmöglichkeiten ist richtig.

7   Welche Figur lässt sich aus den folgenden Einzelteilen zusammensetzen?

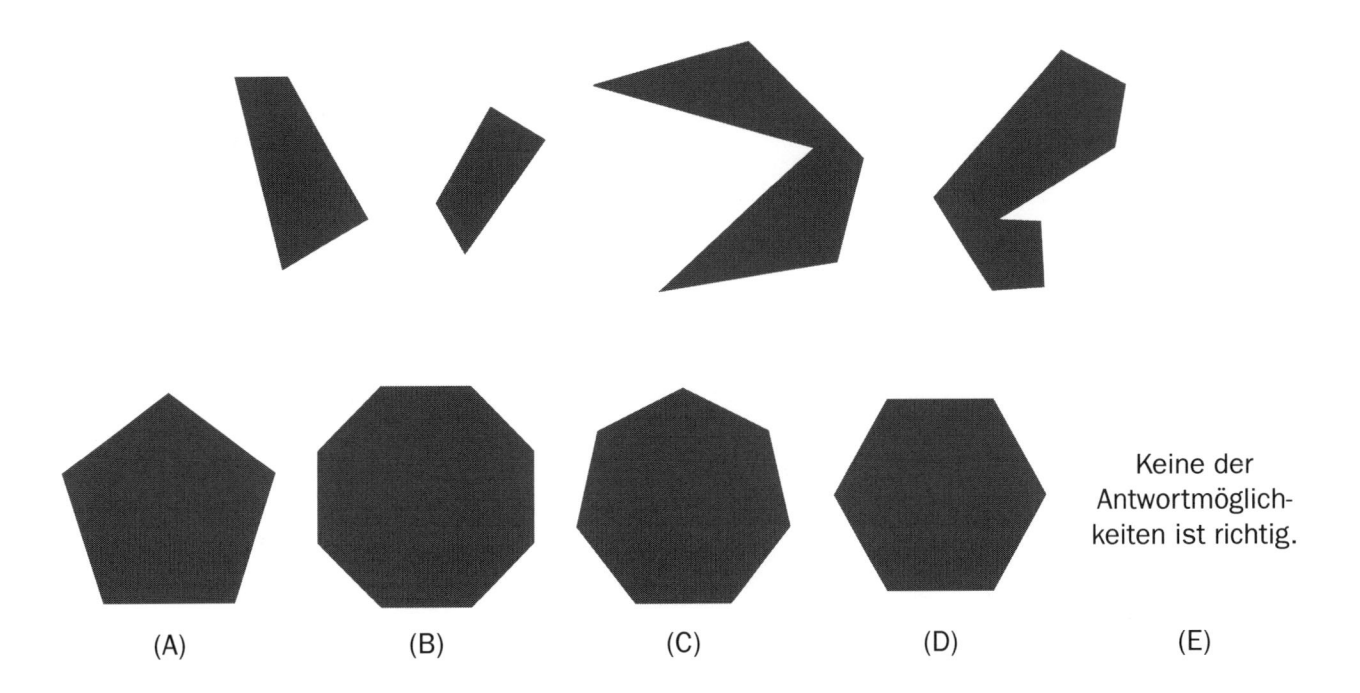

(A)   (B)   (C)   (D)   (E) Keine der Antwortmöglichkeiten ist richtig.

8   Welche Figur lässt sich aus den folgenden Einzelteilen zusammensetzen?

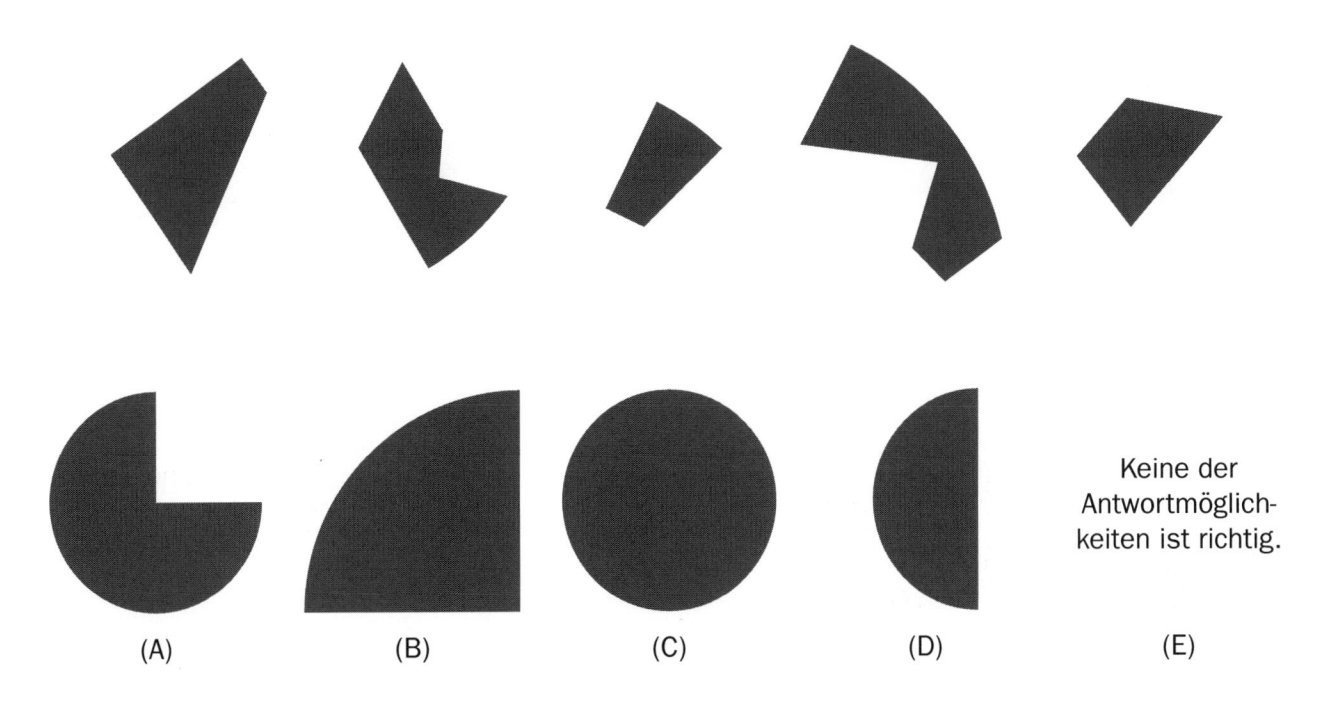

(A)   (B)   (C)   (D)   (E) Keine der Antwortmöglichkeiten ist richtig.

9 Welche Figur lässt sich aus den folgenden Einzelteilen zusammensetzen?

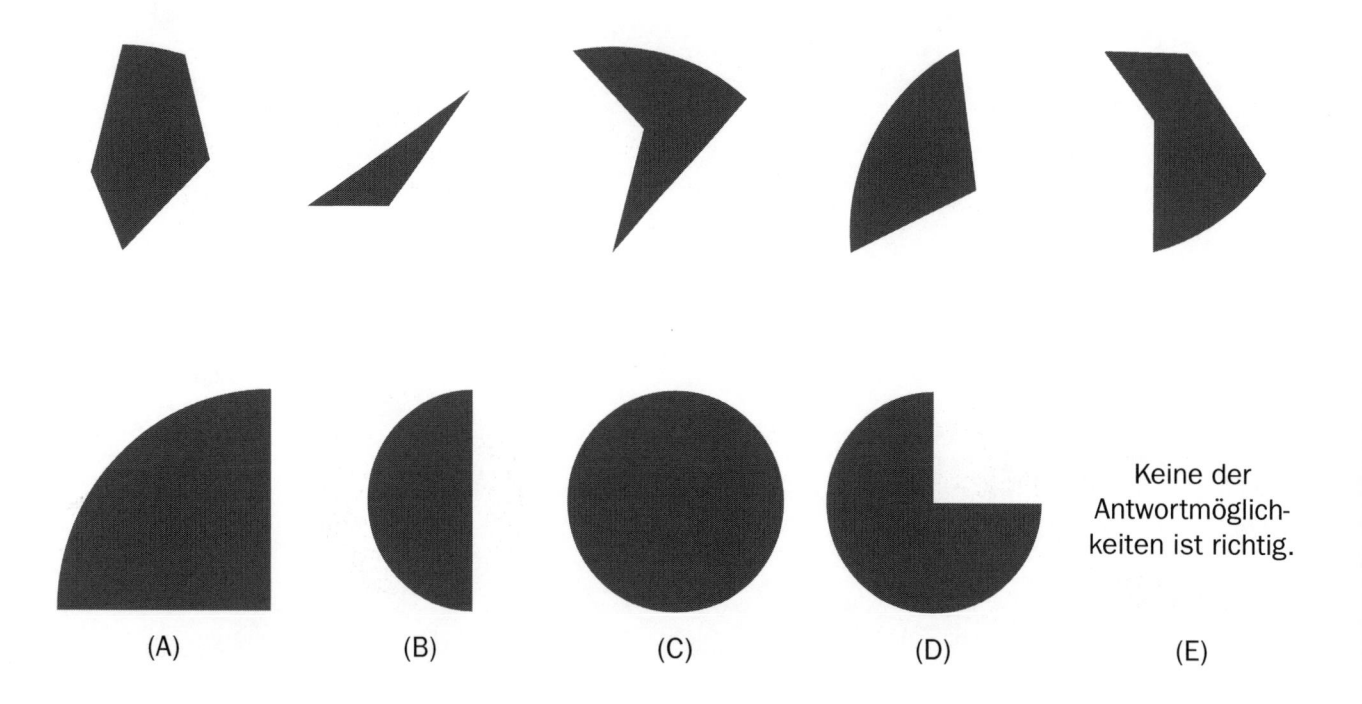

(A)   (B)   (C)   (D)   (E) Keine der Antwortmöglichkeiten ist richtig.

10 Welche Figur lässt sich aus den folgenden Einzelteilen zusammensetzen?

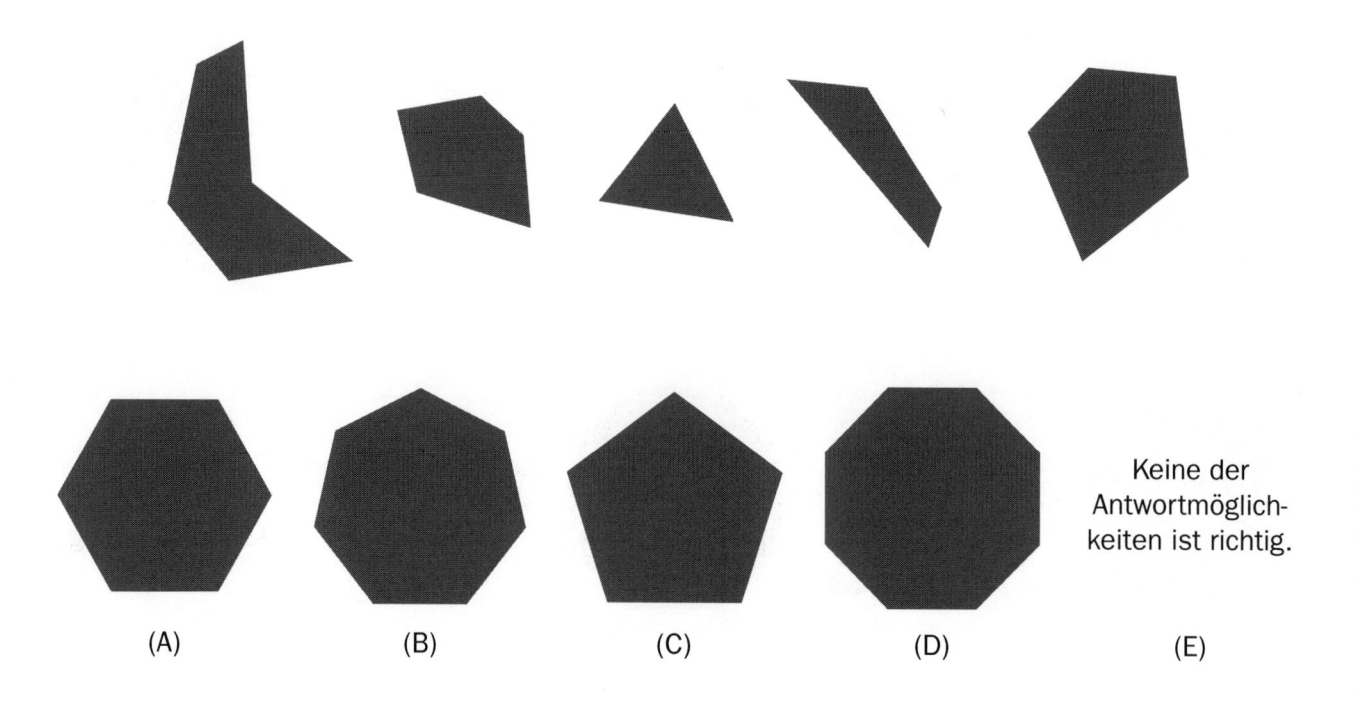

(A)   (B)   (C)   (D)   (E) Keine der Antwortmöglichkeiten ist richtig.

Figuren zusammensetzen | Testset 18

11   Welche Figur lässt sich aus den folgenden Einzelteilen zusammensetzen?

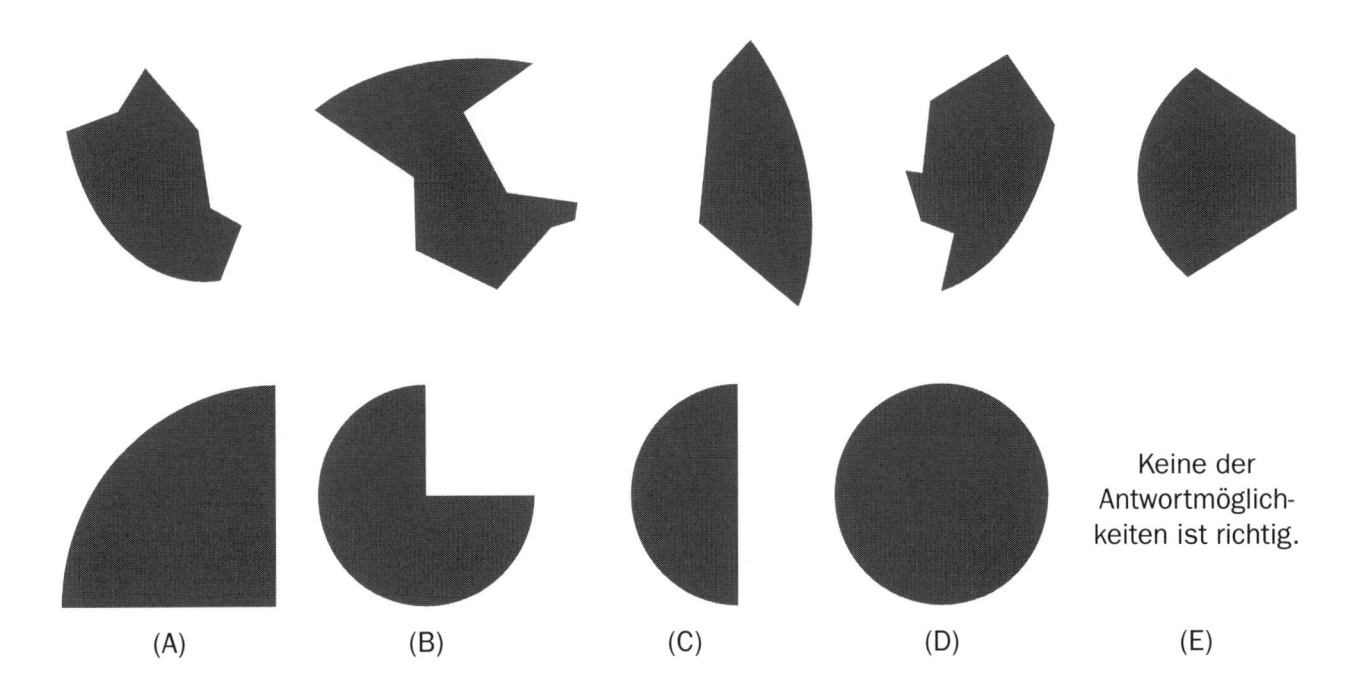

(A)   (B)   (C)   (D)   (E) Keine der Antwortmöglichkeiten ist richtig.

12   Welche Figur lässt sich aus den folgenden Einzelteilen zusammensetzen?

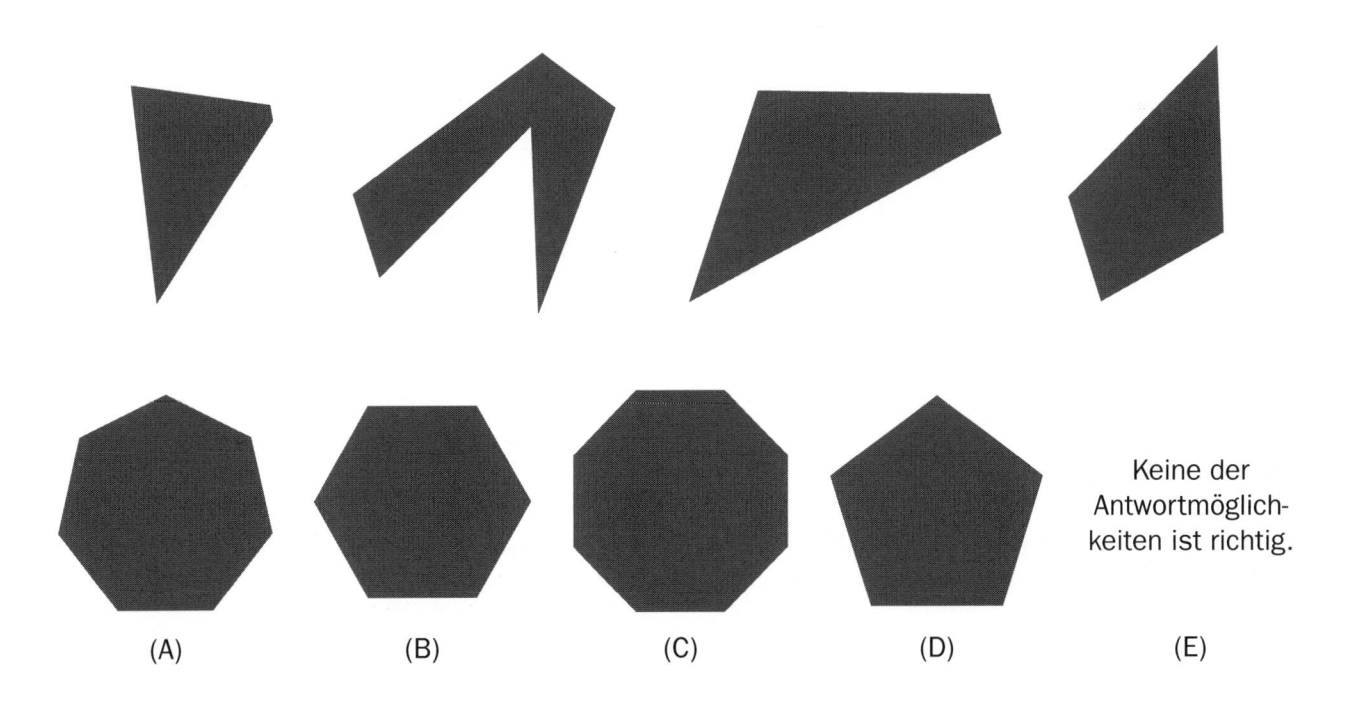

(A)   (B)   (C)   (D)   (E) Keine der Antwortmöglichkeiten ist richtig.

13 Welche Figur lässt sich aus den folgenden Einzelteilen zusammensetzen?

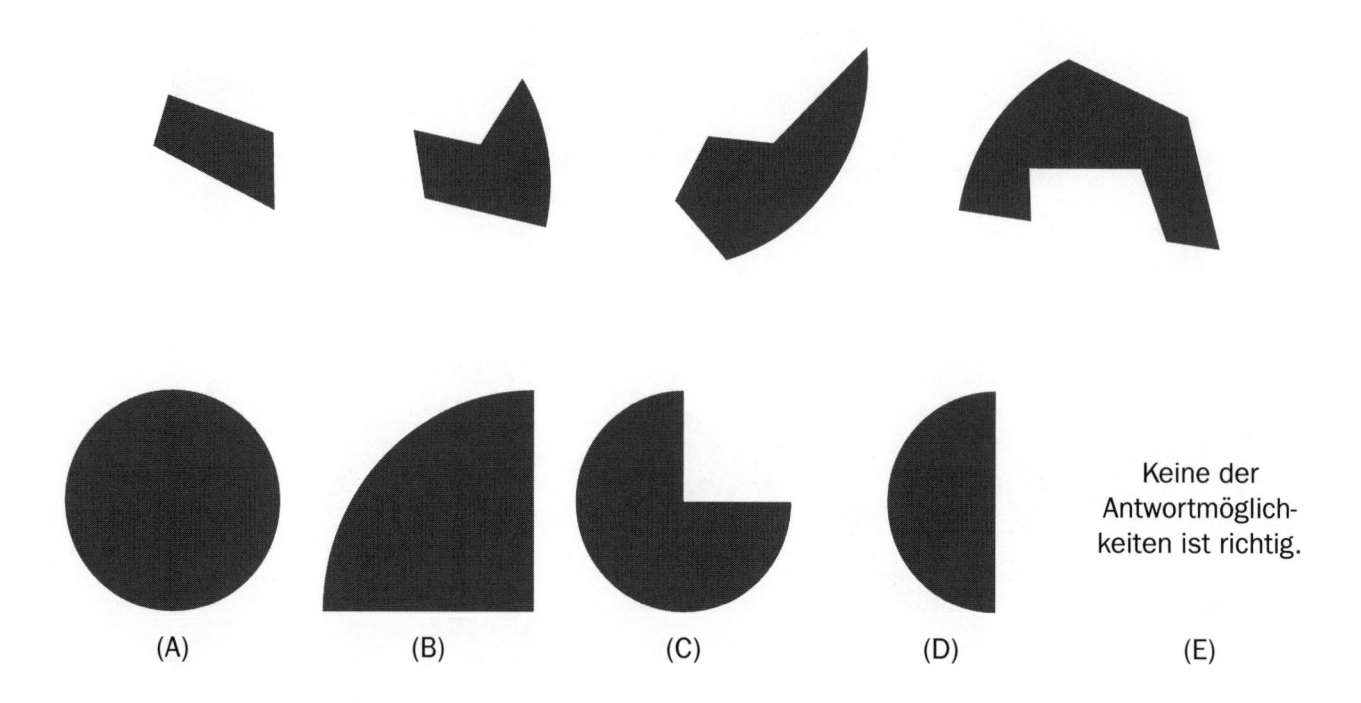

(A) (B) (C) (D) (E) Keine der Antwortmöglichkeiten ist richtig.

14 Welche Figur lässt sich aus den folgenden Einzelteilen zusammensetzen?

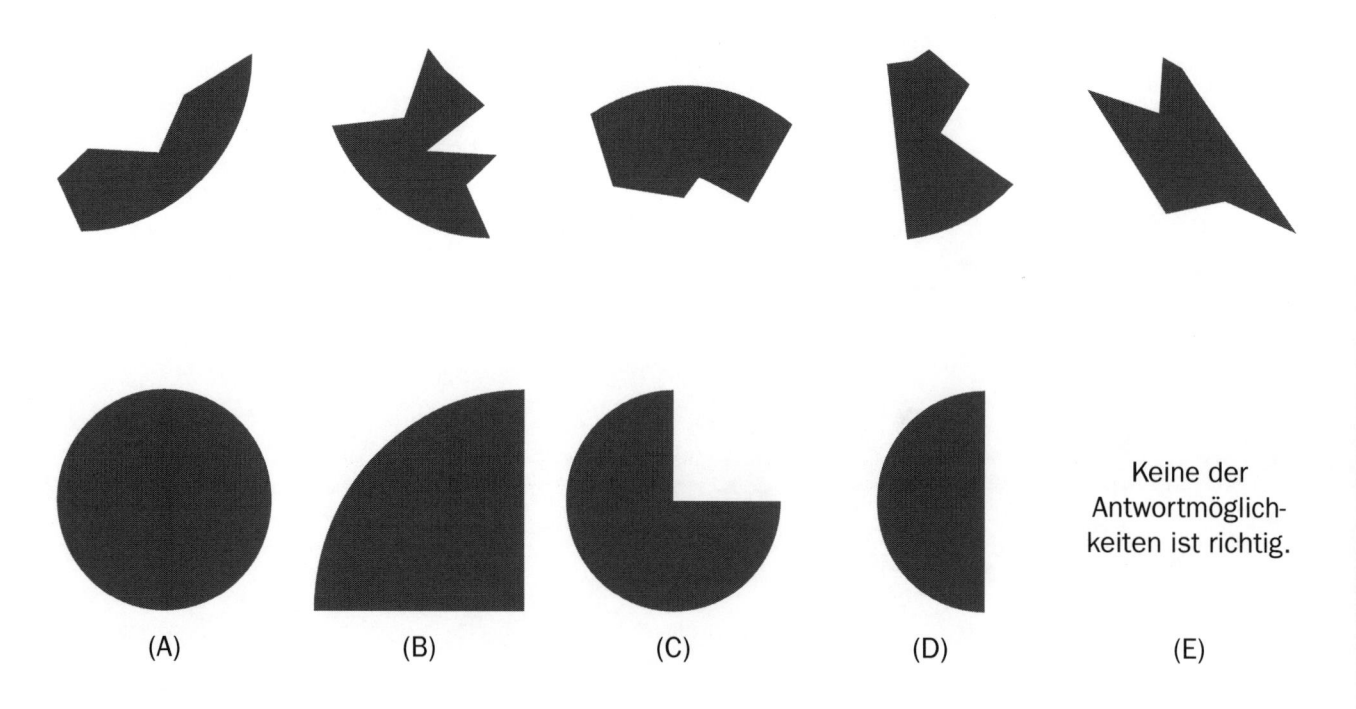

(A) (B) (C) (D) (E) Keine der Antwortmöglichkeiten ist richtig.

15 Welche Figur lässt sich aus den folgenden Einzelteilen zusammensetzen?

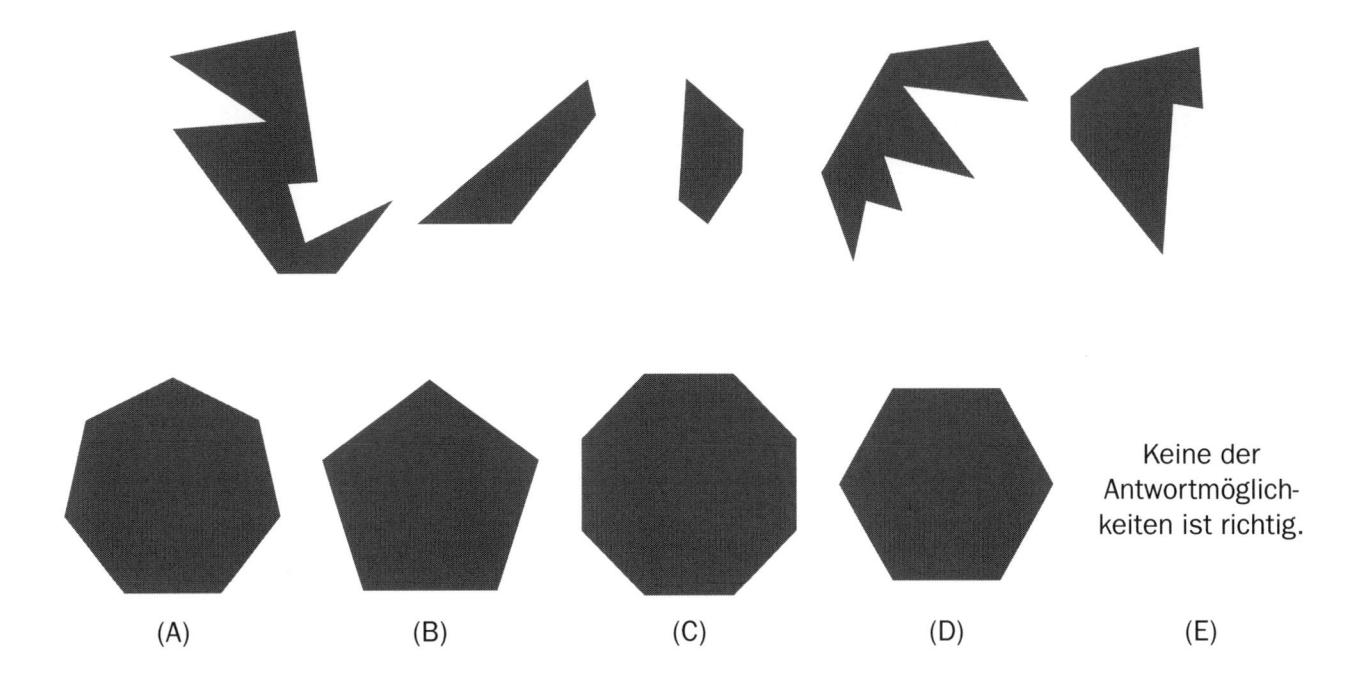

(A) (B) (C) (D) (E) Keine der Antwortmöglichkeiten ist richtig.

Untertest Wortflüssigkeit

Warum gibt es diesen Untertest?
Der Untertest „Wortflüssigkeit" soll die Fähigkeit der Bewerberinnen und Bewerber messen, bereits erworbenes Wissen situationsbedingt aus dem Gedächtnis abzurufen, um neue Fragestellungen zu lösen. Die Fähigkeit, die dieser Untertest abfragt, ist insbesondere in der späteren Laufbahn als Arzt wichtig, um Wissen auf konkrete Problemfälle anzuwenden, z.B.: bei der Stellung einer Diagnose.

Wie setzt sich dieser Untertest zusammen?
Jede Aufgabe besteht aus einer willkürlichen Aneinanderreihung von Buchstaben, die sich zu einem Hauptwort zusammensetzten lassen. Ziel ist es, den korrekten Anfangsbuchstaben zu finden, mit dem das Lösungswort beginnt.

Wie viele Aufgaben muss ich lösen?
15 Aufgaben

Wie lange habe ich Zeit?
20 Minuten

Worauf sollte ich in diesem Untertest achten?
Die Hauptwörter, die in diesem Untertest vorkommen, enthalten keine Umlaute und kein scharfes S. In der Regel kommen Hauptwörter vor, die aus 7-10 Buchstaben bestehen. Es können jedoch auch Hauptwörter vorkommen, die weniger oder mehr Buchstaben haben.

Es ist möglich, dass der Anfangsbuchstabe des Lösungsworts nicht in den Antwortmöglichkeiten gegeben ist. In diesem Fall muss die Antwortmöglichkeit E („Keine der Antwortmöglichkeiten ist richtig") angekreuzt werden.

Prinzipiell kann jedes deutsche Hauptwort, welches im Wörterbuch zu finden ist, und die obigen Bedingungen erfüllt zum Test kommen.

Anmerkung: Alle Wörter, die in diesem Übungsbuch vorkommen, sind im Deutschen Wörterbuch gelistet. Keines der Übungswörter ist somit erfunden.

Beispielaufgabe

O I N E L D G A A

(A) I
(B) D
(C) A
(D) E
(E) Keine der Antwortmöglichkeiten ist richtig.

Die Lösung für dieses Beispiel ist (B) D.
Lösungswort: DIAGONALE

TESTSETS:
Wortflüssigkeit

Wortflüssigkeit | Testset 1

Testset 1
Anzahl der Aufgaben: 15, Bearbeitungszeit: 20 Minuten

1　　L P R O O D N

　　(A) Anfangsbuchstabe: R
　　(B) Anfangsbuchstabe: N
　　(C) Anfangsbuchstabe: O
　　(D) Anfangsbuchstabe: D
　　(E) Keine der Antwortmöglichkeiten ist richtig.

2　　T I N L S E T E H E

　　(A) Anfangsbuchstabe: L
　　(B) Anfangsbuchstabe: H
　　(C) Anfangsbuchstabe: N
　　(D) Anfangsbuchstabe: T
　　(E) Keine der Antwortmöglichkeiten ist richtig.

3　　T S A K W T T E R

　　(A) Anfangsbuchstabe: K
　　(B) Anfangsbuchstabe: S
　　(C) Anfangsbuchstabe: W
　　(D) Anfangsbuchstabe: T
　　(E) Keine der Antwortmöglichkeiten ist richtig.

4　　Z I G R T E E U F N

　　(A) Anfangsbuchstabe: Z
　　(B) Anfangsbuchstabe: E
　　(C) Anfangsbuchstabe: R
　　(D) Anfangsbuchstabe: T
　　(E) Keine der Antwortmöglichkeiten ist richtig.

5   T M N I U I N O

   (A) Anfangsbuchstabe: T
   (B) Anfangsbuchstabe: O
   (C) Anfangsbuchstabe: N
   (D) Anfangsbuchstabe: I
   (E) Keine der Antwortmöglichkeiten ist richtig.

6   T R S I E D N I U

   (A) Anfangsbuchstabe: T
   (B) Anfangsbuchstabe: S
   (C) Anfangsbuchstabe: U
   (D) Anfangsbuchstabe: N
   (E) Keine der Antwortmöglichkeiten ist richtig.

7   R N N U B N E

   (A) Anfangsbuchstabe: E
   (B) Anfangsbuchstabe: U
   (C) Anfangsbuchstabe: B
   (D) Anfangsbuchstabe: R
   (E) Keine der Antwortmöglichkeiten ist richtig.

8   G T B S L U C H E

   (A) Anfangsbuchstabe: E
   (B) Anfangsbuchstabe: L
   (C) Anfangsbuchstabe: G
   (D) Anfangsbuchstabe: B
   (E) Keine der Antwortmöglichkeiten ist richtig.

9   B E I H T G N A S

   (A) Anfangsbuchstabe: N
   (B) Anfangsbuchstabe: H
   (C) Anfangsbuchstabe: T
   (D) Anfangsbuchstabe: B
   (E) Keine der Antwortmöglichkeiten ist richtig.

10   W L U L E L E F T

   (A) Anfangsbuchstabe: E
   (B) Anfangsbuchstabe: U
   (C) Anfangsbuchstabe: L
   (D) Anfangsbuchstabe: F
   (E) Keine der Antwortmöglichkeiten ist richtig.

11   R E N S E A T T F

   (A) Anfangsbuchstabe: S
   (B) Anfangsbuchstabe: E
   (C) Anfangsbuchstabe: A
   (D) Anfangsbuchstabe: F
   (E) Keine der Antwortmöglichkeiten ist richtig.

12   C R T I T H S

   (A) Anfangsbuchstabe: S
   (B) Anfangsbuchstabe: T
   (C) Anfangsbuchstabe: C
   (D) Anfangsbuchstabe: I
   (E) Keine der Antwortmöglichkeiten ist richtig.

13   PIPLUEL

(A) Anfangsbuchstabe: I
(B) Anfangsbuchstabe: U
(C) Anfangsbuchstabe: P
(D) Anfangsbuchstabe: L
(E) Keine der Antwortmöglichkeiten ist richtig.

14   RTHTRIEC

(A) Anfangsbuchstabe: C
(B) Anfangsbuchstabe: R
(C) Anfangsbuchstabe: T
(D) Anfangsbuchstabe: H
(E) Keine der Antwortmöglichkeiten ist richtig.

15   HHERAIECIR

(A) Anfangsbuchstabe: C
(B) Anfangsbuchstabe: H
(C) Anfangsbuchstabe: E
(D) Anfangsbuchstabe: R
(E) Keine der Antwortmöglichkeiten ist richtig.

Testset 2

Anzahl der Aufgaben: 15, Bearbeitungszeit: 20 Minuten

1 B A R E W Z R T S U

(A) Anfangsbuchstabe: W
(B) Anfangsbuchstabe: R
(C) Anfangsbuchstabe: B
(D) Anfangsbuchstabe: T
(E) Keine der Antwortmöglichkeiten ist richtig.

2 U S A T Z A F

(A) Anfangsbuchstabe: F
(B) Anfangsbuchstabe: Z
(C) Anfangsbuchstabe: U
(D) Anfangsbuchstabe: A
(E) Keine der Antwortmöglichkeiten ist richtig.

3 K I E L N R I N H

(A) Anfangsbuchstabe: L
(B) Anfangsbuchstabe: I
(C) Anfangsbuchstabe: E
(D) Anfangsbuchstabe: H
(E) Keine der Antwortmöglichkeiten ist richtig.

4 N E T A S I Z

(A) Anfangsbuchstabe: N
(B) Anfangsbuchstabe: E
(C) Anfangsbuchstabe: T
(D) Anfangsbuchstabe: S
(E) Keine der Antwortmöglichkeiten ist richtig.

5   GFLISHDCO

(A) Anfangsbuchstabe: O
(B) Anfangsbuchstabe: F
(C) Anfangsbuchstabe: I
(D) Anfangsbuchstabe: L
(E) Keine der Antwortmöglichkeiten ist richtig.

6   TENKAHOARN

(A) Anfangsbuchstabe: A
(B) Anfangsbuchstabe: R
(C) Anfangsbuchstabe: N
(D) Anfangsbuchstabe: H
(E) Keine der Antwortmöglichkeiten ist richtig.

7   EINMOTPAM

(A) Anfangsbuchstabe: T
(B) Anfangsbuchstabe: N
(C) Anfangsbuchstabe: P
(D) Anfangsbuchstabe: M
(E) Keine der Antwortmöglichkeiten ist richtig.

8   PTICEHP

(A) Anfangsbuchstabe: I
(B) Anfangsbuchstabe: T
(C) Anfangsbuchstabe: P
(D) Anfangsbuchstabe: E
(E) Keine der Antwortmöglichkeiten ist richtig.

Wortflüssigkeit | Testset 2

9 L A I S T O O I N

(A) Anfangsbuchstabe: L
(B) Anfangsbuchstabe: T
(C) Anfangsbuchstabe: A
(D) Anfangsbuchstabe: I
(E) Keine der Antwortmöglichkeiten ist richtig.

10 B R B E I L H U D C

(A) Anfangsbuchstabe: D
(B) Anfangsbuchstabe: E
(C) Anfangsbuchstabe: B
(D) Anfangsbuchstabe: R
(E) Keine der Antwortmöglichkeiten ist richtig.

11 T R F S G I U A E E

(A) Anfangsbuchstabe: A
(B) Anfangsbuchstabe: E
(C) Anfangsbuchstabe: T
(D) Anfangsbuchstabe: S
(E) Keine der Antwortmöglichkeiten ist richtig.

12 O H P R S T P U

(A) Anfangsbuchstabe: O
(B) Anfangsbuchstabe: P
(C) Anfangsbuchstabe: S
(D) Anfangsbuchstabe: H
(E) Keine der Antwortmöglichkeiten ist richtig.

13   I S T A R G L

(A) Anfangsbuchstabe: G
(B) Anfangsbuchstabe: A
(C) Anfangsbuchstabe: L
(D) Anfangsbuchstabe: I
(E) Keine der Antwortmöglichkeiten ist richtig.

14   M L E B R K O N U

(A) Anfangsbuchstabe: K
(B) Anfangsbuchstabe: N
(C) Anfangsbuchstabe: O
(D) Anfangsbuchstabe: L
(E) Keine der Antwortmöglichkeiten ist richtig.

15   A S T B L A S T O

(A) Anfangsbuchstabe: L
(B) Anfangsbuchstabe: A
(C) Anfangsbuchstabe: O
(D) Anfangsbuchstabe: T
(E) Keine der Antwortmöglichkeiten ist richtig.

Testset 3
Anzahl der Aufgaben: 15, Bearbeitungszeit: 20 Minuten

1 THATOBLG

   (A) Anfangsbuchstabe: B
   (B) Anfangsbuchstabe: H
   (C) Anfangsbuchstabe: G
   (D) Anfangsbuchstabe: L
   (E) Keine der Antwortmöglichkeiten ist richtig.

2 EDILEOM

   (A) Anfangsbuchstabe: D
   (B) Anfangsbuchstabe: I
   (C) Anfangsbuchstabe: L
   (D) Anfangsbuchstabe: O
   (E) Keine der Antwortmöglichkeiten ist richtig.

3 APLEZFAMWD

   (A) Anfangsbuchstabe: A
   (B) Anfangsbuchstabe: M
   (C) Anfangsbuchstabe: W
   (D) Anfangsbuchstabe: F
   (E) Keine der Antwortmöglichkeiten ist richtig.

4 FRWETNU

   (A) Anfangsbuchstabe: N
   (B) Anfangsbuchstabe: T
   (C) Anfangsbuchstabe: E
   (D) Anfangsbuchstabe: R
   (E) Keine der Antwortmöglichkeiten ist richtig.

5   HANNKGALEE

(A) Anfangsbuchstabe: L
(B) Anfangsbuchstabe: H
(C) Anfangsbuchstabe: A
(D) Anfangsbuchstabe: E
(E) Keine der Antwortmöglichkeiten ist richtig.

6   HLHRMTOSA

(A) Anfangsbuchstabe: S
(B) Anfangsbuchstabe: T
(C) Anfangsbuchstabe: O
(D) Anfangsbuchstabe: H
(E) Keine der Antwortmöglichkeiten ist richtig.

7   REUKSDETR

(A) Anfangsbuchstabe: E
(B) Anfangsbuchstabe: D
(C) Anfangsbuchstabe: U
(D) Anfangsbuchstabe: R
(E) Keine der Antwortmöglichkeiten ist richtig.

8   CSIDGNHEEL

(A) Anfangsbuchstabe: G
(B) Anfangsbuchstabe: S
(C) Anfangsbuchstabe: E
(D) Anfangsbuchstabe: C
(E) Keine der Antwortmöglichkeiten ist richtig.

9   M T A I S N I H

   (A) Anfangsbuchstabe: A
   (B) Anfangsbuchstabe: M
   (C) Anfangsbuchstabe: H
   (D) Anfangsbuchstabe: T
   (E) Keine der Antwortmöglichkeiten ist richtig.

10   R E V E G L R E

   (A) Anfangsbuchstabe: E
   (B) Anfangsbuchstabe: L
   (C) Anfangsbuchstabe: R
   (D) Anfangsbuchstabe: G
   (E) Keine der Antwortmöglichkeiten ist richtig.

11   I S R I K E D T N Z

   (A) Anfangsbuchstabe: E
   (B) Anfangsbuchstabe: K
   (C) Anfangsbuchstabe: N
   (D) Anfangsbuchstabe: R
   (E) Keine der Antwortmöglichkeiten ist richtig.

12   E E I E H R X

   (A) Anfangsbuchstabe: R
   (B) Anfangsbuchstabe: H
   (C) Anfangsbuchstabe: I
   (D) Anfangsbuchstabe: X
   (E) Keine der Antwortmöglichkeiten ist richtig.

13   P L A A N Z E T

(A) Anfangsbuchstabe: E
(B) Anfangsbuchstabe: P
(C) Anfangsbuchstabe: L
(D) Anfangsbuchstabe: Z
(E) Keine der Antwortmöglichkeiten ist richtig.

14   A B P R A E L

(A) Anfangsbuchstabe: P
(B) Anfangsbuchstabe: A
(C) Anfangsbuchstabe: L
(D) Anfangsbuchstabe: B
(E) Keine der Antwortmöglichkeiten ist richtig.

15   G E M L T B S I A

(A) Anfangsbuchstabe: S
(B) Anfangsbuchstabe: T
(C) Anfangsbuchstabe: G
(D) Anfangsbuchstabe: M
(E) Keine der Antwortmöglichkeiten ist richtig.

Testset 4
Anzahl der Aufgaben: 15, Bearbeitungszeit: 20 Minuten

1	A G G N A W L H

	(A) Anfangsbuchstabe: W
	(B) Anfangsbuchstabe: G
	(C) Anfangsbuchstabe: N
	(D) Anfangsbuchstabe: A
	(E) Keine der Antwortmöglichkeiten ist richtig.

2	N D T E R E L W W U

	(A) Anfangsbuchstabe: T
	(B) Anfangsbuchstabe: W
	(C) Anfangsbuchstabe: L
	(D) Anfangsbuchstabe: E
	(E) Keine der Antwortmöglichkeiten ist richtig.

3	R H A T R E C F

	(A) Anfangsbuchstabe: A
	(B) Anfangsbuchstabe: H
	(C) Anfangsbuchstabe: C
	(D) Anfangsbuchstabe: F
	(E) Keine der Antwortmöglichkeiten ist richtig.

4	A E H G R C E N D

	(A) Anfangsbuchstabe: R
	(B) Anfangsbuchstabe: D
	(C) Anfangsbuchstabe: A
	(D) Anfangsbuchstabe: N
	(E) Keine der Antwortmöglichkeiten ist richtig.

5   TTEPNAI

(A) Anfangsbuchstabe: A
(B) Anfangsbuchstabe: N
(C) Anfangsbuchstabe: E
(D) Anfangsbuchstabe: I
(E) Keine der Antwortmöglichkeiten ist richtig.

6   POEHAKTE

(A) Anfangsbuchstabe: P
(B) Anfangsbuchstabe: A
(C) Anfangsbuchstabe: T
(D) Anfangsbuchstabe: K
(E) Keine der Antwortmöglichkeiten ist richtig.

7   KBALSISI

(A) Anfangsbuchstabe: K
(B) Anfangsbuchstabe: L
(C) Anfangsbuchstabe: I
(D) Anfangsbuchstabe: A
(E) Keine der Antwortmöglichkeiten ist richtig.

8   HAEODSNKC

(A) Anfangsbuchstabe: H
(B) Anfangsbuchstabe: D
(C) Anfangsbuchstabe: N
(D) Anfangsbuchstabe: O
(E) Keine der Antwortmöglichkeiten ist richtig.

9   O K B E V R P T R A

   (A) Anfangsbuchstabe: E
   (B) Anfangsbuchstabe: R
   (C) Anfangsbuchstabe: P
   (D) Anfangsbuchstabe: K
   (E) Keine der Antwortmöglichkeiten ist richtig.

10 H J A N D U G D

   (A) Anfangsbuchstabe: A
   (B) Anfangsbuchstabe: G
   (C) Anfangsbuchstabe: H
   (D) Anfangsbuchstabe: J
   (E) Keine der Antwortmöglichkeiten ist richtig.

11 K K F P O C D I

   (A) Anfangsbuchstabe: K
   (B) Anfangsbuchstabe: F
   (C) Anfangsbuchstabe: D
   (D) Anfangsbuchstabe: I
   (E) Keine der Antwortmöglichkeiten ist richtig.

12 O M M E T L R

   (A) Anfangsbuchstabe: E
   (B) Anfangsbuchstabe: T
   (C) Anfangsbuchstabe: M
   (D) Anfangsbuchstabe: O
   (E) Keine der Antwortmöglichkeiten ist richtig.

13   E U R I T E H C S F

(A) Anfangsbuchstabe: E
(B) Anfangsbuchstabe: R
(C) Anfangsbuchstabe: I
(D) Anfangsbuchstabe: U
(E) Keine der Antwortmöglichkeiten ist richtig.

14   D F E A O T P R R

(A) Anfangsbuchstabe: A
(B) Anfangsbuchstabe: R
(C) Anfangsbuchstabe: P
(D) Anfangsbuchstabe: T
(E) Keine der Antwortmöglichkeiten ist richtig.

15   E I T B T A R E

(A) Anfangsbuchstabe: B
(B) Anfangsbuchstabe: I
(C) Anfangsbuchstabe: R
(D) Anfangsbuchstabe: A
(E) Keine der Antwortmöglichkeiten ist richtig.

Testset 5
Anzahl der Aufgaben: 15, Bearbeitungszeit: 20 Minuten

1 O T E T P E R M

   (A) Anfangsbuchstabe: M
   (B) Anfangsbuchstabe: T
   (C) Anfangsbuchstabe: O
   (D) Anfangsbuchstabe: E
   (E) Keine der Antwortmöglichkeiten ist richtig.

2 R L M U A O K B

   (A) Anfangsbuchstabe: K
   (B) Anfangsbuchstabe: O
   (C) Anfangsbuchstabe: U
   (D) Anfangsbuchstabe: L
   (E) Keine der Antwortmöglichkeiten ist richtig.

3 R U N K U E D

   (A) Anfangsbuchstabe: U
   (B) Anfangsbuchstabe: K
   (C) Anfangsbuchstabe: R
   (D) Anfangsbuchstabe: E
   (E) Keine der Antwortmöglichkeiten ist richtig.

4 I R E T A N B W E U

   (A) Anfangsbuchstabe: W
   (B) Anfangsbuchstabe: I
   (C) Anfangsbuchstabe: N
   (D) Anfangsbuchstabe: T
   (E) Keine der Antwortmöglichkeiten ist richtig.

5   R M L H L F S C I A

   (A) Anfangsbuchstabe: H
   (B) Anfangsbuchstabe: F
   (C) Anfangsbuchstabe: C
   (D) Anfangsbuchstabe: A
   (E) Keine der Antwortmöglichkeiten ist richtig.

6   R A N I F K T

   (A) Anfangsbuchstabe: A
   (B) Anfangsbuchstabe: F
   (C) Anfangsbuchstabe: I
   (D) Anfangsbuchstabe: N
   (E) Keine der Antwortmöglichkeiten ist richtig.

7   E R D I I T G N

   (A) Anfangsbuchstabe: G
   (B) Anfangsbuchstabe: N
   (C) Anfangsbuchstabe: E
   (D) Anfangsbuchstabe: R
   (E) Keine der Antwortmöglichkeiten ist richtig.

8   I N M U A M S U H S

   (A) Anfangsbuchstabe: H
   (B) Anfangsbuchstabe: U
   (C) Anfangsbuchstabe: M
   (D) Anfangsbuchstabe: N
   (E) Keine der Antwortmöglichkeiten ist richtig.

9   DNRLIGTEK

(A) Anfangsbuchstabe: N
(B) Anfangsbuchstabe: R
(C) Anfangsbuchstabe: T
(D) Anfangsbuchstabe: K
(E) Keine der Antwortmöglichkeiten ist richtig.

10   SNCHEIIBT

(A) Anfangsbuchstabe: C
(B) Anfangsbuchstabe: B
(C) Anfangsbuchstabe: T
(D) Anfangsbuchstabe: I
(E) Keine der Antwortmöglichkeiten ist richtig.

11   PNLFZEA

(A) Anfangsbuchstabe: N
(B) Anfangsbuchstabe: L
(C) Anfangsbuchstabe: Z
(D) Anfangsbuchstabe: P
(E) Keine der Antwortmöglichkeiten ist richtig.

12   MRTEOTAA

(A) Anfangsbuchstabe: T
(B) Anfangsbuchstabe: O
(C) Anfangsbuchstabe: A
(D) Anfangsbuchstabe: R
(E) Keine der Antwortmöglichkeiten ist richtig.

13   R N A I K C H

(A) Anfangsbuchstabe: A
(B) Anfangsbuchstabe: N
(C) Anfangsbuchstabe: K
(D) Anfangsbuchstabe: R
(E) Keine der Antwortmöglichkeiten ist richtig.

14   V U E G C N R H A T

(A) Anfangsbuchstabe: A
(B) Anfangsbuchstabe: V
(C) Anfangsbuchstabe: R
(D) Anfangsbuchstabe: E
(E) Keine der Antwortmöglichkeiten ist richtig.

15   G C H A R R I E

(A) Anfangsbuchstabe: G
(B) Anfangsbuchstabe: H
(C) Anfangsbuchstabe: C
(D) Anfangsbuchstabe: A
(E) Keine der Antwortmöglichkeiten ist richtig.

Testset 6
Anzahl der Aufgaben: 15, Bearbeitungszeit: 20 Minuten

1 RSEEABI

(A) Anfangsbuchstabe: A
(B) Anfangsbuchstabe: I
(C) Anfangsbuchstabe: B
(D) Anfangsbuchstabe: S
(E) Keine der Antwortmöglichkeiten ist richtig.

2 TOCAMTREHE

(A) Anfangsbuchstabe: C
(B) Anfangsbuchstabe: H
(C) Anfangsbuchstabe: M
(D) Anfangsbuchstabe: A
(E) Keine der Antwortmöglichkeiten ist richtig.

3 VAETENR

(A) Anfangsbuchstabe: A
(B) Anfangsbuchstabe: R
(C) Anfangsbuchstabe: E
(D) Anfangsbuchstabe: V
(E) Keine der Antwortmöglichkeiten ist richtig.

4 AGAEUBS

(A) Anfangsbuchstabe: B
(B) Anfangsbuchstabe: E
(C) Anfangsbuchstabe: G
(D) Anfangsbuchstabe: A
(E) Keine der Antwortmöglichkeiten ist richtig.

5   MAOTHCHN

   (A) Anfangsbuchstabe: M
   (B) Anfangsbuchstabe: O
   (C) Anfangsbuchstabe: A
   (D) Anfangsbuchstabe: C
   (E) Keine der Antwortmöglichkeiten ist richtig.

6   NGGNAEI

   (A) Anfangsbuchstabe: A
   (B) Anfangsbuchstabe: N
   (C) Anfangsbuchstabe: E
   (D) Anfangsbuchstabe: I
   (E) Keine der Antwortmöglichkeiten ist richtig.

7   UILTGEN

   (A) Anfangsbuchstabe: L
   (B) Anfangsbuchstabe: U
   (C) Anfangsbuchstabe: N
   (D) Anfangsbuchstabe: I
   (E) Keine der Antwortmöglichkeiten ist richtig.

8   APAPRTA

   (A) Anfangsbuchstabe: T
   (B) Anfangsbuchstabe: R
   (C) Anfangsbuchstabe: P
   (D) Anfangsbuchstabe: A
   (E) Keine der Antwortmöglichkeiten ist richtig.

9 SORCETHER

   (A) Anfangsbuchstabe: E
   (B) Anfangsbuchstabe: C
   (C) Anfangsbuchstabe: H
   (D) Anfangsbuchstabe: O
   (E) Keine der Antwortmöglichkeiten ist richtig.

10 FGRAEATKNW

   (A) Anfangsbuchstabe: K
   (B) Anfangsbuchstabe: T
   (C) Anfangsbuchstabe: W
   (D) Anfangsbuchstabe: F
   (E) Keine der Antwortmöglichkeiten ist richtig.

11 HUAOSHCH

   (A) Anfangsbuchstabe: H
   (B) Anfangsbuchstabe: O
   (C) Anfangsbuchstabe: S
   (D) Anfangsbuchstabe: U
   (E) Keine der Antwortmöglichkeiten ist richtig.

12 CHSEMRLUHO

   (A) Anfangsbuchstabe: H
   (B) Anfangsbuchstabe: M
   (C) Anfangsbuchstabe: O
   (D) Anfangsbuchstabe: R
   (E) Keine der Antwortmöglichkeiten ist richtig.

13   E S X N T E Z I

(A) Anfangsbuchstabe: S
(B) Anfangsbuchstabe: X
(C) Anfangsbuchstabe: T
(D) Anfangsbuchstabe: N
(E) Keine der Antwortmöglichkeiten ist richtig.

14   S O A L V L E W I

(A) Anfangsbuchstabe: L
(B) Anfangsbuchstabe: W
(C) Anfangsbuchstabe: O
(D) Anfangsbuchstabe: V
(E) Keine der Antwortmöglichkeiten ist richtig.

15   S M E B T U N E L

(A) Anfangsbuchstabe: B
(B) Anfangsbuchstabe: M
(C) Anfangsbuchstabe: T
(D) Anfangsbuchstabe: E
(E) Keine der Antwortmöglichkeiten ist richtig.

Testset 7

Anzahl der Aufgaben: 15, Bearbeitungszeit: 20 Minuten

1 O K A L H E O D S C

   (A) Anfangsbuchstabe: C
   (B) Anfangsbuchstabe: O
   (C) Anfangsbuchstabe: L
   (D) Anfangsbuchstabe: S
   (E) Keine der Antwortmöglichkeiten ist richtig.

2 B R O V A I T N I

   (A) Anfangsbuchstabe: B
   (B) Anfangsbuchstabe: V
   (C) Anfangsbuchstabe: R
   (D) Anfangsbuchstabe: I
   (E) Keine der Antwortmöglichkeiten ist richtig.

3 E N C R B H A

   (A) Anfangsbuchstabe: B
   (B) Anfangsbuchstabe: H
   (C) Anfangsbuchstabe: A
   (D) Anfangsbuchstabe: C
   (E) Keine der Antwortmöglichkeiten ist richtig.

4 L R E D K N A E

   (A) Anfangsbuchstabe: N
   (B) Anfangsbuchstabe: E
   (C) Anfangsbuchstabe: L
   (D) Anfangsbuchstabe: D
   (E) Keine der Antwortmöglichkeiten ist richtig.

5   UJANFRUG

   (A) Anfangsbuchstabe: G
   (B) Anfangsbuchstabe: N
   (C) Anfangsbuchstabe: F
   (D) Anfangsbuchstabe: R
   (E) Keine der Antwortmöglichkeiten ist richtig.

6   OAMLTOB

   (A) Anfangsbuchstabe: O
   (B) Anfangsbuchstabe: T
   (C) Anfangsbuchstabe: B
   (D) Anfangsbuchstabe: M
   (E) Keine der Antwortmöglichkeiten ist richtig.

7   GIEAFUTS

   (A) Anfangsbuchstabe: A
   (B) Anfangsbuchstabe: U
   (C) Anfangsbuchstabe: I
   (D) Anfangsbuchstabe: S
   (E) Keine der Antwortmöglichkeiten ist richtig.

8   EMKIUSSN

   (A) Anfangsbuchstabe: S
   (B) Anfangsbuchstabe: N
   (C) Anfangsbuchstabe: M
   (D) Anfangsbuchstabe: E
   (E) Keine der Antwortmöglichkeiten ist richtig.

9   ISSKLEU

(A) Anfangsbuchstabe: U
(B) Anfangsbuchstabe: S
(C) Anfangsbuchstabe: K
(D) Anfangsbuchstabe: I
(E) Keine der Antwortmöglichkeiten ist richtig.

10   MASPSOK

(A) Anfangsbuchstabe: K
(B) Anfangsbuchstabe: M
(C) Anfangsbuchstabe: A
(D) Anfangsbuchstabe: S
(E) Keine der Antwortmöglichkeiten ist richtig.

11   SHNESLSAU

(A) Anfangsbuchstabe: E
(B) Anfangsbuchstabe: H
(C) Anfangsbuchstabe: N
(D) Anfangsbuchstabe: L
(E) Keine der Antwortmöglichkeiten ist richtig.

12   SRNGHCOUF

(A) Anfangsbuchstabe: H
(B) Anfangsbuchstabe: F
(C) Anfangsbuchstabe: C
(D) Anfangsbuchstabe: S
(E) Keine der Antwortmöglichkeiten ist richtig.

13 A R R I B E R E

(A) Anfangsbuchstabe: B
(B) Anfangsbuchstabe: E
(C) Anfangsbuchstabe: R
(D) Anfangsbuchstabe: I
(E) Keine der Antwortmöglichkeiten ist richtig.

14 I L F E L A I

(A) Anfangsbuchstabe: F
(B) Anfangsbuchstabe: A
(C) Anfangsbuchstabe: I
(D) Anfangsbuchstabe: E
(E) Keine der Antwortmöglichkeiten ist richtig.

15 L J K P C V U U E R

(A) Anfangsbuchstabe: C
(B) Anfangsbuchstabe: L
(C) Anfangsbuchstabe: P
(D) Anfangsbuchstabe: J
(E) Keine der Antwortmöglichkeiten ist richtig.

Testset 8
Anzahl der Aufgaben: 15, Bearbeitungszeit: 20 Minuten

1 I A D A L O N E G

   (A) Anfangsbuchstabe: G
   (B) Anfangsbuchstabe: A
   (C) Anfangsbuchstabe: I
   (D) Anfangsbuchstabe: D
   (E) Keine der Antwortmöglichkeiten ist richtig.

2 B G E T E U G L I N

   (A) Anfangsbuchstabe: G
   (B) Anfangsbuchstabe: B
   (C) Anfangsbuchstabe: T
   (D) Anfangsbuchstabe: I
   (E) Keine der Antwortmöglichkeiten ist richtig.

3 N F G R U O R D E

   (A) Anfangsbuchstabe: U
   (B) Anfangsbuchstabe: F
   (C) Anfangsbuchstabe: E
   (D) Anfangsbuchstabe: O
   (E) Keine der Antwortmöglichkeiten ist richtig.

4 E I W E L Z B

   (A) Anfangsbuchstabe: I
   (B) Anfangsbuchstabe: E
   (C) Anfangsbuchstabe: W
   (D) Anfangsbuchstabe: Z
   (E) Keine der Antwortmöglichkeiten ist richtig.

5   E O E E D L K T R

   (A) Anfangsbuchstabe: R
   (B) Anfangsbuchstabe: K
   (C) Anfangsbuchstabe: E
   (D) Anfangsbuchstabe: L
   (E) Keine der Antwortmöglichkeiten ist richtig.

6   F E L H A C S

   (A) Anfangsbuchstabe: L
   (B) Anfangsbuchstabe: A
   (C) Anfangsbuchstabe: H
   (D) Anfangsbuchstabe: F
   (E) Keine der Antwortmöglichkeiten ist richtig.

7   A T V I R F O

   (A) Anfangsbuchstabe: V
   (B) Anfangsbuchstabe: F
   (C) Anfangsbuchstabe: A
   (D) Anfangsbuchstabe: O
   (E) Keine der Antwortmöglichkeiten ist richtig.

8   L E B A K E D

   (A) Anfangsbuchstabe: D
   (B) Anfangsbuchstabe: K
   (C) Anfangsbuchstabe: E
   (D) Anfangsbuchstabe: B
   (E) Keine der Antwortmöglichkeiten ist richtig.

9 EESTRFN

(A) Anfangsbuchstabe: S
(B) Anfangsbuchstabe: N
(C) Anfangsbuchstabe: E
(D) Anfangsbuchstabe: T
(E) Keine der Antwortmöglichkeiten ist richtig.

10 IONGESERRS

(A) Anfangsbuchstabe: R
(B) Anfangsbuchstabe: I
(C) Anfangsbuchstabe: O
(D) Anfangsbuchstabe: S
(E) Keine der Antwortmöglichkeiten ist richtig.

11 TTEKAEHR

(A) Anfangsbuchstabe: E
(B) Anfangsbuchstabe: A
(C) Anfangsbuchstabe: K
(D) Anfangsbuchstabe: T
(E) Keine der Antwortmöglichkeiten ist richtig.

12 KAUFNTN

(A) Anfangsbuchstabe: A
(B) Anfangsbuchstabe: N
(C) Anfangsbuchstabe: T
(D) Anfangsbuchstabe: F
(E) Keine der Antwortmöglichkeiten ist richtig.

13   NCAATEHSHD

   (A) Anfangsbuchstabe: T
   (B) Anfangsbuchstabe: S
   (C) Anfangsbuchstabe: H
   (D) Anfangsbuchstabe: N
   (E) Keine der Antwortmöglichkeiten ist richtig.

14   LMADHITNEA

   (A) Anfangsbuchstabe: T
   (B) Anfangsbuchstabe: H
   (C) Anfangsbuchstabe: M
   (D) Anfangsbuchstabe: E
   (E) Keine der Antwortmöglichkeiten ist richtig.

15   NSADETRV

   (A) Anfangsbuchstabe: T
   (B) Anfangsbuchstabe: E
   (C) Anfangsbuchstabe: S
   (D) Anfangsbuchstabe: V
   (E) Keine der Antwortmöglichkeiten ist richtig.

Testset 9

Anzahl der Aufgaben: 15, Bearbeitungszeit: 20 Minuten

1   T G U U N S A A S L

(A) Anfangsbuchstabe: A
(B) Anfangsbuchstabe: L
(C) Anfangsbuchstabe: U
(D) Anfangsbuchstabe: S
(E) Keine der Antwortmöglichkeiten ist richtig.

2   C H U T U F Z L

(A) Anfangsbuchstabe: F
(B) Anfangsbuchstabe: Z
(C) Anfangsbuchstabe: H
(D) Anfangsbuchstabe: U
(E) Keine der Antwortmöglichkeiten ist richtig.

3   O E R L T V E

(A) Anfangsbuchstabe: L
(B) Anfangsbuchstabe: E
(C) Anfangsbuchstabe: R
(D) Anfangsbuchstabe: T
(E) Keine der Antwortmöglichkeiten ist richtig.

4   L R A B L E D F E

(A) Anfangsbuchstabe: F
(B) Anfangsbuchstabe: B
(C) Anfangsbuchstabe: R
(D) Anfangsbuchstabe: E
(E) Keine der Antwortmöglichkeiten ist richtig.

5   S A F T U C T R F H

(A) Anfangsbuchstabe: H
(B) Anfangsbuchstabe: T
(C) Anfangsbuchstabe: F
(D) Anfangsbuchstabe: C
(E) Keine der Antwortmöglichkeiten ist richtig.

6   H O K C R N I

(A) Anfangsbuchstabe: H
(B) Anfangsbuchstabe: C
(C) Anfangsbuchstabe: N
(D) Anfangsbuchstabe: I
(E) Keine der Antwortmöglichkeiten ist richtig.

7   T I F I T L Z S F

(A) Anfangsbuchstabe: F
(B) Anfangsbuchstabe: T
(C) Anfangsbuchstabe: Z
(D) Anfangsbuchstabe: L
(E) Keine der Antwortmöglichkeiten ist richtig.

8   H P R S B C U A

(A) Anfangsbuchstabe: S
(B) Anfangsbuchstabe: B
(C) Anfangsbuchstabe: P
(D) Anfangsbuchstabe: R
(E) Keine der Antwortmöglichkeiten ist richtig.

9   R H N P O I M

(A) Anfangsbuchstabe: R
(B) Anfangsbuchstabe: H
(C) Anfangsbuchstabe: M
(D) Anfangsbuchstabe: P
(E) Keine der Antwortmöglichkeiten ist richtig.

10   S P T O E U S I I R

(A) Anfangsbuchstabe: S
(B) Anfangsbuchstabe: U
(C) Anfangsbuchstabe: P
(D) Anfangsbuchstabe: R
(E) Keine der Antwortmöglichkeiten ist richtig.

11   D N H C S E A

(A) Anfangsbuchstabe: N
(B) Anfangsbuchstabe: H
(C) Anfangsbuchstabe: C
(D) Anfangsbuchstabe: D
(E) Keine der Antwortmöglichkeiten ist richtig.

12   W R V E S E I

(A) Anfangsbuchstabe: W
(B) Anfangsbuchstabe: V
(C) Anfangsbuchstabe: S
(D) Anfangsbuchstabe: R
(E) Keine der Antwortmöglichkeiten ist richtig.

13 T N E U E E B A R

(A) Anfangsbuchstabe: U
(B) Anfangsbuchstabe: E
(C) Anfangsbuchstabe: T
(D) Anfangsbuchstabe: N
(E) Keine der Antwortmöglichkeiten ist richtig.

14 S I U N N I L

(A) Anfangsbuchstabe: I
(B) Anfangsbuchstabe: N
(C) Anfangsbuchstabe: L
(D) Anfangsbuchstabe: S
(E) Keine der Antwortmöglichkeiten ist richtig.

15 U R O J T G H

(A) Anfangsbuchstabe: U
(B) Anfangsbuchstabe: J
(C) Anfangsbuchstabe: H
(D) Anfangsbuchstabe: G
(E) Keine der Antwortmöglichkeiten ist richtig.

Wortflüssigkeit | Testset 10

Testset 10
Anzahl der Aufgaben: 15, Bearbeitungszeit: 20 Minuten

1   I E O T N C N A R

   (A) Anfangsbuchstabe: C
   (B) Anfangsbuchstabe: N
   (C) Anfangsbuchstabe: A
   (D) Anfangsbuchstabe: T
   (E) Keine der Antwortmöglichkeiten ist richtig.

2   P E B N A F R T N A

   (A) Anfangsbuchstabe: B
   (B) Anfangsbuchstabe: A
   (C) Anfangsbuchstabe: T
   (D) Anfangsbuchstabe: R
   (E) Keine der Antwortmöglichkeiten ist richtig.

3   B R A E D L U O T R

   (A) Anfangsbuchstabe: R
   (B) Anfangsbuchstabe: O
   (C) Anfangsbuchstabe: T
   (D) Anfangsbuchstabe: U
   (E) Keine der Antwortmöglichkeiten ist richtig.

4   P A O O D I N T

   (A) Anfangsbuchstabe: P
   (B) Anfangsbuchstabe: D
   (C) Anfangsbuchstabe: T
   (D) Anfangsbuchstabe: O
   (E) Keine der Antwortmöglichkeiten ist richtig.

5   O E F E T N L

(A) Anfangsbuchstabe: F
(B) Anfangsbuchstabe: O
(C) Anfangsbuchstabe: E
(D) Anfangsbuchstabe: L
(E) Keine der Antwortmöglichkeiten ist richtig.

6   H H S A C N C U B

(A) Anfangsbuchstabe: A
(B) Anfangsbuchstabe: C
(C) Anfangsbuchstabe: H
(D) Anfangsbuchstabe: N
(E) Keine der Antwortmöglichkeiten ist richtig.

7   N I K I L H T L B C

(A) Anfangsbuchstabe: I
(B) Anfangsbuchstabe: N
(C) Anfangsbuchstabe: B
(D) Anfangsbuchstabe: C
(E) Keine der Antwortmöglichkeiten ist richtig.

8   O T S R T P A A

(A) Anfangsbuchstabe: T
(B) Anfangsbuchstabe: P
(C) Anfangsbuchstabe: S
(D) Anfangsbuchstabe: O
(E) Keine der Antwortmöglichkeiten ist richtig.

9   RSMAMSCNEH

(A) Anfangsbuchstabe: A
(B) Anfangsbuchstabe: M
(C) Anfangsbuchstabe: R
(D) Anfangsbuchstabe: S
(E) Keine der Antwortmöglichkeiten ist richtig.

10   KIIHEOBLBT

(A) Anfangsbuchstabe: B
(B) Anfangsbuchstabe: I
(C) Anfangsbuchstabe: T
(D) Anfangsbuchstabe: H
(E) Keine der Antwortmöglichkeiten ist richtig.

11   NUAEIRFOTE

(A) Anfangsbuchstabe: U
(B) Anfangsbuchstabe: T
(C) Anfangsbuchstabe: E
(D) Anfangsbuchstabe: A
(E) Keine der Antwortmöglichkeiten ist richtig.

12   ENEANTN

(A) Anfangsbuchstabe: T
(B) Anfangsbuchstabe: E
(C) Anfangsbuchstabe: A
(D) Anfangsbuchstabe: N
(E) Keine der Antwortmöglichkeiten ist richtig.

13   S L H A G C N A

   (A) Anfangsbuchstabe: N
   (B) Anfangsbuchstabe: S
   (C) Anfangsbuchstabe: C
   (D) Anfangsbuchstabe: A
   (E) Keine der Antwortmöglichkeiten ist richtig.

14   R O E R E Z P T

   (A) Anfangsbuchstabe: R
   (B) Anfangsbuchstabe: P
   (C) Anfangsbuchstabe: T
   (D) Anfangsbuchstabe: Z
   (E) Keine der Antwortmöglichkeiten ist richtig.

15   N A O M R H C

   (A) Anfangsbuchstabe: O
   (B) Anfangsbuchstabe: C
   (C) Anfangsbuchstabe: R
   (D) Anfangsbuchstabe: M
   (E) Keine der Antwortmöglichkeiten ist richtig.

Testset 11
Anzahl der Aufgaben: 15, Bearbeitungszeit: 20 Minuten

1 HFRTLUTAF

   (A) Anfangsbuchstabe: T
   (B) Anfangsbuchstabe: L
   (C) Anfangsbuchstabe: U
   (D) Anfangsbuchstabe: F
   (E) Keine der Antwortmöglichkeiten ist richtig.

2 EHSFTHULC

   (A) Anfangsbuchstabe: E
   (B) Anfangsbuchstabe: S
   (C) Anfangsbuchstabe: H
   (D) Anfangsbuchstabe: C
   (E) Keine der Antwortmöglichkeiten ist richtig.

3 PIRDMYAE

   (A) Anfangsbuchstabe: M
   (B) Anfangsbuchstabe: R
   (C) Anfangsbuchstabe: I
   (D) Anfangsbuchstabe: A
   (E) Keine der Antwortmöglichkeiten ist richtig.

4 EEBOBERRM

   (A) Anfangsbuchstabe: R
   (B) Anfangsbuchstabe: E
   (C) Anfangsbuchstabe: B
   (D) Anfangsbuchstabe: O
   (E) Keine der Antwortmöglichkeiten ist richtig.

5   THISMCTAMS

   (A) Anfangsbuchstabe: S
   (B) Anfangsbuchstabe: A
   (C) Anfangsbuchstabe: T
   (D) Anfangsbuchstabe: M
   (E) Keine der Antwortmöglichkeiten ist richtig.

6   SUIKIDOSNS

   (A) Anfangsbuchstabe: U
   (B) Anfangsbuchstabe: D
   (C) Anfangsbuchstabe: I
   (D) Anfangsbuchstabe: K
   (E) Keine der Antwortmöglichkeiten ist richtig.

7   SAEHEDBO

   (A) Anfangsbuchstabe: A
   (B) Anfangsbuchstabe: D
   (C) Anfangsbuchstabe: O
   (D) Anfangsbuchstabe: H
   (E) Keine der Antwortmöglichkeiten ist richtig.

8   GIHCTSE

   (A) Anfangsbuchstabe: S
   (B) Anfangsbuchstabe: E
   (C) Anfangsbuchstabe: G
   (D) Anfangsbuchstabe: I
   (E) Keine der Antwortmöglichkeiten ist richtig.

9   A C U E G A F O L M

(A) Anfangsbuchstabe: C
(B) Anfangsbuchstabe: F
(C) Anfangsbuchstabe: U
(D) Anfangsbuchstabe: M
(E) Keine der Antwortmöglichkeiten ist richtig.

10   R K A C E A B

(A) Anfangsbuchstabe: A
(B) Anfangsbuchstabe: K
(C) Anfangsbuchstabe: E
(D) Anfangsbuchstabe: R
(E) Keine der Antwortmöglichkeiten ist richtig.

11   N Q T O T E U I

(A) Anfangsbuchstabe: T
(B) Anfangsbuchstabe: O
(C) Anfangsbuchstabe: Q
(D) Anfangsbuchstabe: U
(E) Keine der Antwortmöglichkeiten ist richtig.

12   M C A H M S W

(A) Anfangsbuchstabe: W
(B) Anfangsbuchstabe: M
(C) Anfangsbuchstabe: H
(D) Anfangsbuchstabe: S
(E) Keine der Antwortmöglichkeiten ist richtig.

13 M S T U F P R

(A) Anfangsbuchstabe: T
(B) Anfangsbuchstabe: R
(C) Anfangsbuchstabe: S
(D) Anfangsbuchstabe: U
(E) Keine der Antwortmöglichkeiten ist richtig.

14 U O L E T Y K Z

(A) Anfangsbuchstabe: E
(B) Anfangsbuchstabe: Z
(C) Anfangsbuchstabe: L
(D) Anfangsbuchstabe: K
(E) Keine der Antwortmöglichkeiten ist richtig.

15 T L T E C N I H S

(A) Anfangsbuchstabe: I
(B) Anfangsbuchstabe: L
(C) Anfangsbuchstabe: C
(D) Anfangsbuchstabe: S
(E) Keine der Antwortmöglichkeiten ist richtig.

Testset 12

Anzahl der Aufgaben: 15, Bearbeitungszeit: 20 Minuten

1 SHPRSEOTO

   (A) Anfangsbuchstabe: S
   (B) Anfangsbuchstabe: H
   (C) Anfangsbuchstabe: P
   (D) Anfangsbuchstabe: R
   (E) Keine der Antwortmöglichkeiten ist richtig.

2 LOEEOGUIRN

   (A) Anfangsbuchstabe: O
   (B) Anfangsbuchstabe: N
   (C) Anfangsbuchstabe: R
   (D) Anfangsbuchstabe: E
   (E) Keine der Antwortmöglichkeiten ist richtig.

3 FGETAAIGRE

   (A) Anfangsbuchstabe: T
   (B) Anfangsbuchstabe: G
   (C) Anfangsbuchstabe: A
   (D) Anfangsbuchstabe: I
   (E) Keine der Antwortmöglichkeiten ist richtig.

4 HOESOPSKTT

   (A) Anfangsbuchstabe: S
   (B) Anfangsbuchstabe: K
   (C) Anfangsbuchstabe: O
   (D) Anfangsbuchstabe: H
   (E) Keine der Antwortmöglichkeiten ist richtig.

5   E E E R B X W T T

(A) Anfangsbuchstabe: X
(B) Anfangsbuchstabe: T
(C) Anfangsbuchstabe: W
(D) Anfangsbuchstabe: R
(E) Keine der Antwortmöglichkeiten ist richtig.

6   N N G N O A D U R

(A) Anfangsbuchstabe: D
(B) Anfangsbuchstabe: A
(C) Anfangsbuchstabe: R
(D) Anfangsbuchstabe: N
(E) Keine der Antwortmöglichkeiten ist richtig.

7   O C S P T A F H

(A) Anfangsbuchstabe: S
(B) Anfangsbuchstabe: A
(C) Anfangsbuchstabe: O
(D) Anfangsbuchstabe: P
(E) Keine der Antwortmöglichkeiten ist richtig.

8   M T R E M A L E G

(A) Anfangsbuchstabe: G
(B) Anfangsbuchstabe: R
(C) Anfangsbuchstabe: A
(D) Anfangsbuchstabe: L
(E) Keine der Antwortmöglichkeiten ist richtig.

9   BUEERRAZ

(A) Anfangsbuchstabe: B
(B) Anfangsbuchstabe: U
(C) Anfangsbuchstabe: A
(D) Anfangsbuchstabe: E
(E) Keine der Antwortmöglichkeiten ist richtig.

10   TALISCMBE

(A) Anfangsbuchstabe: B
(B) Anfangsbuchstabe: E
(C) Anfangsbuchstabe: M
(D) Anfangsbuchstabe: L
(E) Keine der Antwortmöglichkeiten ist richtig.

11   KNCEHCES

(A) Anfangsbuchstabe: C
(B) Anfangsbuchstabe: S
(C) Anfangsbuchstabe: N
(D) Anfangsbuchstabe: K
(E) Keine der Antwortmöglichkeiten ist richtig.

12   MERAAIDNN

(A) Anfangsbuchstabe: N
(B) Anfangsbuchstabe: M
(C) Anfangsbuchstabe: D
(D) Anfangsbuchstabe: R
(E) Keine der Antwortmöglichkeiten ist richtig.

13   CHTIRNUG

(A) Anfangsbuchstabe: C
(B) Anfangsbuchstabe: I
(C) Anfangsbuchstabe: R
(D) Anfangsbuchstabe: H
(E) Keine der Antwortmöglichkeiten ist richtig.

14   ISENKROR

(A) Anfangsbuchstabe: I
(B) Anfangsbuchstabe: R
(C) Anfangsbuchstabe: S
(D) Anfangsbuchstabe: O
(E) Keine der Antwortmöglichkeiten ist richtig.

15   SIKCCTHDEE

(A) Anfangsbuchstabe: H
(B) Anfangsbuchstabe: C
(C) Anfangsbuchstabe: D
(D) Anfangsbuchstabe: I
(E) Keine der Antwortmöglichkeiten ist richtig.

Testset 13

Anzahl der Aufgaben: 15, Bearbeitungszeit: 20 Minuten

1   E O N H C A B S L

(A) Anfangsbuchstabe: A
(B) Anfangsbuchstabe: S
(C) Anfangsbuchstabe: L
(D) Anfangsbuchstabe: H
(E) Keine der Antwortmöglichkeiten ist richtig.

2   E E Z I C H N

(A) Anfangsbuchstabe: C
(B) Anfangsbuchstabe: E
(C) Anfangsbuchstabe: H
(D) Anfangsbuchstabe: N
(E) Keine der Antwortmöglichkeiten ist richtig.

3   U I K U L M P B

(A) Anfangsbuchstabe: U
(B) Anfangsbuchstabe: L
(C) Anfangsbuchstabe: B
(D) Anfangsbuchstabe: P
(E) Keine der Antwortmöglichkeiten ist richtig.

4   L R I E T T H F T

(A) Anfangsbuchstabe: T
(B) Anfangsbuchstabe: L
(C) Anfangsbuchstabe: F
(D) Anfangsbuchstabe: E
(E) Keine der Antwortmöglichkeiten ist richtig.

5   T E H G I G S E

(A) Anfangsbuchstabe: E
(B) Anfangsbuchstabe: G
(C) Anfangsbuchstabe: I
(D) Anfangsbuchstabe: H
(E) Keine der Antwortmöglichkeiten ist richtig.

6   L O T R A C P L I H

(A) Anfangsbuchstabe: P
(B) Anfangsbuchstabe: O
(C) Anfangsbuchstabe: L
(D) Anfangsbuchstabe: I
(E) Keine der Antwortmöglichkeiten ist richtig.

7   S B M A C U A

(A) Anfangsbuchstabe: B
(B) Anfangsbuchstabe: C
(C) Anfangsbuchstabe: S
(D) Anfangsbuchstabe: M
(E) Keine der Antwortmöglichkeiten ist richtig.

8   N N I I O A V S

(A) Anfangsbuchstabe: S
(B) Anfangsbuchstabe: V
(C) Anfangsbuchstabe: O
(D) Anfangsbuchstabe: A
(E) Keine der Antwortmöglichkeiten ist richtig.

9   HNADUHCSH

(A) Anfangsbuchstabe: D
(B) Anfangsbuchstabe: H
(C) Anfangsbuchstabe: C
(D) Anfangsbuchstabe: N
(E) Keine der Antwortmöglichkeiten ist richtig.

10   TSSMBESA

(A) Anfangsbuchstabe: B
(B) Anfangsbuchstabe: E
(C) Anfangsbuchstabe: T
(D) Anfangsbuchstabe: S
(E) Keine der Antwortmöglichkeiten ist richtig.

11   CLURIRMUCU

(A) Anfangsbuchstabe: M
(B) Anfangsbuchstabe: U
(C) Anfangsbuchstabe: C
(D) Anfangsbuchstabe: L
(E) Keine der Antwortmöglichkeiten ist richtig.

12   RLWLZCHFEE

(A) Anfangsbuchstabe: Z
(B) Anfangsbuchstabe: H
(C) Anfangsbuchstabe: E
(D) Anfangsbuchstabe: R
(E) Keine der Antwortmöglichkeiten ist richtig.

13   S A S P D I L E T N

(A) Anfangsbuchstabe: T
(B) Anfangsbuchstabe: P
(C) Anfangsbuchstabe: E
(D) Anfangsbuchstabe: S
(E) Keine der Antwortmöglichkeiten ist richtig.

14   T E L E E T I I K

(A) Anfangsbuchstabe: T
(B) Anfangsbuchstabe: L
(C) Anfangsbuchstabe: I
(D) Anfangsbuchstabe: K
(E) Keine der Antwortmöglichkeiten ist richtig.

15   T F K L O F B S E

(A) Anfangsbuchstabe: K
(B) Anfangsbuchstabe: T
(C) Anfangsbuchstabe: S
(D) Anfangsbuchstabe: L
(E) Keine der Antwortmöglichkeiten ist richtig.

Testset 14
Anzahl der Aufgaben: 15, Bearbeitungszeit: 20 Minuten

1 OLPALSK

   (A) Anfangsbuchstabe: P
   (B) Anfangsbuchstabe: A
   (C) Anfangsbuchstabe: O
   (D) Anfangsbuchstabe: S
   (E) Keine der Antwortmöglichkeiten ist richtig.

2 NRTTWUEE

   (A) Anfangsbuchstabe: N
   (B) Anfangsbuchstabe: E
   (C) Anfangsbuchstabe: U
   (D) Anfangsbuchstabe: W
   (E) Keine der Antwortmöglichkeiten ist richtig.

3 AITAGLP

   (A) Anfangsbuchstabe: A
   (B) Anfangsbuchstabe: G
   (C) Anfangsbuchstabe: T
   (D) Anfangsbuchstabe: P
   (E) Keine der Antwortmöglichkeiten ist richtig.

4 NOOTPORIM

   (A) Anfangsbuchstabe: P
   (B) Anfangsbuchstabe: R
   (C) Anfangsbuchstabe: M
   (D) Anfangsbuchstabe: T
   (E) Keine der Antwortmöglichkeiten ist richtig.

5   T M L N A A E D E B

(A) Anfangsbuchstabe: D
(B) Anfangsbuchstabe: B
(C) Anfangsbuchstabe: E
(D) Anfangsbuchstabe: A
(E) Keine der Antwortmöglichkeiten ist richtig.

6   A H M R A D R B N U

(A) Anfangsbuchstabe: B
(B) Anfangsbuchstabe: N
(C) Anfangsbuchstabe: A
(D) Anfangsbuchstabe: M
(E) Keine der Antwortmöglichkeiten ist richtig.

7   E A G U E B A B R L

(A) Anfangsbuchstabe: E
(B) Anfangsbuchstabe: B
(C) Anfangsbuchstabe: L
(D) Anfangsbuchstabe: G
(E) Keine der Antwortmöglichkeiten ist richtig.

8   S E S S P E A I L A

(A) Anfangsbuchstabe: L
(B) Anfangsbuchstabe: S
(C) Anfangsbuchstabe: A
(D) Anfangsbuchstabe: I
(E) Keine der Antwortmöglichkeiten ist richtig.

9 ODIETIMAN

   (A) Anfangsbuchstabe: A
   (B) Anfangsbuchstabe: D
   (C) Anfangsbuchstabe: T
   (D) Anfangsbuchstabe: M
   (E) Keine der Antwortmöglichkeiten ist richtig.

10 EEDELKRDFI

   (A) Anfangsbuchstabe: F
   (B) Anfangsbuchstabe: L
   (C) Anfangsbuchstabe: E
   (D) Anfangsbuchstabe: R
   (E) Keine der Antwortmöglichkeiten ist richtig.

11 EOIVLOMKTO

   (A) Anfangsbuchstabe: I
   (B) Anfangsbuchstabe: L
   (C) Anfangsbuchstabe: O
   (D) Anfangsbuchstabe: K
   (E) Keine der Antwortmöglichkeiten ist richtig.

12 RFAOLADRM

   (A) Anfangsbuchstabe: A
   (B) Anfangsbuchstabe: L
   (C) Anfangsbuchstabe: M
   (D) Anfangsbuchstabe: R
   (E) Keine der Antwortmöglichkeiten ist richtig.

13 E R U T U E N

   (A) Anfangsbuchstabe: N
   (B) Anfangsbuchstabe: U
   (C) Anfangsbuchstabe: R
   (D) Anfangsbuchstabe: E
   (E) Keine der Antwortmöglichkeiten ist richtig.

14 N S E T I I K P N O

   (A) Anfangsbuchstabe: K
   (B) Anfangsbuchstabe: P
   (C) Anfangsbuchstabe: I
   (D) Anfangsbuchstabe: S
   (E) Keine der Antwortmöglichkeiten ist richtig.

15 D O E S I R B E

   (A) Anfangsbuchstabe: B
   (B) Anfangsbuchstabe: O
   (C) Anfangsbuchstabe: E
   (D) Anfangsbuchstabe: D
   (E) Keine der Antwortmöglichkeiten ist richtig.

Testset 15
Anzahl der Aufgaben: 15, Bearbeitungszeit: 20 Minuten

1 M N E T E I D

   (A) Anfangsbuchstabe: D
   (B) Anfangsbuchstabe: T
   (C) Anfangsbuchstabe: M
   (D) Anfangsbuchstabe: N
   (E) Keine der Antwortmöglichkeiten ist richtig.

2 A A D N M B R

   (A) Anfangsbuchstabe: B
   (B) Anfangsbuchstabe: A
   (C) Anfangsbuchstabe: D
   (D) Anfangsbuchstabe: N
   (E) Keine der Antwortmöglichkeiten ist richtig.

3 L V I H R R E E

   (A) Anfangsbuchstabe: L
   (B) Anfangsbuchstabe: V
   (C) Anfangsbuchstabe: I
   (D) Anfangsbuchstabe: H
   (E) Keine der Antwortmöglichkeiten ist richtig.

4 R O U R T E O B D

   (A) Anfangsbuchstabe: U
   (B) Anfangsbuchstabe: D
   (C) Anfangsbuchstabe: R
   (D) Anfangsbuchstabe: O
   (E) Keine der Antwortmöglichkeiten ist richtig.

5   FAATWUNLL

    (A) Anfangsbuchstabe: A
    (B) Anfangsbuchstabe: F
    (C) Anfangsbuchstabe: T
    (D) Anfangsbuchstabe: L
    (E) Keine der Antwortmöglichkeiten ist richtig.

6   AGENTIRA

    (A) Anfangsbuchstabe: R
    (B) Anfangsbuchstabe: N
    (C) Anfangsbuchstabe: T
    (D) Anfangsbuchstabe: G
    (E) Keine der Antwortmöglichkeiten ist richtig.

7   EDGELEN

    (A) Anfangsbuchstabe: L
    (B) Anfangsbuchstabe: D
    (C) Anfangsbuchstabe: E
    (D) Anfangsbuchstabe: G
    (E) Keine der Antwortmöglichkeiten ist richtig.

8   ITMUTAON

    (A) Anfangsbuchstabe: M
    (B) Anfangsbuchstabe: U
    (C) Anfangsbuchstabe: I
    (D) Anfangsbuchstabe: A
    (E) Keine der Antwortmöglichkeiten ist richtig.

9 TFEGGENGI

(A) Anfangsbuchstabe: N
(B) Anfangsbuchstabe: E
(C) Anfangsbuchstabe: G
(D) Anfangsbuchstabe: F
(E) Keine der Antwortmöglichkeiten ist richtig.

10 UTCERHESQI

(A) Anfangsbuchstabe: I
(B) Anfangsbuchstabe: E
(C) Anfangsbuchstabe: U
(D) Anfangsbuchstabe: S
(E) Keine der Antwortmöglichkeiten ist richtig.

11 POKOOKSL

(A) Anfangsbuchstabe: S
(B) Anfangsbuchstabe: K
(C) Anfangsbuchstabe: O
(D) Anfangsbuchstabe: L
(E) Keine der Antwortmöglichkeiten ist richtig.

12 TYIDANES

(A) Anfangsbuchstabe: A
(B) Anfangsbuchstabe: N
(C) Anfangsbuchstabe: D
(D) Anfangsbuchstabe: S
(E) Keine der Antwortmöglichkeiten ist richtig.

13   D F R G U N E I N

(A) Anfangsbuchstabe: N
(B) Anfangsbuchstabe: I
(C) Anfangsbuchstabe: F
(D) Anfangsbuchstabe: E
(E) Keine der Antwortmöglichkeiten ist richtig.

14   T A R U N N M S E E

(A) Anfangsbuchstabe: U
(B) Anfangsbuchstabe: M
(C) Anfangsbuchstabe: E
(D) Anfangsbuchstabe: T
(E) Keine der Antwortmöglichkeiten ist richtig.

15   S O R O I E N

(A) Anfangsbuchstabe: O
(B) Anfangsbuchstabe: R
(C) Anfangsbuchstabe: E
(D) Anfangsbuchstabe: S
(E) Keine der Antwortmöglichkeiten ist richtig.

Testset 16
Anzahl der Aufgaben: 15, Bearbeitungszeit: 20 Minuten

1 T F F S M F R E O D

   (A) Anfangsbuchstabe: M
   (B) Anfangsbuchstabe: S
   (C) Anfangsbuchstabe: R
   (D) Anfangsbuchstabe: E
   (E) Keine der Antwortmöglichkeiten ist richtig.

2 R I E R A S E R

   (A) Anfangsbuchstabe: E
   (B) Anfangsbuchstabe: R
   (C) Anfangsbuchstabe: I
   (D) Anfangsbuchstabe: A
   (E) Keine der Antwortmöglichkeiten ist richtig.

3 T I P O T I N E

   (A) Anfangsbuchstabe: E
   (B) Anfangsbuchstabe: P
   (C) Anfangsbuchstabe: N
   (D) Anfangsbuchstabe: T
   (E) Keine der Antwortmöglichkeiten ist richtig.

4 A K T O I D N R I

   (A) Anfangsbuchstabe: D
   (B) Anfangsbuchstabe: I
   (C) Anfangsbuchstabe: T
   (D) Anfangsbuchstabe: K
   (E) Keine der Antwortmöglichkeiten ist richtig.

5 N E G D A B A

(A) Anfangsbuchstabe: E
(B) Anfangsbuchstabe: A
(C) Anfangsbuchstabe: G
(D) Anfangsbuchstabe: B
(E) Keine der Antwortmöglichkeiten ist richtig.

6 R C U K H A S B I M

(A) Anfangsbuchstabe: S
(B) Anfangsbuchstabe: R
(C) Anfangsbuchstabe: I
(D) Anfangsbuchstabe: H
(E) Keine der Antwortmöglichkeiten ist richtig.

7 S T A A R M D M

(A) Anfangsbuchstabe: M
(B) Anfangsbuchstabe: D
(C) Anfangsbuchstabe: A
(D) Anfangsbuchstabe: R
(E) Keine der Antwortmöglichkeiten ist richtig.

8 P T K I O R E

(A) Anfangsbuchstabe: O
(B) Anfangsbuchstabe: K
(C) Anfangsbuchstabe: T
(D) Anfangsbuchstabe: I
(E) Keine der Antwortmöglichkeiten ist richtig.

9   A B F U G E A

(A) Anfangsbuchstabe: G
(B) Anfangsbuchstabe: U
(C) Anfangsbuchstabe: A
(D) Anfangsbuchstabe: B
(E) Keine der Antwortmöglichkeiten ist richtig.

10   R A B T E N I

(A) Anfangsbuchstabe: I
(B) Anfangsbuchstabe: T
(C) Anfangsbuchstabe: E
(D) Anfangsbuchstabe: A
(E) Keine der Antwortmöglichkeiten ist richtig.

11   E G Z U T N I

(A) Anfangsbuchstabe: U
(B) Anfangsbuchstabe: E
(C) Anfangsbuchstabe: Z
(D) Anfangsbuchstabe: N
(E) Keine der Antwortmöglichkeiten ist richtig.

12   F O S T F P M I F

(A) Anfangsbuchstabe: S
(B) Anfangsbuchstabe: T
(C) Anfangsbuchstabe: F
(D) Anfangsbuchstabe: I
(E) Keine der Antwortmöglichkeiten ist richtig.

13 N D R M H E U G U

(A) Anfangsbuchstabe: D
(B) Anfangsbuchstabe: E
(C) Anfangsbuchstabe: M
(D) Anfangsbuchstabe: H
(E) Keine der Antwortmöglichkeiten ist richtig.

14 N H U T R E E S O

(A) Anfangsbuchstabe: N
(B) Anfangsbuchstabe: H
(C) Anfangsbuchstabe: R
(D) Anfangsbuchstabe: T
(E) Keine der Antwortmöglichkeiten ist richtig.

15 C P O K T O H F

(A) Anfangsbuchstabe: K
(B) Anfangsbuchstabe: T
(C) Anfangsbuchstabe: P
(D) Anfangsbuchstabe: O
(E) Keine der Antwortmöglichkeiten ist richtig.

Testset 17
Anzahl der Aufgaben: 15, Bearbeitungszeit: 20 Minuten

1   A L B H L S E I N

      (A) Anfangsbuchstabe: I
      (B) Anfangsbuchstabe: H
      (C) Anfangsbuchstabe: A
      (D) Anfangsbuchstabe: B
      (E) Keine der Antwortmöglichkeiten ist richtig.

2   R K T E E N A T Z

      (A) Anfangsbuchstabe: N
      (B) Anfangsbuchstabe: K
      (C) Anfangsbuchstabe: Z
      (D) Anfangsbuchstabe: E
      (E) Keine der Antwortmöglichkeiten ist richtig.

3   T B L Z D O I W

      (A) Anfangsbuchstabe: W
      (B) Anfangsbuchstabe: Z
      (C) Anfangsbuchstabe: T
      (D) Anfangsbuchstabe: B
      (E) Keine der Antwortmöglichkeiten ist richtig.

4   D S T O L I A E

      (A) Anfangsbuchstabe: S
      (B) Anfangsbuchstabe: T
      (C) Anfangsbuchstabe: A
      (D) Anfangsbuchstabe: I
      (E) Keine der Antwortmöglichkeiten ist richtig.

5   S K I N B E O T C

(A) Anfangsbuchstabe: T
(B) Anfangsbuchstabe: I
(C) Anfangsbuchstabe: S
(D) Anfangsbuchstabe: E
(E) Keine der Antwortmöglichkeiten ist richtig.

6   T S O E R K L

(A) Anfangsbuchstabe: K
(B) Anfangsbuchstabe: L
(C) Anfangsbuchstabe: T
(D) Anfangsbuchstabe: O
(E) Keine der Antwortmöglichkeiten ist richtig.

7   U K T P L N P U S

(A) Anfangsbuchstabe: S
(B) Anfangsbuchstabe: P
(C) Anfangsbuchstabe: U
(D) Anfangsbuchstabe: K
(E) Keine der Antwortmöglichkeiten ist richtig.

8   N L S A H G C I E

(A) Anfangsbuchstabe: S
(B) Anfangsbuchstabe: H
(C) Anfangsbuchstabe: C
(D) Anfangsbuchstabe: I
(E) Keine der Antwortmöglichkeiten ist richtig.

9   N I S O N P E

(A) Anfangsbuchstabe: S
(B) Anfangsbuchstabe: O
(C) Anfangsbuchstabe: N
(D) Anfangsbuchstabe: I
(E) Keine der Antwortmöglichkeiten ist richtig.

10   M P I E A H E L S B

(A) Anfangsbuchstabe: A
(B) Anfangsbuchstabe: B
(C) Anfangsbuchstabe: H
(D) Anfangsbuchstabe: L
(E) Keine der Antwortmöglichkeiten ist richtig.

11   G N E I A M O O M

(A) Anfangsbuchstabe: N
(B) Anfangsbuchstabe: A
(C) Anfangsbuchstabe: O
(D) Anfangsbuchstabe: M
(E) Keine der Antwortmöglichkeiten ist richtig.

12   N M T Y A G S I K

(A) Anfangsbuchstabe: G
(B) Anfangsbuchstabe: N
(C) Anfangsbuchstabe: A
(D) Anfangsbuchstabe: Y
(E) Keine der Antwortmöglichkeiten ist richtig.

13   E A R I R R D E

(A) Anfangsbuchstabe: E
(B) Anfangsbuchstabe: A
(C) Anfangsbuchstabe: D
(D) Anfangsbuchstabe: R
(E) Keine der Antwortmöglichkeiten ist richtig.

14   R H A N L U G Z B A

(A) Anfangsbuchstabe: Z
(B) Anfangsbuchstabe: H
(C) Anfangsbuchstabe: L
(D) Anfangsbuchstabe: A
(E) Keine der Antwortmöglichkeiten ist richtig.

15   E M A L O S T B K R

(A) Anfangsbuchstabe: S
(B) Anfangsbuchstabe: O
(C) Anfangsbuchstabe: R
(D) Anfangsbuchstabe: M
(E) Keine der Antwortmöglichkeiten ist richtig.

Testset 18

Anzahl der Aufgaben: 15, Bearbeitungszeit: 20 Minuten

1 N N O U G V E D R R

   (A) Anfangsbuchstabe: O
   (B) Anfangsbuchstabe: N
   (C) Anfangsbuchstabe: E
   (D) Anfangsbuchstabe: V
   (E) Keine der Antwortmöglichkeiten ist richtig.

2 T E E T Z M I N E R

   (A) Anfangsbuchstabe: E
   (B) Anfangsbuchstabe: N
   (C) Anfangsbuchstabe: M
   (D) Anfangsbuchstabe: Z
   (E) Keine der Antwortmöglichkeiten ist richtig.

3 S Z E Y R S P E

   (A) Anfangsbuchstabe: Z
   (B) Anfangsbuchstabe: S
   (C) Anfangsbuchstabe: Y
   (D) Anfangsbuchstabe: E
   (E) Keine der Antwortmöglichkeiten ist richtig.

4 A U B C H B R

   (A) Anfangsbuchstabe: C
   (B) Anfangsbuchstabe: B
   (C) Anfangsbuchstabe: A
   (D) Anfangsbuchstabe: U
   (E) Keine der Antwortmöglichkeiten ist richtig.

5   TTELTIOE

(A) Anfangsbuchstabe: T
(B) Anfangsbuchstabe: L
(C) Anfangsbuchstabe: O
(D) Anfangsbuchstabe: E
(E) Keine der Antwortmöglichkeiten ist richtig.

6   NAEASLTGW

(A) Anfangsbuchstabe: S
(B) Anfangsbuchstabe: W
(C) Anfangsbuchstabe: L
(D) Anfangsbuchstabe: G
(E) Keine der Antwortmöglichkeiten ist richtig.

7   EHTEIMRH

(A) Anfangsbuchstabe: H
(B) Anfangsbuchstabe: M
(C) Anfangsbuchstabe: E
(D) Anfangsbuchstabe: I
(E) Keine der Antwortmöglichkeiten ist richtig.

8   HGDANNLU

(A) Anfangsbuchstabe: A
(B) Anfangsbuchstabe: H
(C) Anfangsbuchstabe: L
(D) Anfangsbuchstabe: N
(E) Keine der Antwortmöglichkeiten ist richtig.

9   SDNKASCA

(A) Anfangsbuchstabe: D
(B) Anfangsbuchstabe: S
(C) Anfangsbuchstabe: N
(D) Anfangsbuchstabe: C
(E) Keine der Antwortmöglichkeiten ist richtig.

10   GAOBUETF

(A) Anfangsbuchstabe: B
(B) Anfangsbuchstabe: F
(C) Anfangsbuchstabe: E
(D) Anfangsbuchstabe: A
(E) Keine der Antwortmöglichkeiten ist richtig.

11   OERILVOG

(A) Anfangsbuchstabe: L
(B) Anfangsbuchstabe: V
(C) Anfangsbuchstabe: G
(D) Anfangsbuchstabe: O
(E) Keine der Antwortmöglichkeiten ist richtig.

12   IMGVTAOTR

(A) Anfangsbuchstabe: V
(B) Anfangsbuchstabe: R
(C) Anfangsbuchstabe: O
(D) Anfangsbuchstabe: M
(E) Keine der Antwortmöglichkeiten ist richtig.

13 M C R A A L H L S

(A) Anfangsbuchstabe: M
(B) Anfangsbuchstabe: A
(C) Anfangsbuchstabe: H
(D) Anfangsbuchstabe: R
(E) Keine der Antwortmöglichkeiten ist richtig.

14 L U N A Z I T E F A

(A) Anfangsbuchstabe: Z
(B) Anfangsbuchstabe: U
(C) Anfangsbuchstabe: N
(D) Anfangsbuchstabe: F
(E) Keine der Antwortmöglichkeiten ist richtig.

15 R G E A E I R N F

(A) Anfangsbuchstabe: A
(B) Anfangsbuchstabe: E
(C) Anfangsbuchstabe: I
(D) Anfangsbuchstabe: N
(E) Keine der Antwortmöglichkeiten ist richtig.

LÖSUNGEN:
Figuren zusammensetzen

Lösungen: Figuren zusammensetzen | Testset 1

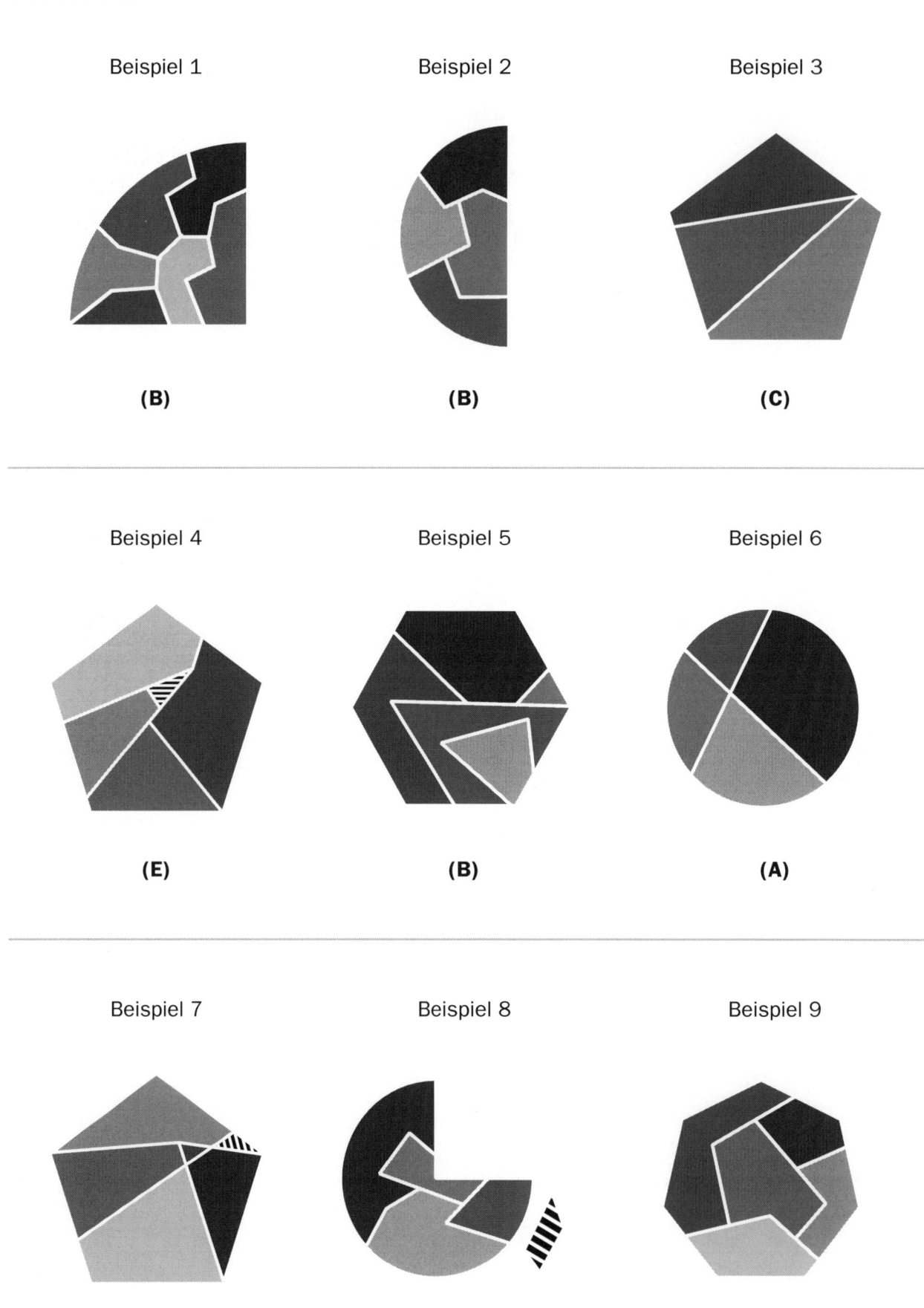

Testset 1

Beispiel 1

(B)

Beispiel 2

(B)

Beispiel 3

(C)

Beispiel 4

(E)

Beispiel 5

(B)

Beispiel 6

(A)

Beispiel 7

(E)

Beispiel 8

(E)

Beispiel 9

(B)

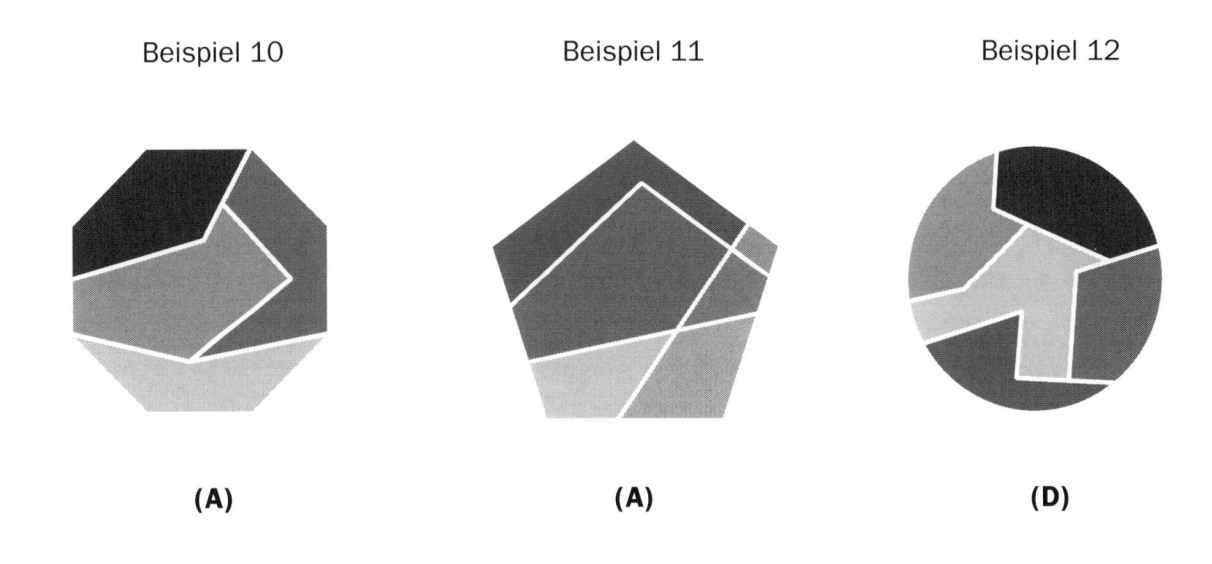

Lösungen: Figuren zusammensetzen | Testset 1

Beispiel 10

(A)

Beispiel 11

(A)

Beispiel 12

(D)

Beispiel 13

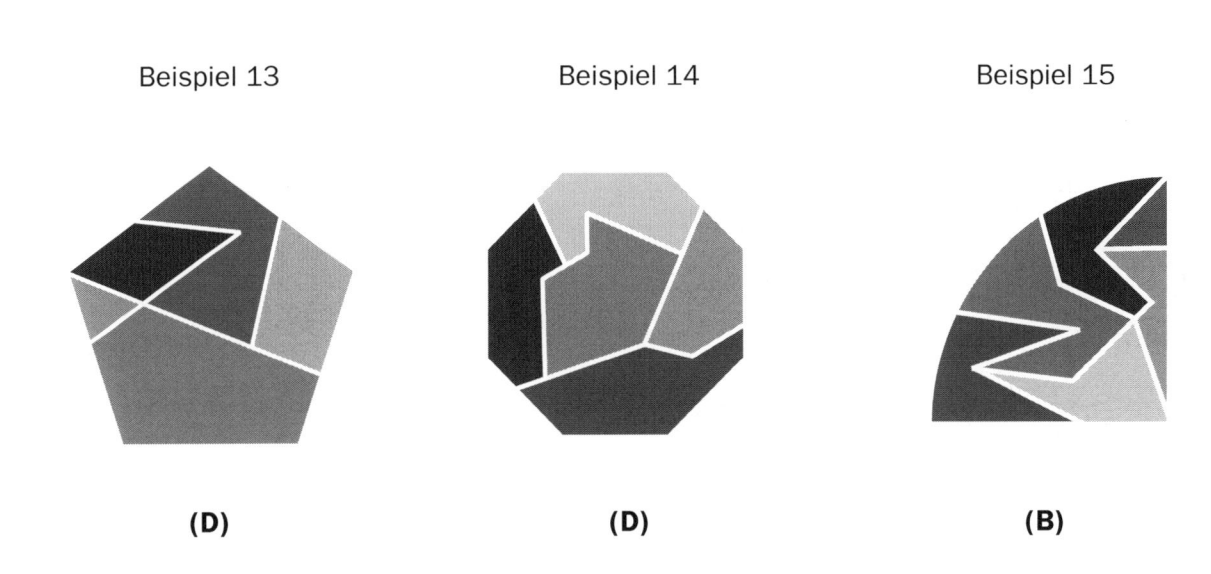

(D)

Beispiel 14

(D)

Beispiel 15

(B)

Testset 2

Beispiel 1 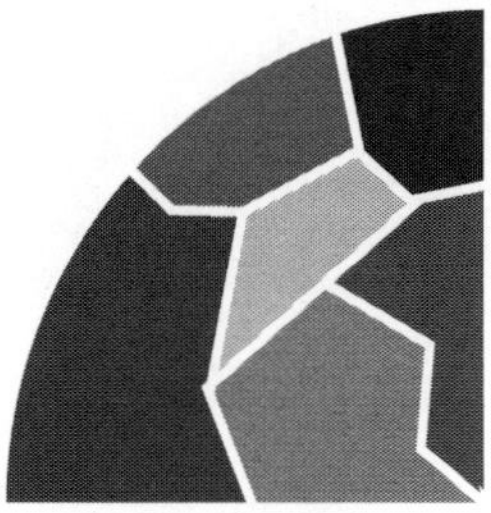
(A)

Beispiel 2 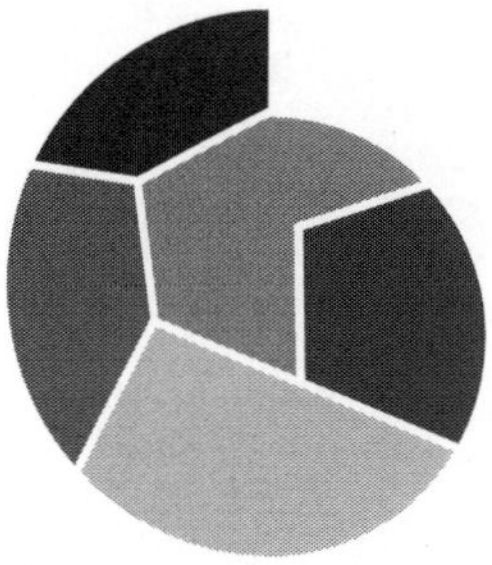
(E)

Beispiel 3 
(A)

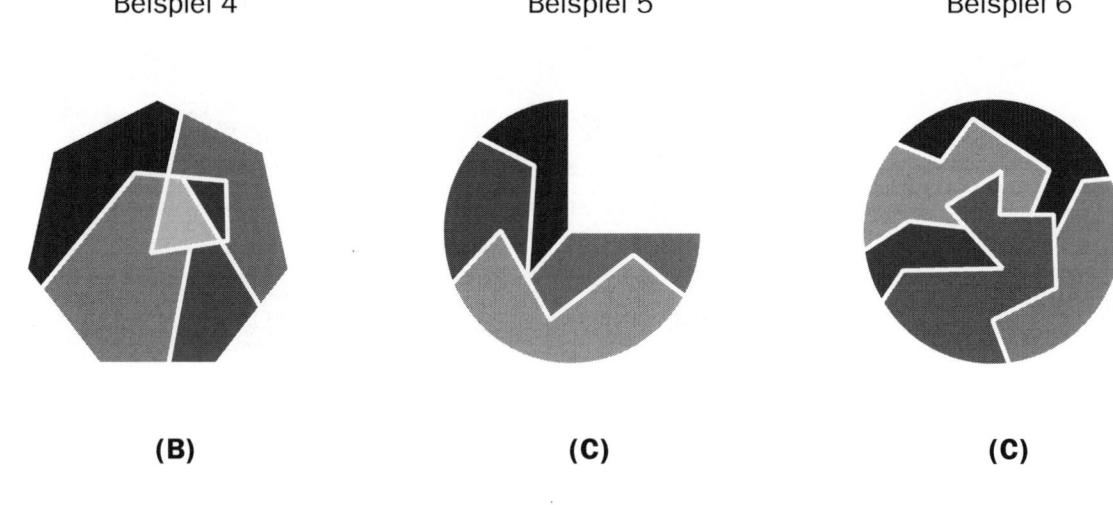

Beispiel 4
(B)

Beispiel 5
(C)

Beispiel 6
(C)

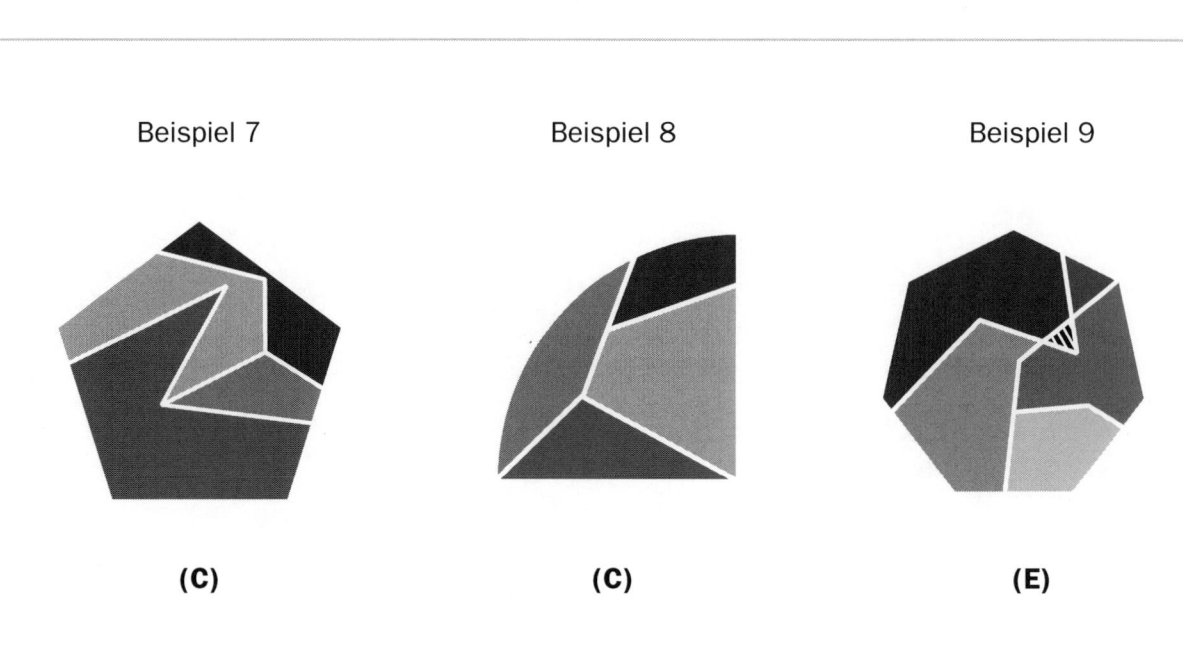

Beispiel 7
(C)

Beispiel 8
(C)

Beispiel 9
(E)

Lösungen: Figuren zusammensetzen | Testset 2

Beispiel 10

(A)

Beispiel 11

(C)

Beispiel 12

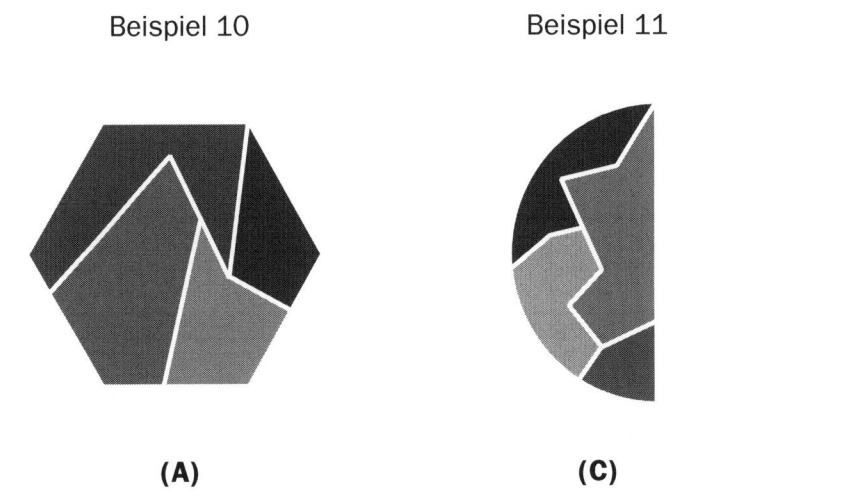

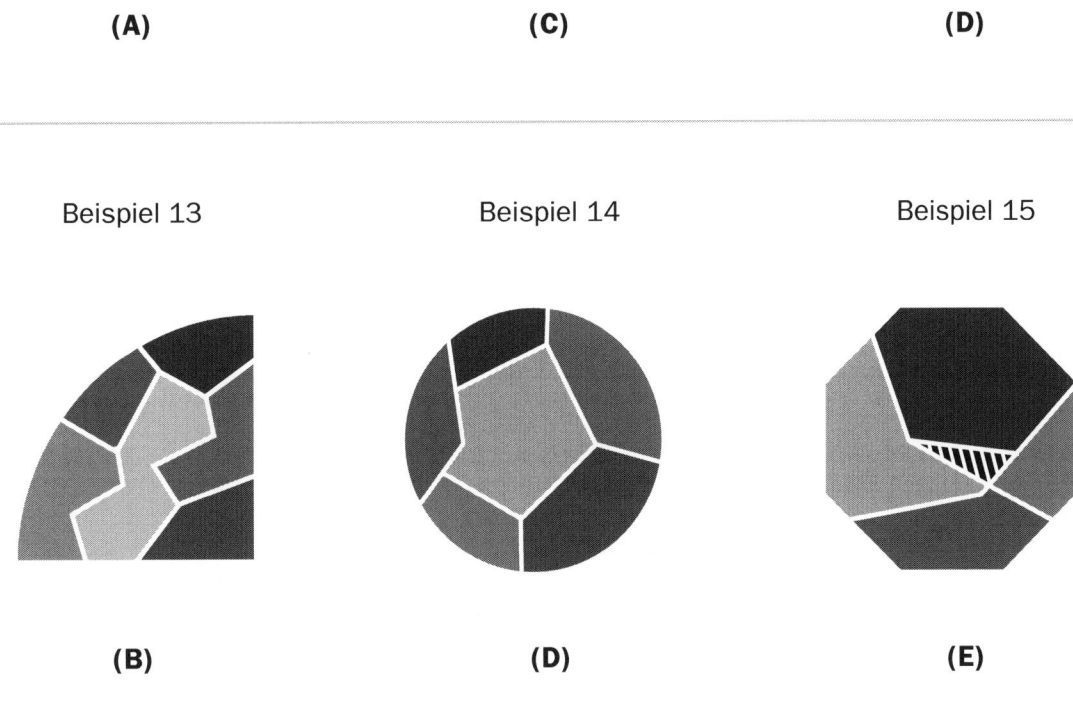

(D)

Beispiel 13

(B)

Beispiel 14

(D)

Beispiel 15

(E)

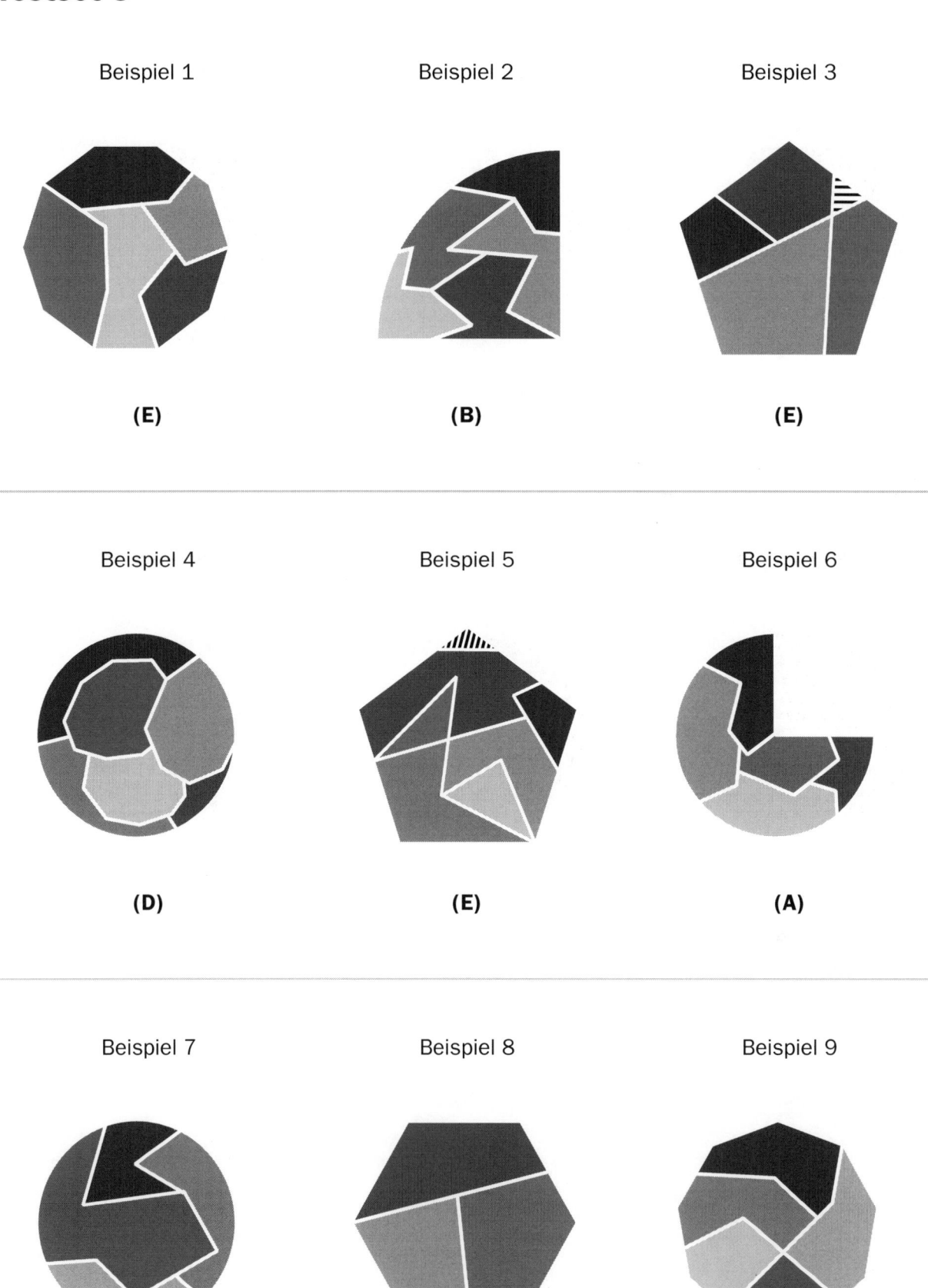

Testset 3

Beispiel 1
(E)

Beispiel 2
(B)

Beispiel 3
(E)

Beispiel 4
(D)

Beispiel 5
(E)

Beispiel 6
(A)

Beispiel 7
(A)

Beispiel 8
(B)

Beispiel 9
(E)

Lösungen: Figuren zusammensetzen | Testset 3

Beispiel 10

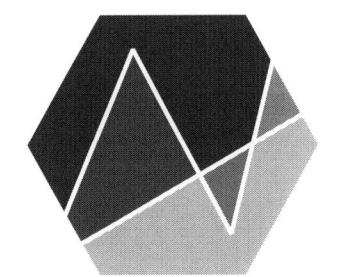

(A)

Beispiel 11

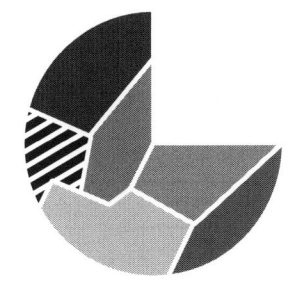

(E)

Beispiel 12

(C)

Beispiel 13

(A)

Beispiel 14

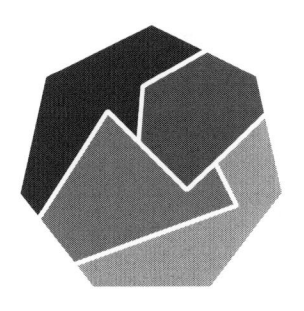

(A)

Beispiel 15

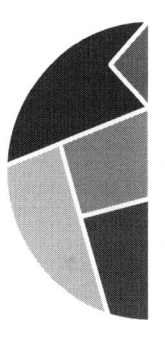

(C)

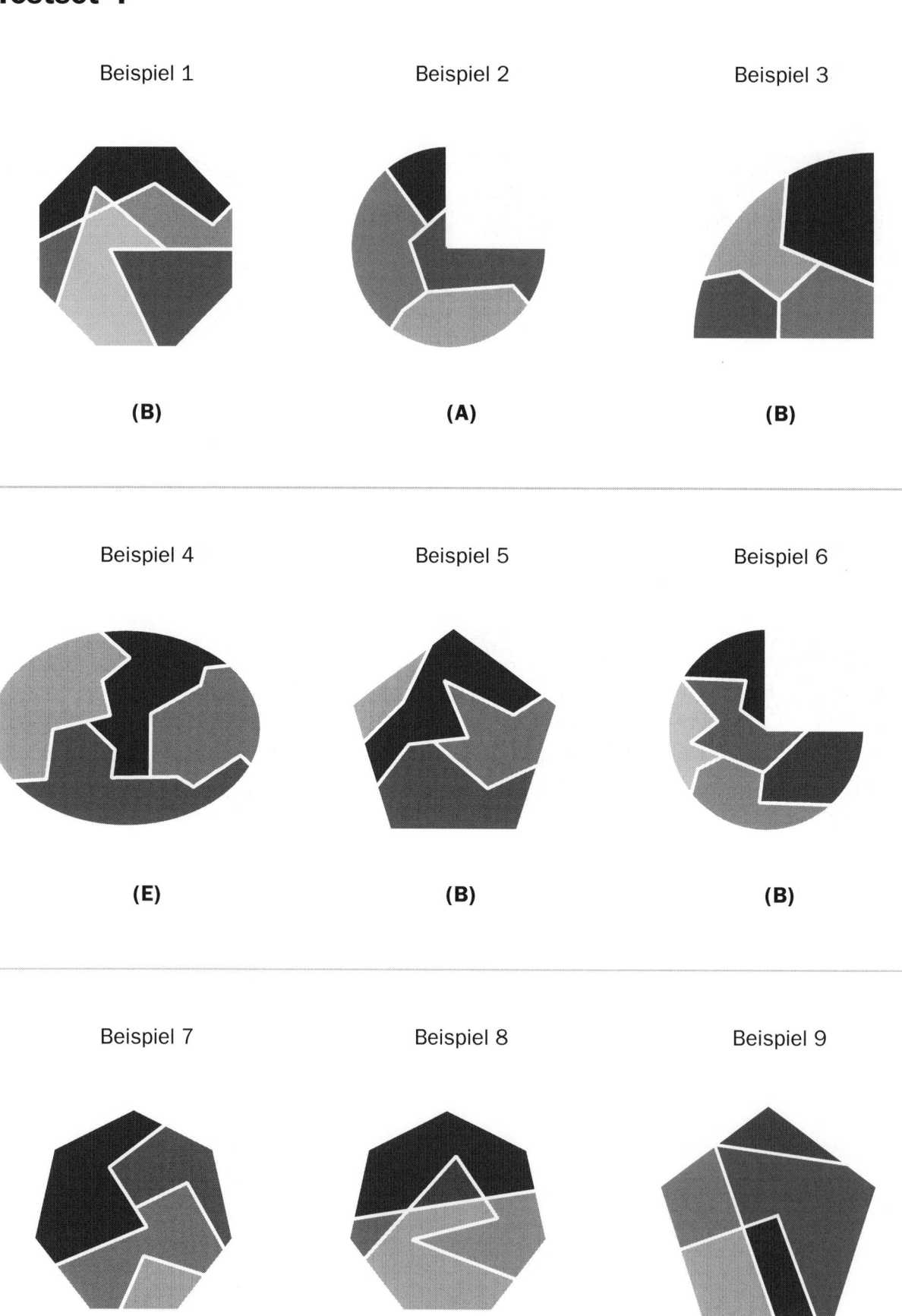

Lösungen: Figuren zusammensetzen | Testset 4

Testset 4

Beispiel 1

(B)

Beispiel 2

(A)

Beispiel 3

(B)

Beispiel 4

(E)

Beispiel 5

(B)

Beispiel 6

(B)

Beispiel 7

(C)

Beispiel 8

(A)

Beispiel 9

(C)

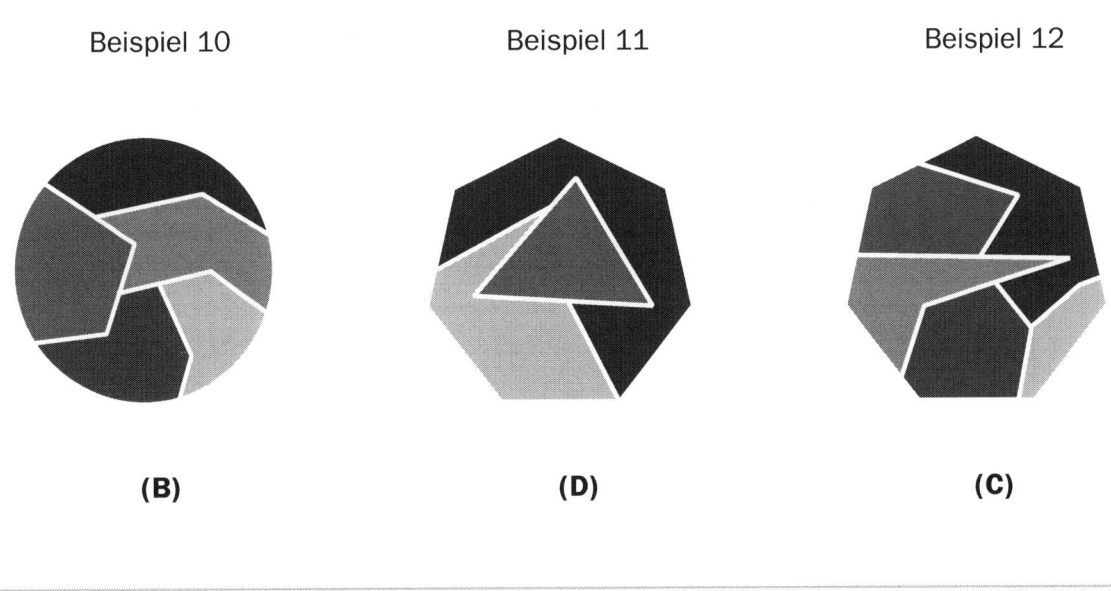

Lösungen: Figuren zusammensetzen | Testset 4

Beispiel 10

(B)

Beispiel 11

(D)

Beispiel 12

(C)

Beispiel 13

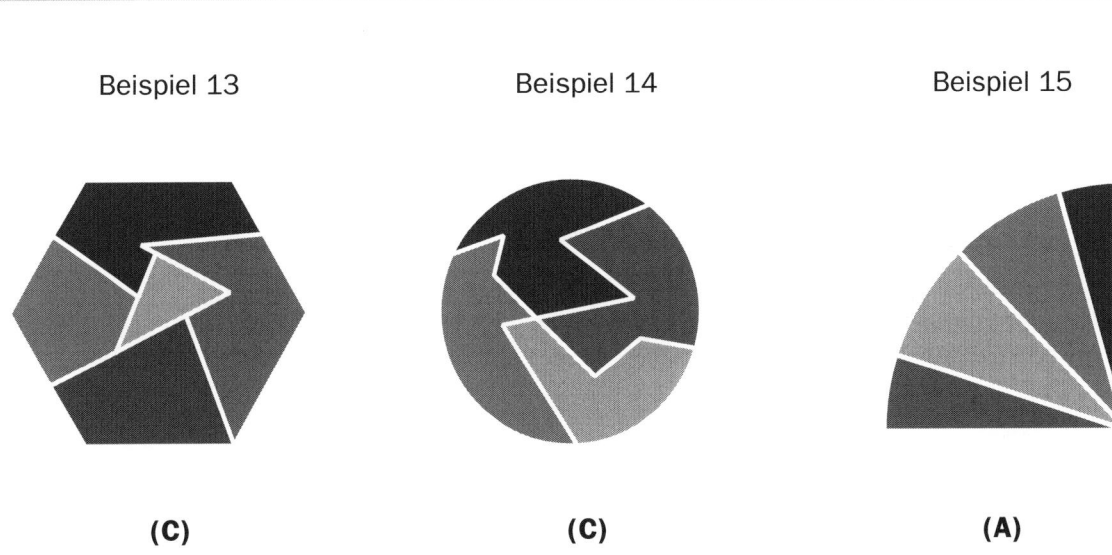

(C)

Beispiel 14

(C)

Beispiel 15

(A)

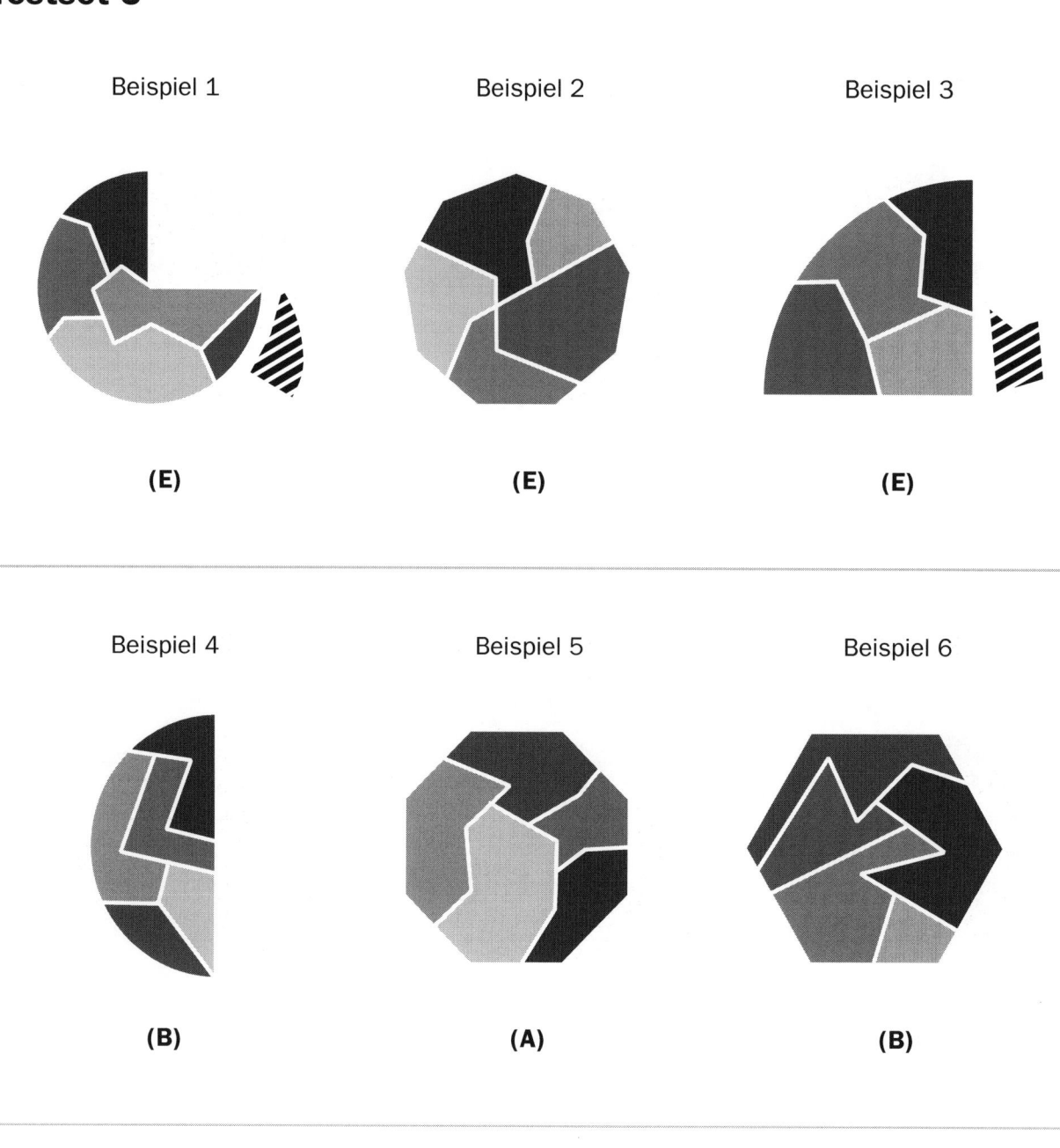

Testset 5

Beispiel 1
(E)

Beispiel 2
(E)

Beispiel 3
(E)

Beispiel 4
(B)

Beispiel 5
(A)

Beispiel 6
(B)

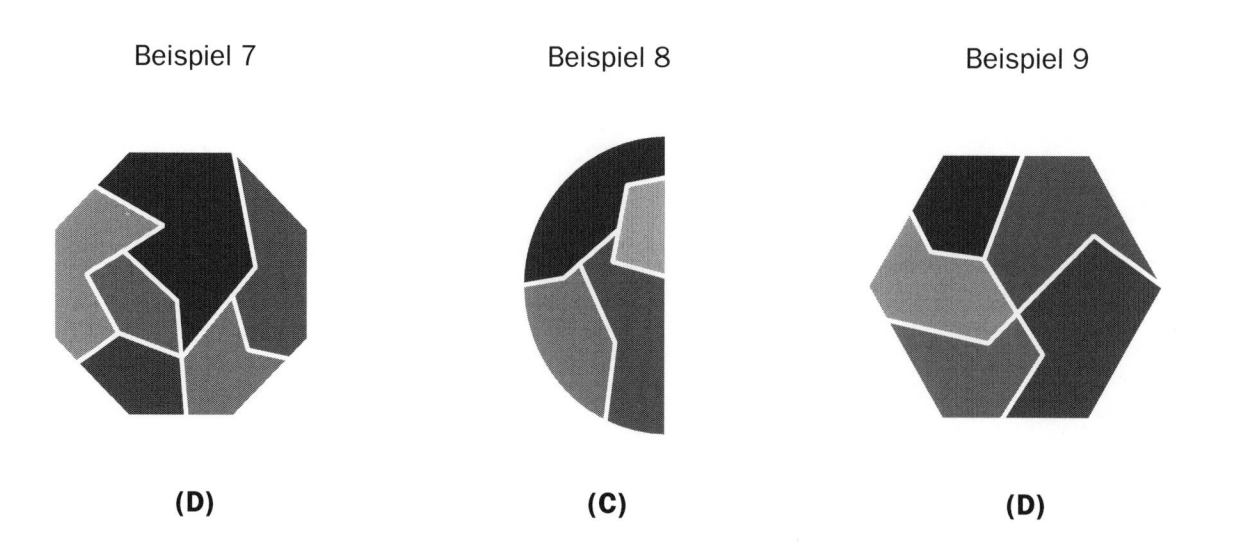

Beispiel 7
(D)

Beispiel 8
(C)

Beispiel 9
(D)

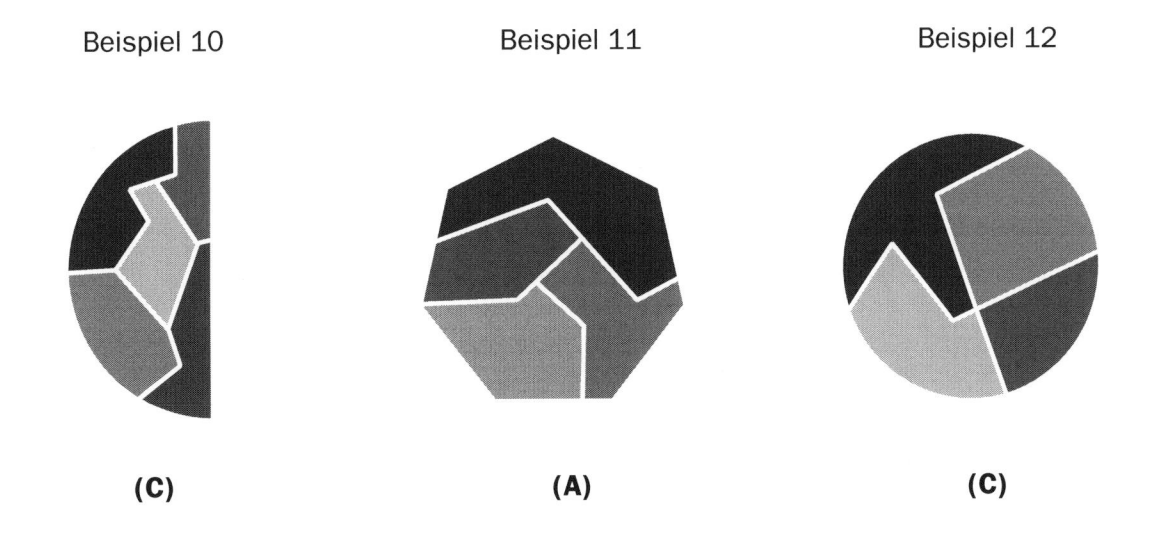

Lösungen: Figuren zusammensetzen | Testset 5

Beispiel 10　　　　　　Beispiel 11　　　　　　Beispiel 12

(C)　　　　　　　　　(A)　　　　　　　　　(C)

Beispiel 13　　　　　　Beispiel 14　　　　　　Beispiel 15

(A)　　　　　　　　　(E)　　　　　　　　　(B)

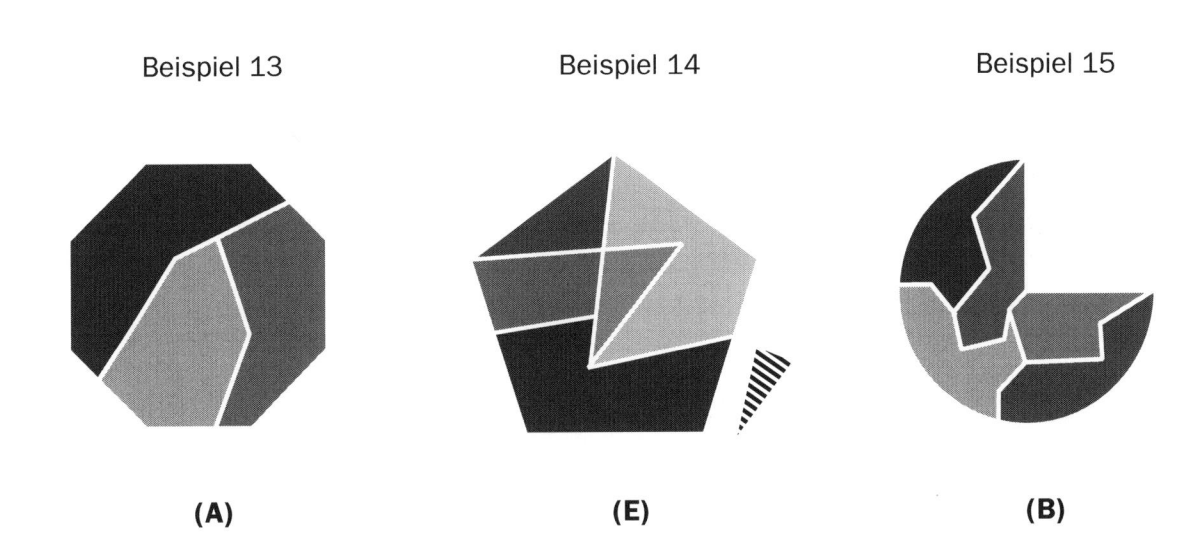

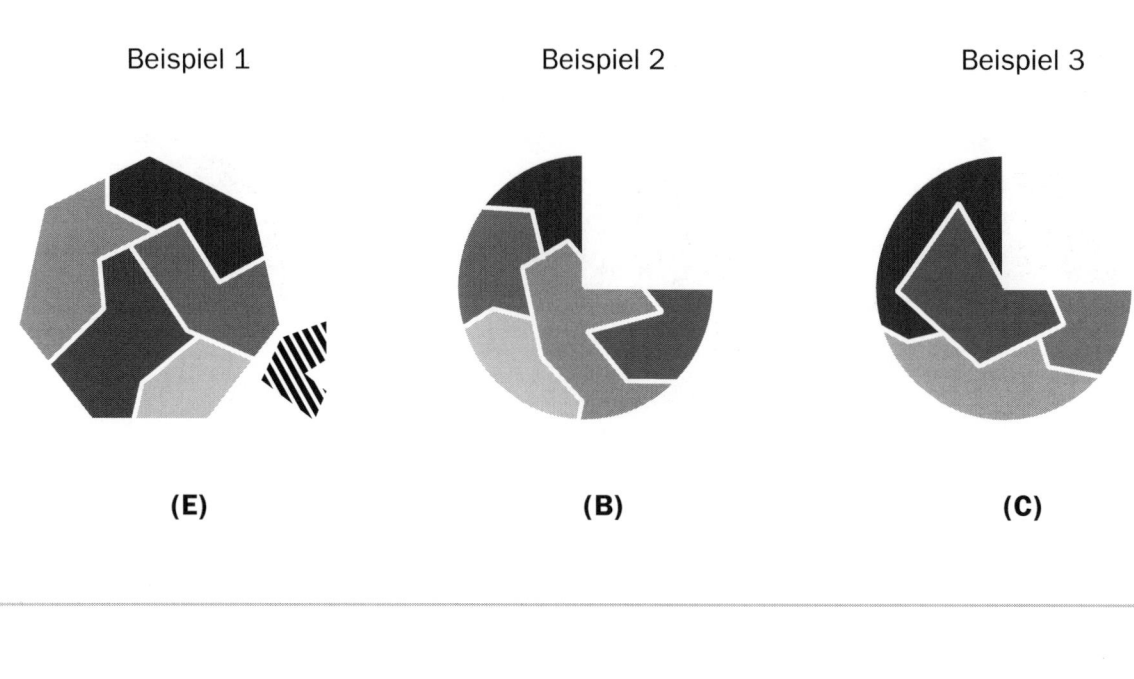

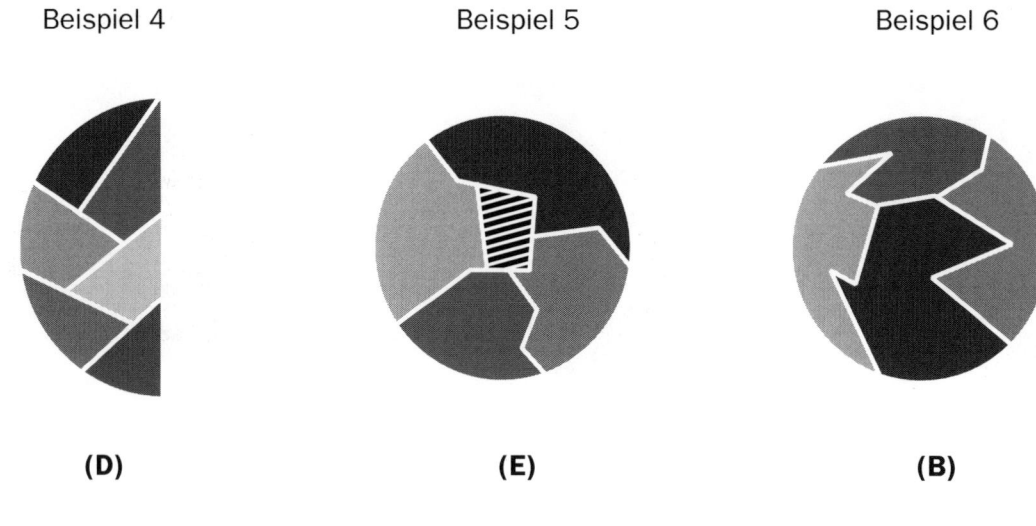

Testset 6

Beispiel 1
(E)

Beispiel 2
(B)

Beispiel 3
(C)

Beispiel 4
(D)

Beispiel 5
(E)

Beispiel 6
(B)

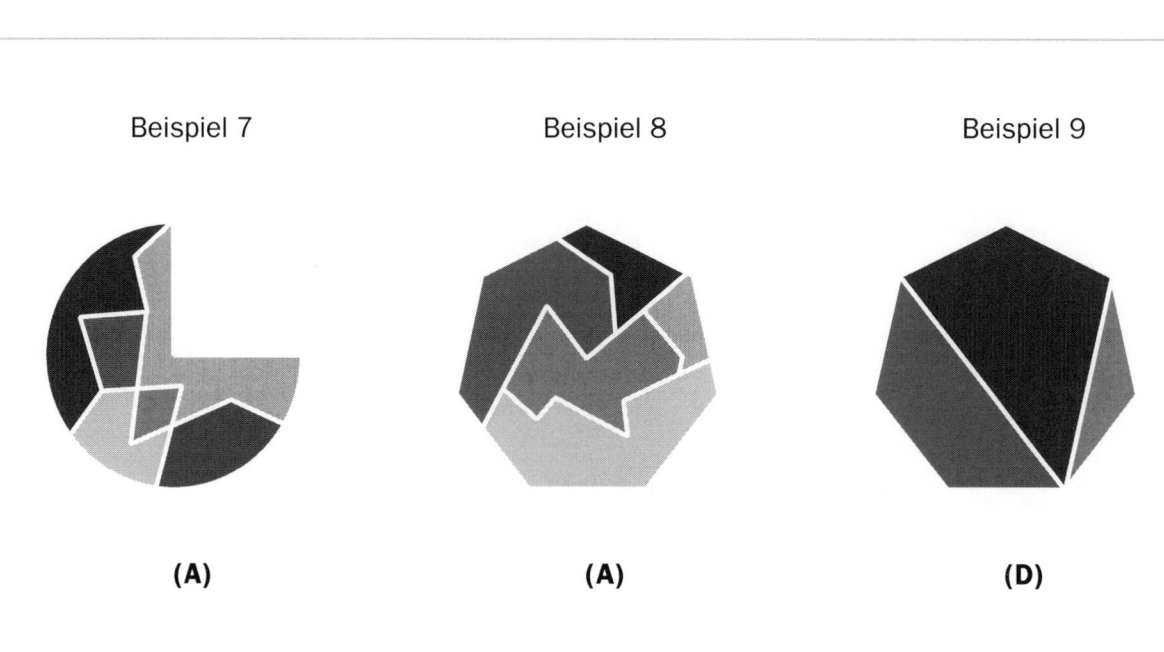

Beispiel 7
(A)

Beispiel 8
(A)

Beispiel 9
(D)

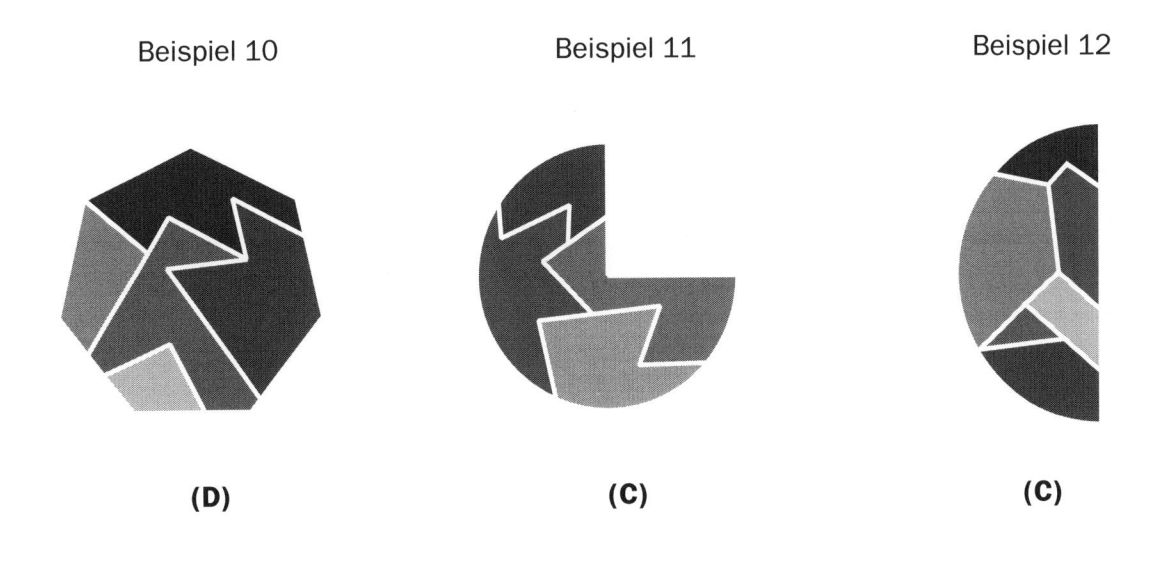

Lösungen: Figuren zusammensetzen | Testset 6

Beispiel 10

(D)

Beispiel 11

(C)

Beispiel 12

(C)

Beispiel 13

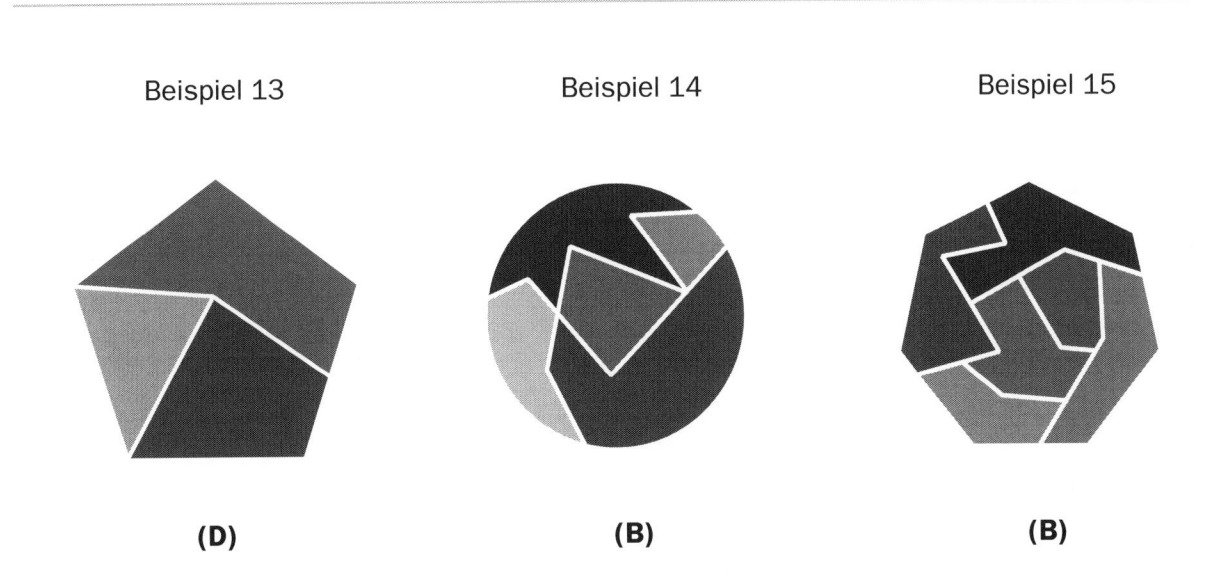

(D)

Beispiel 14

(B)

Beispiel 15

(B)

Testset 7

Beispiel 1

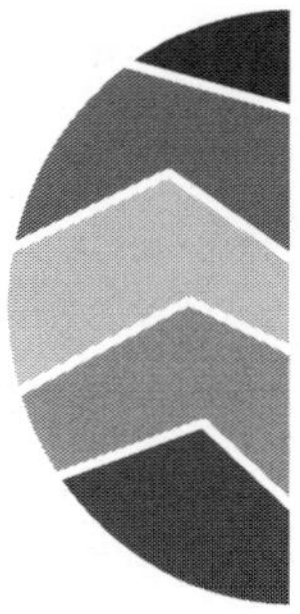

(D)

Beispiel 2

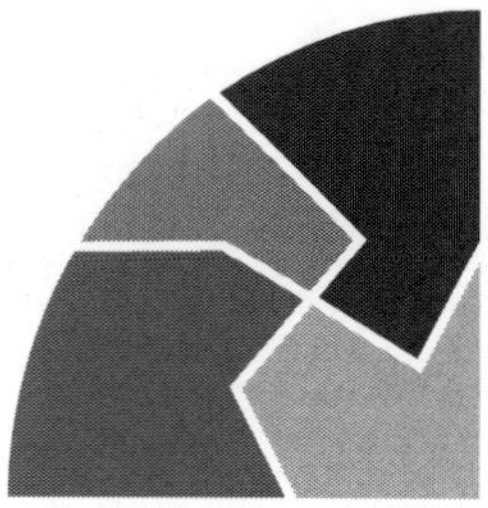

(A)

Beispiel 3

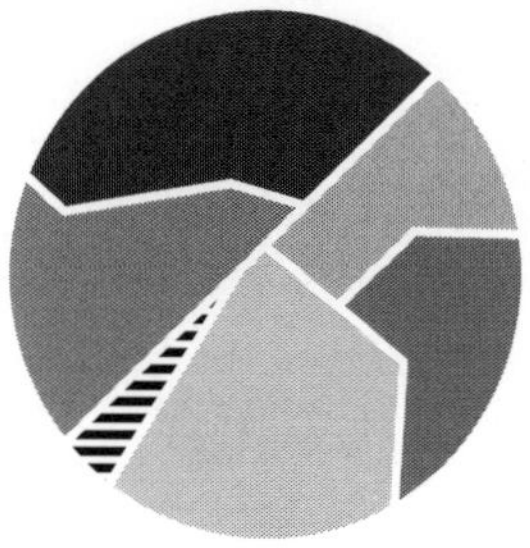

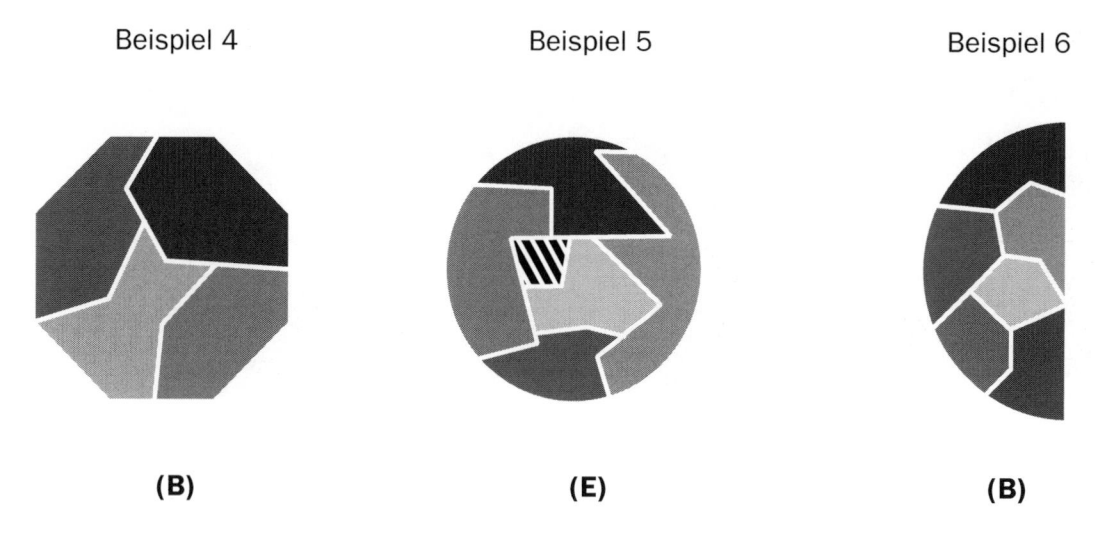

(E)

Beispiel 4

(B)

Beispiel 5

(E)

Beispiel 6

(B)

Beispiel 7

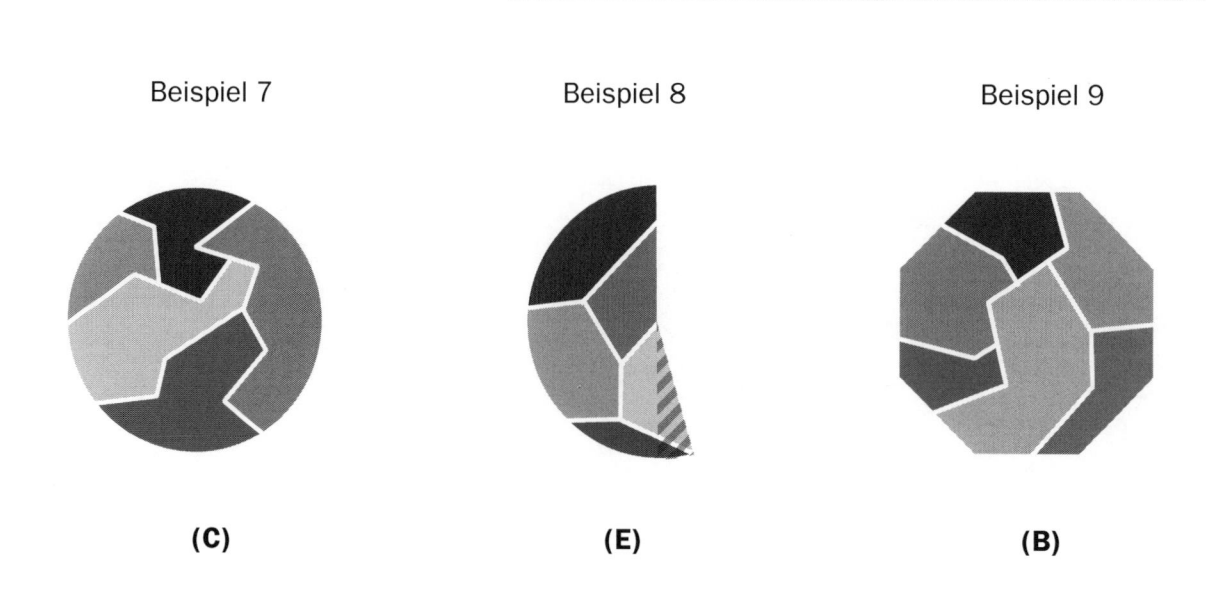

(C)

Beispiel 8

(E)

Beispiel 9

(B)

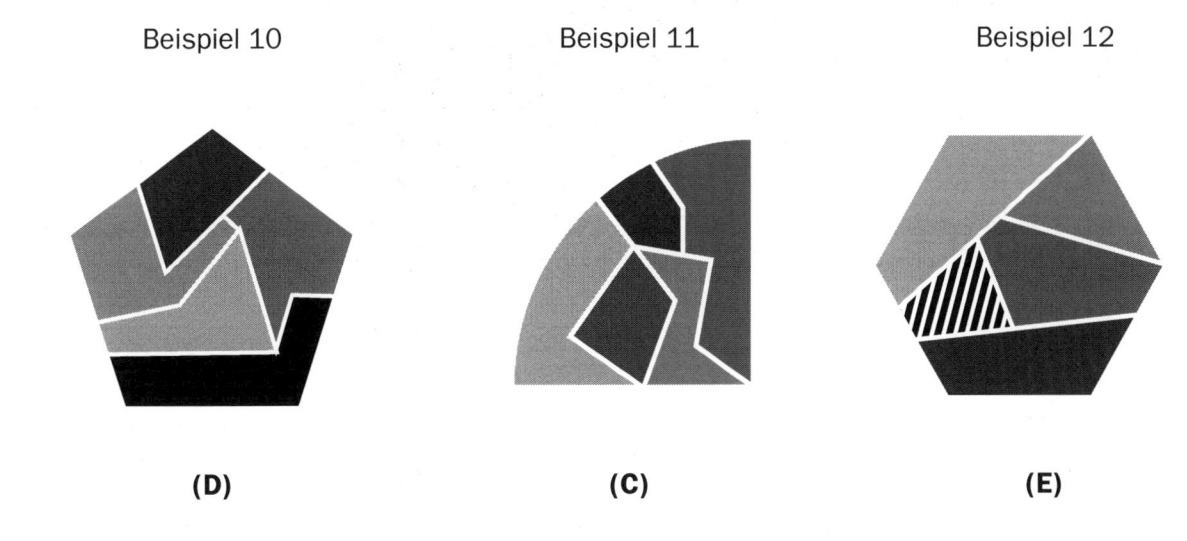

Lösungen: Figuren zusammensetzen | Testset 7

Beispiel 10

(D)

Beispiel 11

(C)

Beispiel 12

(E)

Beispiel 13

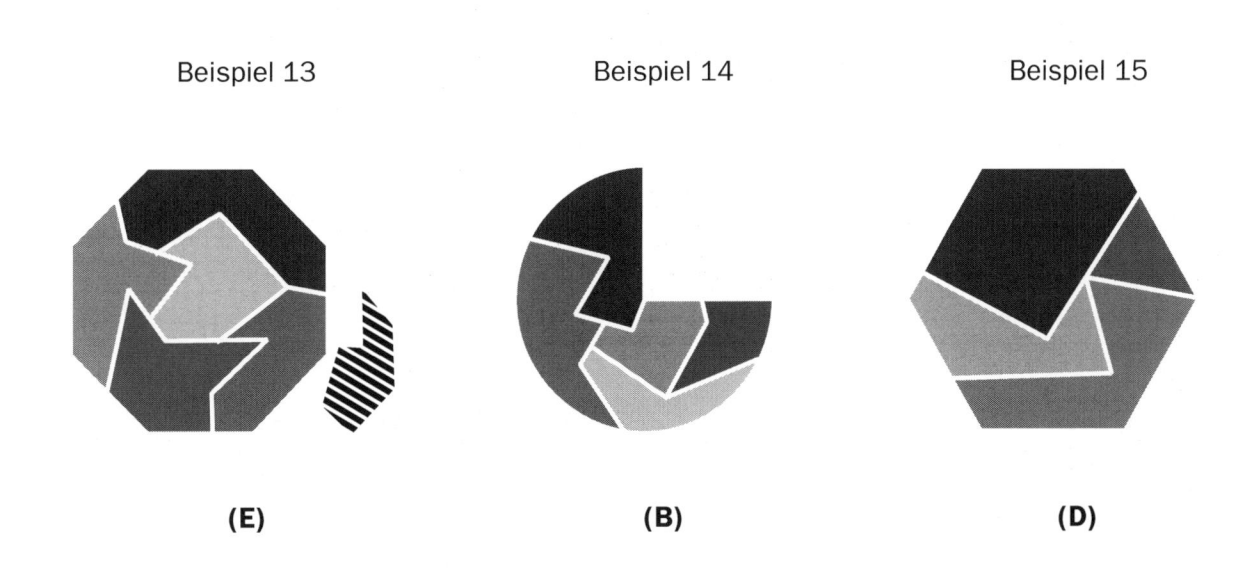

(E)

Beispiel 14

(B)

Beispiel 15

(D)

Lösungen: Figuren zusammensetzen | Testset 8

Testset 8

Beispiel 1

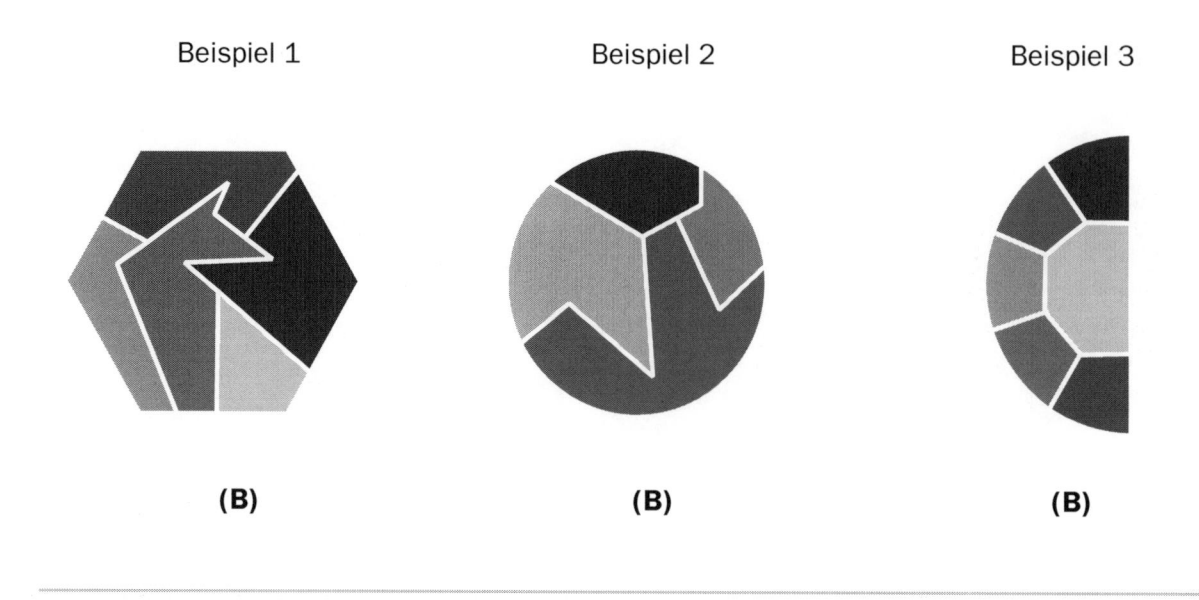

(B)

Beispiel 2

(B)

Beispiel 3

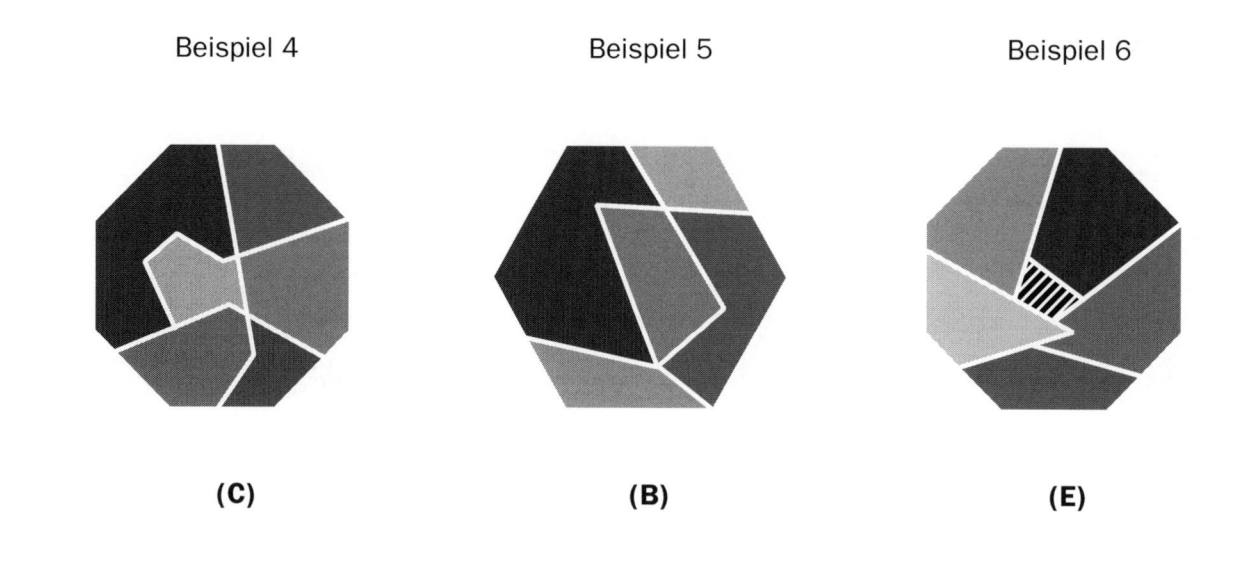

(B)

Beispiel 4

(C)

Beispiel 5

(B)

Beispiel 6

(E)

Beispiel 7

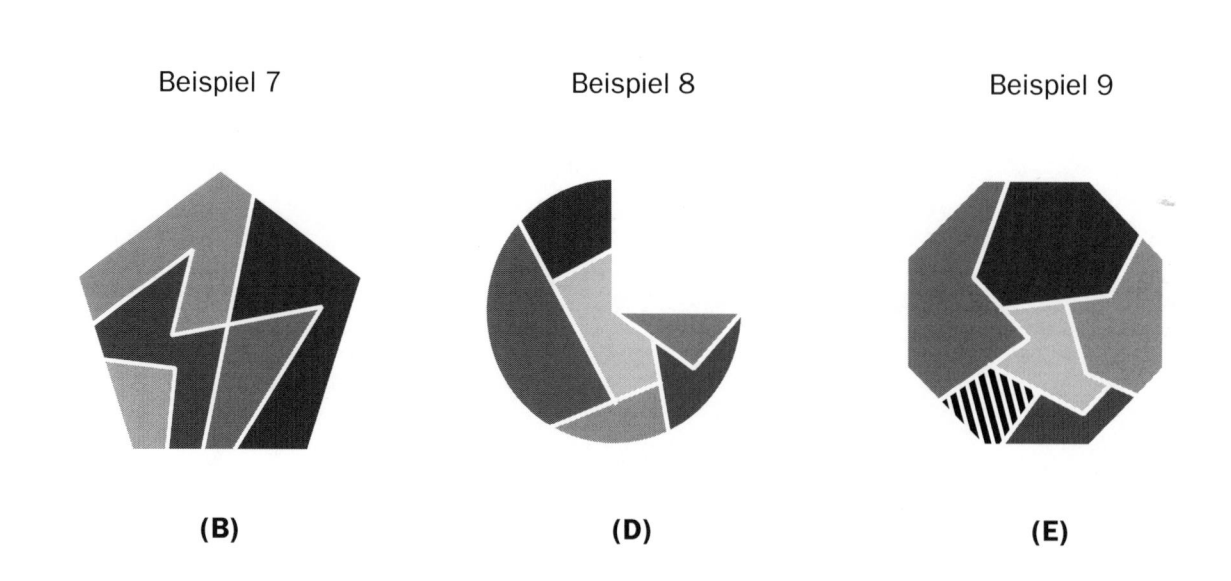

(B)

Beispiel 8

(D)

Beispiel 9

(E)

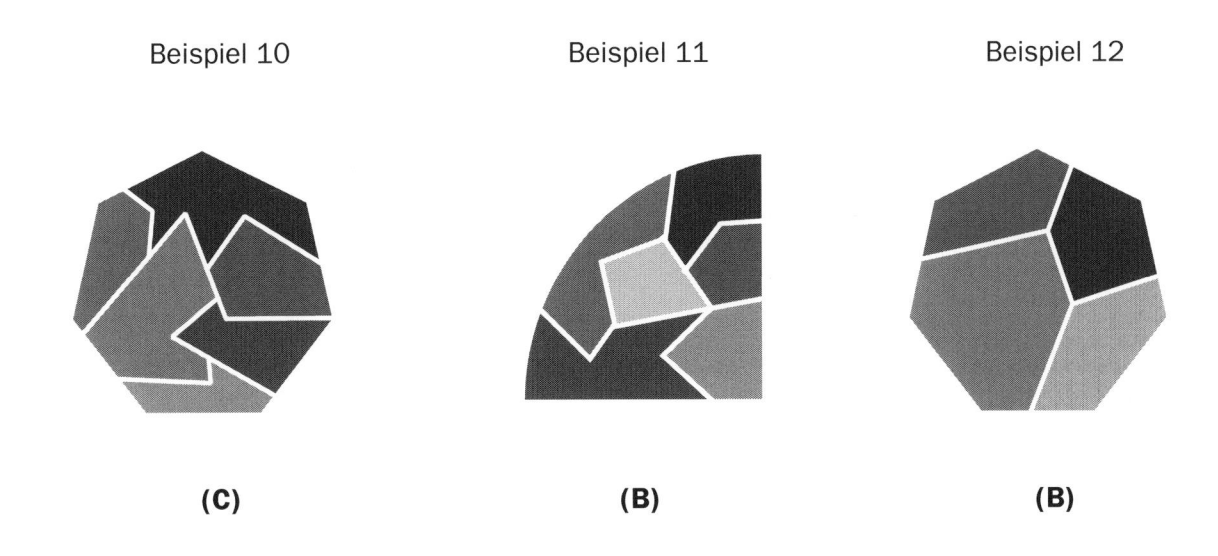

Lösungen: Figuren zusammensetzen | Testset 8

Beispiel 10

(C)

Beispiel 11

(B)

Beispiel 12

(B)

Beispiel 13

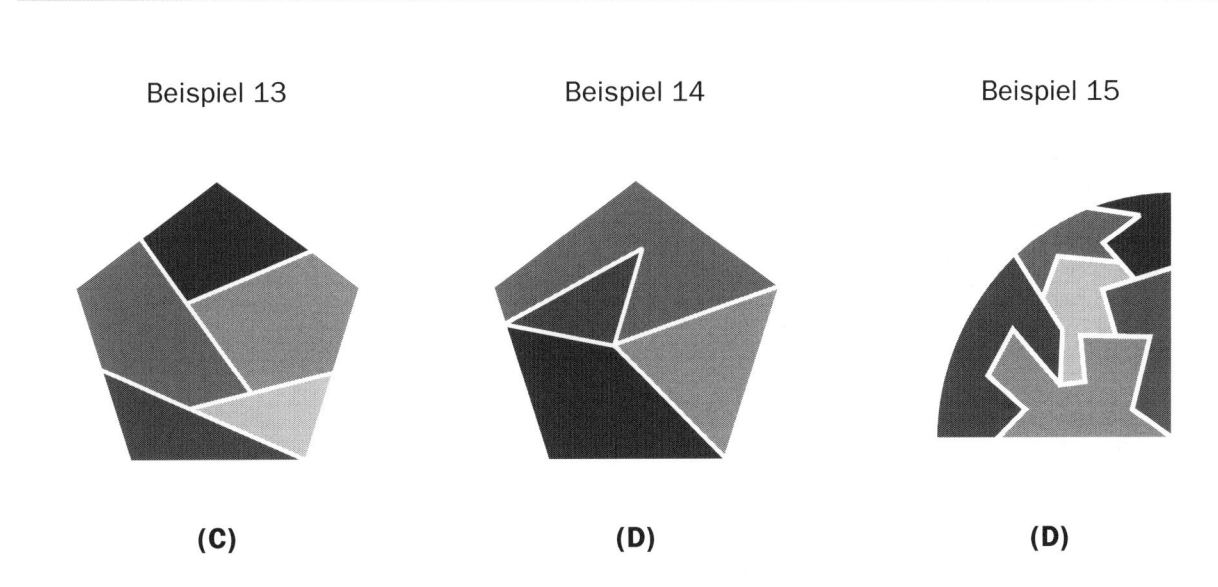

(C)

Beispiel 14

(D)

Beispiel 15

(D)

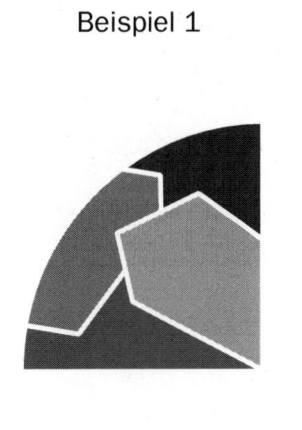

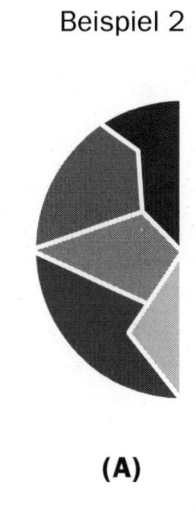

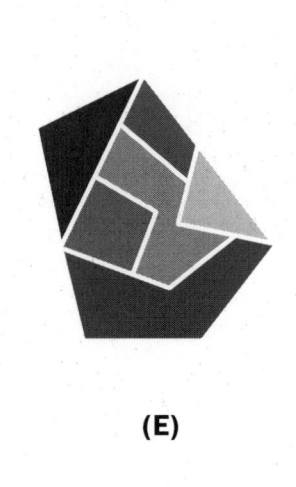

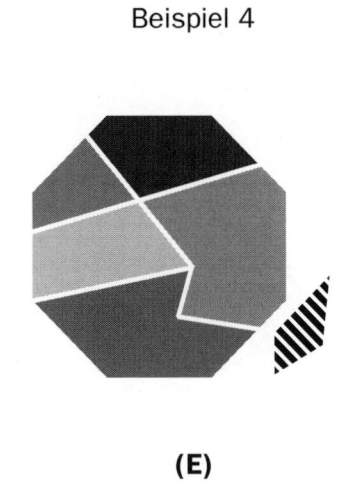

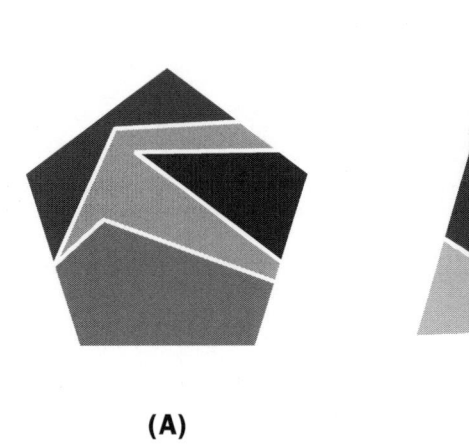

Testset 9

Beispiel 1
(B)

Beispiel 2
(A)

Beispiel 3
(E)

Beispiel 4
(E)

Beispiel 5 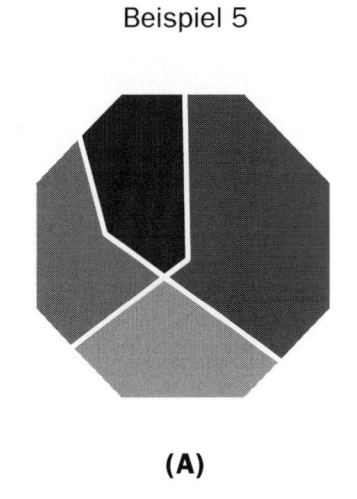
(A)

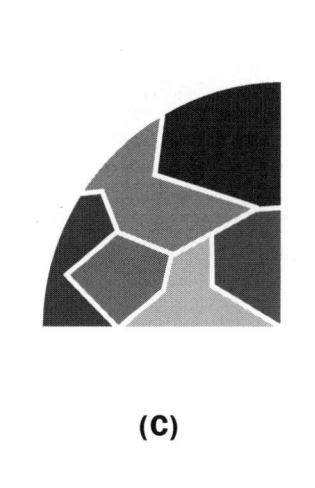

Beispiel 6
(C)

Beispiel 7
(A)

Beispiel 8 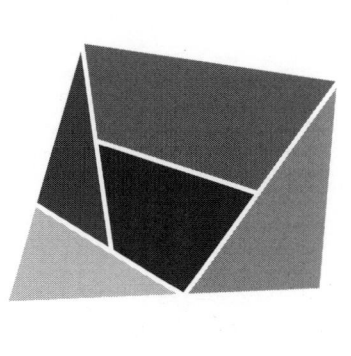
(E)

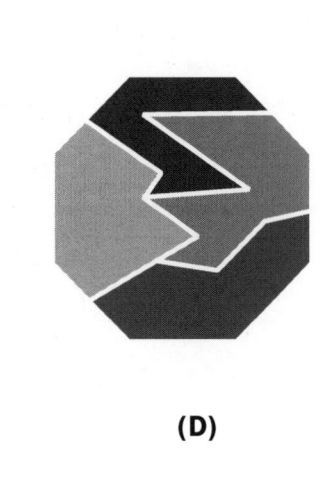

Beispiel 9
(D)

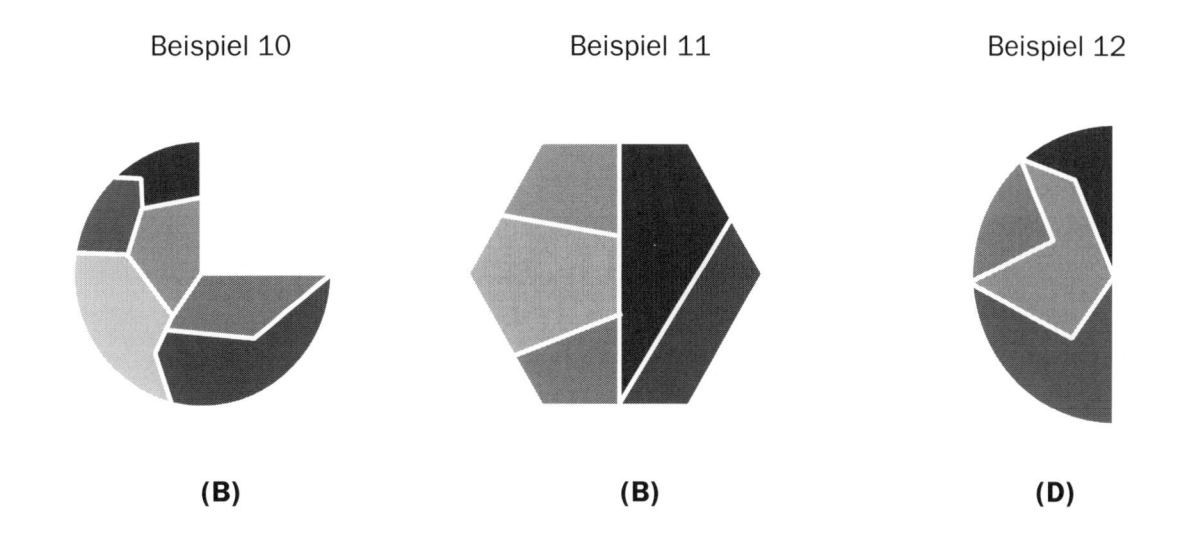

Lösungen: Figuren zusammensetzen | Testset 9

Beispiel 10

(B)

Beispiel 11

(B)

Beispiel 12

(D)

Beispiel 13

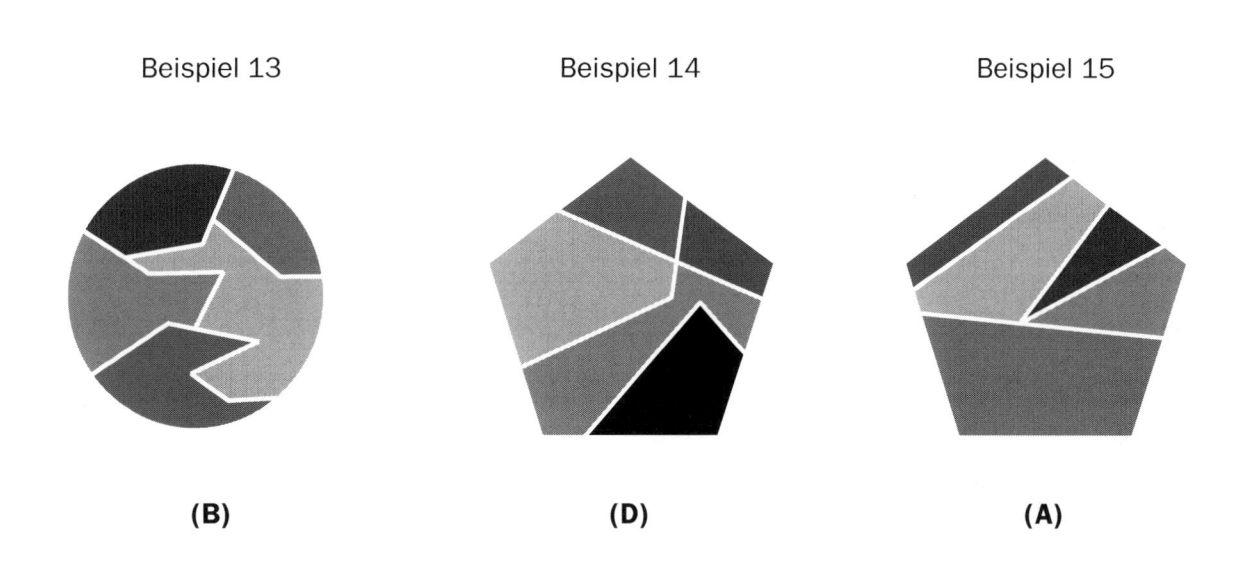

(B)

Beispiel 14

(D)

Beispiel 15

(A)

Testset 10

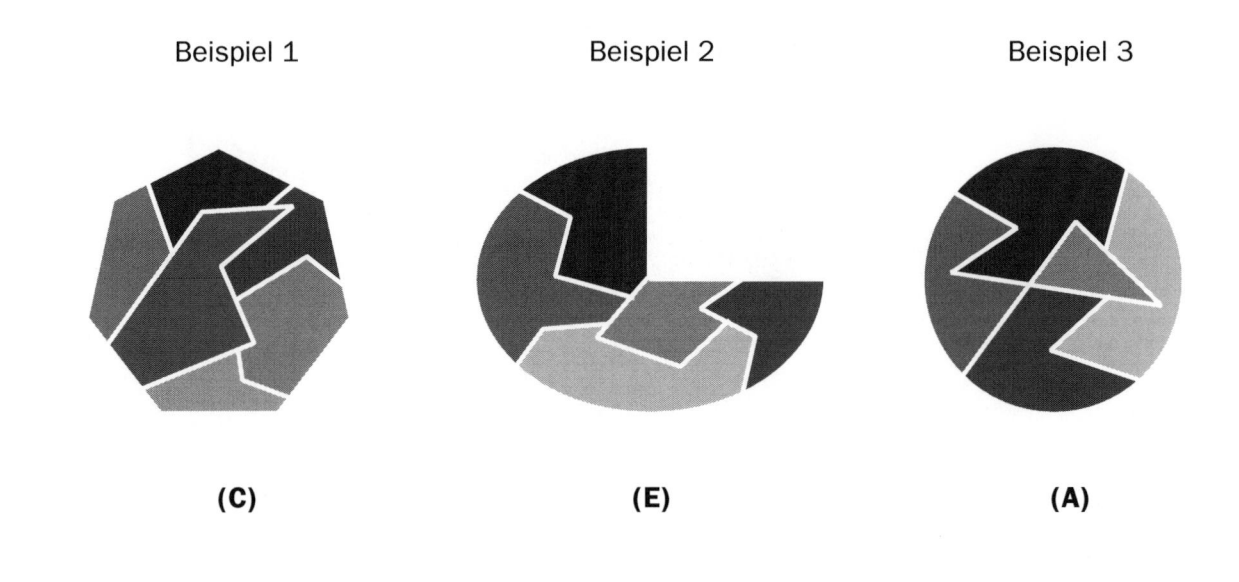

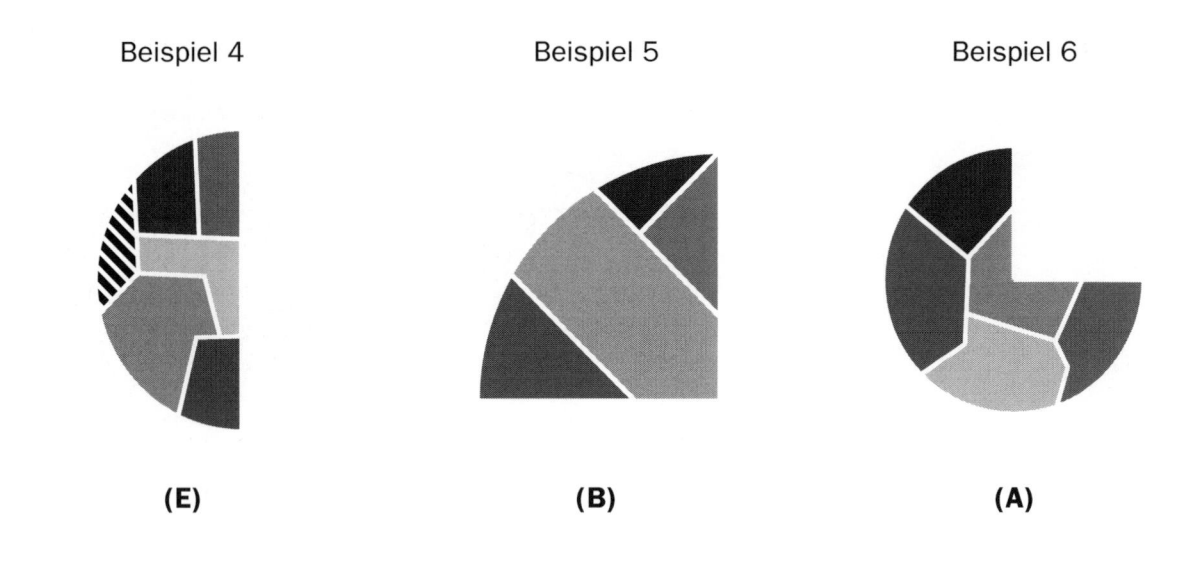

Beispiel 1
(C)

Beispiel 2
(E)

Beispiel 3
(A)

Beispiel 4
(E)

Beispiel 5
(B)

Beispiel 6
(A)

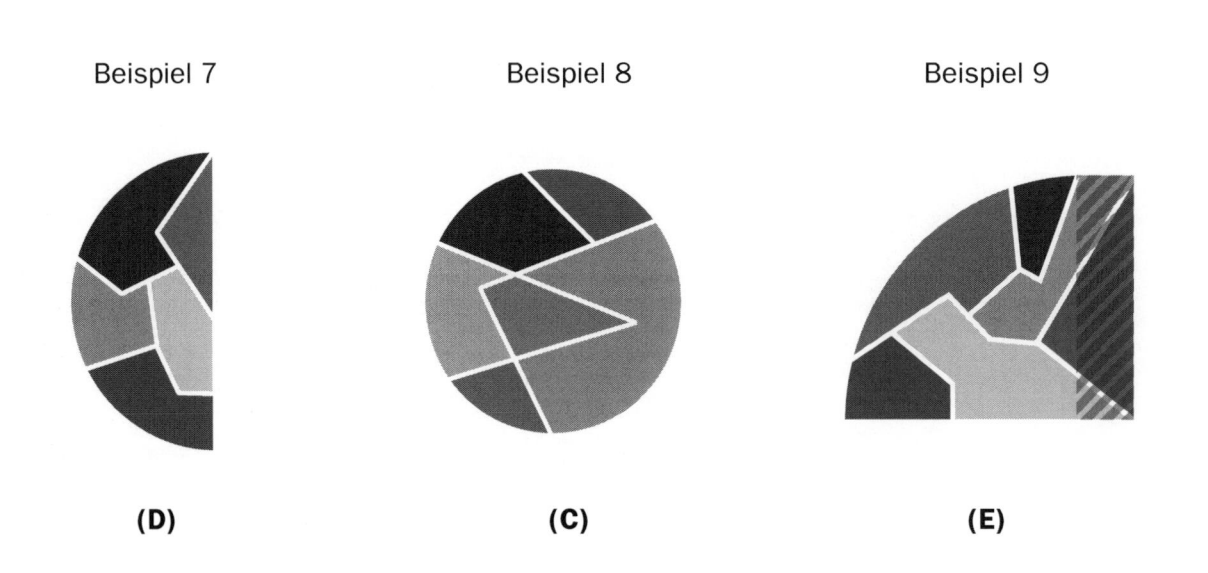

Beispiel 7
(D)

Beispiel 8
(C)

Beispiel 9
(E)

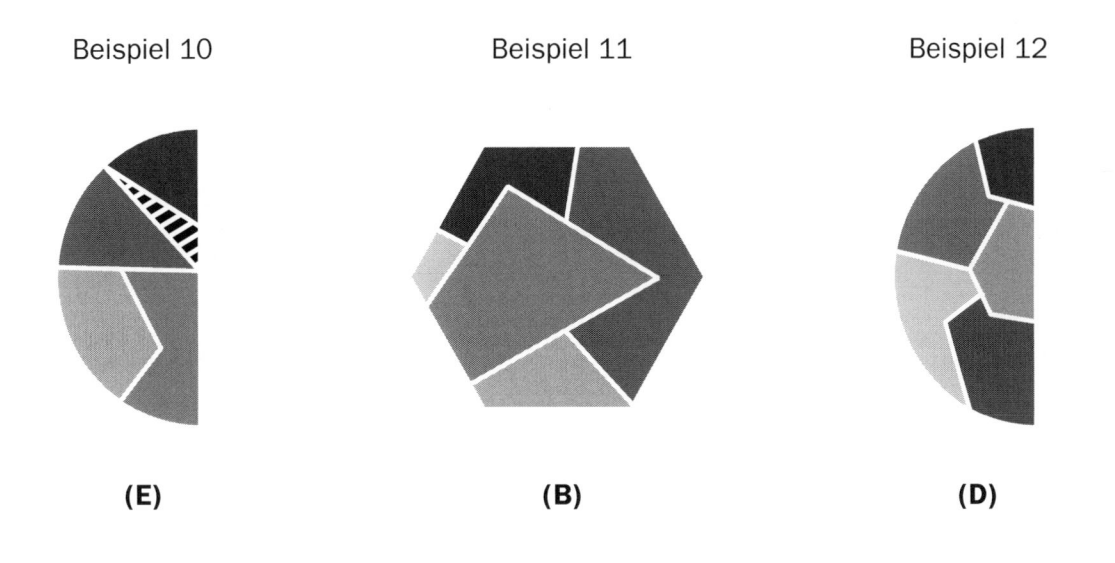

Lösungen: Figuren zusammensetzen | Testset 10

Beispiel 10

(E)

Beispiel 11

(B)

Beispiel 12

(D)

Beispiel 13

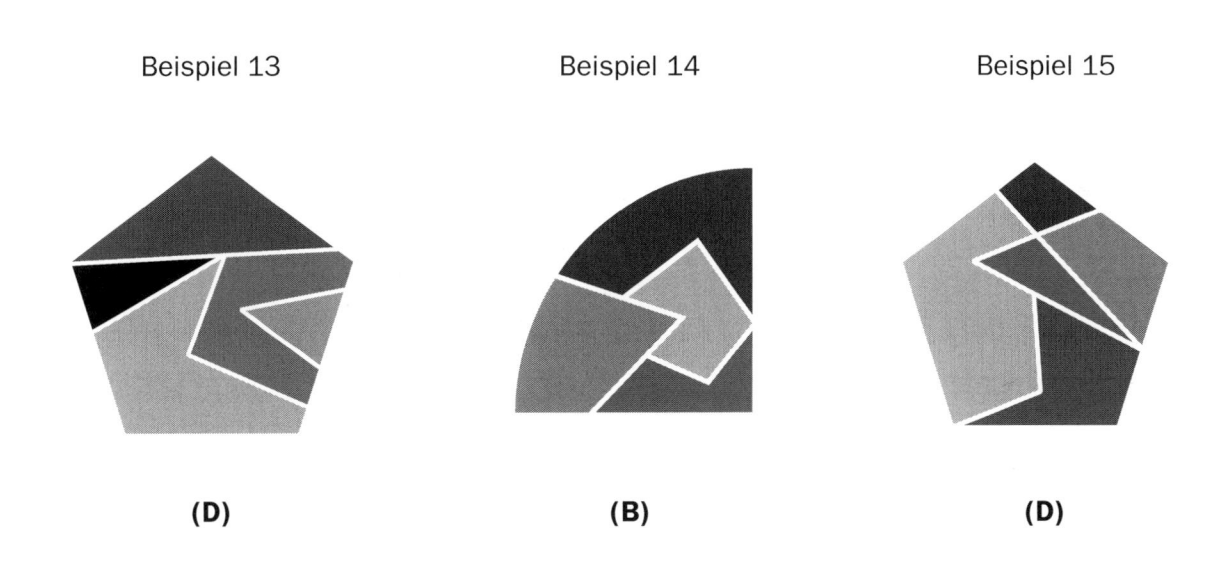

(D)

Beispiel 14

(B)

Beispiel 15

(D)

Testset 11

Beispiel 1

(E)

Beispiel 2

(E)

Beispiel 3

(D)

Beispiel 4

(A)

Beispiel 5

(A)

Beispiel 6

(C)

Beispiel 7

(A)

Beispiel 8

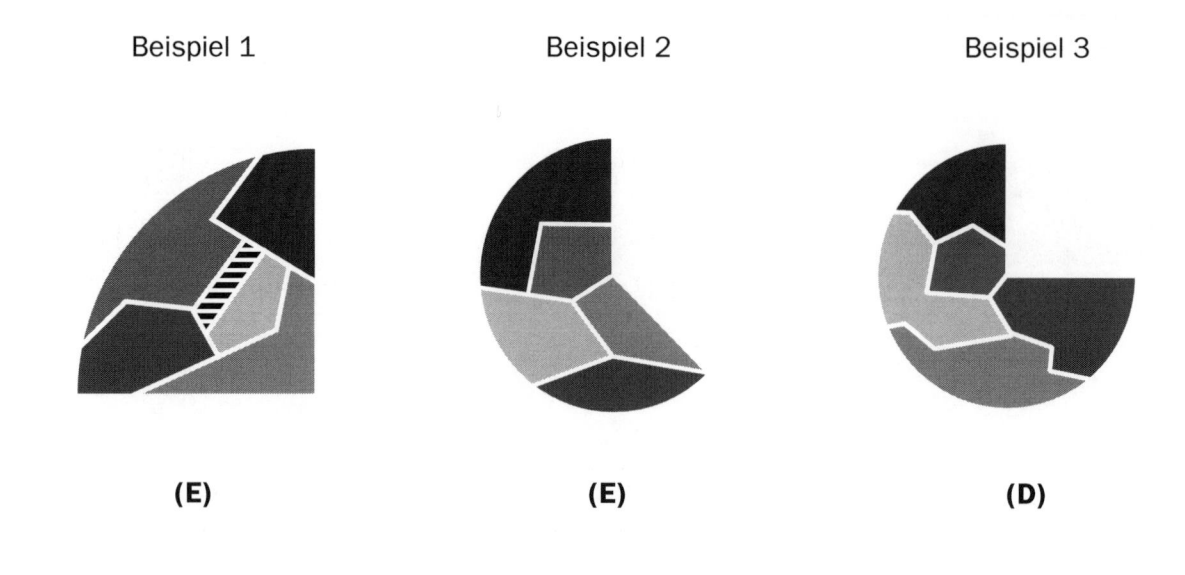

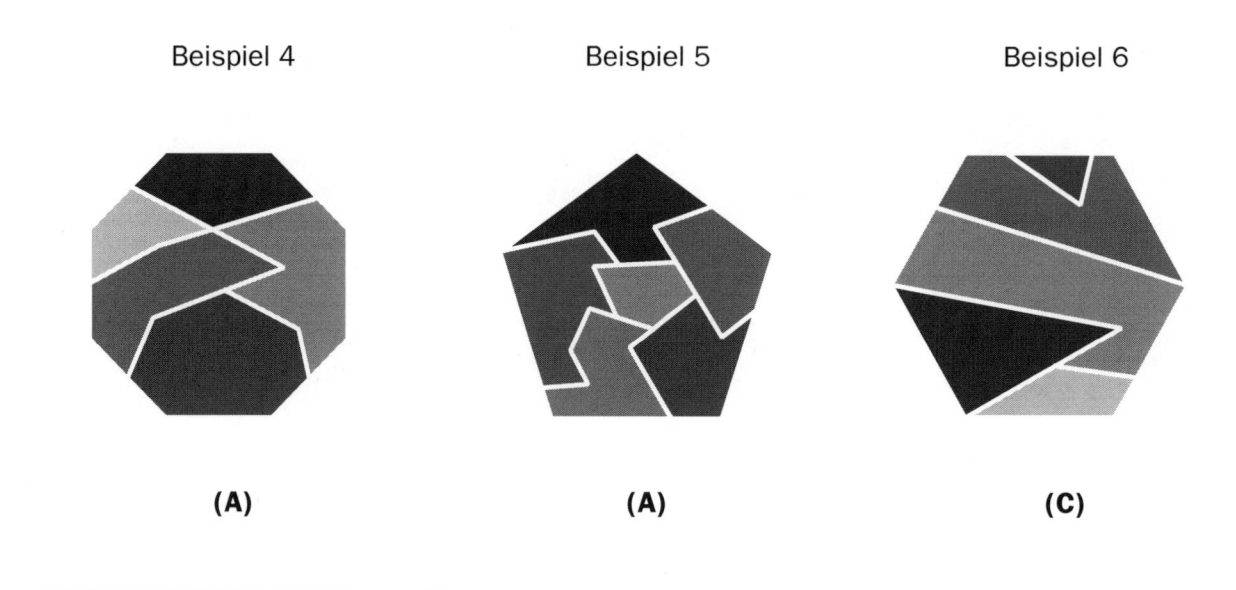

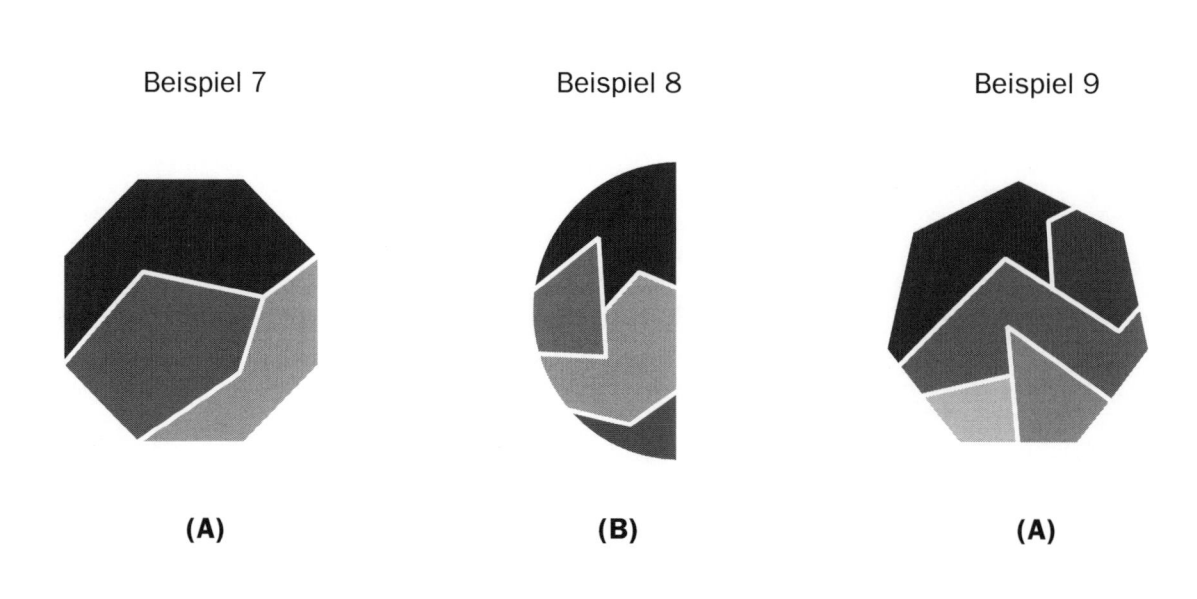

(B)

Beispiel 9

(A)

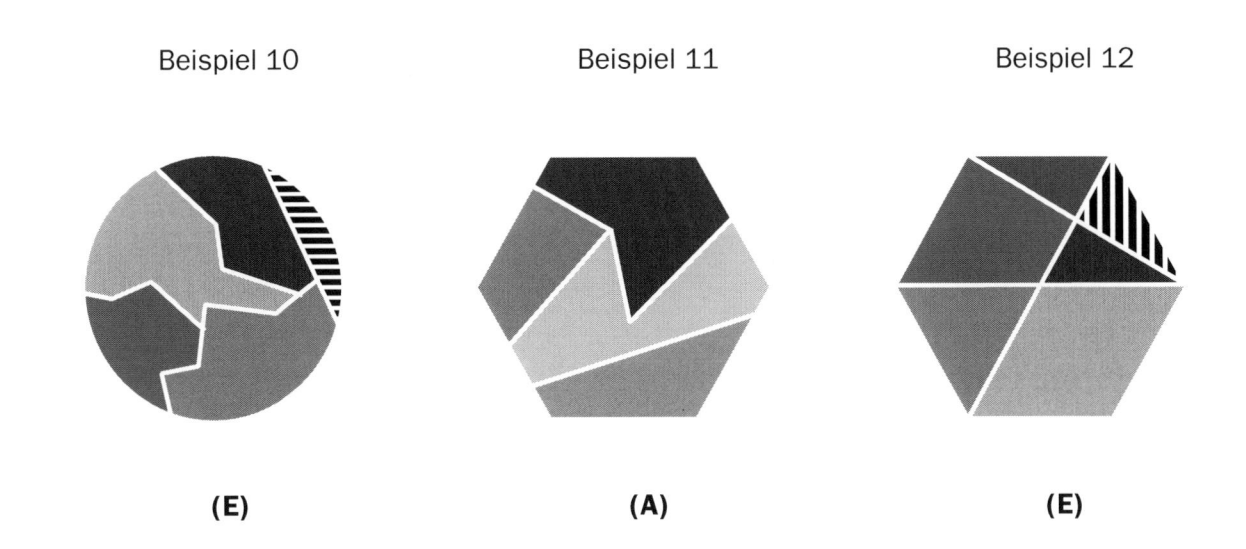

Lösungen: Figuren zusammensetzen | Testset 11

Beispiel 10

(E)

Beispiel 11

(A)

Beispiel 12

(E)

Beispiel 13

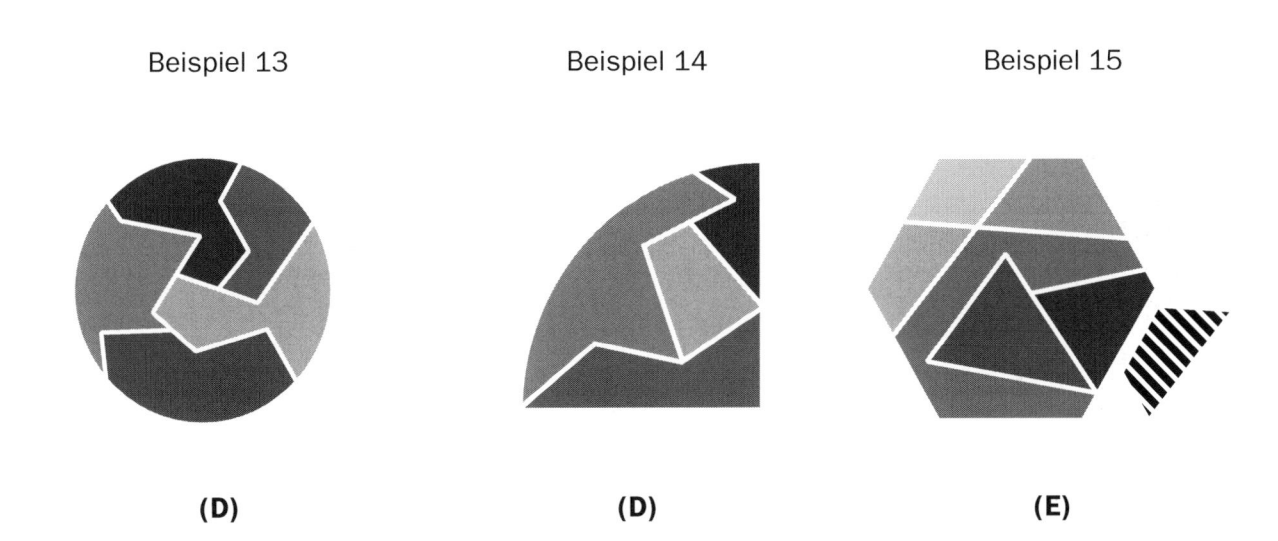

(D)

Beispiel 14

(D)

Beispiel 15

(E)

Lösungen: Figuren zusammensetzen | Testset 12

Testset 12

Beispiel 1

(E)

Beispiel 2

(E)

Beispiel 3

(B)

Beispiel 4

(B)

Beispiel 5

(D)

Beispiel 6

(E)

Beispiel 7

(A)

Beispiel 8

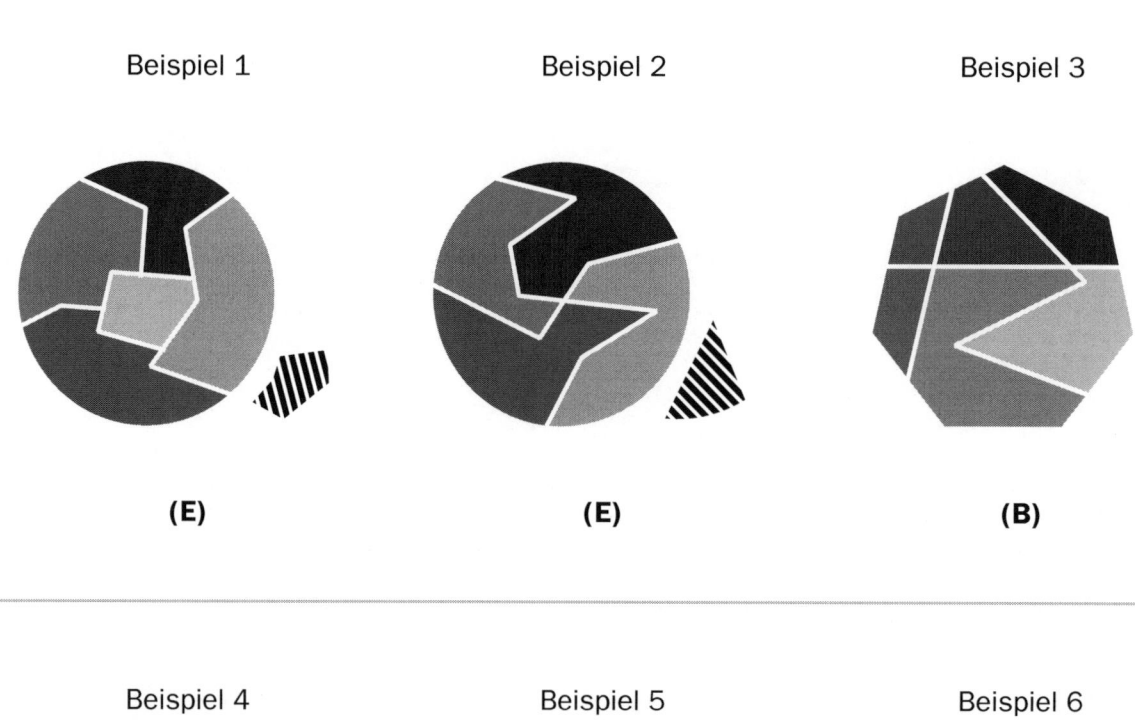

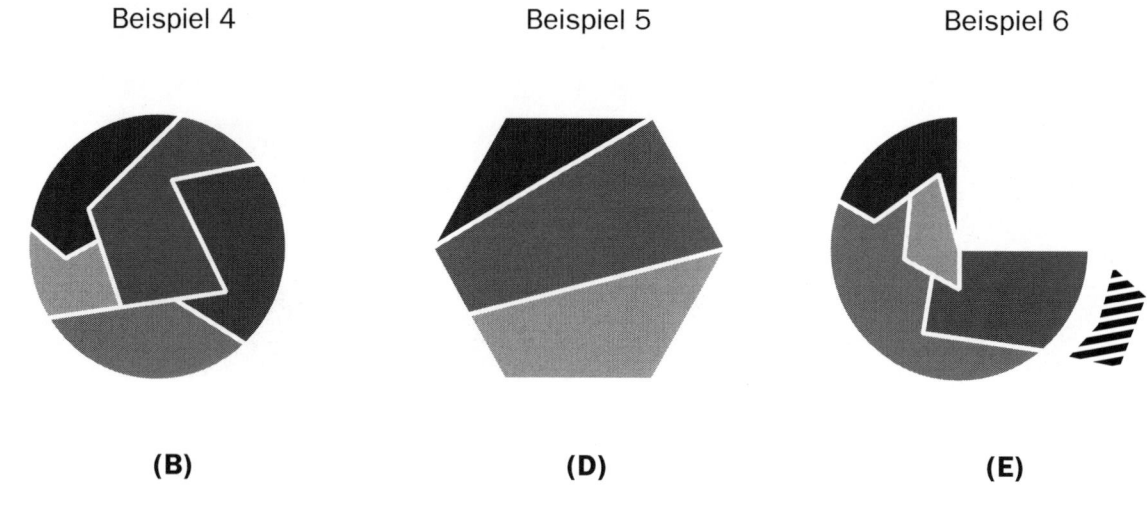

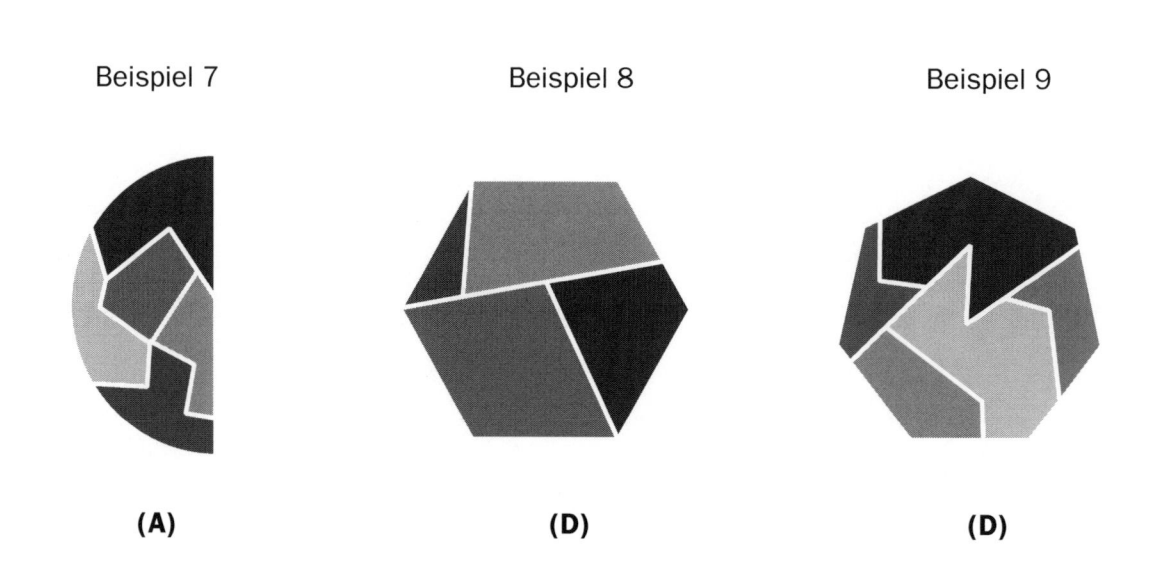

(D)

Beispiel 9

(D)

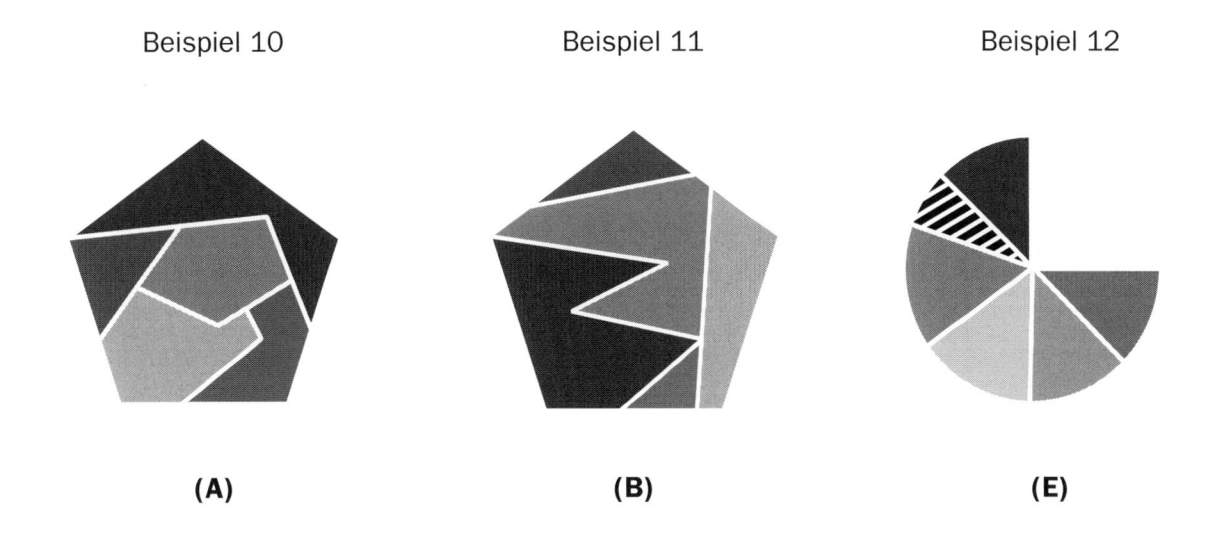

Lösungen: Figuren zusammensetzen | Testset 12

Beispiel 10

(A)

Beispiel 11

(B)

Beispiel 12

(E)

Beispiel 13

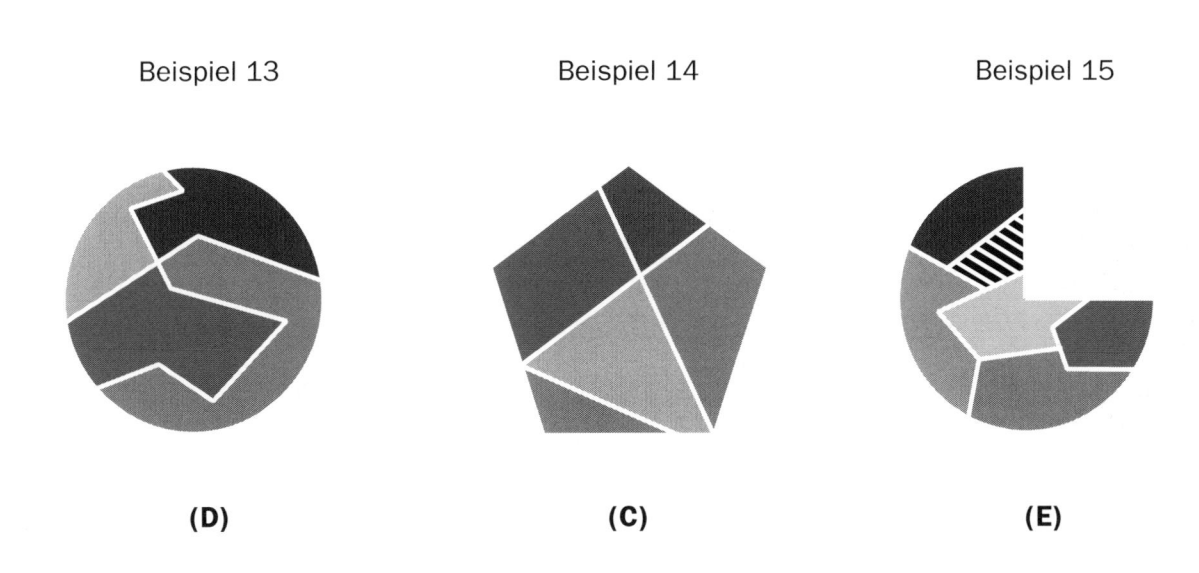

(D)

Beispiel 14

(C)

Beispiel 15

(E)

Testset 13

Beispiel 1

(C)

Beispiel 2

(D)

Beispiel 3

(C)

Beispiel 4

(C)

Beispiel 5

(A)

Beispiel 6

(A)

Beispiel 7

(C)

Beispiel 8

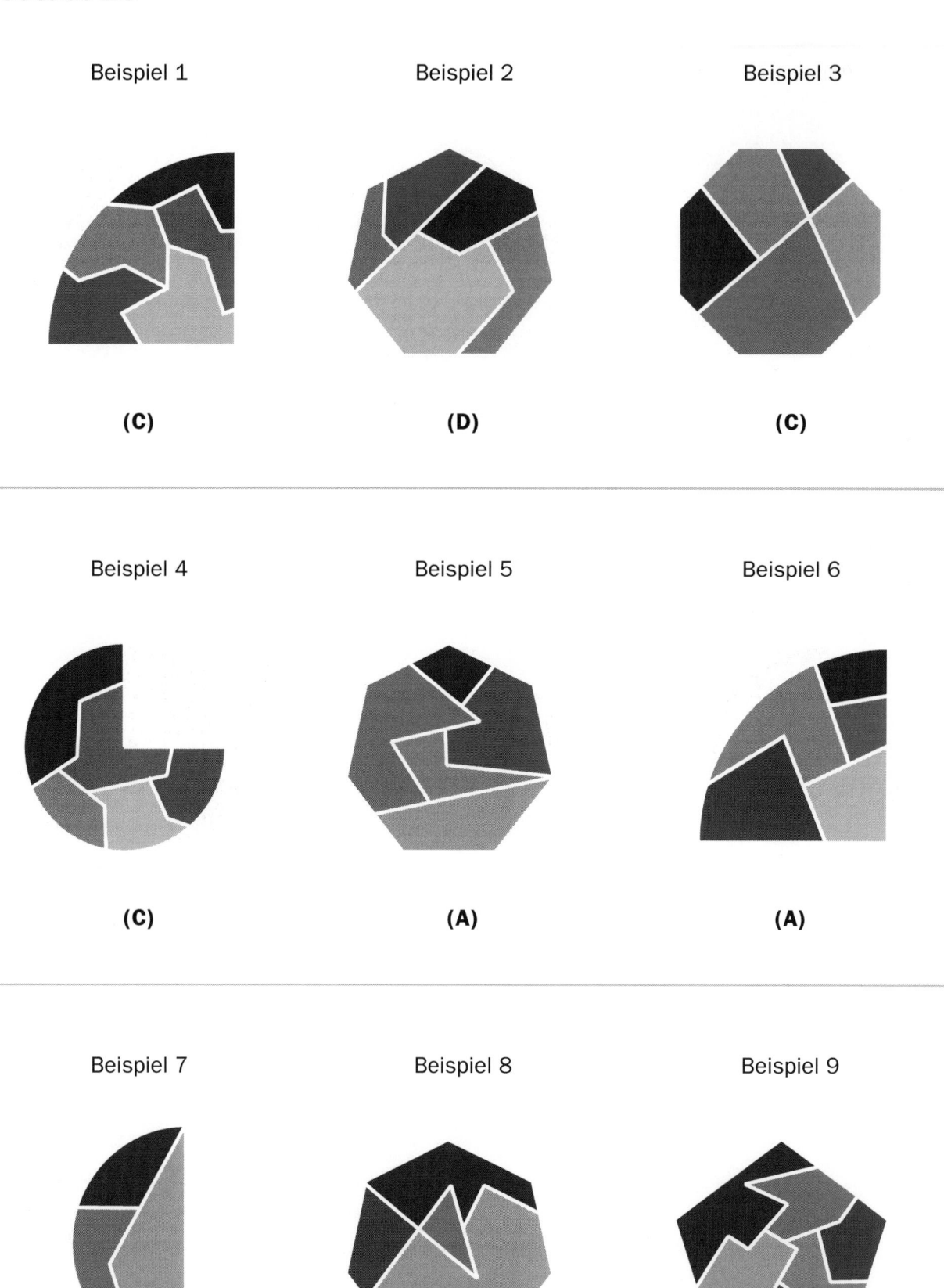

(C)

Beispiel 9

(C)

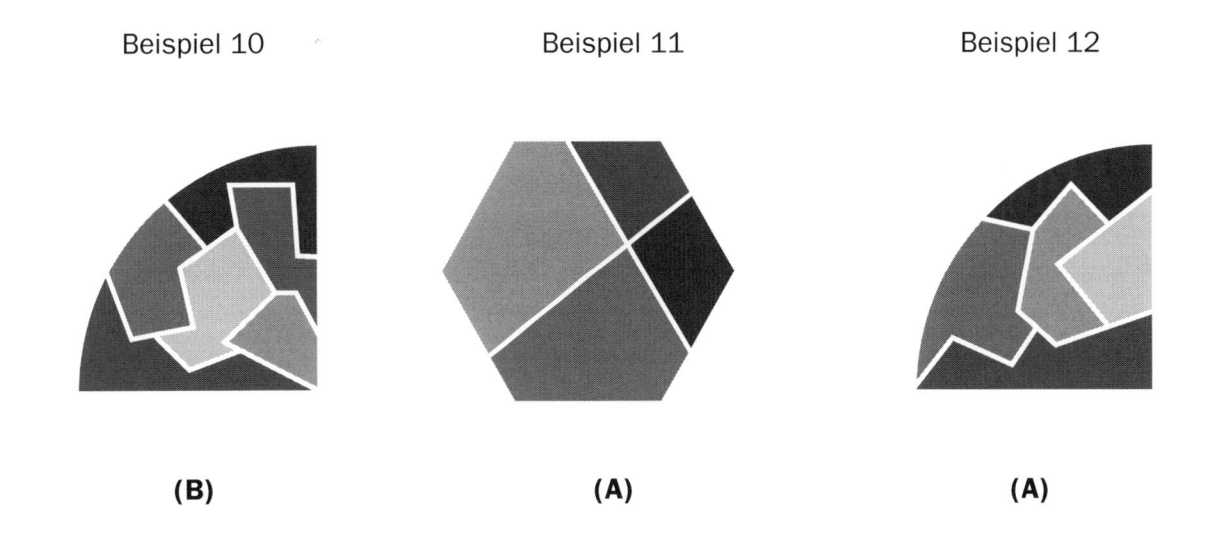

Lösungen: Figuren zusammensetzen | Testset 13

Beispiel 10

(B)

Beispiel 11

(A)

Beispiel 12

(A)

Beispiel 13

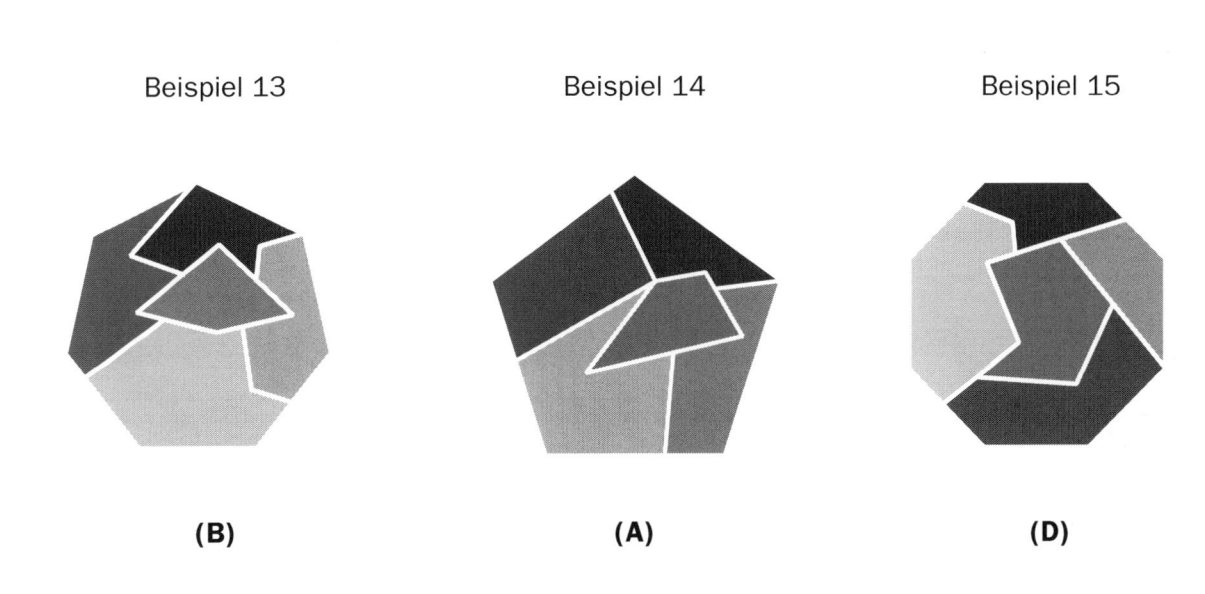

(B)

Beispiel 14

(A)

Beispiel 15

(D)

Testset 14

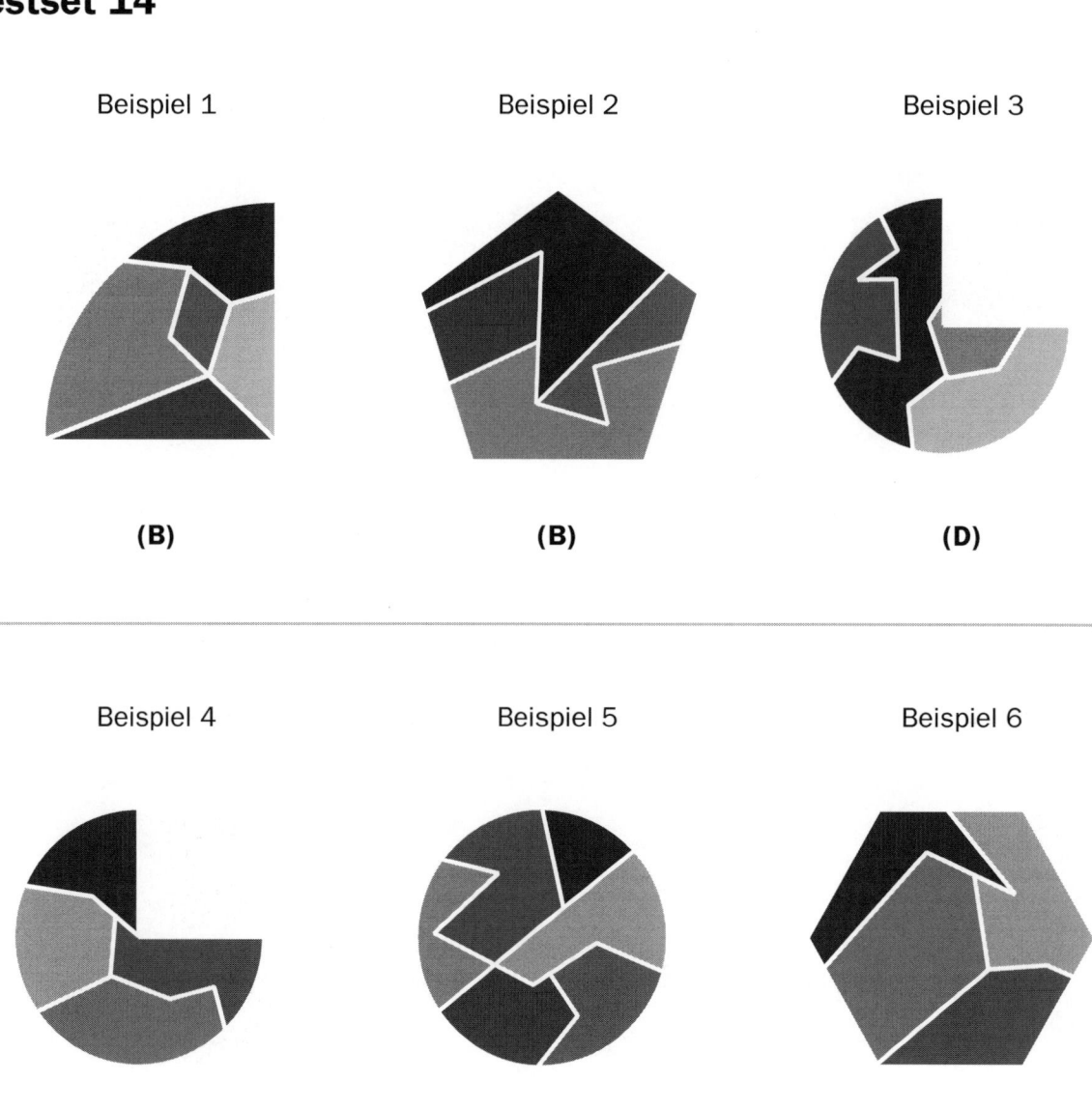

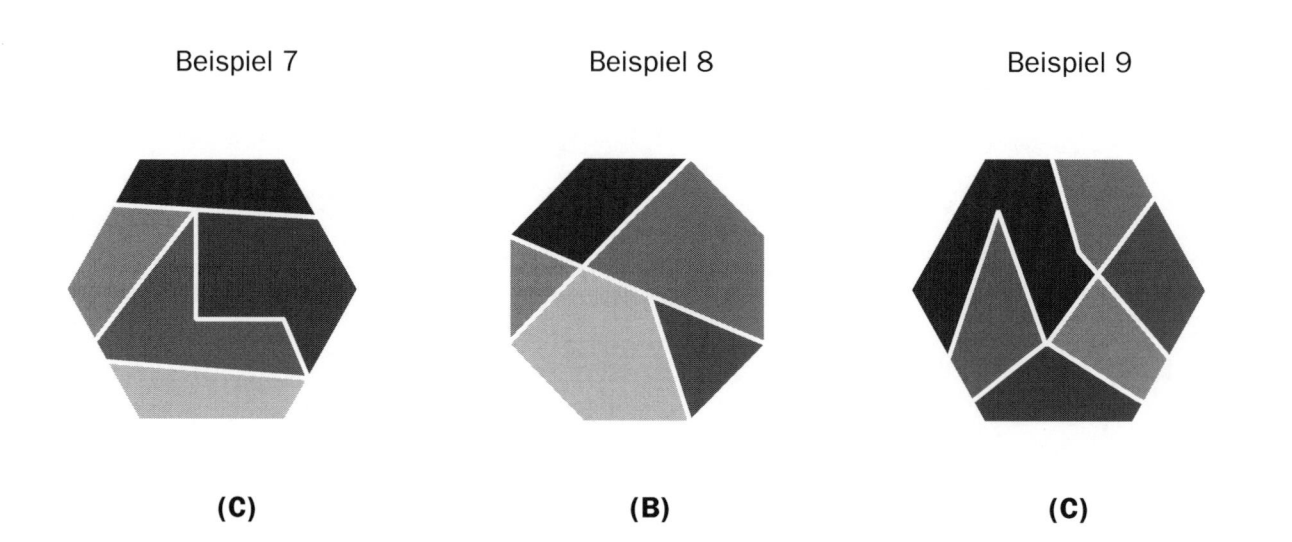

Beispiel 1
(B)

Beispiel 2
(B)

Beispiel 3
(D)

Beispiel 4
(C)

Beispiel 5
(C)

Beispiel 6
(C)

Beispiel 7
(C)

Beispiel 8
(B)

Beispiel 9
(C)

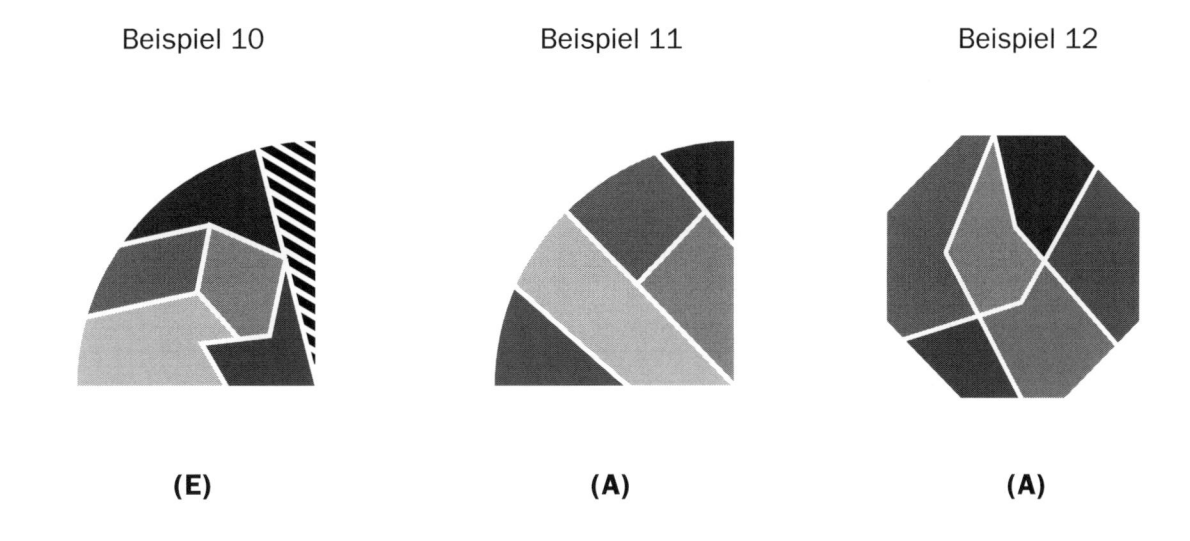

Lösungen: Figuren zusammensetzen | Testset 14

Beispiel 10

(E)

Beispiel 11

(A)

Beispiel 12

(A)

Beispiel 13

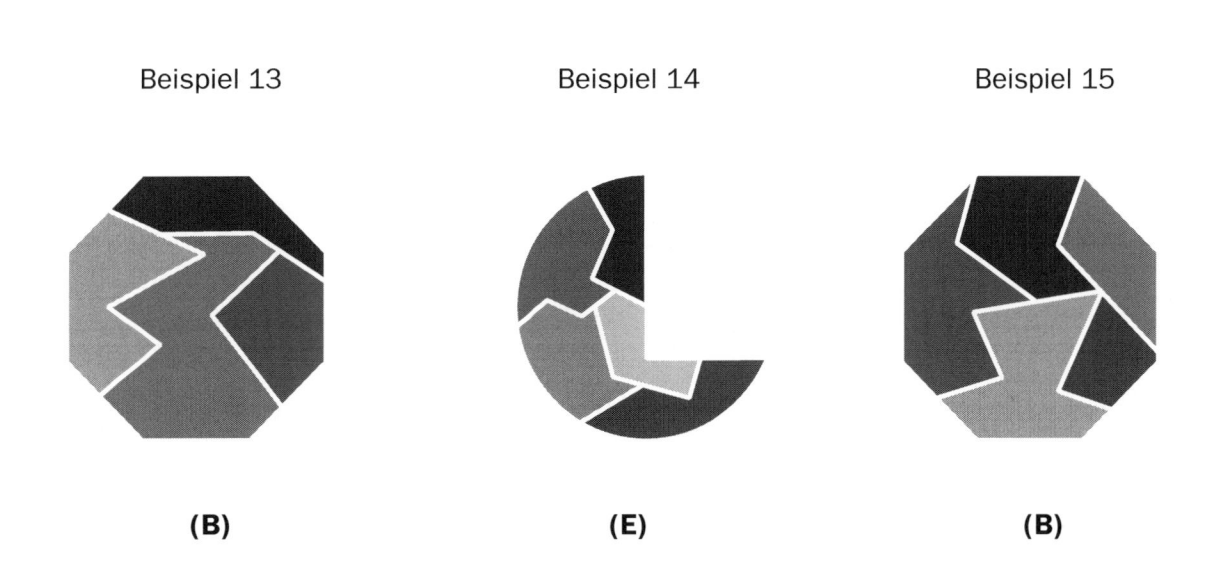

(B)

Beispiel 14

(E)

Beispiel 15

(B)

Testset 15

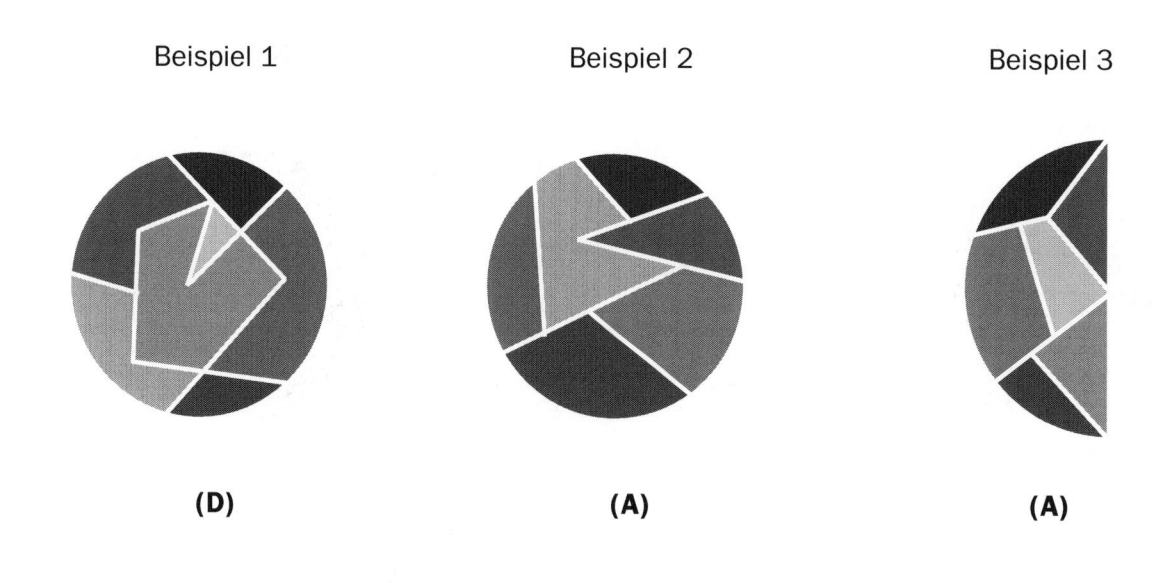

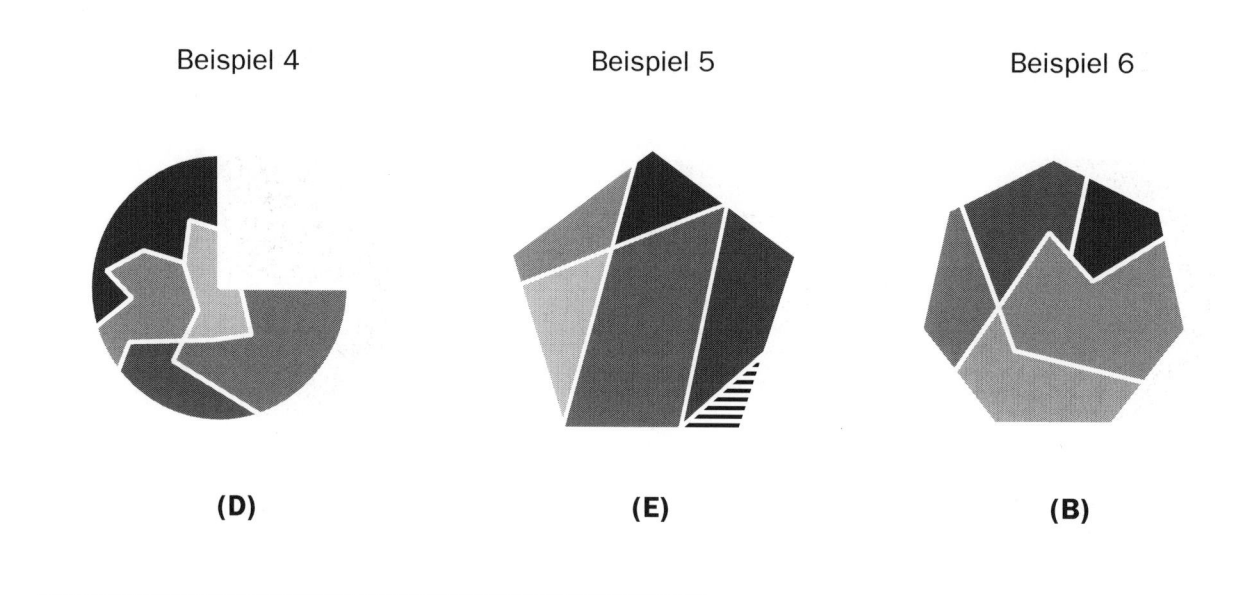

Beispiel 1
(D)

Beispiel 2
(A)

Beispiel 3
(A)

Beispiel 4
(D)

Beispiel 5
(E)

Beispiel 6
(B)

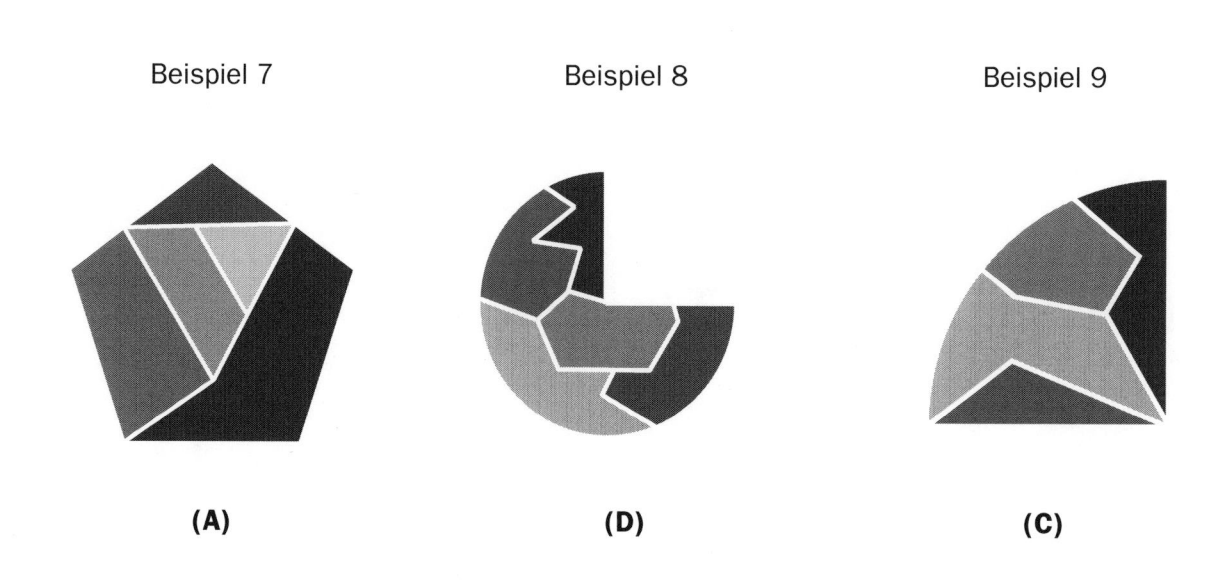

Beispiel 7
(A)

Beispiel 8
(D)

Beispiel 9
(C)

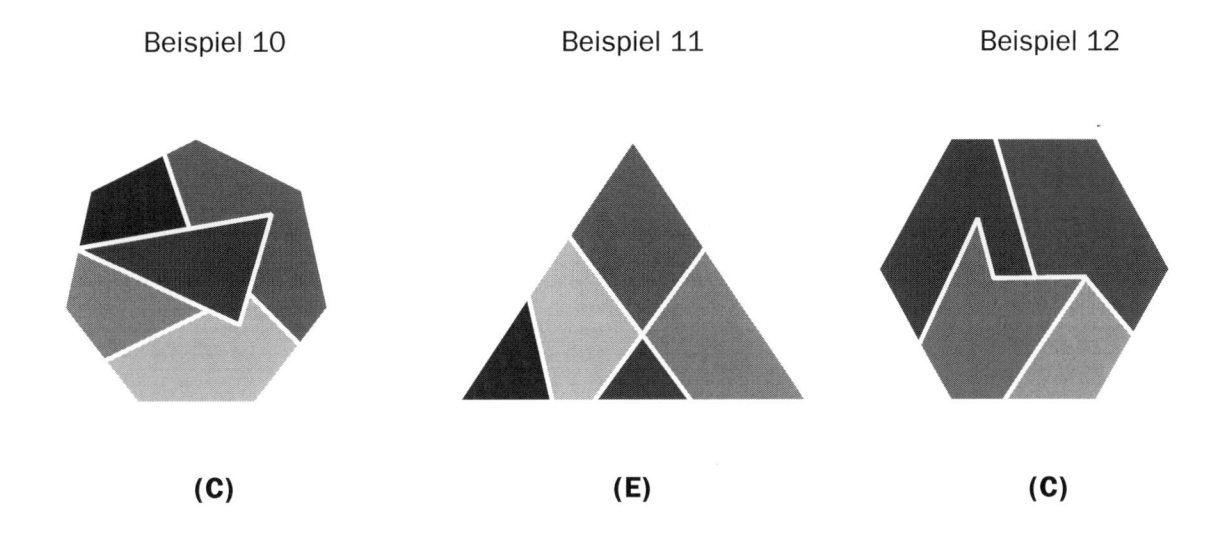

Lösungen: Figuren zusammensetzen | Testset 15

Beispiel 10

(C)

Beispiel 11

(E)

Beispiel 12

(C)

Beispiel 13

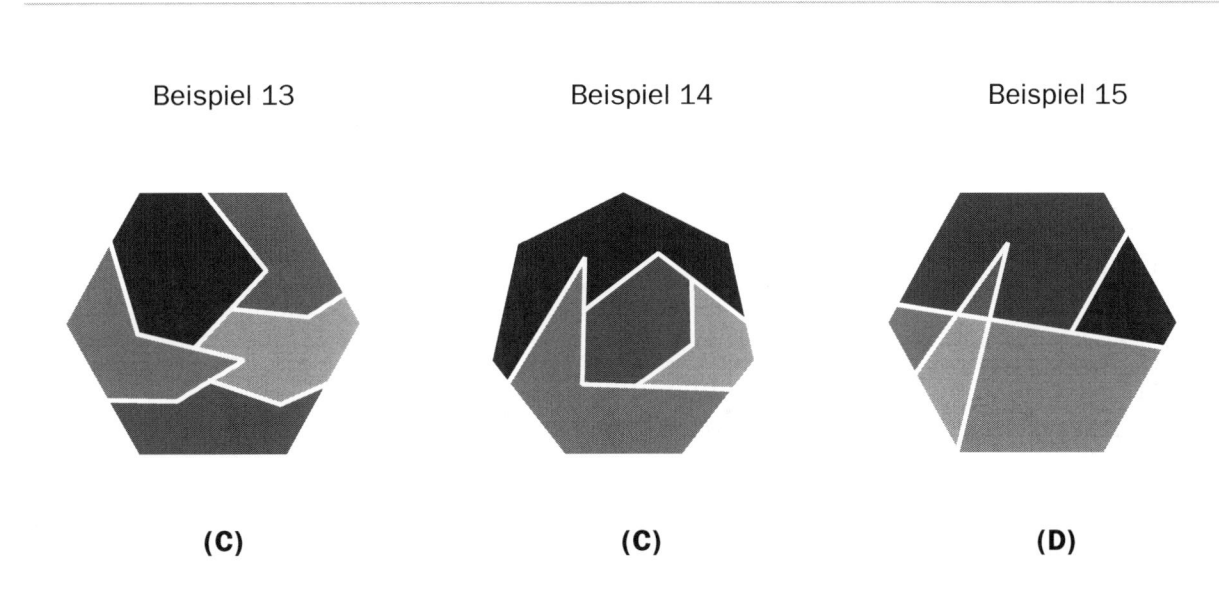

(C)

Beispiel 14

(C)

Beispiel 15

(D)

Testset 16

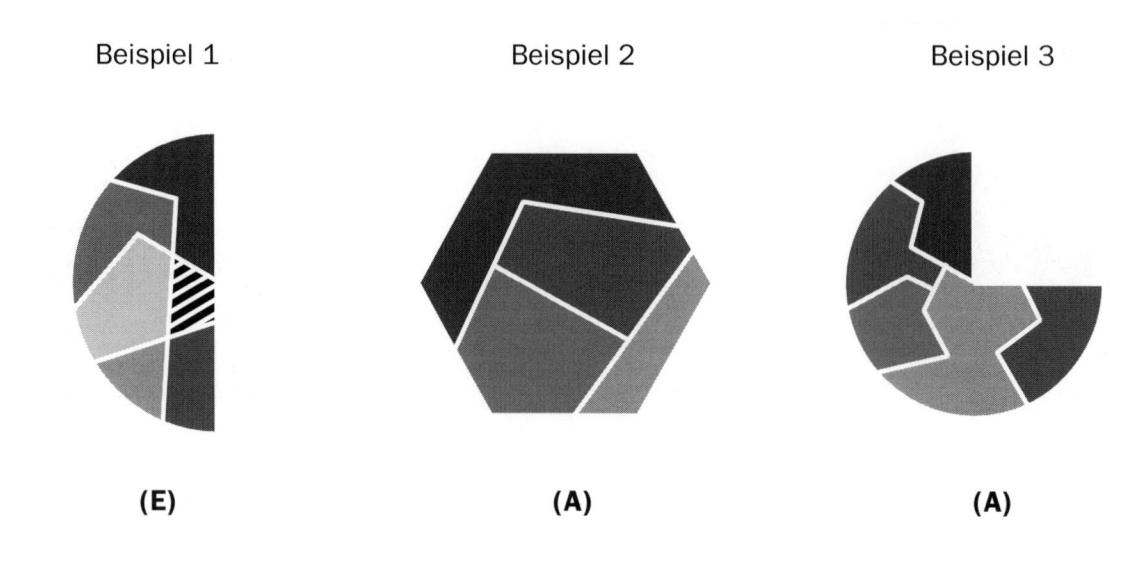

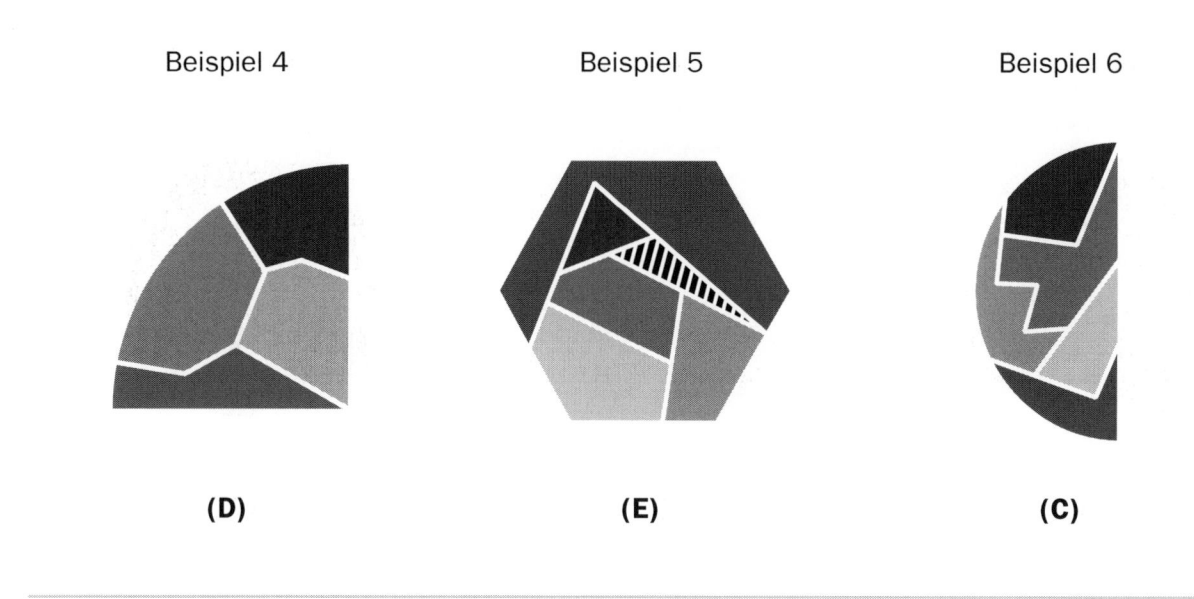

Beispiel 1 (E)

Beispiel 2 (A)

Beispiel 3 (A)

Beispiel 4 (D)

Beispiel 5 (E)

Beispiel 6 (C)

Beispiel 7 (E)

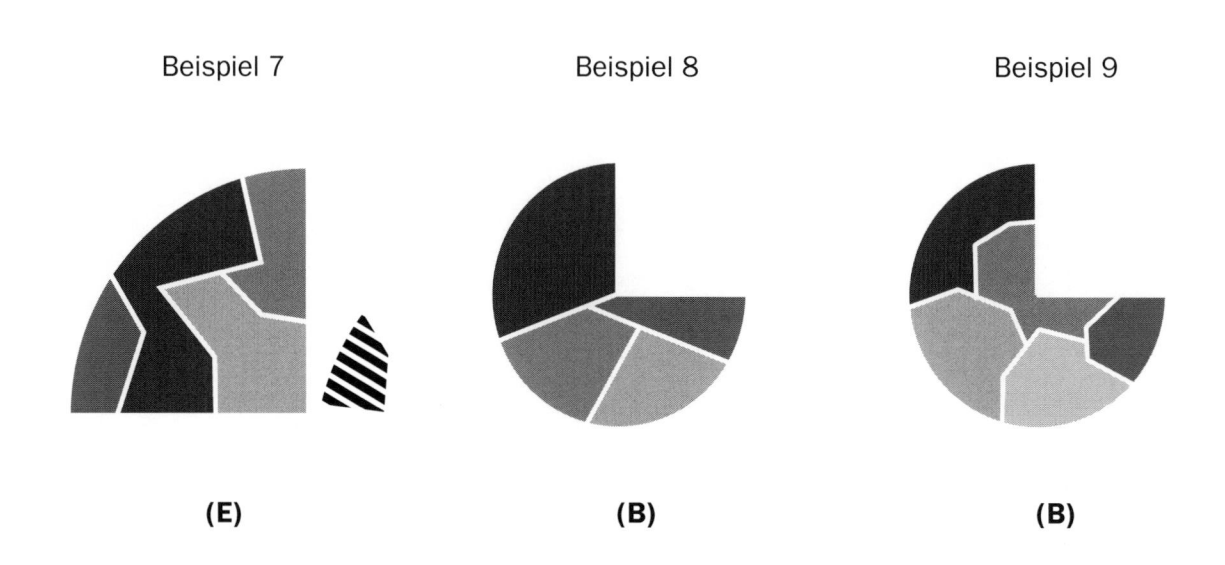

Beispiel 8 (B)

Beispiel 9 (B)

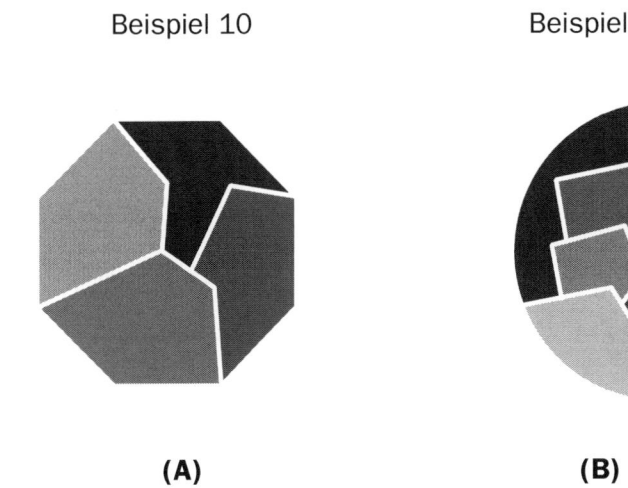

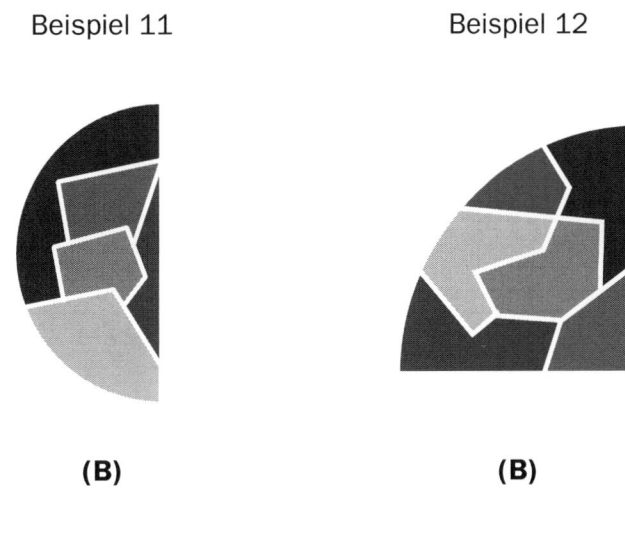

Lösungen: Figuren zusammensetzen | Testset 16

Beispiel 10
(A)

Beispiel 11
(B)

Beispiel 12
(B)

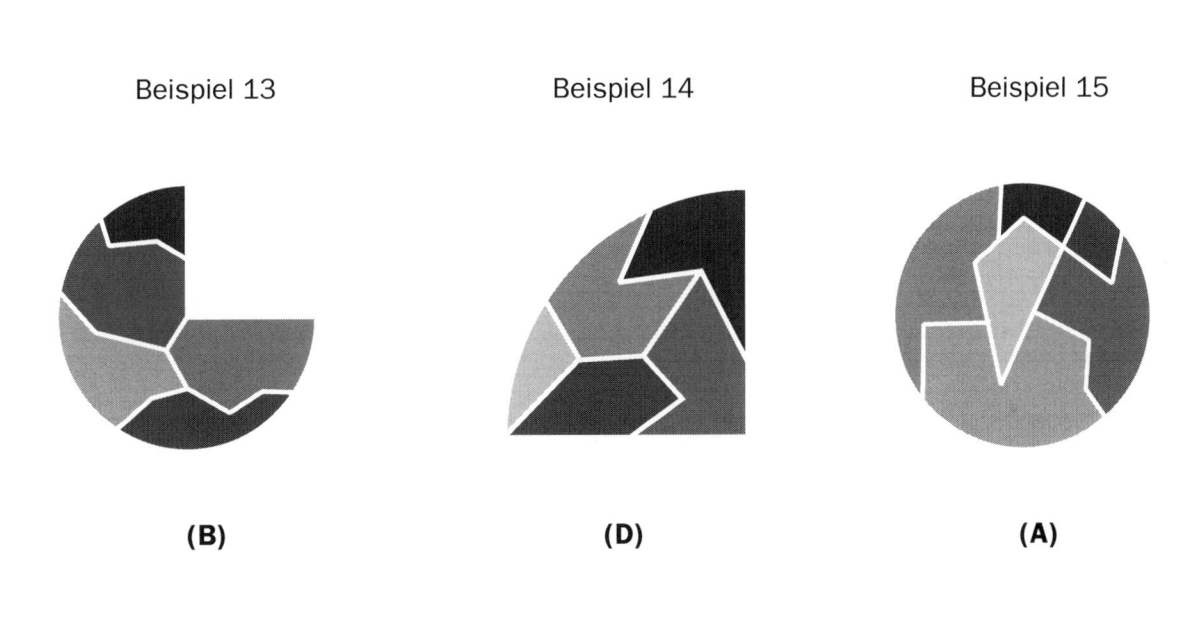

Beispiel 13
(B)

Beispiel 14
(D)

Beispiel 15
(A)

Testset 17

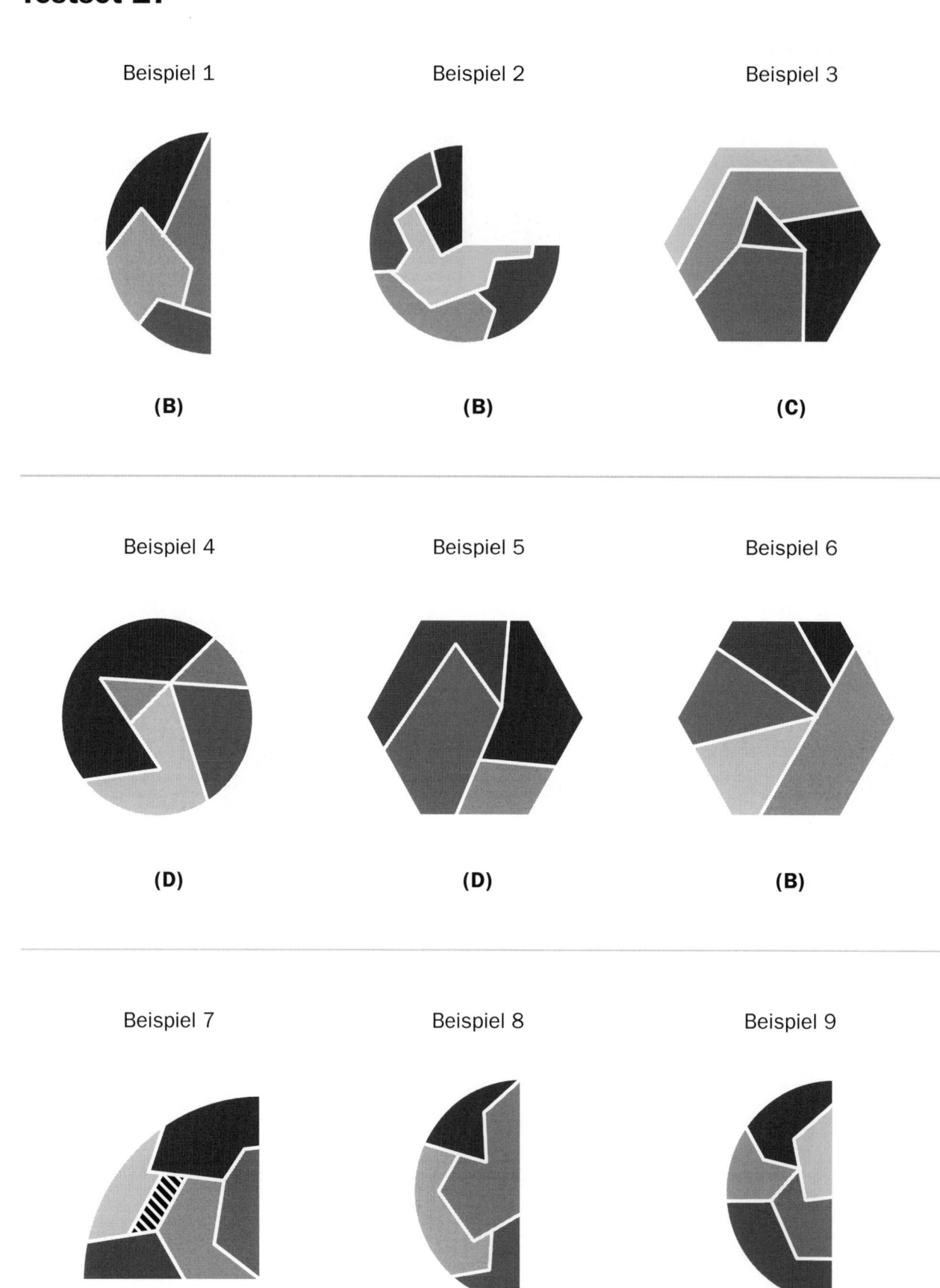

Beispiel 1
(B)

Beispiel 2
(B)

Beispiel 3
(C)

Beispiel 4
(D)

Beispiel 5
(D)

Beispiel 6
(B)

Beispiel 7
(E)

Beispiel 8
(B)

Beispiel 9
(D)

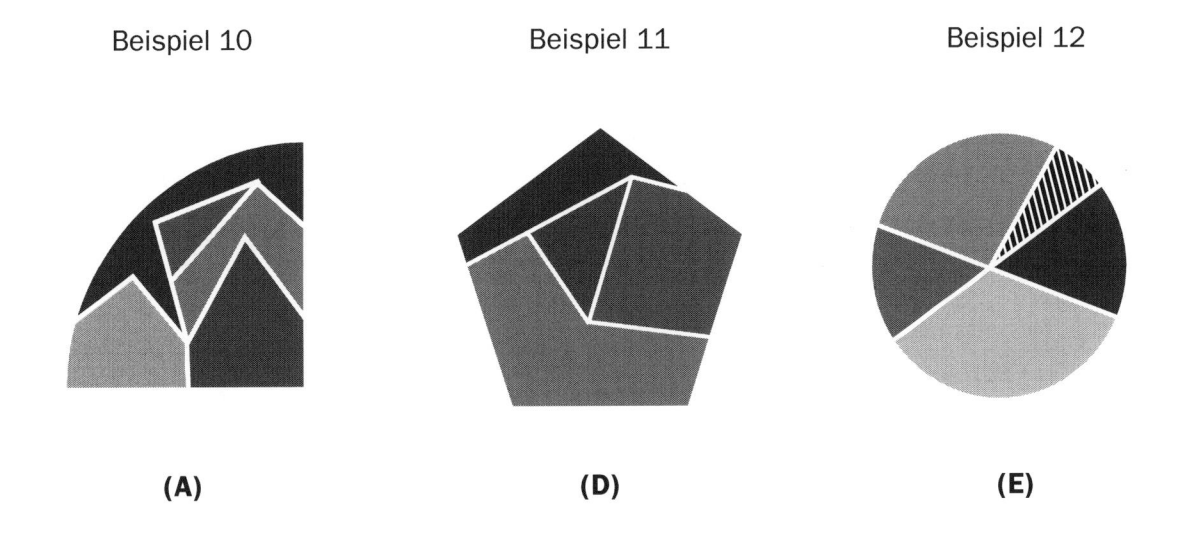

Lösungen: Figuren zusammensetzen | Testset 17

Beispiel 10

(A)

Beispiel 11

(D)

Beispiel 12

(E)

Beispiel 13

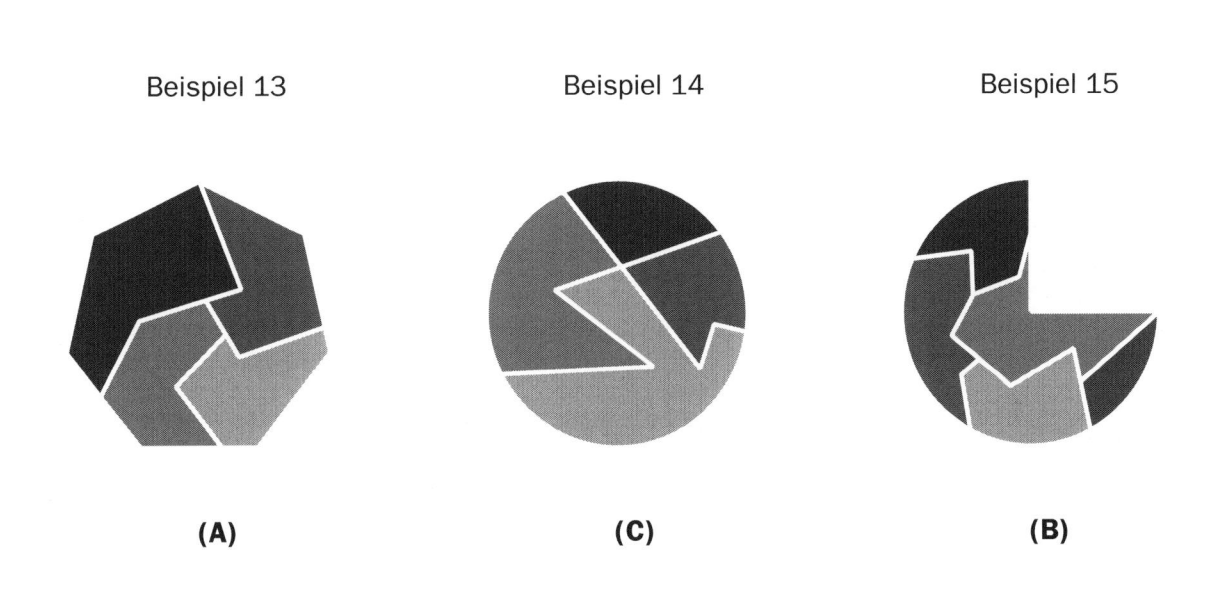

(A)

Beispiel 14

(C)

Beispiel 15

(B)

Testset 18

Beispiel 1

(C)

Beispiel 2

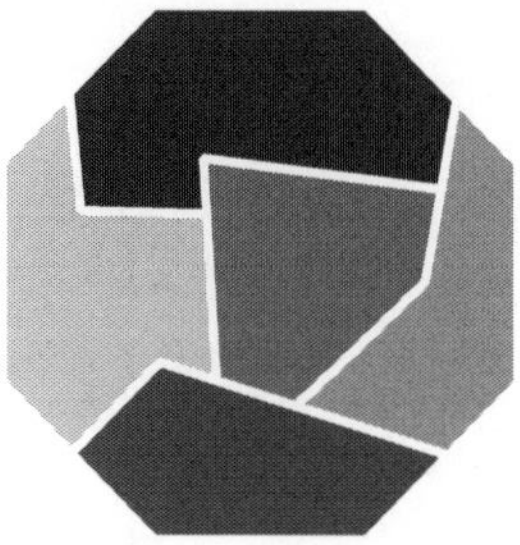

(A)

Beispiel 3

(C)

Beispiel 4

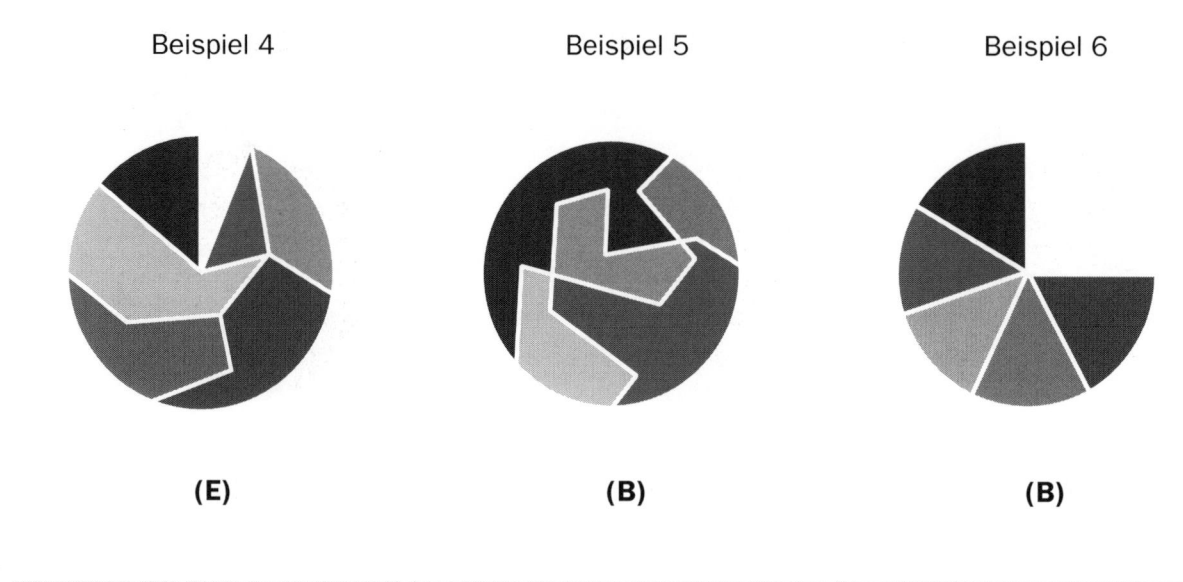

(E)

Beispiel 5

(B)

Beispiel 6

(B)

Beispiel 7

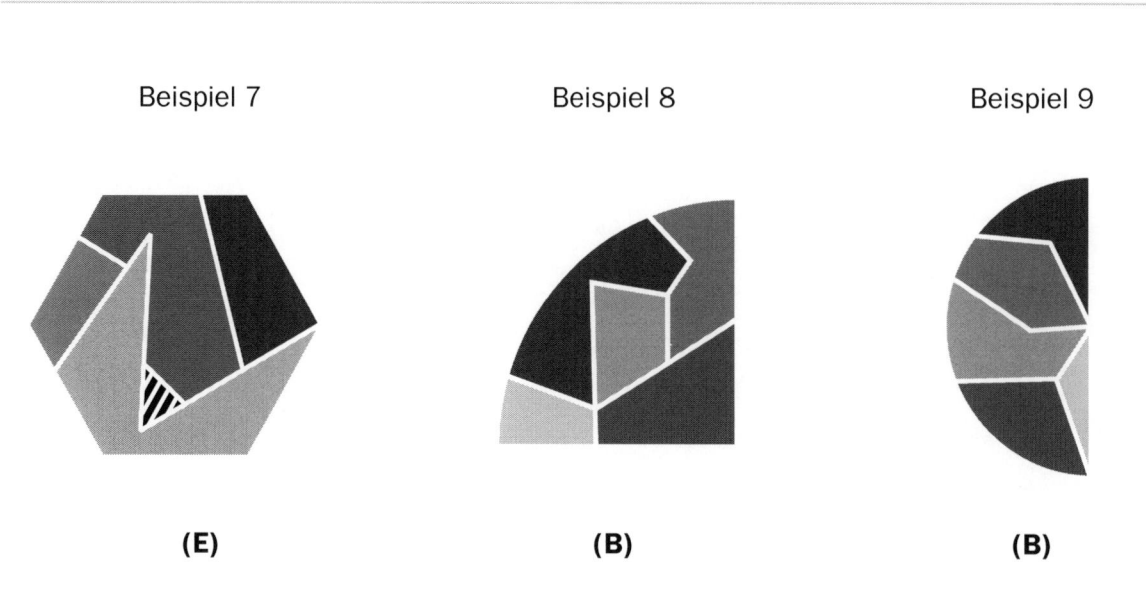

(E)

Beispiel 8

(B)

Beispiel 9

(B)

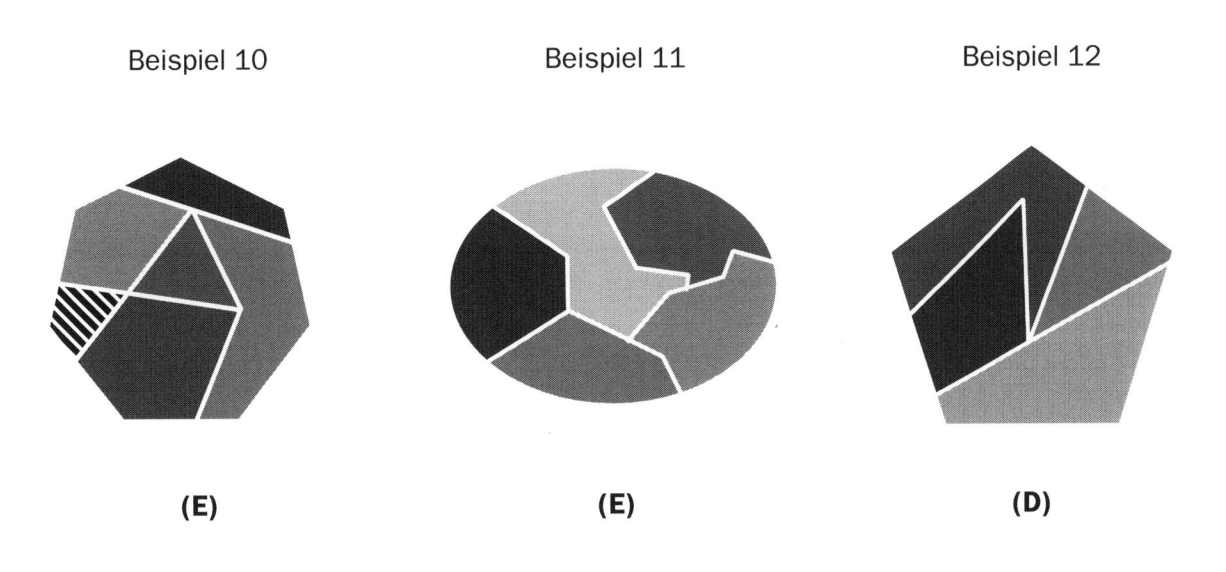

Lösungen: Figuren zusammensetzen | Testset 18

Beispiel 10

(E)

Beispiel 11

(E)

Beispiel 12

(D)

Beispiel 13

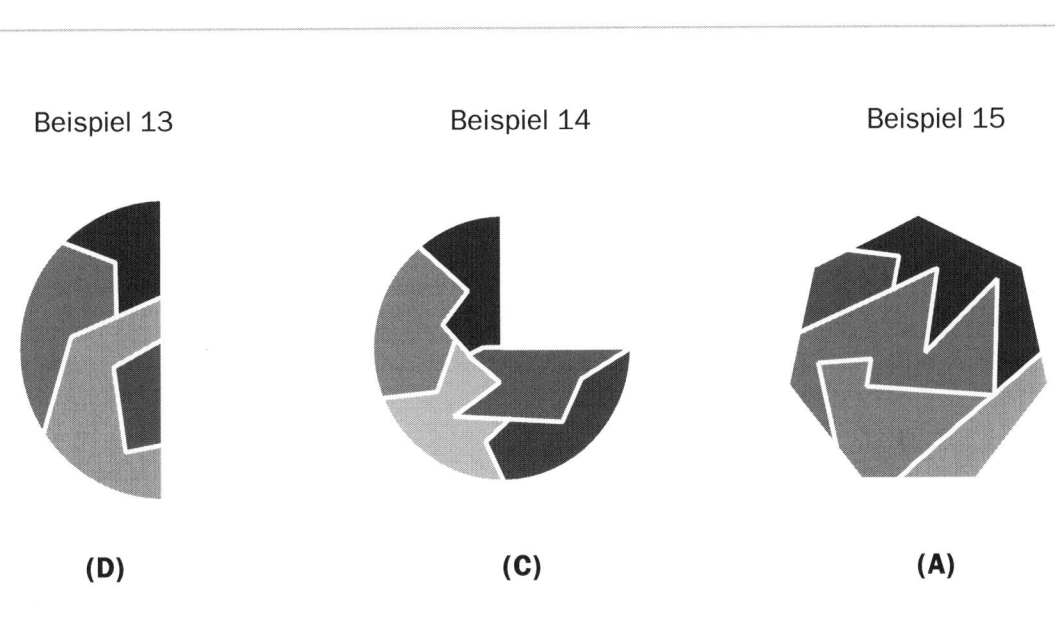

(D)

Beispiel 14

(C)

Beispiel 15

(A)

LÖSUNGEN:

Wortflüssigkeit

Testset 1

1 Antwort (B),
Lösungswort: NORDPOL

2 Antwort (E),
Lösungswort: SELTENHEIT

3 Antwort (C),
Lösungswort: WERKSTATT

4 Antwort (A),
Lösungswort: ZENTRIFUGE

5 Antwort (E),
Lösungswort: MUNITION

6 Antwort (E),
Lösungswort: INDUSTRIE

7 Antwort (C),
Lösungswort: BRUNNEN

8 Antwort (C),
Lösungswort: GELBSUCHT

9 Antwort (D),
Lösungswort: BAHNSTEIG

10 Antwort (D),
Lösungswort: FLUTWELLE

11 Antwort (B),
Lösungswort: ENTSAFTER

12 Antwort (A),
Lösungswort: SCHRITT

13 Antwort (C),
Lösungswort: PUPILLE

14 Antwort (C),
Lösungswort: TRICHTER

15 Antwort (B),
Lösungswort: HIERARCHIE

Testset 2

1 Antwort (C),
Lösungswort: BRUSTWARZE

2 Antwort (D),
Lösungswort: AUFSATZ

3 Antwort (E),
Lösungswort: KLEINHIRN

4 Antwort (B),
Lösungswort: EINSATZ

5 Antwort (E),
Lösungswort: GOLDFISCH

6 Antwort (D),
Lösungswort: HAARKNOTEN

7 Antwort (C),
Lösungswort: PANTOMIME

8 Antwort (B),
Lösungswort: TEPPICH

9 Antwort (D),
Lösungswort: ISOLATION

10 Antwort (C),
Lösungswort: BILDERBUCH

11 Antwort (A),
Lösungswort: AUFSTEIGER

12 Antwort (C),
Lösungswort: STOPPUHR

13 Antwort (B),
Lösungswort: ARGLIST

14 Antwort (A),
Lösungswort: KORNBLUME

15 Antwort (C),
Lösungswort: OBSTSALAT

Testset 3

1 Antwort (B),
   Lösungswort: HALBGOTT

2 Antwort (E),
   Lösungswort: MELODIE

3 Antwort (E),
   Lösungswort: DAMPFWALZE

4 Antwort (C),
   Lösungswort: ENTWURF

5 Antwort (C),
   Lösungswort: ANGELHAKEN

6 Antwort (A),
   Lösungswort: STROHHALM

7 Antwort (A),
   Lösungswort: ERDKRUSTE

8 Antwort (A),
   Lösungswort: GELDSCHEIN

9 Antwort (C),
   Lösungswort: HISTAMIN

10 Antwort (E),
   Lösungswort: VERLEGER

11 Antwort (B),
   Lösungswort: KINDERSITZ

12 Antwort (B),
   Lösungswort: HEXEREI

13 Antwort (B),
   Lösungswort: PLAZENTA

14 Antwort (A),
   Lösungswort: PARABEL

15 Antwort (D),
   Lösungswort: MISTGABEL

Testset 4

1 Antwort (A),
   Lösungswort: WAHLGANG

2 Antwort (B),
   Lösungswort: WELTWUNDER

3 Antwort (D),
   Lösungswort: FRACHTER

4 Antwort (A),
   Lösungswort: REGENDACH

5 Antwort (E),
   Lösungswort: PATIENT

6 Antwort (B),
   Lösungswort: APOTHEKE

7 Antwort (E),
   Lösungswort: BASILISK

8 Antwort (A),
   Lösungswort: HODENSACK

9 Antwort (C),
   Lösungswort: PARKVERBOT

10 Antwort (D),
   Lösungswort: JAGDHUND

11 Antwort (C),
   Lösungswort: DICKKOPF

12 Antwort (B),
   Lösungswort: TROMMEL

13 Antwort (A),
   Lösungswort: EIFERSUCHT

14 Antwort (C),
   Lösungswort: PFORTADER

15 Antwort (A),
   Lösungswort: BATTERIE

Testset 5

1 Antwort (B),
 Lösungswort: TROMPETE

2 Antwort (E),
 Lösungswort: MAULKORB

3 Antwort (A),
 Lösungswort: URKUNDE

4 Antwort (A),
 Lösungswort: WEINTRAUBE

5 Antwort (B),
 Lösungswort: FALLSCHIRM

6 Antwort (C),
 Lösungswort: INFARKT

7 Antwort (E),
 Lösungswort: DIRIGENT

8 Antwort (A),
 Lösungswort: HUMANISMUS

9 Antwort (C),
 Lösungswort: TRINKGELD

10 Antwort (C),
 Lösungswort: TISCHBEIN

11 Antwort (D),
 Lösungswort: PFLANZE

12 Antwort (C),
 Lösungswort: AMARETTO

13 Antwort (C),
 Lösungswort: KRANICH

14 Antwort (B),
 Lösungswort: VERACHTUNG

15 Antwort (E),
 Lösungswort: RACHGIER

Testset 6

1 Antwort (A),
 Lösungswort: ABREISE

2 Antwort (E),
 Lösungswort: TACHOMETER

3 Antwort (D),
 Lösungswort: VETERAN

4 Antwort (D),
 Lösungswort: AUSGABE

5 Antwort (B),
 Lösungswort: OHNMACHT

6 Antwort (C),
 Lösungswort: EINGANG

7 Antwort (A),
 Lösungswort: LEITUNG

8 Antwort (D),
 Lösungswort: APPARAT

9 Antwort (D),
 Lösungswort: ORCHESTER

10 Antwort (A),
 Lösungswort: KRAFTWAGEN

11 Antwort (A),
 Lösungswort: HOCHHAUS

12 Antwort (C),
 Lösungswort: OHRMUSCHEL

13 Antwort (E),
 Lösungswort: EXISTENZ

14 Antwort (D),
 Lösungswort: VOLLWAISE

15 Antwort (E),
 Lösungswort: LEBENSMUT

Testset 7

1. Antwort (D),
   Lösungswort: SCHOKOLADE

2. Antwort (B),
   Lösungswort: VIBRATION

3. Antwort (A),
   Lösungswort: BRANCHE

4. Antwort (E),
   Lösungswort: KALENDER

5. Antwort (E),
   Lösungswort: JUNGFRAU

6. Antwort (B),
   Lösungswort: TOMBOLA

7. Antwort (A),
   Lösungswort: AUFSTIEG

8. Antwort (C),
   Lösungswort: MENISKUS

9. Antwort (C),
   Lösungswort: KULISSE

10. Antwort (A),
    Lösungswort: KOMPASS

11. Antwort (B),
    Lösungswort: HASELNUSS

12. Antwort (B),
    Lösungswort: FORSCHUNG

13. Antwort (A),
    Lösungswort: BARRIERE

14. Antwort (A),
    Lösungswort: FILIALE

15. Antwort (D),
    Lösungswort: JUCKPULVER

Testset 8

1. Antwort (D),
   Lösungswort: DIAGONALE

2. Antwort (B),
   Lösungswort: BEGLEITUNG

3. Antwort (B),
   Lösungswort: FORDERUNG

4. Antwort (D),
   Lösungswort: ZWIEBEL

5. Antwort (C),
   Lösungswort: ELEKTRODE

6. Antwort (D),
   Lösungswort: FLASCHE

7. Antwort (B),
   Lösungswort: FAVORIT

8. Antwort (A),
   Lösungswort: DEBAKEL

9. Antwort (E),
   Lösungswort: FENSTER

10. Antwort (A),
    Lösungswort: REGRESSION

11. Antwort (C),
    Lösungswort: KATHETER

12. Antwort (A),
    Lösungswort: ANKUNFT

13. Antwort (C),
    Lösungswort: HANDTASCHE

14. Antwort (B),
    Lösungswort: HEIMATLAND

15. Antwort (D),
    Lösungswort: VERSTAND

Testset 9

1. Antwort (A),
   Lösungswort: AUSLASTUNG

2. Antwort (B),
   Lösungswort: ZUFLUCHT

3. Antwort (C),
   Lösungswort: REVOLTE

4. Antwort (A),
   Lösungswort: FEDERBALL

5. Antwort (C),
   Lösungswort: FRUCHTSAFT

6. Antwort (B),
   Lösungswort: CHRONIK

7. Antwort (A),
   Lösungswort: FILZSTIFT

8. Antwort (A),
   Lösungswort: SPARBUCH

9. Antwort (C),
   Lösungswort: MORPHIN

10. Antwort (A),
    Lösungswort: SPIRITUOSE

11. Antwort (E),
    Lösungswort: SCHANDE

12. Antwort (B),
    Lösungswort: VERWEIS

13. Antwort (E),
    Lösungswort: ABENTEUER

14. Antwort (A),
    Lösungswort: INSULIN

15. Antwort (B),
    Lösungswort: JOGHURT

Testset 10

1. Antwort (A),
   Lösungswort: CONTAINER

2. Antwort (A),
   Lösungswort: BRATPFANNE

3. Antwort (C),
   Lösungswort: TURBOLADER

4. Antwort (E),
   Lösungswort: ADOPTION

5. Antwort (E),
   Lösungswort: TELEFON

6. Antwort (D),
   Lösungswort: NACHSCHUB

7. Antwort (C),
   Lösungswort: BLINKLICHT

8. Antwort (B),
   Lösungswort: PROSTATA

9. Antwort (B),
   Lösungswort: MARSMENSCH

10. Antwort (A),
    Lösungswort: BIBLIOTHEK

11. Antwort (D),
    Lösungswort: AUTOREIFEN

12. Antwort (C),
    Lösungswort: ANTENNE

13. Antwort (D),
    Lösungswort: ANSCHLAG

14. Antwort (A),
    Lösungswort: REZEPTOR

15. Antwort (D),
    Lösungswort: MONARCH

Testset 11

1 Antwort (B),
  Lösungswort: LUFTFAHRT

2 Antwort (B),
  Lösungswort: SCHULHEFT

3 Antwort (E),
  Lösungswort: PYRAMIDE

4 Antwort (C),
  Lösungswort: BROMBEERE

5 Antwort (A),
  Lösungswort: STAMMTISCH

6 Antwort (B),
  Lösungswort: DISKUSSION

7 Antwort (E),
  Lösungswort: BADEHOSE

8 Antwort (C),
  Lösungswort: GESICHT

9 Antwort (A),
  Lösungswort: CAMOUFLAGE

10 Antwort (E),
   Lösungswort: BARACKE

11 Antwort (C),
   Lösungswort: QUOTIENT

12 Antwort (D),
   Lösungswort: SCHWAMM

13 Antwort (C),
   Lösungswort: STRUMPF

14 Antwort (C),
   Lösungswort: LEUKOZYT

15 Antwort (D),
   Lösungswort: SCHLITTEN

Testset 12

1 Antwort (A),
  Lösungswort: SPORTHOSE

2 Antwort (B),
  Lösungswort: NEUROLOGIE

3 Antwort (A),
  Lösungswort: TIEFGARAGE

4 Antwort (A),
  Lösungswort: STETHOSKOP

5 Antwort (C),
  Lösungswort: WERBETEXT

6 Antwort (B),
  Lösungswort: ANORDNUNG

7 Antwort (D),
  Lösungswort: POSTFACH

8 Antwort (E),
  Lösungswort: TELEGRAMM

9 Antwort (E),
  Lösungswort: ZAUBERER

10 Antwort (E),
   Lösungswort: CEMBALIST

11 Antwort (B),
   Lösungswort: SCHNECKE

12 Antwort (B),
   Lösungswort: MANDARINE

13 Antwort (C),
   Lösungswort: RICHTUNG

14 Antwort (B),
   Lösungswort: REISKORN

15 Antwort (E),
   Lösungswort: TISCHDECKE

Testset 13

1 Antwort (B),
   Lösungswort: SCHABLONE

2 Antwort (E),
   Lösungswort: ZEICHEN

3 Antwort (D),
   Lösungswort: PUBLIKUM

4 Antwort (C),
   Lösungswort: FEHLTRITT

5 Antwort (B),
   Lösungswort: GEHSTEIG

6 Antwort (A),
   Lösungswort: POLARLICHT

7 Antwort (C),
   Lösungswort: SAMBUCA

8 Antwort (E),
   Lösungswort: INVASION

9 Antwort (B),
   Lösungswort: HANDSCHUH

10 Antwort (E),
   Lösungswort: MESSSTAB

11 Antwort (C),
   Lösungswort: CURRICULUM

12 Antwort (A),
   Lösungswort: ZWERCHFELL

13 Antwort (D),
   Lösungswort: SPIELSTAND

14 Antwort (E),
   Lösungswort: EITELKEIT

15 Antwort (A),
   Lösungswort: KLEBSTOFF

Testset 14

1 Antwort (E),
   Lösungswort: KOLLAPS

2 Antwort (C),
   Lösungswort: UNWETTER

3 Antwort (D),
   Lösungswort: PLAGIAT

4 Antwort (A),
   Lösungswort: PROMOTION

5 Antwort (B),
   Lösungswort: BADEMANTEL

6 Antwort (C),
   Lösungswort: ARMBANDUHR

7 Antwort (E),
   Lösungswort: ABERGLAUBE

8 Antwort (B),
   Lösungswort: SPEISESAAL

9 Antwort (D),
   Lösungswort: MEDIATION

10 Antwort (A),
   Lösungswort: FEDERKLEID

11 Antwort (B),
   Lösungswort: LOKOMOTIVE

12 Antwort (E),
   Lösungswort: DARMFLORA

13 Antwort (B),
   Lösungswort: UNTREUE

14 Antwort (C),
   Lösungswort: INSPEKTION

15 Antwort (A),
   Lösungswort: BIERDOSE

Testset 15

1 Antwort (A),
 Lösungswort: DEMENTI

2 Antwort (B),
 Lösungswort: ARMBAND

3 Antwort (B),
 Lösungswort: VERLEIHER

4 Antwort (C),
 Lösungswort: RUDERBOOT

5 Antwort (E),
 Lösungswort: WUTANFALL

6 Antwort (D),
 Lösungswort: GARANTIE

7 Antwort (A),
 Lösungswort: LEGENDE

8 Antwort (A),
 Lösungswort: MUTATION

9 Antwort (C),
 Lösungswort: GEGENGIFT

10 Antwort (E),
 Lösungswort: QUIETSCHER

11 Antwort (B),
 Lösungswort: KOLOSKOP

12 Antwort (C),
 Lösungswort: DYNASTIE

13 Antwort (D),
 Lösungswort: ERFINDUNG

14 Antwort (E),
 Lösungswort: STEUERMANN

15 Antwort (C),
 Lösungswort: EROSION

Testset 16

1 Antwort (E),
 Lösungswort: FREMDSTOFF

2 Antwort (B),
 Lösungswort: RASIERER

3 Antwort (B),
 Lösungswort: PETITION

4 Antwort (B),
 Lösungswort: INDIKATOR

5 Antwort (D),
 Lösungswort: BANDAGE

6 Antwort (E),
 Lösungswort: KIRSCHBAUM

7 Antwort (A),
 Lösungswort: MASTDARM

8 Antwort (A),
 Lösungswort: OPTIKER

9 Antwort (C),
 Lösungswort: AUFGABE

10 Antwort (D),
 Lösungswort: ANTRIEB

11 Antwort (C),
 Lösungswort: ZEITUNG

12 Antwort (D),
 Lösungswort: IMPFSTOFF

13 Antwort (E),
 Lösungswort: UMDREHUNG

14 Antwort (E),
 Lösungswort: UNTERHOSE

15 Antwort (A),
 Lösungswort: KOCHTOPF

Testset 17

1   Antwort (B),
    Lösungswort: HALBINSEL

2   Antwort (A),
    Lösungswort: NETZKARTE

3   Antwort (A),
    Lösungswort: WITZBOLD

4   Antwort (E),
    Lösungswort: DIASTOLE

5   Antwort (C),
    Lösungswort: STEINBOCK

6   Antwort (A),
    Lösungswort: KLOSTER

7   Antwort (B),
    Lösungswort: PLUSPUNKT

8   Antwort (E),
    Lösungswort: EINSCHLAG

9   Antwort (E),
    Lösungswort: PENSION

10 Antwort (B),
    Lösungswort: BLASPHEMIE

11 Antwort (D),
    Lösungswort: MONOGAMIE

12 Antwort (A),
    Lösungswort: GYMNASTIK

13 Antwort (D),
    Lösungswort: RADIERER

14 Antwort (E),
    Lösungswort: BARZAHLUNG

15 Antwort (A),
    Lösungswort: STROMKABEL

Testset 18

1   Antwort (D),
    Lösungswort: VERORDNUNG

2   Antwort (D),
    Lösungswort: ZENTIMETER

3   Antwort (A),
    Lösungswort: ZYPRESSE

4   Antwort (C),
    Lösungswort: ABBRUCH

5   Antwort (A),
    Lösungswort: TOILETTE

6   Antwort (C),
    Lösungswort: LASTWAGEN

7   Antwort (B),
    Lösungswort: MEHRHEIT

8   Antwort (B),
    Lösungswort: HANDLUNG

9   Antwort (B),
    Lösungswort: SANDSACK

10 Antwort (D),
    Lösungswort: AUFGEBOT

11 Antwort (B),
    Lösungswort: VIROLOGE

12 Antwort (A),
    Lösungswort: VORMITTAG

13 Antwort (A),
    Lösungswort: MARSCHALL

14 Antwort (E),
    Lösungswort: ANLAUFZEIT

15 Antwort (A),
    Lösungswort: ANGREIFER

Ebenfalls erhältlich:

MED it happen

B. Boztepe
P. Casetti

Überarbeitete 2. Auflage

MedAT TRAINING 2017

Kognitive Fähigkeiten und Fertigkeiten:
Gedächtnis und Merkfähigkeit, Zahlenfolgen & Implikationen erkennen

18 Testsets / 810 Beispiele

Band 2

www.medithappen.at

Notizen:

Notizen:

MED it happen

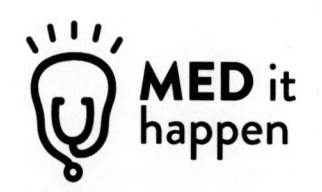